北京大学口腔医学教材
住院医师规范化培训辅导教材

牙体解剖与口腔生理学

Dental Anatomy and Oral Physiology

（第3版）

主　编　谢秋菲　张　磊

编　者　（按姓名汉语拼音排序）
　　　　曹　烨　陈　硌　韩　科　姜　婷
　　　　李　健　梁宇红　王　磊　谢秋菲
　　　　岳　林　张　豪　张　磊　朱明太

北京大学医学出版社

YATI JIEPOU YU KOUQIANG SHENGLIXUE

图书在版编目（CIP）数据

牙体解剖与口腔生理学 / 谢秋菲，张磊主编．—3 版．
—北京：北京大学医学出版社，2021.9
　ISBN 978-7-5659-2469-9

　Ⅰ．①牙…　Ⅱ．①谢…②张…　Ⅲ．①牙体－人体解
剖学－医学院校－教材②口腔科学－人体生理学－医学院
校－教材　Ⅳ．① R322.4 ② R333.1

　中国版本图书馆 CIP 数据核字（2021）第 142994 号

牙体解剖与口腔生理学（第 3 版）

主　　编：谢秋菲　张　磊
出版发行：北京大学医学出版社
地　　址：（100191）北京市海淀区学院路 38 号　北京大学医学部院内
电　　话：发行部 010-82802230；图书邮购 010-82802495
网　　址：http://www.pumpress.com.cn
E-mail：booksale@bjmu.edu.cn
印　　刷：北京信彩瑞禾印刷厂
经　　销：新华书店
责任编辑：冯智勇　　　责任校对：靳新强　　　责任印制：李　啸
开　　本：850 mm×1168 mm　1/16　印张：18.5　字数：523 千字
版　　次：2021 年 9 月第 3 版　2021 年 9 月第 1 次印刷
书　　号：ISBN 978-7-5659-2469-9
定　　价：69.00 元
　　　　　版权所有，违者必究
（凡属质量问题请与本社发行部联系退换）

北京大学口腔医学教材编委会名单

总　顾　问　　张震康

总　编　审　　林久祥　王　兴　马绪臣

主 任 委 员　　俞光岩　郭传瑸

副主任委员　　李铁军　周永胜

委　　　员　（按姓名汉语拼音排序）

蔡志刚　陈霄迟　邓旭亮　邱　萍　董艳梅　范宝林　傅开元
甘业华　郭传瑸　华　红　江　泳　李铁军　李巍然　林　红
林　野　刘宏伟　栾庆先　欧阳翔英　　　　秦　满　佟　岱
王晓燕　夏　斌　谢秋菲　徐　韬　俞光岩　岳　林　张　磊
张　伟　张　益　张祖燕　郑利光　郑树国　周永胜

秘　　　书　　董美丽　孙志鹏

第 3 版序

八年制口腔医学教育是培养高素质口腔医学人才的重要途径。2001 年至今，北京大学口腔医学院已招收口腔医学八年制学生 765 名，培养毕业生 445 名。绝大多数毕业生已经扎根祖国大地，成为许多院校和医疗机构口腔医学的重要人才。近 20 年的教学实践证明，口腔医学八年制教育对于我国口腔医学人才培养、口腔医学教育模式探索以及口腔医疗事业的发展做出了重要贡献。

人才培养离不开优秀的教材。第 1 轮北京大学口腔医学长学制教材编撰于 2004 年，于 2014 年再版。两版教材的科学性和实用性已经得到普遍的认可和高度评价。自两轮教材发行以来，印数已逾 50 万册，成为长学制、本科五年制及其他各学制、各层次学生全面系统掌握口腔医学基本理论、基础知识、基本技能的良师益友，也是各基层口腔医院、诊所、口腔科医生的参考书、工具书。

近年来，口腔医学取得了一些有益的进展。数字化口腔医学技术在临床中普遍应用，口腔医学新知识、新技术和新疗法不断涌现并逐步成熟。第 3 轮北京大学口腔医学教材在重点介绍经典理论知识体系的同时，注意结合前沿新理念、新概念和新知识，以培养学生的创新性思维和提升临床实践能力为导向。同时，第 3 轮教材新增加了《口腔药物学》和《口腔设备学》，使整套教材体系更趋完整。在呈现方式上，本轮教材采用了现代图书出版的数字化技术，这使得教材的呈现方式更加多元化和立体化；同时，通过增强现实（AR）等方式呈现的视频、动画、临床案例等数字化素材极大地丰富了教材内容，并显著提高了教材质量。这些新型编写方式的采用既给编者们提供了更多展示教材内容的手段，也提出了新的挑战，感谢各位编委在繁忙的工作中，适应新的要求，为第 3 轮教材的编写所付出的辛勤劳动和智慧。

八年制口腔医学教材建设是北京大学口腔医学院近八十年来口腔医学教育不断进步、几代口腔人付出巨大辛劳后的丰硕教育成果的体现。教材建设在探索中前进，在曲折中前进，在改革中前进，在前进中不断完善，承载着成熟和先进的教育思想和理念。大学之"大"在于大师，北京大学拥有诸多教育教学大师，他们犹如我国口腔医学史上璀璨的群星。第 1 轮和第 2 轮教材共汇聚了 245 名口腔医学专家的集体智慧。在第 3 轮教材修订过程中，又吸纳 75 名理论扎实、业务过硬、学识丰富的中青年骨干专家参加教材编写，这为今后不断完善教材建设，打造了一支成熟稳定、朝气蓬勃、有开拓进取精神和自我更新能力的创作团队。

教育兴则国家兴，教育强则国家强。高等教育水平是衡量一个国家发展水平和发展潜力的重要标志。党和国家对高等教育人才培养的需要、对科学知识创新和优秀人才的需要就是我们的使命。北京大学口腔医院（口腔医学院）将更加积极地传授已知、更新旧知、开掘新知、探索未知，通过立德树人不断培养党和国家需要的人才，加快一流学科建设，实现口腔医学高等教育内涵式发展，为祖国口腔医学事业进步做出更大的贡献！

在此，向曾为北京大学口腔医学长学制教材建设做出过努力和贡献的全体前辈和同仁致以最崇高的敬意！向长期以来支持口腔医学教材建设的北京大学医学出版社表示最诚挚的感谢！

俞光岩　郭传瑸
2020 年 6 月

第 2 版序

2001年教育部批准北京大学医学部开设口腔医学（八年制）专业，之后其他兄弟院校也开始培养八年制口腔专业学生。为配合口腔医学八年制学生的专业教学，2004年第1版北京大学口腔医学长学制教材面世，编写内容包括口腔医学的基本概念、基本理论和基本规律，以及当时口腔医学的最新研究成果。近十年来，第1版的14本教材均多次印刷，在现代中国口腔医学教育中发挥了重要作用，反响良好，应用范围广泛：兄弟院校的长学制教材、5年制学生的提高教材、考研学生的参考用书、研究生的学习用书，在口腔医学的诸多教材中具有一定的影响力。

社会的发展和科技的进步使口腔医学发生着日新月异的变化。第1版教材面世已近十年，去年我们组织百余名专家启动了第2版教材的编写工作，包括占编委总人数15%的院外乃至国外的专家，从一个崭新的视角重新审视长学制教材，并根据学科发展的特点，增加了新的口腔亚专业内容，使本套教材更加全面，保证了教材质量，增强了教材的先进性和适用性。

说完教材，我想再说些关于八年制教学，关于大学时光。同学们在高考填报志愿时肯定已对八年制有了一定了解，口腔医学专业八年制教学计划实行"八年一贯，本博融通"的原则，强调"加强基础，注重素质，整体优化，面向临床"的培养模式，目标是培养具有口腔医学博士专业学位的高层次、高素质的临床和科研人才。同学们以优异成绩考入北京大学医学部口腔医学八年制，一定是雄心勃勃、摩拳擦掌，力争顺利毕业获得博士学位，将来成为技艺精湛的口腔医生、桃李天下的口腔专业老师抑或前沿的口腔医学研究者。祝贺你们能有这样的目标和理想，这也正是八年制教育设立的初衷——培养中国乃至世界口腔医学界的精英，引领口腔医学的发展。希望你们能忠于自己的信念，克服困难，奋发向上，脚踏实地地实现自己的梦想，完善人生，升华人性，不虚度每一天，无愧于你们的青春岁月。

我以一个过来人的经历告诉你们，并且这也不是我一个人的想法：人生最美好的时光就是大学时代，二十岁上下的年纪，汗水、泪水都可以尽情挥洒，是充实自己的黄金时期。你们是幸运的，因为北京大学这所高等学府拥有一群充满责任感和正义感的老师，传道、授业、解惑。你们所要做的就是发挥自己的主观能动性，在老师的教导下，合理支配时间，学习、读书、参加社团活动、旅行……"读万卷书，行万里路"，做一切有意义的事，不被嘈杂的外界所干扰。少些浮躁，多干实事，建设内涵。时刻牢记自己的身份：你们是现在中国口腔界的希望，你们是未来中国口腔界的精英；时刻牢记自己的任务：扎实学好口腔医学知识，开拓视野，提高人文素养；时刻牢记自己的使命：为引领中国口腔的发展做好充足准备，为提高大众的口腔健康水平而努力。

从现在起，你们每个人的未来都与中国口腔医学息息相关，"厚积而薄发"，衷心祝愿大家在宝贵而美好的大学时光扎实学好口腔医学知识，为发展中国口腔医学事业打下坚实的基础。

这是一个为口腔事业奋斗几十年的过来人对初生牛犊的你们——未来中国口腔界的精英的肺腑之言，代为序。

徐 韬

二〇一三年七月

第1版序

  北京大学医学教材口腔医学系列教材编审委员会邀请我为 14 本 8 年制口腔医学专业的教材写一个总序。我想所以邀请我写总序，也许在参加这 14 本教材编写的百余名教师中我是年长者，也许在半个世纪口腔医学教学改革和教材建设中，我是身临其境的参与者和实践者。

  1952 年我作为学生进入北京大学医学院口腔医学系医预班。1953 年北京大学医学院口腔医学系更名为北京医学院口腔医学系，1985 年更名为北京医科大学口腔医学院，2000 年更名为北京大学口腔医学院。历史的轮回律使已是老教授的我又回到北京大学。新中国成立后学制改动得频繁：1949 年牙医学系为 6 年，1950 年毕业生为 5 年半，1951 年毕业生为 5 年并招收 3 年制，1952 年改为 4 年制，1954 年入学的为 4 年制，毕业时延长一年实为 5 年制，1955 年又重新定为 5 年制，1962 年变为 6 年制，1974 年招生又决定 3 年制，1977 年再次改为 5 年制，1980 年又再次定为 6 年制，1988 年首次定为 7 年制，2001 年首次招收 8 年制口腔医学生。

  20 世纪 50 年代初期，没有全国统一的教科书，都是用的自编教材；到 50 年代末全国有三本统一的教科书，即《口腔内科学》《口腔颌面外科学》和《口腔矫形学》；到 70 年代除了上述三本教科书外增加了口腔基础医学的两本全国统一教材，即《口腔组织病理学》和《口腔解剖生理学》；80 年代除了上述五本教科书外又增加《口腔正畸学》《口腔材料学》《口腔颌面X 线诊断学》和《口腔预防·儿童牙医学》，《口腔矫形学》更名为《口腔修复学》。至此口腔医学专业已有全国统一的九本教材；90 年代把《口腔内科学》教材分为《牙体牙髓病学》《牙周病学》《口腔黏膜病学》三本，把《口腔预防·儿童牙医学》分为《口腔预防学》和《儿童口腔病学》，《口腔颌面 X 线诊断学》更名为《口腔颌面医学影像诊断学》，同期还增设有《口腔临床药物学》《口腔生物学》和《口腔医学实验教程》。至此，全国已有 14 本统一编写的教材。到 21 世纪又加了一本《𬌗学》，共 15 本教材。以上学科名称的变更，学制的变换以及教材的改动，说明新中国成立后口腔医学教育在探索中前进，在曲折中前进，在改革中前进，在前进中不断完善。而这次为 8 年制编写 14 本教材是半个世纪口腔医学教育改革付出巨大辛劳后的丰硕收获。我相信，也许是在希望中相信我们的学制和课程不再有变动，而应该在教学质量上不断下功夫，应该在教材和质量上不断再提高。

  书是知识的载体。口腔医学教材是口腔医学专业知识的载体。一套口腔医学专业的教材应该系统地、完整地包含口腔医学基本知识的总量，应该紧密对准培养目标所需要的知识框架和内涵去取舍和筛选。以严谨的词汇去阐述基本知识、基本概念、基本理论和基本规律。大学教材总是表达成熟的观点、多数学派和学者中公认的观点和主流派观点。也正因为是大学教材，适当反映有争议的观点、非主流派观点让大学生去思辨应该是有益的。口腔医学发展日新月异，知识的半衰期越来越短，教材在反映那些无可再更改的基本知识的同时，概括性介绍口腔医学的最新研究成果，也是必不可少的，使我们的大学生能够触摸到口腔医学科学前沿跳动的脉搏。创造性虽然是不可能教出来的，但是把教材中深邃的理论表达得深入浅出，引人入胜，激发兴趣，给予思考的空间，尽管写起来很难，却是可能的。这无疑有益于培养大学生的创造性思维能力。

本套教材共 14 本，是供 8 年制口腔医学专业的大学生用的。这 14 本教材为：《口腔组织学与病理学》《口腔颌面部解剖学》《牙体解剖与口腔生理学》《口腔生物学》《口腔材料学》《口腔颌面医学影像学》《牙体牙髓病学》《临床牙周病学》《儿童口腔医学》《口腔颌面外科学》《口腔修复学》《口腔正畸学》《预防口腔医学》《口腔医学导论》。可以看出这 14 本教材既有口腔基础医学类的，也有临床口腔医学类的，还有介于两者之间的桥梁类科目教材。这是一套完整的、系统的口腔医学专业知识体系。这不仅仅是新中国成立后第一套系统教材，也是 1943 年成立北大牙医学系以来的首次，还是实行 8 年制口腔医学学制以来的首部。为了把这套教材写好，教材编委会遴选了各学科资深的教授作为主编和副主编，百余名有丰富的教学经验并正在教学第一线工作的教授和副教授参加了编写工作。他们是尝试着按照上述的要求编写的。但是首次难免存在不足之处，好在道路已经通畅，目标已经明确，只要我们不断修订和完善，这套教材一定能成为北京大学口腔医学院的传世之作！

张震康

二○○四年五月

第 3 版前言

《牙体解剖与口腔生理学》长学制教材是根据教育部对于高等教育教材建设的精神，为口腔医学长学制学生的素质教育和创新能力培养，以及适应现代教育教学的要求编写。2005 年出版第 1 版，2013 年出版第 2 版，至今教材已使用 17 年。我们的教学理念、教学体系和教学方法进一步完善，并且随着科学技术发展，数字化技术已融入口腔医学教育中，因此我们现有的教材需要改进，并与国际接轨。在北京大学医学部的统一安排下，《牙体解剖与口腔生理学》第 3 版教材在第 1、第 2 版的基础上修订而成。

第 3 版教材的编写继续遵循教学大纲的要求，力求内容准确、全面，基本概念清晰，重点突出，强调基础知识、基本理论与临床结合；结合教材使用情况，对第 2 版的参考内容做了适当删减；编写过程中引入新的内容。本版教材增加了数字化内容，以更好地展现教材重点内容，介绍本学科有关领域的进展，扩大学生的知识面；仍采用双色文字和双色图示突出重点，帮助学生更好地理解；按照要求每章最后列出英文名词解释，帮助学生掌握英语专业词汇，有利于阅读英文文献；为方便查阅，书后列出中英文专业词汇索引。

第 3 版延续了第 1、第 2 版教材的知识结构，保证教材的系统性和连续性。全书分为 4 篇：第一篇颅、颌、面、牙合的演化与发育，第二篇牙体解剖学，第三篇牙合学，第四篇口腔功能。在教学过程中，为了帮助学生充分地消化吸收所学知识，由浅入深、循序渐进地教学，虽然"牙合"字开篇即现，但为了系统地讲解这个概念，则在第三篇对"牙合"进行详细讲解，同时建议第二章颅、颌、面、牙合的生长发育放在第十六章牙合之后讲授。第二篇为牙体解剖内容，其中第十四章请牙体牙髓病专家岳林教授和梁宇红教授执笔。口腔生理学仍分为两篇：第三篇牙合学与第四篇口腔功能。

九层之台，起于累土。《牙体解剖与口腔生理学》是口腔医学重要的基础课程之一，包含了口腔医学专业两大类基础知识和理论，是学习口腔医学临床课程的基石。《牙体解剖与口腔生理学》的基本知识和基本理论在口腔医师临床诊疗工作中不可或缺，能否科学、合理地应用这些理论知识，关系到我们对患者的口腔治疗能否使其恢复良好功能，是否符合自然美观要求，是否安全，能否获得持久疗效。我们需要理解本门课程从解剖到功能，从牙、牙列到口颌系统的内在逻辑关系，遵循形态与功能相统一、局部与整体相协调的原则，理论联系实际，将解剖与生理融会贯通，方能为口腔临床工作打下扎实的理论基础。

本版教材适用于口腔医学长学制教学，也可为五年制本科教学使用，还可作为青年医师、研究生的参考书。本书也涵盖了相关执业医师资格考试要求的内容。

《牙体解剖与口腔生理学》作为我国首部用于长学制的口腔医学基础教科书，在第 1、第 2 版的使用中，我们获得了许多宝贵意见，并在第 3 版的编写中进行了修改，但仍难免有一些不妥之处，欢迎指正。

同时，我们衷心感谢参加第 1 版和第 2 版编写的老师们，为教材建设打下了坚实的基础，感谢他们的认真工作和无私奉献。

谢秋菲　张　磊

目 录

绪论
Introduction ··· 1

第一篇　颅、颌、面、𬌗的演化与发育
Evolution and Development of Craniomaxillofacial Regions and Occlusion

第一章　颅、颌、面部与牙的演化
Evolution of Craniomaxillofacial Regions and Teeth ············· 5

第一节　颅、颌、面部的演化
　　　　Evolution of Craniomaxillofacial Regions ················ 5
第二节　颞下颌关节的演化
　　　　Evolution of Temporomandibular Joint ··················· 7
　一、原始颌关节 ································ 7
　二、继发颌关节 ································ 7
第三节　牙体的演化
　　　　Evolution of Teeth ··························· 8
　一、牙体形态的演化学说 ··················· 8
　二、各类动物的牙体形态及其特点 ··· 10
　三、牙体组织的演化 ····················· 13
第四节　牙周的演化
　　　　Evolution of Periodontium ······· 14
第五节　牙弓的演化
　　　　Evolution of Dental Arches ······ 15
小结 ·· 15
Definition and Terminology ················ 16
参考文献 ·· 16

第二章　颅、颌、面、𬌗的生长发育
Development of Craniomaxillofacial Regions and Occlusion ············ 17

第一节　颅、面、颌骨的发育
　　　　Development of Craniomaxillofacial Regions ······ 17
　一、颅面部发育 ································ 17
　二、颌骨的生长 ································ 18
第二节　牙的发育与萌出
　　　　Development and Eruption of Teeth ················ 19
　一、牙的发育阶段 ····························· 19
　二、牙的萌出 ··································· 19
第三节　𬌗的建立
　　　　Establishment of Occlusion ······ 20
　一、建𬌗的动力平衡 ·························· 20
　二、𬌗的发育阶段 ···························· 21
小结 ·· 21
Definition and Terminology ················ 22
参考文献 ·· 22

1

第二篇　牙体解剖学
Dental Anatomy

第三章　牙的结构、分类及功能
Structure, Classification and Function of Teeth ………… 25
第一节　牙的结构
　　　　Structure of Teeth ………… 25
　一、外部形态 ………… 25
　二、牙体组织 ………… 26
第二节　牙的分类
　　　　Classification of Teeth ………… 27
　一、根据牙齿的形态和功能特性分类 ……… 27
　二、根据牙齿在口腔内存在时间分类 ……… 28
第三节　牙的生理功能
　　　　Physiologic Function of Teeth … 29
　一、咀嚼功能 ………… 29
　二、发音和言语功能 ………… 30
　三、保持面部的正常形态 ………… 30
小结 ………… 30
Definition and Terminology ………… 30

第四章　牙齿的发育
Development of Teeth ………… 31
第一节　生长期
　　　　Development Stage ………… 31
第二节　钙化期
　　　　Calcification Stage ………… 31
第三节　萌出期
　　　　Eruption Stage ………… 33
　一、乳牙萌出 ………… 33
　二、恒牙萌出 ………… 34
　三、牙齿萌出的生理规律 ………… 36
小结 ………… 37
Definition and Terminology ………… 37

第五章　临床牙位记录法
Clinical System of Coding Teeth … 38
第一节　部位记录法
　　　　Quadrant Coding Method ………… 38
　一、恒牙的临床牙位记录 ………… 38
　二、乳牙的临床牙位记录 ………… 39

第二节　Palmer 记录系统
　　　　Palmer Notation System ………… 40
　一、恒牙的临床牙位记录 ………… 40
　二、乳牙的临床牙位记录 ………… 40
第三节　通用编号系统
　　　　Universal Numbering System …… 41
　一、恒牙的临床牙位 ………… 41
　二、乳牙的临床牙位 ………… 41
第四节　国际牙科联合会系统
　　　　Federation Dentaire International System ………… 41
小结 ………… 43
Definition and Terminology ………… 44

第六章　牙体应用名词及表面解剖标志
Applicable Terms and Anatomic Landmarks of Teeth ………… 45
第一节　牙体应用名词
　　　　Applicable Terms of Teeth …… 45
　一、应用术语 ………… 45
　二、牙冠各面的名称 ………… 47
第二节　牙冠的表面解剖标志
　　　　Anatomic Landmarks of Crown Surfaces ………… 47
　一、牙冠的突起部分 ………… 47
　二、牙冠的凹陷部分 ………… 49
　三、斜面 ………… 49
　四、生长叶 ………… 49
小结 ………… 50
Definition and Terminology ………… 50

第七章　切牙
Incisors ………… 51
第一节　切牙的功能和共性
　　　　Functions and Common Features of Incisors ………… 51
　一、切牙功能 ………… 51
　二、切牙共性 ………… 51

第二节　上颌切牙
　　　　　Maxillary Incisors ……… 52
　一、上颌中切牙 ……………………… 52
　二、上颌侧切牙 ……………………… 53
第三节　下颌切牙
　　　　　Mandibular Incisors ……… 54
　一、下颌中切牙 ……………………… 54
　二、下颌侧切牙 ……………………… 55
小结 …………………………………………… 55
Definition and Terminology ………………… 56

第八章　尖牙
Canines ……………………………… 57
第一节　尖牙的功能和共性
　　　　　Functions and Common Features
　　　　　of Canines ………………… 57
　一、尖牙功能 ………………………… 57
　二、尖牙共性 ………………………… 57
第二节　上颌尖牙
　　　　　Maxillary Canines ………… 57
第三节　下颌尖牙
　　　　　Mandibular Canines ……… 59
小结 …………………………………………… 60
Definition and Terminology ………………… 61

第九章　前磨牙
Premolars …………………………… 62
第一节　前磨牙的功能与共性
　　　　　Functions and Common Features
　　　　　of Premolars ……………… 62
　一、前磨牙功能 ……………………… 62
　二、前磨牙共性 ……………………… 63
第二节　上颌前磨牙
　　　　　Maxillary Premolars ……… 63
　一、上颌第一前磨牙 ………………… 63
　二、上颌第二前磨牙 ………………… 64
第三节　下颌前磨牙
　　　　　Mandibular Premolars …… 65
　一、下颌第一前磨牙 ………………… 65
　二、下颌第二前磨牙 ………………… 66
小结 …………………………………………… 68
Definition and Terminology ………………… 69

第十章　磨牙
Molars ……………………………… 71
第一节　磨牙的功能和共性
　　　　　Functions and Common Features
　　　　　of Molars ………………… 71
　一、磨牙功能 ………………………… 71
　二、磨牙共性 ………………………… 71
第二节　上颌磨牙
　　　　　Maxillary Molars …………… 72
　一、上颌第一磨牙 …………………… 72
　二、上颌第二磨牙 …………………… 74
　三、上颌第三磨牙 …………………… 75
　四、上颌磨牙牙根 …………………… 75
第三节　下颌磨牙
　　　　　Mandibular Molars ………… 76
　一、下颌第一磨牙 …………………… 76
　二、下颌第二磨牙 …………………… 78
　三、下颌第三磨牙 …………………… 78
　四、下颌磨牙牙根 …………………… 79
小结 …………………………………………… 80
Definition and Terminology ………………… 81

第十一章　乳牙
Deciduous Teeth …………………… 82
第一节　乳牙的功能与共性
　　　　　Functions and Common Features
　　　　　of Deciduous Teeth ……… 83
　一、乳牙功能 ………………………… 83
　二、乳牙共性 ………………………… 83
　三、乳牙与恒牙的鉴别要点 ………… 84
第二节　乳切牙
　　　　　Deciduous Incisors ………… 84
　一、上颌乳中切牙 …………………… 84
　二、上颌乳侧切牙 …………………… 85
　三、下颌乳中切牙 …………………… 85
　四、下颌乳侧切牙 …………………… 86
第三节　乳尖牙
　　　　　Deciduous Canines ………… 86
　一、上颌乳尖牙 ……………………… 86
　二、下颌乳尖牙 ……………………… 87
第四节　乳磨牙
　　　　　Deciduous Molars ………… 87
　一、上颌第一乳磨牙 ………………… 87

二、上颌第二乳磨牙 ·················· 88
　　三、下颌第一乳磨牙 ·················· 89
　　四、下颌第二乳磨牙 ·················· 90
小结 ····································· 91
Definition and Terminology ··············· 92

第十二章　牙体形态的生理意义
Physiologic Significance of Dental Form ················ 93

第一节　牙冠形态的生理意义
　　　　Physiologic Significance of
　　　　Crown Form ················ 93
　　一、邻面接触区 ······················ 93
　　二、邻间隙 ·························· 94
　　三、外展隙 ·························· 94
　　四、唇、颊、舌面的凸度 ············· 95
　　五、颈线的曲度 ······················ 96
　　六、切缘与𬌗面 ······················ 96
第二节　牙根形态的生理意义
　　　　Physiologic Significance of
　　　　Root Form ·················· 97
小结 ····································· 97
Definition and Terminology ··············· 97

第十三章　牙齿异常
Dental Abnormality ············· 99

第一节　牙齿数目异常
　　　　Abnormality of Tooth Number ··· 99
　　一、牙齿数目不足 ··················· 99
　　二、牙齿数目过多 ··················· 99
第二节　牙齿形态异常
　　　　Abnormality in Morphology of
　　　　Teeth ····················· 101
　　一、过大牙与过小牙 ················ 101
　　二、锥形牙 ························· 101
　　三、畸形中央尖 ···················· 101
　　四、畸形舌窝和畸形舌尖 ············ 102
　　五、融合牙 ························· 102
　　六、粘着牙 ························· 102
　　七、釉珠 ··························· 103
　　八、牙根的异常 ···················· 103
　　九、牙髓腔的异常 ·················· 103

第三节　牙齿结构异常
　　　　Abnormality of Tooth Structure ··· 103
　　一、釉质发育不全 ·················· 103
　　二、牙本质发育不全 ················ 103
　　三、氟牙症 ························· 104
　　四、四环素着色牙 ·················· 104
　　五、先天性梅毒牙 ·················· 104
第四节　牙齿萌出异常
　　　　Abnormality of Tooth Eruption ··· 104
小结 ···································· 104
Definition and Terminology ·············· 105
参考文献 ································ 105

第十四章　髓腔解剖形态
Anatomic Morphology of Dental Pulp Cavity ············ 106

第一节　髓腔的构成与形态
　　　　Components and Morphology
　　　　of Dental Pulp Cavity ········ 106
　　一、髓室 ··························· 106
　　二、根管系统 ······················ 107
　　三、根尖部解剖 ···················· 110
　　四、髓腔形态的变化和临床意义 ····· 111
第二节　恒牙各牙位髓腔解剖形态特点
　　　　Pulp Cavity Morphological
　　　　Characters of Permanent Teeth ··· 114
　　一、切牙组 ························· 114
　　二、尖牙组 ························· 115
　　三、前磨牙组 ······················ 116
　　四、磨牙组 ························· 117
第三节　乳牙与恒牙髓腔形态的比较
　　　　Differences in Pulp Cavity
　　　　Morphology Between Primary
　　　　and Permanent Teeth ········· 121
　　一、乳前牙髓腔形态 ················ 121
　　二、乳磨牙髓腔形态 ················ 121
小结 ···································· 122
Definition and Terminology ·············· 122
参考文献 ································ 123

第三篇　 𬌗学
Occlusion

𬌗学发展史
History of Occlusion ················· **127**

第十五章　牙列
　　　　　Dentition ················· **131**

第一节　牙列的形状及生理意义
　　　　Shape and Physiologic Significance
　　　　of Dentitions ················· 131
　一、牙列形状 ················· 131
　二、牙列的生理意义 ················· 134
第二节　牙排列的倾斜规律
　　　　Rules of Tooth Inclination ······· 134
　一、牙体长轴近远中向的倾斜 ········ 135
　二、牙体长轴唇（颊）舌向倾斜情况 ··· 135
　三、上下颌牙齿的垂直向关系 ········ 136
第三节　𬌗曲线与𬌗平面
　　　　Occlusal Curves and Occlusal
　　　　Plane ················· 136
　一、𬌗平面与纵𬌗曲线 ················· 136
　二、横𬌗曲线 ················· 137
　三、牙排列的垂直向位置 ················· 138
　四、牙尖高度 ················· 138
第四节　牙列与下颌骨的关系
　　　　Relationship Between Dentition
　　　　and Mandible ················· 139
　一、Balkwill 角 ················· 139
　二、Bonwill 等边三角形 ················· 139
　三、Monson 球面学说 ················· 139
　四、牙𬌗曲线的分析 ················· 139
第五节　颅𬌗关系与参考平面
　　　　Occluso-Cranial Relation and
　　　　Reference Planes ················· 141
　一、颌面部解剖标志 ················· 141
　二、参考平面 ················· 141
　三、上下颌中切牙与参考平面的关系 ··· 142
第六节　面部结构的协调关系
　　　　Harmony of Facial Structure ···· 142
　一、面部三等分 ················· 142
　二、面部左右对称性 ················· 143

　三、唇齿关系 ················· 143
　四、牙形、牙弓形与面形的关系 ······ 143
　五、面部形态与颅部关系 ················· 144
小结 ················· 144
Definition and Terminology ················· 145

第十六章　𬌗
　　　　　Occlusion ················· **147**

第一节　𬌗与口颌系统
　　　　Occlusion and Stomatognathic
　　　　System ················· 147
　一、𬌗与咬合 ················· 147
　二、口颌系统 ················· 147
第二节　牙尖交错𬌗
　　　　Intercuspal Occlusion ················· 148
　一、上下颌牙齿尖窝相对的交错咬合 ··· 148
　二、上下第一磨牙的咬合接触关系 ··· 149
　三、上下尖牙相对关系 ················· 150
　四、覆盖与覆𬌗 ················· 150
　五、上下颌牙齿的咬合接触 ············ 151
第三节　乳牙期与替牙期牙尖交错𬌗的
　　　　特征
　　　　Features of Intercuspal Occlusion
　　　　of Deciduous Dentitions and
　　　　Mixed Dentitions ················· 153
　一、乳牙𬌗 ················· 153
　二、替牙期牙尖交错𬌗的特征 ········ 154
　三、𬌗的发育过程 ················· 155
第四节　前伸𬌗与侧𬌗
　　　　Protrusive Occlusion and Lateral
　　　　Occlusion ················· 156
　一、前伸𬌗 ················· 156
　二、侧𬌗 ················· 156
第五节　𬌗接触类型
　　　　Types of Occlusal Contacts ······ 158
　一、双侧平衡𬌗 ················· 158
　二、咀嚼运动中的平衡𬌗 ················· 158
第六节　按功能情况的𬌗分类
　　　　Classification of Occlusion Based

on Function ················· 159
一、理想𬌗 ······················ 159
二、生理𬌗 ······················ 159
三、病理𬌗 ······················ 159
小结 ······························· 159
Definition and Terminology ············ 160

第十七章　颌位
Mandibular Positions ········ 162
第一节　牙尖交错位
　　　　Intercuspal Position ··········· 162
　　一、牙尖交错位定义 ················· 162
　　二、牙尖交错位的特征 ··············· 162
第二节　正中关系位与后退接触位
　　　　Centric Relation Position and
　　　　Retruded Contact Position ······ 163
　　一、正中关系位与后退接触位 ········ 163
　　二、后退接触位与牙尖交错位的关系 ··· 164

三、正中关系位和后退接触位的
　　生理意义 ·················· 164
第三节　下颌姿势位
　　　　Mandibular Postural Position ··· 165
　　一、下颌姿势位定义 ················· 165
　　二、下颌姿势位的形成机制与特点 ··· 165
　　三、垂直距离与息止𬌗间隙 ··········· 165
　　四、下颌姿势位的生理意义 ··········· 166
第四节　肌接触位
　　　　Muscular Contact Position ······ 167
第五节　前伸𬌗颌位与侧𬌗颌位
　　　　Mandibular Positions of Protrusive
　　　　and Lateral Occlusions ·········· 167
　　一、前伸𬌗颌位 ····················· 167
　　二、侧𬌗颌位 ······················· 167
小结 ······························· 167
Definition and Terminology ············ 168
参考文献 ······························ 170

第四篇　口腔功能
Oral Functions

第十八章　下颌运动
Mandibular Movements ········ 173
第一节　下颌运动的神经传导通路
　　　　Neural Pathways of Mandibular
　　　　Movements ················· 173
　　一、下颌运动的感觉传入路径 ········ 173
　　二、下颌运动的传出路径 ············ 173
　　三、下颌反射活动 ··················· 174
第二节　下颌运动的控制
　　　　Control of Mandibular
　　　　Movement ················· 178
　　一、下颌运动的控制因素 ············ 178
　　二、个体下颌运动型 ················· 178
第三节　下颌运动的形式及运动范围
　　　　Patterns and Regions of
　　　　Mandibular Movements ········ 179
　　一、下颌运动的形式 ················· 179
　　二、下颌运动的范围 ················· 180
第四节　下颌运动的记录
　　　　Recordings of Mandibular
　　　　Movements ················· 181

一、下颌运动记录的标志点和观测面 ··· 181
二、下颌运动记录方法 ··············· 181
第五节　下颌运动轨迹
　　　　Traces of Mandibular
　　　　Movements ················· 182
　　一、切点的运动轨迹 ················· 182
　　二、髁点的运动轨迹 ················· 185
　　三、对磨牙标志点运动轨迹的研究 ··· 188
第六节　研究下颌运动的意义
　　　　Importance of Study on
　　　　Mandibular Movements ········ 189
第七节　𬌗架——下颌运动的机械模拟
　　　　Articulator—Mechanical
　　　　Simulating of Mandibular
　　　　Movements ················· 190
　　一、𬌗架的发明与改进 ··············· 190
　　二、𬌗架的结构组成、基本要求和
　　　　分类 ·························· 191
　　三、𬌗架在口腔医学中的应用 ········ 192
　　四、𬌗架的进展与趋势 ··············· 192
小结 ······························· 193

Definition and Terminology ·············· 193

第十九章 咀嚼 Mastication ················ 195

第一节 咀嚼的发育与学习
Development and Learning of Mastication ················ 195

第二节 咀嚼的神经控制
Neurological Control of Mastication ················ 195
一、咀嚼运动的发生 ················ 196
二、高级中枢的影响 ················ 197
三、咀嚼运动的反馈控制 ············· 197

第三节 咀嚼运动的过程
Process of Mastication ············· 198
一、前牙切割运动 ················ 198
二、后牙压碎和磨细运动 ············ 198

第四节 咀嚼周期
Chewing Cycle ················ 199
一、正常咀嚼轨迹图形与时间变化 ····· 199
二、咀嚼和吞咽过程中的牙接触 ······ 200

第五节 咀嚼运动的类型
Types of Mastication ············· 200
一、双侧交替咀嚼 ················ 200
二、单侧及前伸咀嚼 ··············· 201
三、双侧（同时性）咀嚼 ············· 201

第六节 咀嚼运动中的生物力学
Biomechanics in Mastication ··· 201
一、咀嚼运动的生物杠杆作用 ······· 201
二、咀嚼中牙齿的受力分析 ········· 202

第七节 咀嚼运动中的肌肉活动
Muscular Activity in Mastication ················ 203
一、肌电图检查方法 ················ 204
二、咀嚼系统功能性肌电图 ·········· 206

第八节 咀嚼运动中的生物力
Biologic Forces in Mastication ··· 210
一、咀嚼肌力 ···················· 210
二、𬌗力 ······················· 210
三、最大𬌗力与牙周潜力 ············ 211

第九节 咀嚼效率
Masticatory Efficiency ··········· 213
一、测定咀嚼效率的方法 ············ 213

二、影响咀嚼效率的因素 ············ 214

第十节 咀嚼时牙的动度与牙齿磨耗
Tooth Movement in Mastication and Tooth Attrition ·········· 214
一、咀嚼时牙的动度 ················ 214
二、磨耗与磨损 ··················· 215
三、磨耗的生理意义 ··············· 215
四、过度磨耗的后果 ··············· 215
五、磨耗的评价 ··················· 216

第十一节 舌、唇、颊和腭在咀嚼运动中的作用
Roles of Tongue, Lip, Cheek and Palate in Mastication ····· 217
一、舌的作用 ···················· 217
二、唇、颊、腭的作用 ·············· 217

第十二节 咀嚼对𬌗、颌、面生长发育的影响
Effects of Mastication on Occlusal and Maxillofacial Developments ··············· 217

第十三节 咀嚼对脑功能的影响
Effects of Mastication on Brain Function ················ 218

小结 ·························· 218
Definition and Terminology ··············· 219

第二十章 吞咽与吮吸 Swallowing and Sucking ······· 221

第一节 吞咽过程
Process of Swallowing ········· 221
一、吞咽第一期 ··················· 221
二、吞咽第二期 ··················· 222
三、吞咽第三期 ··················· 222

第二节 吞咽活动的机制
Mechanism of Swallowing ····· 223

第三节 吞咽对𬌗、颌、面生长发育的影响
Effects of Swallowing on Occlusal and Maxillofacial Development ··· 224
一、正常吞咽对𬌗、颌、面生长发育的作用 ······················ 224
二、异常吞咽对𬌗、颌、面生长发育的影响 ······················ 224

第四节　吮吸
　　　　Sucking ················ 225
　　一、吮吸的概念 ············ 225
　　二、吮吸的生理过程 ········ 225
　　三、不良吮吸习惯 ·········· 226
小结 ·························· 226
Definition and Terminology ······ 226

第二十一章　言语
Speech ·················· 227
第一节　言语与语言的关系
　　　　Relationship of Speech and
　　　　Language ·············· 227
第二节　发音器官
　　　　Organs of Pronunciation ··· 227
　　一、声带 ·················· 228
　　二、前庭襞 ················ 228
　　三、喉肌 ·················· 228
第三节　发音的调节机制
　　　　Regulative Mechanism of
　　　　Pronunciation ·········· 228
　　一、发音与共振 ············ 228
　　二、音调 ·················· 229
　　三、音质 ·················· 229
　　四、音强 ·················· 230
第四节　语音
　　　　Voice or Sounds ········ 230
　　一、音素 ·················· 230
　　二、音节 ·················· 232
第五节　语言的神经控制系统
　　　　Neural Control System of
　　　　Language ·············· 232
　　一、语言控制中枢 ·········· 232
　　二、周围感觉信息的反馈调节 ···· 233
　　三、单侧大脑优势 ·········· 233
　　四、与言语有关的神经分布 ··· 233
第六节　言语与呼吸
　　　　Speech and Respiratory ··· 234
第七节　口鼻腔的形态异常对语音的影响
　　　　Influence of Morphologic
　　　　Abnormalities of Oral and Nasal
　　　　Cavities on Sounds ······ 234
　　一、口腔的形态异常对语音的影响 ··· 234

　　二、鼻腔的形态异常对语音的影响 ··· 235
小结 ·························· 235
Definition and Terminology ······ 235

第二十二章　唾液分泌与功能
Salivary Secretion and
Functions ················ 237
第一节　唾液的性质和成分
　　　　Characteristics and Composition
　　　　of Saliva ·············· 237
　　一、唾液的性质 ············ 237
　　二、唾液的成分 ············ 237
第二节　唾液腺的分泌机制
　　　　Glandular Mechanism of
　　　　Secretion ·············· 238
　　一、影响唾液成分的因素 ···· 238
　　二、唾液分泌的调节 ········ 238
　　三、唾液反射 ·············· 240
　　四、唾液分泌的影响因素 ···· 240
第三节　唾液的作用
　　　　Functions of Saliva ······ 240
第四节　增龄对唾液分泌的影响
　　　　Effects of Aging on Salivary
　　　　Secretion ·············· 242
小结 ·························· 242
Definition and Terminology ······ 243

第二十三章　感觉功能
Sensory Functions ········ 244
第一节　味觉
　　　　Gustatory Sensation ······ 244
　　一、味觉感受器和味觉通路 ··· 244
　　二、基本味觉 ·············· 245
　　三、影响味觉的因素 ········ 247
第二节　触觉和压觉
　　　　Tactile and Pressure Sensation ··· 248
　　一、常见机械感受器 ········ 249
　　二、面部皮肤机械感受器的反应特点 ··· 249
　　三、口腔黏膜触、压觉特点 ··· 249
　　四、牙周机械感受器 ········ 250
第三节　温度觉
　　　　Thermal Sensation ······ 251
第四节　痛觉

Sense of Pain ·················· 252
小结 ························· 253
Definition and Terminology ········ 254

第二十四章　牙髓疼痛
Tooth Pulp Pain ·············· 256

第一节　牙髓伤害感受器
Pulpal Nociceptors ·············· 256
一、牙髓的神经分布 ············ 256
二、牙髓神经纤维的终端 ········ 257
三、牙髓伤害性感觉纤维的记录 ···· 258
四、刺激在牙本质中的传导 ······· 258
五、牙髓的非伤害性反应 ········ 259

第二节　牙髓神经分布的可塑性
Plasticity of Pulp Innervation ··· 259
一、牙髓神经的再生 ············ 259
二、萌出与脱落期的牙髓神经 ······ 260
小结 ························· 260
Definition and Terminology ········ 260

第二十五章　口腔与呼吸
Oral Cavity and Respiration ···· 262

第一节　呼吸功能的检查方法
Methods of Examining Respiratory
Function ···················· 262
一、鼻测压计 ················ 262
二、口鼻呼吸同步测定装置 ········ 262
三、X 线头影测量 ·············· 263
四、鼻咽纤维镜 ················ 263
五、多导睡眠图 ················ 264

第二节　呼吸与咀嚼、吞咽的关系
Relation of Respiration to
Mastication and Swallowing ···· 265
一、呼吸与咀嚼、吞咽功能 ········ 265
二、呼吸系统具有保护性反射活动 ··· 265

第三节　呼吸方式与颌面、颌、𬌗的发育
Breathing Pattern and Development
of Crania，Jaws and Occlusion ··· 265
一、呼吸方式对颌面生长发育的影响 ··· 266
二、影响机制 ·················· 266

第四节　呼吸与阻塞性睡眠呼吸暂停
低通气综合征
Respiration and Obstructive Sleep
Apnea Hypopnea Syndrome ···· 266
一、阻塞性睡眠呼吸暂停低通气
综合征 ···················· 266
二、有关的病因 ················ 267
小结 ························· 267
Definition and Terminology ········ 268
参考文献 ····················· 268

中英文专业词汇索引 ·················· **271**

绪 论

Introduction

《牙体解剖与口腔生理学》是口腔医学中一门重要的基础课程。其内容主要是描述正常的自然牙体和牙列形态，研究分析其形态与功能的关系，讲授𬌗与颌位的概念及两者之间的关系，并且联系临床实际阐明口颌系统的生理功能现象与规律。目的在于使读者通过学习能够辨识形态结构的特点，掌握功能的活动规律，为临床课程学习奠定基础，以及在临床中应用牙体解剖与口腔生理学的基础知识分析问题和解决问题。

人们对牙体形态和口腔功能活动规律的认识，是基于对人体口颌面的观察，以及对活的机体研究和实验的总结。目前有关生理功能的知识，有的来自动物实验，例如下颌运动传入传出的神经通路，但多数来自人体试验。近年来，随着物理、化学、数学、电子计算机技术的发展，研究口颌系统形态和生理功能活动发展出许多新兴的研究领域，如牙体、颞下颌关节的三维有限元分析、计算机模拟下颌运动（虚拟𬌗架）、𬌗力数字化分析系统、活体成像等。随着各个科学领域的发展，口腔生理学的研究也日益深入。

系统与全身的关系

人体在结构与功能上形成一个有机的统一整体，这个整体是由许多系统、局部组成的。系统之间和同一系统中各器官之间，相互联系，相互依存，不能离开整体而独立生存。口颌系统或咀嚼系统为其中的一部分，具有与整体相同的特性。口颌系统中的各器官和组织，如咀嚼肌、颞下颌关节、颌骨、牙、牙周组织以及与其相关的神经血管等，共为发挥咀嚼功能的统一整体。此外，口颌系统与机体的生理和情绪健康有关，如口颌系统的功能与消化、呼吸系统的密切关系，颞下颌关节紊乱病的精神心理因素，口颌系统的适应能力与患者的全身情况密切相关等。因此，我们不能把咀嚼系统看成是一个独立自主的功能整体。

形态学的变异

在人类生物学进化过程中，牙列已经不再受到严格控制。当人体重要的生命功能，如呼吸和消化功能正常运行时，口腔结构的特殊解剖特点不再像类人猿和猿人，以及人类原始社会那样，对生存具有很大的影响。因此人类与牙和颌骨发育相关的基因库有所扩展，这方面的基因表达出现了大范围的变异。我们通过对比人群和患者的牙体形态、牙列形态，以及颌骨的相对大小，可以发现变异的显著程度。因此，口腔解剖与功能的描述是建立在大量样本观察的基础上，是人群口颌系统形态特征与功能的总结，不可能完全符合、适用于每一个体。学习中既要掌握一般规律，更要认识发育中的变异特征。在没有科学地确定病因-结果的关系之前，不应该将相对不变的临床教义加诸于每一个患者。随着临床诊断技术的进步，我们逐步获得了对个体特殊性的全面认知，才能更好地处理变异。

结构与功能相适应

口颌系统（咀嚼系统）的所有组成部分具有很强的适应特征。这种适应性可以是结构与功能的适应，也可以是系统对暂时的或长期的需求作出改变。形态结构是功能活动的物质基础，功能的作用又可以逐渐引起形态结构的变化。掌握这一规律有利于理解和分析临床问题。口颌系统与生物体的任何一个系统一样，在结构与功能相互适应的过程中可以发生改变，所以它不应该被看作是一个固定的、不变的、恒定的整体。但是，这并不意味着牙体形态和口腔功能活动的基本规律不重要，而是应该从基本知识、基本理论出发，具体问题具体分析。

𬌗与口腔生理（口颌生理）的关系

Occlusion 的字面解释是"闭合的动作或者闭合的状态"。对于牙医学来说 occlusion 则解释为"下颌运动过程中上下颌牙齿的功能性接触关系"（Dorland，1985），涉及牙齿的切端或者𬌗面的形态、牙齿在牙列中的排列以及上下颌牙齿的咬合方式。学者们认为这一定义虽然准确却非常狭义，而 occlusion 更全面的定义为：正常功能状态下、非正常状态下、过度功能状态下的口颌系统所有组成部分之间的关系。它包括对颌牙与修复体接触面的形态特征和功能特征，𬌗创伤与功能不良，神经肌肉生理，颞下颌关节和肌肉功能，吞咽和咀嚼，精神心理状态，以及口颌系统功能紊乱的诊断、预防和治疗。

因此，𬌗学研究的范畴包括影响下颌位置、口颌系统功能，造成口腔副功能和功能不良的所有的因素，以及它们所产生的种种作用。𬌗学包含的内容远远多于牙列的咬合关系，并且包括一个动态的、生物力学的骨骼肌肉系统相关内容。因此，只有在全面地理解了这一学科的观点之后才能够掌握"𬌗"的概念。这样就涉及生物进化与发展、组织学、解剖学、生物力学、生理学（特别是神经肌肉生理）、病理学、行为科学等，以及临床诊断和治疗等一系列知识。由于𬌗这一术语内涵的局限，为了使这一领域的定义得到扩展而经常使用一些替代术语，如口颌生理学（stomatognathic physiology）。但是，在牙医学专业中"𬌗"字最常用，而且它是能够使人认识到这一学科广泛领域的最合适的词汇。

学习方法

牙体解剖与口腔生理学的内容较为丰富，并且口腔生理学与大体生理学相比有其独特性，在学习的过程中要注重观察、操作、联想、联系、理解、应用。对于形态结构，首先要仔细观察，例如牙体形态、牙列形态等；然后要操作实践，雕刻各类牙的形态，检查咬合接触情况；通过观察建立上下牙列的立体咬合关系，建立上下颌的三维位置关系，能够在理解的基础上在头脑中建立起这种三维关系；建立由局部到系统，乃至到整体的联系；在临床病例的诊治中注意应用牙体解剖和口腔生理的基础知识、基本理论，并且在应用的过程中不断加深对有关概念的理解和掌握。

牙体解剖与口腔生理学是口腔医学的一门基础课程，只有牢固地掌握其中的基本理论、基本知识、基本技能，才能为后期临床课程的学习打下坚实的基础，同时也为今后专业诊治水平的提高奠定重要基石。

（谢秋菲　张　磊）

第一篇 颅、颌、面、𬌗的演化与发育

Evolution and Development of Craniomaxillofacial Regions and Occlusion

第一章 颅、颌、面部与牙的演化

Evolution of Craniomaxillofacial Regions and Teeth

"物竞天择，适者生存"，这是达尔文进化论（Darwin's theory of evolution）的观点。

动物进化的历程大致为：海洋中原始的单细胞生物，逐渐进化为多种类的无脊椎动物，再进化为鱼类→两栖类→爬行类→鸟类和哺乳类。在此漫长的过程中，各种动物的口腔颌面部都发生了很大的变化。这种变化是为了适应生存的需要而发生的。

在研究口腔颌面部的过程中，发现无论是颅骨、颌骨、颞下颌关节还是牙齿，都可见种系演化的痕迹。研究这一过程通常采用比较解剖学的方法，根据现存动物口腔颌面部的形态结构，比较其异同，追溯其形态演化的痕迹，理解生存需求对于演化的影响。而研究人类口腔颌面部的演化，通常从早期鱼类（有颌类的第一代始祖）开始。本章以牙体形态的演化为重点。

第一节 颅、颌、面部的演化
Evolution of Craniomaxillofacial Regions

在古生代的奥陶纪（约5.1亿年前）时，开始出现早期脊椎动物（vertebrate），是为无颌纲，如盲鳗、七鳃鳗等。演化到软骨鱼类（鲨鱼、鳐鱼等）的头颅部，是由软骨被膜构成的，内有颅软骨与软骨组成的牙颌器官。鲨鱼的牙颌器官是由来自第一对与第二对咽弓的颌弓及舌弓构成的。颌弓上部是腭方软骨，下部是Meckel软骨。舌弓上部是舌颌软骨，下部是舌软骨。

软骨鱼演化至硬骨鱼，其腭方软骨逐渐演化成膜性骨的腭骨（包括前颌骨和上颌骨）。腭方软骨后端发育出一骨，称为方骨。Meckel软骨前端演化为齿骨，后端演化为关节骨，行使下颌功能。此时形成的上、下颌称为次生颌。硬骨鱼的颅骨数量甚多，达到180片。

到两栖动物时，颅骨渐已发达，不但形成完整的颅壳，而且软骨大部分已经为硬骨所替代。前颌骨及上颌骨牢固地与腭骨联合，方骨与关节骨逐渐退化。但此时颅骨数量仍很多。至爬行动物，颅骨数量开始明显减少。

到二叠纪（约2.9亿年前），演化至早期哺乳动物，不但颅骨数量继续减少，其结构也完全演化为骨性。上颌骨与前颌骨逐渐联合，上颌骨进一步发育出腭突，并与腭骨发育出的水平板共同组成硬腭。方骨进入中耳成为砧骨，关节骨进入中耳成为锤骨。齿骨则发育成为有升支的下颌骨（图1-1）。

到新生代第三纪的古新世，出现高级哺乳动物的灵长类，其口腔颌面部结构与形态都有了明显改变，特别是后来出现的人类更显著。人类颅颌面骨包括3块听小骨，共有26块。猿与现代人类颅颌面部有不少相似之处，但也有许多差异，如猿的颅脑部容积小，眉弓前凸，上、下颌前凸，下颌骨粗大等。早期人类由于直立行走，手足分工，使身体重心发生改变，颅骨也发生了改变。由于火的使用，使食物精细化，减轻了咀嚼压力，使上、下颌骨后缩并逐渐缩小，颅脑部则渐增大，形成现代人类颅颌面部独有的特征（图1-2）。

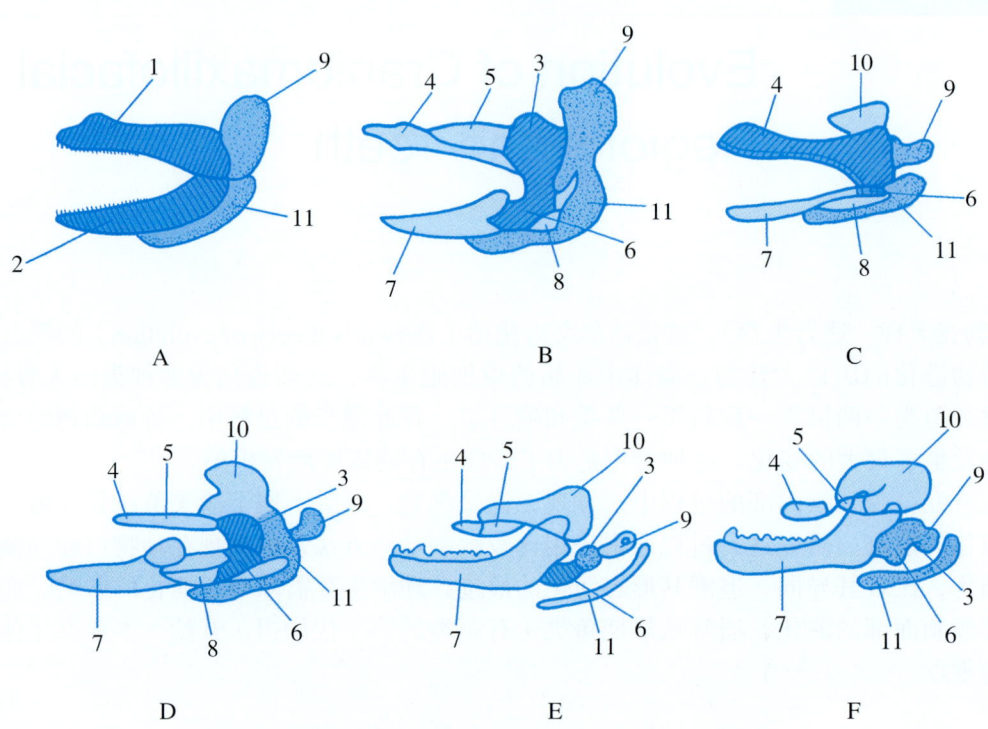

图 1-1　脊椎动物前两个咽弓的演化
A. 鲨鱼；**B.** 硬骨鱼；**C.** 两栖类；**D.** 爬行类；**E.** 兽齿类；**F.** 哺乳类
1 腭方软骨；2 Meckel 软骨；3 方骨（哺乳动物的砧骨）；4 腭骨；5 翼骨；
6 关节骨（哺乳动物的锤骨）；7 齿骨；8 隅骨；9 舌颌软骨-镫骨；10 鳞骨；11 舌骨
（引自毛燮均，朱希涛主编. 口腔矫形学. 北京：人民卫生出版社，1962）

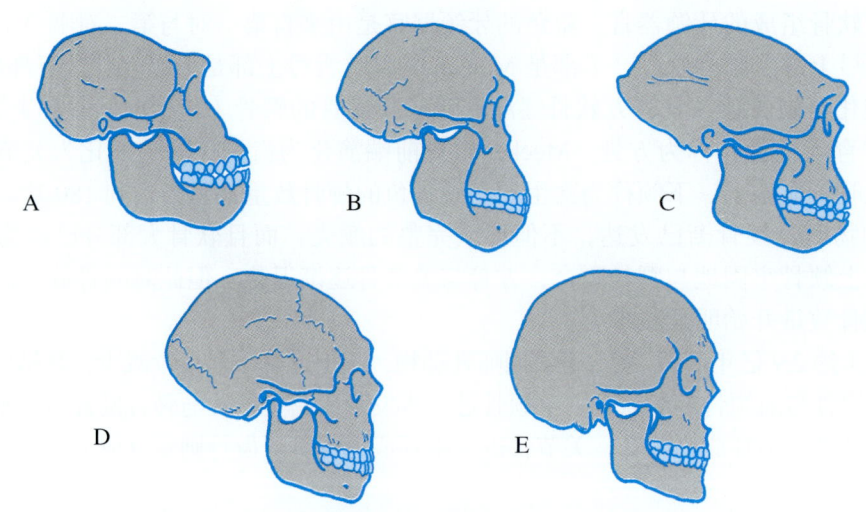

图 1-2　颅颌面部对比
A. 南方古猿（400万—100万年前）；**B.** 非洲古猿（200万年前）；**C.** 直立人（猿人）（100万年前）；**D.** 早期智人（尼安德特人）（10万—4万年前）；**E.** 智人（约4万年前）

第二节 颞下颌关节的演化
Evolution of Temporomandibular Joint

动物在演化过程中，由于功能的需要，颞下颌关节的形态结构由简单变为复杂。

一、原始颌关节

软骨鱼类（鲨鱼等）无颌关节，只具有原始牙颌器官的解剖形态。其下颌 Meckel 软骨是借助于来自第二咽弓上部的舌颌软骨悬吊于头颅下方的。

软骨鱼到硬骨鱼再进化到较高级的爬行类时，才开始有真正意义上的颌关节。其腭方软骨的后端骨化为方骨，附着于颅骨而成为不动的关节。Meckel 软骨后端骨化为关节骨。上颌方骨与下颌关节骨相衔接形成关节。这种关节只能做开闭口运动以捕捉食物，无咀嚼功能，所以称原始颌关节。这种颌关节与其功能相适应。例如：蛇的颌骨与头骨是由强力韧带相连的，韧带可被拉长，所以蛇口能张得很大，以吞下很大的食物。鳄鱼的髁突在上颌，关节凹在下颌，由上颌与头骨活动张口，这样可以匍匐在地面捕捉食物（图1-3）。

图 1-3 鳄鱼的颅骨

二、继发颌关节

原始哺乳动物的齿骨（即下颌骨）后端逐渐向上发展成为下颌升支，并逐渐与颅侧的鳞骨（颞骨的一部分）接近，形成颞下颌关节，称之为继发颌关节，具有咀嚼功能，成为真正的咀嚼器官（见图1-1）。

肉食类动物的髁突呈横圆柱状，颌关节只能做开合运动。

草食类动物髁突平坦，有的动物略凹陷，能做广泛的侧方运动，适合左右摇摆下颌细嚼食物。

啮齿类动物髁突纵径长，横径短，是一个矢状方向的扁平骨片。这种关节能使下颌做前后方向的运动，以便锉短切牙。

现代哺乳动物的颌关节又可分为无关节盘与有关节盘两类。较高级的哺乳动物具有关节盘。关节盘在受到较大咀嚼压力时，可以缓冲压力与摩擦，并使颌关节成为具有滑动和转动复杂运动的关节。

现代人类的颞下颌关节构造，适应了人类功能的需要，其特征为：关节凹深，凹顶穹隆骨板薄，关节后突萎缩，关节结节非常明显，髁突颈部渐细长，关节凹远大于髁突。这种变化使颞下颌关节运动更加灵活，使髁突在较大的关节凹内做旋转运动，加大了下颌前伸和侧方运动的范围，使发音与舌运动不受妨碍（图1-4）。

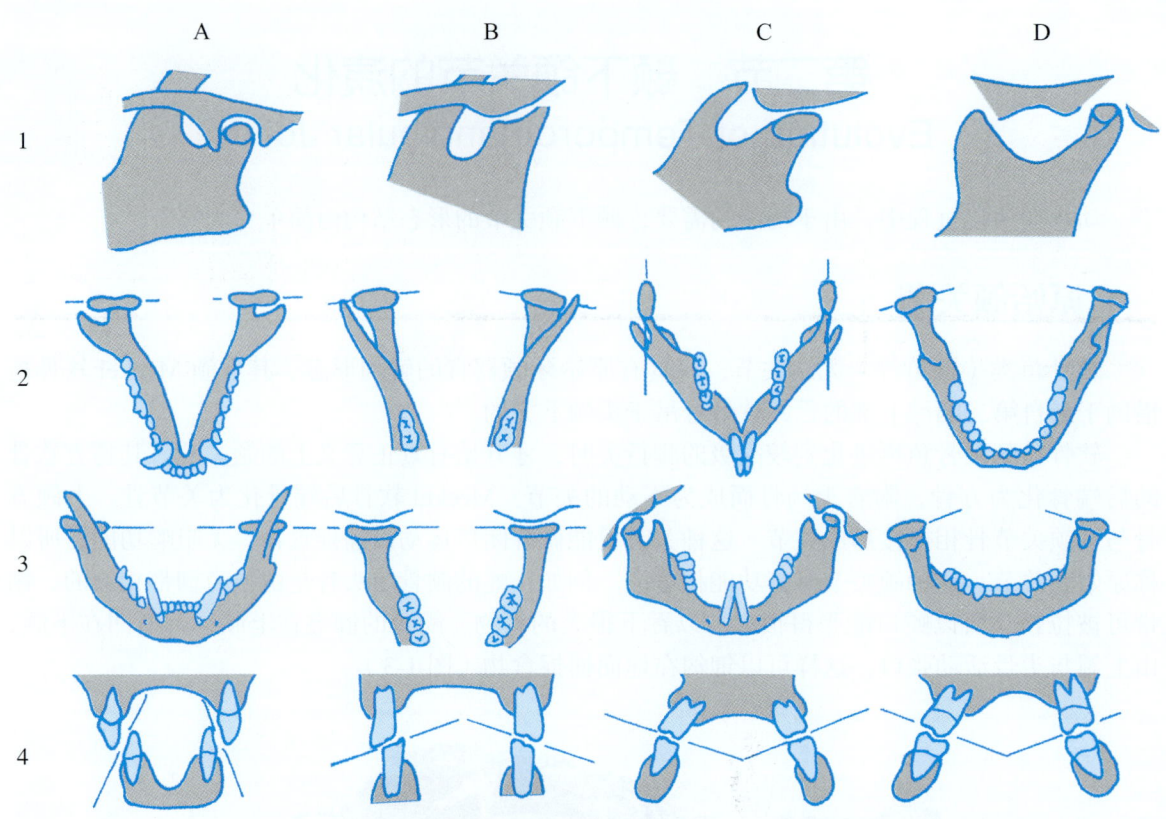

图 1-4　不同动物的颞下颌关节示意图
A. 肉食类；**B.** 草食类；**C.** 啮齿类；**D.** 人类
1 下颌关节侧面观；2 下颌髁突上面观；3 下颌髁突前面观；4 咬合平面前额断面观

第三节　牙体的演化
Evolution of Teeth

一、牙体形态的演化学说

牙体形态的演化，是由最原始鱼类的三角片牙，演化为单锥体牙，再逐步进化为多锥体联合牙。各种动物（肉食、草食、杂食等）的牙齿，由于功能不同而形态各异。对于牙体形态的演化，学者们提出过各种学说，通常所见的有两种，即联合学说与三尖学说。

1. 联合学说（concrescence theory）　联合学说又称愈合学说。按此学说，由低级动物的牙齿演化到高级动物的牙齿，是先由三角片牙演化为单锥体牙。然后在动物进化过程中，由于颌骨逐渐缩短（例如爬行动物的长颌骨），使呈直线排列的单锥体牙，经反复聚合而成二尖型、三尖型、四尖型及多尖型牙。有的学者认为，三尖型牙是由三个单锥体牙联合形成的。同样，四尖型牙是由四个单锥体牙联合而成的。

各种类型的牙齿特征分述如下：

（1）三角片牙：见于现存的鲨鱼。牙体构造与鱼鳞相同，牙由纤维膜支持，每颗牙后有很多后备牙，有牙齿脱落时，纤维膜即将后备牙送到颌骨嵴上补缺，再缺再补，终生不缺（图1-5）。具有这种牙的动物，口腔只能做简单的开合运动。

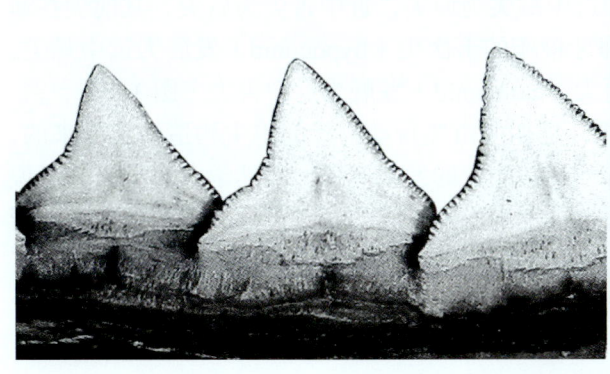

图 1-5　鲨鱼的三角片牙及后备牙列

（2）单锥体牙（haplodont）：见于一般的硬骨鱼类、两栖类及爬行类（如鳄鱼等）。各单锥体牙排列在颌弓嵴上，彼此分离而有间隙。当上、下牙弓咬合时，上、下牙互相插入对颌牙之间隙内，故此类动物口腔也主要是开合运动（见图 1-3）。

（3）三锥体联合牙（triconodont，三尖型联合牙）：见于肉食动物，如猫科、犬科动物等的后牙，由三个原始锥体联合而成，大尖在中，两小尖一前一后。三锥体联合后，其缘为薄刃，每一锥端凸出似刀尖。咬合时上、下牙刃发生剪切作用，便于撕裂肉食。有这种牙的动物，开闭口也只能是铰链运动。

（4）四锥体联合牙（quadritubercular molar，四尖型联合牙）：见于草食动物或杂食动物，如牛、羊、猪等的前磨牙和磨牙。这些牙面宽大，上、下后牙铰锁程度减小，颞颌关节构造允许下颌做侧方运动。马、牛、羊等草食动物侧方运动度甚大，利于磨碎食物。灵长类动物亦常为四锥体联合牙。

（5）五锥体联合牙（quinquetubercular molar，五尖型联合牙）：现代人下颌第一恒磨牙，即为该种牙，牙冠有五尖。

至于单锥体牙如何联合成多尖牙，仍无充分事实加以证明。从胚胎发生上加以研究，尚不能判断该学说的正确性。

2. 三尖学说（tritubercular theory）　三尖学说又称为分化学说或柯普-奥斯朋学说（Cope-Osborn's tritubercular, tubercular-sectorial theory），最早由 H. F. Osborn 于 1907 年系统提出。后演变为"磨楔式理论"（tribosphenic theory）（Simpson 1936）。该学说认为：哺乳动物的多尖型牙齿，是由爬行动物的单锥体牙演变而来的。原来的单锥体尖称为原尖（protocone），此后在原尖的近、远中面各发生一个小尖，此时的牙称为原牙（protodont）（图 1-6a）。在演化过程中，两小尖逐渐增大，成为直线排列的三尖型，称为三尖牙（triconodont）。居中之尖即原尖，在原尖近中的尖称为前尖，远中的尖称为后尖。上颌牙分别称为上原尖（protocone）、上前尖（paracone）和上后尖（metacone）；在下颌者分别称为下原尖（protoconid）、下前尖（paraconid）和下后尖（metaconid）。

哺乳类动物的颌骨，在演化过程中逐渐缩短，使三尖牙受到近、远中方向的压迫，直线排列的三尖逐渐演变为三角形排列。在上颌，上原尖被挤向舌侧，上前尖、上后尖被挤向颊侧；在下颌，下原尖被挤向颊侧，下前尖、下后尖被挤向舌侧。此时形成的牙称为三角牙（图 1-6b）。

三角牙的三尖排列形成的三角形称为三角座（trigon）。在有些动物中三角牙后方的隆突逐渐增大形成牙根座（talon）。

就人类磨牙的演化而言，在上颌磨牙四尖中，有三尖来源于三角座，即近中舌尖为原尖，近中颊尖为前尖，远中颊尖为后尖，远中舌尖来源于牙根座所形成的上次尖（hypocone）。在下颌磨牙的五尖中，有两尖来源于三角座，即近中颊尖为原尖，近中舌尖为后尖，其前尖在演化过程中消失了。其余三尖来源于牙根座，即牙根座的下次尖（hypoconid）发展为远中颊尖，下次小尖（hypoconulid）发展为远中尖，下内尖（entoconid）发展为远中舌尖（图1-7）。

三尖学说试图说明哺乳动物牙的多尖构造，是如何由爬行动物牙的单尖构造演变而来的，但其演变的证据仍不充分，在胚胎发育上亦看不到其演变的发生过程。虽然学者对于三尖学说仍有怀疑，但从原始的有胎盘类动物起，从系统发生来看，三尖学说对于牙的比较记述有所帮助，也能为较多的学者所接受。

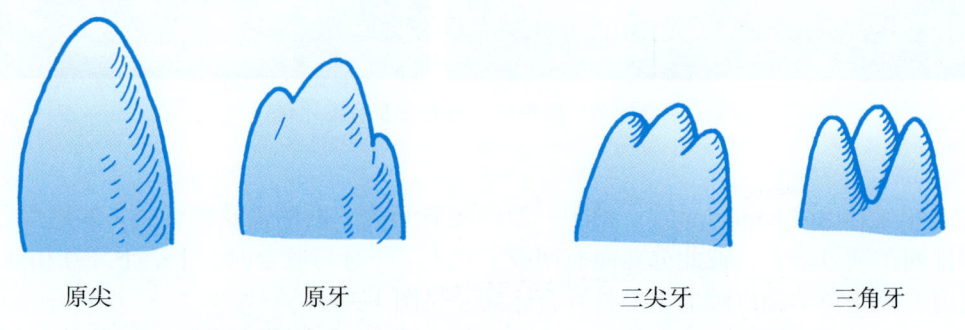

图1-6a　原尖与原牙　　　　　图1-6b　三尖牙与三角牙

（引自毛燮均，朱希涛主编.口腔矫形学.北京：人民卫生出版社，1962）

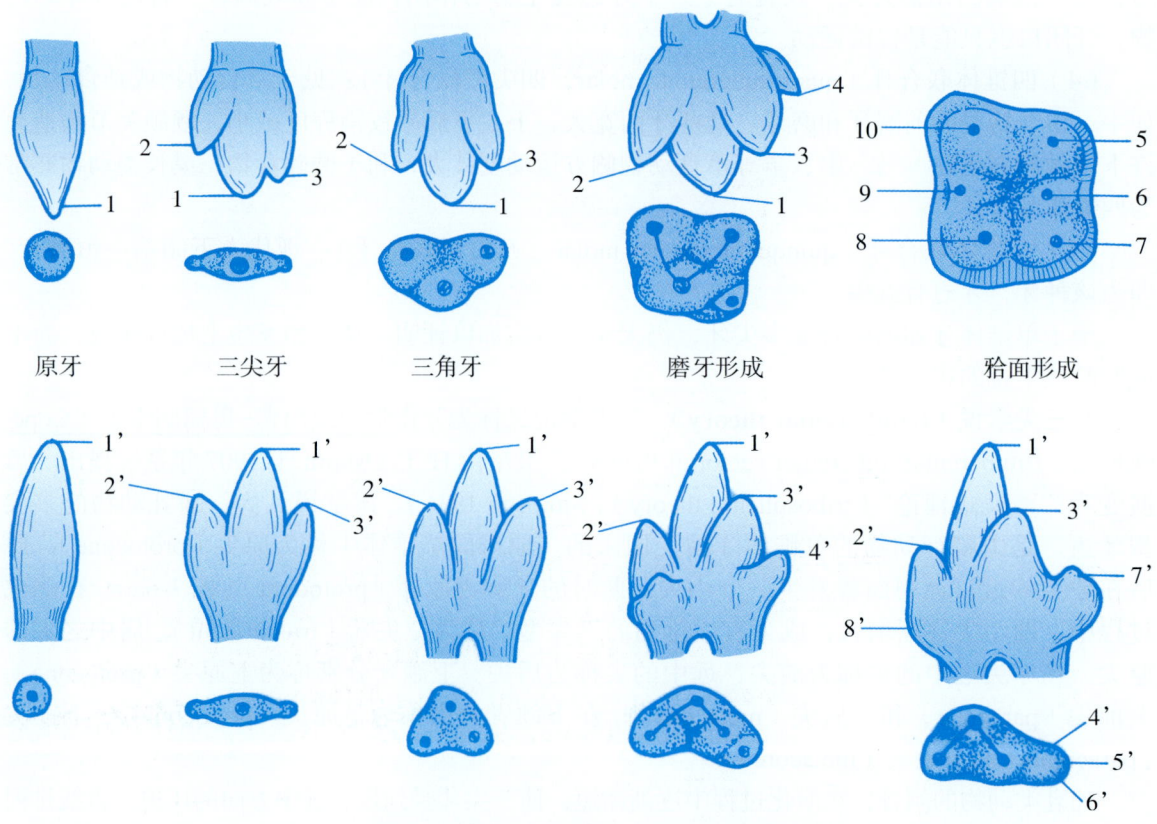

图1-7　牙体形态演化——三尖学说示意

1 上原尖；2 上前尖；3 上后尖；4 上次尖；5 后尖；6 后小尖；7 次尖；8 原尖；9 原小尖；10 前尖；1' 下原尖；2' 下前尖；3' 下后尖；4' 下次尖；5' 下次小尖；6' 下内尖；7' 牙根座；8' 三角座

（引自毛燮均，朱希涛主编.口腔矫形学.北京：人民卫生出版社，1962）

二、各类动物的牙体形态及其特点

1. 鱼类　鱼类的牙齿多是向后弯曲的三角片或圆锥体（单锥体牙），主要功能是捕捉食物,无咀嚼功能。一般来说,全部牙齿形态相同,故称为同形牙(homodont),但也有极少数例外。在每一牙的舌侧,有若干后备牙,旧牙脱落后新牙马上补充,终生不已,故称为多牙列(polyphyodont)。牙齿数目甚多,有达200多颗者。有些鱼的牙遍布于腭、颌等骨甚至舌、咽、食管的表面。

(1) 软骨鱼纲:鲨鱼是典型的软骨鱼,其牙为三角片状,且有众多后备牙(见图1-5)。另有一种锯鲨,有锯片状的喙,长者可达2米,喙两侧有锋利的尖齿,用来剖开其他动物的腹,食其内脏。

(2) 硬骨鱼纲:大多数鱼都是硬骨鱼,个别硬骨鱼无牙。硬骨鱼多数是单锥体牙、同形牙、多牙列。只有极少数是异形牙(heterodont),例如一种鱼名为羊头鱼(sargus ovis),其口腔前部有类似人类切牙的牙齿,用于撕取岩石上的贝壳,而口腔后部有类似于磨牙的牙,用于捣碎贝壳(图1-8)。

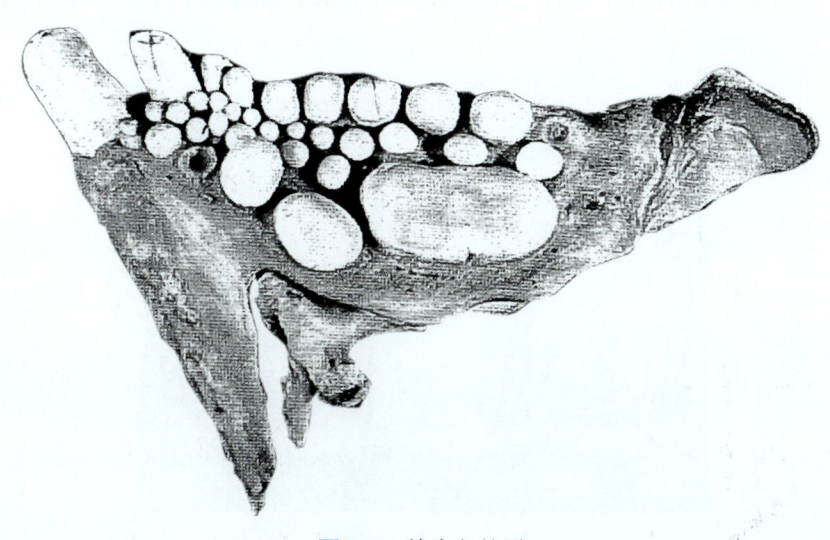

图 1-8 羊头鱼的牙

2. 两栖纲 包括青蛙、蟾蜍、蝾螈等。一般而言,两栖类动物的牙仍是单锥体、同形牙、多牙列、端生牙。牙齿分布于腭、犁、蝶、颌等骨上。由于从低级到高级动物的演化,牙齿数目有减少的趋势,所以两栖类动物的牙较鱼类少。

3. 爬行纲 包括龟、蛇、鳄鱼等。爬行类动物的牙齿数目较鱼类少,低级爬行动物的牙尚分布于颌、腭、翼等骨,多为单锥体牙或三角牙、同形牙、多牙列。

(1) 蛇:多为锥形牙。毒蛇的毒牙有输毒管或沟。闭口时,毒牙向后平卧于腭盖下;开口时,毒牙露出直立于口外。毒牙是毒蛇猎食和防卫的工具。

(2) 鳄鱼:动物趋于高级,生长牙的骨骼越少。自鳄鱼起,牙齿只长于上、下颌骨内。鳄鱼是多牙列,基本是单锥体牙、同形牙(见图1-3)。

4. 鸟纲 现代鸟类无牙,但据化石发现,原始鸟类是有牙的,在上、下颌各有同形单锥体牙一排,与鳄鱼相似。

5. 哺乳纲 动物趋于高级,牙齿数目亦趋于减少,哺乳动物的牙齿数目就少于低级动物,并已经演化成异形牙(heterodont),区分为切牙(incisor)、尖牙(canine)、前磨牙(premolar)和磨牙(molar)。牙根较发达,深埋于颌骨中牙槽窝内。绝大多数哺乳动物一生只需换一次牙,故称为双牙列(diphyodont)。哺乳动物的基本牙式为 $I\frac{3}{3}$, $C\frac{1}{1}$, $Pm\frac{4}{4}$, $M\frac{3}{3}$,共44颗牙,但变异甚大。

牙齿与食性关系密切,不同种属牙齿形状和数目差异较大。草食动物切牙、磨牙发达,磨牙呈"脊状齿";杂食动物磨牙呈"瘤状齿";而肉食动物尖牙特别发达,后牙呈"裂齿"。对于鱼、两栖动物和爬行动物，牙齿的主要功能是捕获和咬紧，然后吞咽，上下颌只能做简单的开闭运动，很少侧方运动。而哺乳动物后牙咬合面变宽，有了一些牙尖，可以研磨食物，以满足恒温动物对更高热量的需求。

（1）偶蹄目：该目动物的牙齿特点：上前牙数目减少，后牙咬合面较宽，以咀嚼研磨食物。该目包括牛、羊、鹿及猪（杂食动物）等科。牙为异形牙、双牙列。该目草食动物的牙齿特点为：切牙数目减少（牛无上切牙），尖牙不发达者多，前、后牙间有大间隙。后牙在釉质外还有牙骨质包裹，适于食草需要。牛牙式为 $I\frac{0}{3}$，$C\frac{0}{1}$，$Pm\frac{3}{3}$，$M\frac{3}{3}$，共 32 颗牙。猪牙式为 $I\frac{3}{3}$，$C\frac{1}{1}$，$Pm\frac{4}{4}$，$M\frac{3}{3}$，共 44 颗牙，后牙咬合面有许多瘤状牙尖，称为"瘤状齿"。

（2）奇蹄目：马为典型奇蹄目动物。马牙式为 $I\frac{3}{3}$，$C\frac{1}{1}$，$Pm\frac{4}{4}$，$M\frac{3}{3}$，共 44 颗牙。前磨牙与后磨牙形态相似。草食类动物的磨牙是高冠牙（hypsodont，牙冠长于牙根的牙），且持续萌出（图 1-9）；杂食类动物的磨牙是低冠牙（brachyodont，牙冠短于牙根的牙），不持续萌出。

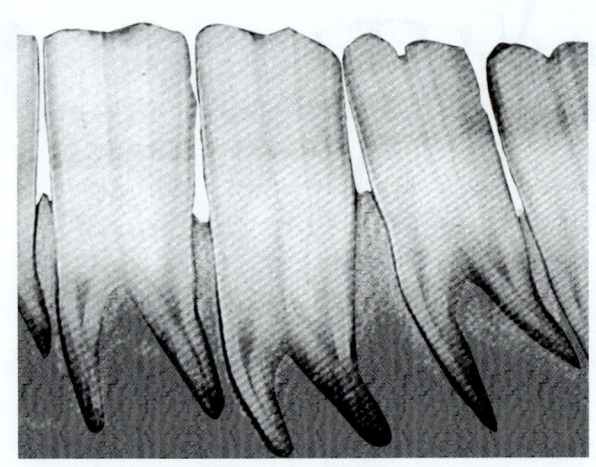

图 1-9　马的高冠牙

（3）长鼻目：象是该目仅存动物。象用长牙掘取地下根茎为食，故长牙极发达。研究认为，该长牙是上颌第二切牙（或为第三切牙）发展来的，是唯一的切牙，其他切牙已经消失，尖牙和前磨牙也消失了。象的上、下颌每侧各有6颗磨牙，前三者为乳磨牙，后三者为恒磨牙。磨牙极大，上下左右同时只有一颗磨牙萌出使用，且能用多年。当一磨牙要脱落时，其后方有一新磨牙萌出，旧牙脱落后，新牙向前移入原位工作。

（4）啮齿目：包括各种鼠、河狸等。啮齿类都是异形牙，有的是双牙列（diphyodont），也有的是单牙列（monophyodont）。该类只存第二切牙，其他切牙消失，该切牙随磨耗随生长，终生不停，啮齿类需经常磨耗其切牙以防过长。啮齿类无尖牙、无前磨牙。鼠（家鼠、白鼠、田鼠等）多为单牙列，其牙式为：$I\frac{1}{1}$，$C\frac{0}{0}$，$Pm\frac{0}{0}$，$M\frac{3}{3}$，共 16 颗牙。

（5）食肉目：此目动物包括猫科、犬科、熊科等。其牙齿特点为上、下切牙对刃，尖牙十分发达，突出于咬合平面如匕首，为用于捕猎和性竞争的工具。上切牙与尖牙之间有较大间隙，用于容纳下尖牙。后牙称"裂齿"，其颊尖极度扩大，形似刀刃，舌尖极度缩小，以供切肉用。肉食性较弱的动物（如熊科，已经演化为杂食动物），后牙则有较宽的咬合面。猫牙式为 $I\frac{3}{3}$，$C\frac{1}{1}$，$Pm\frac{3}{2}$，$M\frac{1}{1}$，共 30 颗牙；犬牙式为 $I\frac{3}{3}$，$C\frac{1}{1}$，$Pm\frac{4}{4}$，$M\frac{2}{3}$，共 42 颗牙；熊牙式为 $I\frac{3}{3}$，$C\frac{1}{1}$，$Pm\frac{4}{4}$，$M\frac{3}{3}$，共 44 颗牙。

（6）灵长目：为动物中最高级者，均为异形牙、双牙列。人类亦是灵长目动物。灵长目分为原猴亚目和类人猿亚目，原猴亚目是较原始的猴，共5科，牙齿数量从18颗到36颗不等。

类人猿亚目中的猴又分为新大陆猴（又名阔鼻猴）和旧大陆猴（又名狭鼻猴），均为树栖生活。新大陆猴的鼻子扁平，其牙式为 I $\frac{2}{2}$，C $\frac{1}{1}$，Pm $\frac{3}{3}$，M $\frac{3}{3}$，共 36 颗牙，上、下颌单侧 3 颗前磨牙形态相同而且很尖；旧大陆猴的鼻子较凸，上、下颌单侧前磨牙减至 2 颗，与猿（绝大多数）和人类相同，牙式为 I $\frac{2}{2}$，C $\frac{1}{1}$，Pm $\frac{2}{2}$，M $\frac{3}{3}$，共 32 颗牙。猴与猿的上、下切牙为对刃，人的上、下切牙为覆𬌗、覆盖关系。猴、猿的尖牙突出𬌗平面，上、下尖牙互锁，使磨牙仅能做很小的旋转磨动，促使第三磨牙增大以增加咀嚼效率。在恒磨牙中，猴类以第三磨牙为最大，猿类以第二磨牙为最大（图 1-10），人则以第一磨牙为最大［自北京猿人（50 万年前）始，第三磨牙就退化为最小的磨牙］。

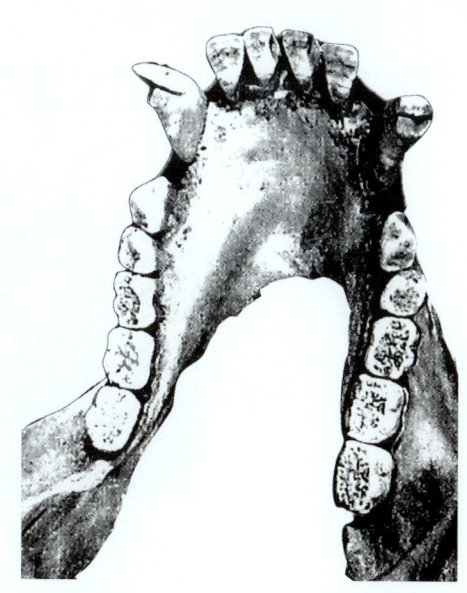

图 1-10　猩猩的第二磨牙最大

猴、猿类上前磨牙的牙根有 3 根，下前磨牙有 2 根；人类上前磨牙有 2 根或 1 根，下前磨牙只有 1 根。这是一种"退化（degradation）"现象。

在人类早期，牙齿尚类似于猿类般发达，例如原始人第三磨牙发达，且第二、三磨牙牙尖数与第一磨牙相同。随着火的使用，使食物精细化，咀嚼力变小，逐渐使咀嚼肌萎缩，咬合力变小，进而使颌骨缩小，第三磨牙变异或不萌出，牙尖数与牙根数减少，牙齿变小，出现牙齿畸形、牙列拥挤和错𬌗畸形，易发生龋齿、牙周病等。这种退化又称"倒退性进化"。

人类牙齿退化的速度是缓慢而不均衡的。从能人（Homo habilis，200 万年前），到直立人（Homo erectus，100 万年前），再到早期尼安德特人（Neanderthalensis，10 万—4 万年前，属早期智人），牙齿退化最明显。同组牙中（如磨牙组），远侧牙较近侧牙退化明显；上颌牙较下颌牙退化更甚；而上颌牙中，其颊舌径较近远中径退化更明显。

据 2004 年 3 月 25 日出版的 Nature 杂志报道，美国宾夕法尼亚大学医学院与牙医学院的研究成果认为，在 240 万年前，猿类的一种名为 MYH16 的基因发生突变，使颌骨肌萎缩，力量变小，减轻对颅骨生长的限制，使颅骨逐渐变大，而颌骨逐渐变小，从而进化成为人类。这种基因突变学说是否正确，尚有待证实。

三、牙体组织的演化

1. 牙釉质的演化（evolution of enamel）　多数鱼类只在牙齿的尖端才覆有牙釉质。许多鱼类以及有袋类、啮齿类、低级有蹄类动物等，其牙釉质中有微细小管，称为有管牙釉质（tubular enamel）（图 1-11）。人类整个牙冠都被牙釉质覆盖，管状结构消失。

2. 牙本质的演化（evolution of dentine）　牙齿在演化过程中发展成 4 种牙本质。

（1）皱褶牙本质（plicidentine）：见于鲨鱼、蜥蜴类动物。这种牙本质伸入牙髓腔，形成大小不等、形状不一的皱褶，将髓腔分隔成无数小腔，每个腔内都有牙髓。

（2）血管牙本质（vasodentine）：鱼类中鳕鱼、比目鱼、羊头鱼等的牙的牙本质是此类型。这种牙本质中有无数毛细血管。

（3）骨性牙本质（osteodentine）：某些鱼类具有骨性牙本质，状似骨松质，无髓腔（图 1-12）。蓝鲨的牙内层为骨性牙本质，外覆正牙本质。

（4）正牙本质（orthodentine）：又名真牙本质，是分化程度最高的一种牙本质，人类及其他大多数高级动物的牙本质为正牙本质。

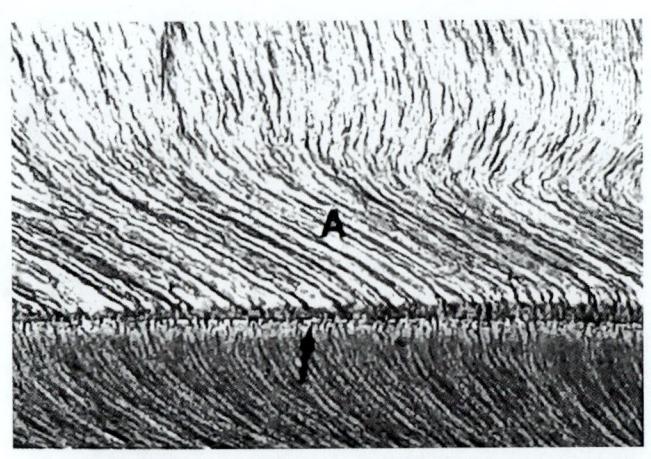

图 1-11　袋鼠的有管牙釉质
（A 处即为小管结构，箭头处为釉-牙本质界）

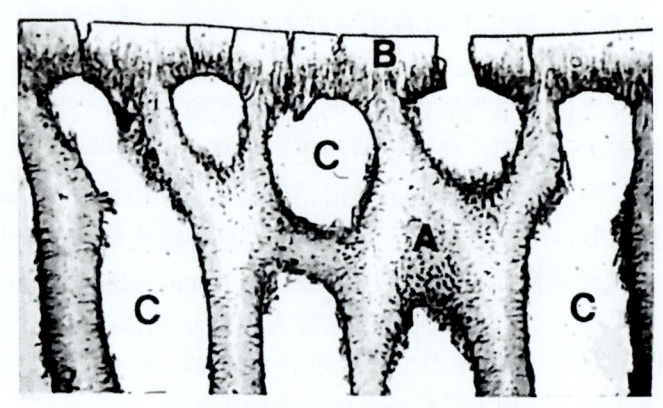

图 1-12　鳐鱼牙的骨性牙本质
A 处即骨性结构，可见均匀排列的平行骨小梁；B 处为外覆的釉样物质；C 处为牙髓

第四节　牙周的演化
Evolution of Periodontium

牙周的演化，亦即牙齿附着方式的演化。

动物的牙齿，为了适应其功能的需要，由原始的三角片牙、单锥体牙，逐渐演化为现代人类的牙，其附着方式也由附着于纤维膜演化为附着于颌骨的牙槽窝内。其过程大体为：

（1）端生牙（acrodont）：鱼类及某些爬行动物（如蜥蜴中的变色龙）的牙无根，借纤维膜附着于颌骨边缘，称为端生牙，又名颌缘牙。

（2）侧生牙（pleurodont）：另一些爬行动物（如鬣蜥）的牙的基部与颌骨相连，其一侧也附着于颌骨内缘。此类牙，牙与骨之间多无纤维组织，亦无完善牙根，称为侧生牙，又名连骨牙。

（3）槽生牙（thecodont）：爬行动物中的鳄鱼有完善的牙根，位于牙槽窝内，牙根周围有牙周韧带，称为槽生牙，又名牙槽包牙。哺乳动物大多数都是槽生牙（图 1-13）。

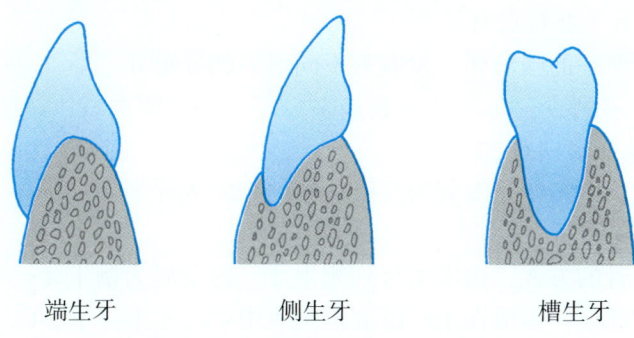

　　端生牙　　　　　侧生牙　　　　　槽生牙

图 1-13　端生牙、侧生牙与槽生牙

第五节　牙弓的演化
Evolution of Dental Arches

　　上下颌牙齿的牙根生长在颌骨内，其牙冠按照一定的顺序、方向和位置彼此邻接，排列成弓形，称为牙弓（dental arch）。

　　低级动物的牙弓多为狭长形排列，猿猴类的牙弓则狭长而略方，原始人类牙弓变得宽而短，现代人类牙弓则更宽更短。牙弓从有间隙（猴、猿的上颌切牙与尖牙之间有间隙，以容纳下颌尖牙）演化为无间隙，𬌗平面也由平直演化为有曲度（图 1-14）。

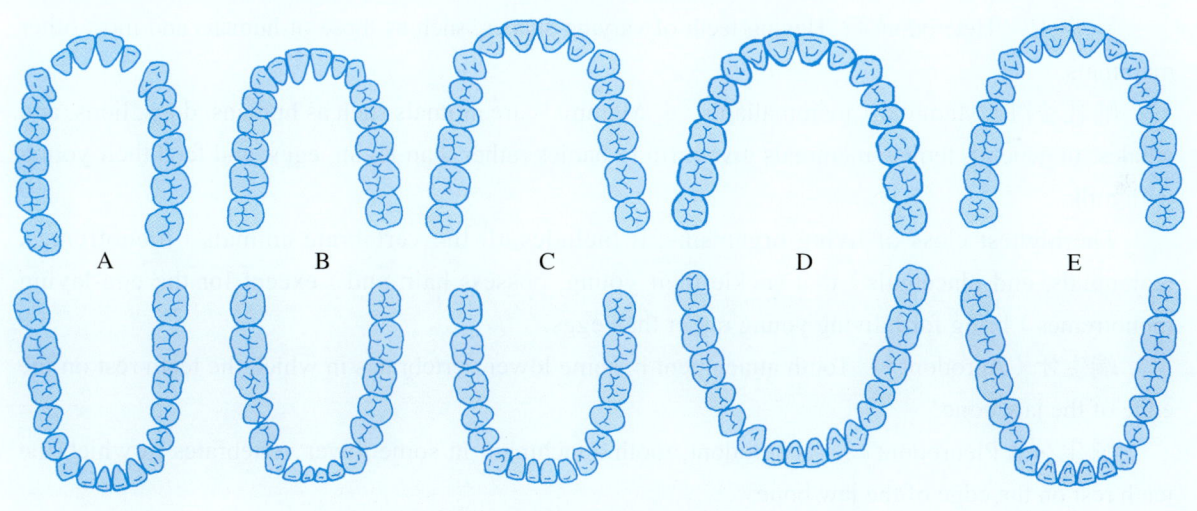

图 1-14　牙弓的演化
A. 南方古猿（400万～100万年前）；B. 非洲古猿（200万年前）；C. 直立人（100万年前）；
D. 早期智人（10万～4万年前）；E. 智人（4万年前）

小　结

　　本章以牙体形态的演化为重点。根据进化论的观点，脊椎动物从低级的鱼类到高级的人类，其颅颌面部、颞下颌关节与牙齿的演化，是经亿万年时间，逐步从低级进化为高级，从简单进化为复杂的。各种动物因环境与食物不同，为了生存的需要，其牙齿演化在数量、形态和功能上都有所不同。其主要特点有：

（1）牙体形态由单一的同形牙，发展为不同形态的异形牙。

（2）牙的数量从多到少。鱼类的牙数最多，可达200颗左右；一些哺乳动物的牙数减少到44颗；人类的牙数最多只有32颗。

（3）牙替换次数，由多牙列发展为高级哺乳动物的双牙列。

（4）牙根从无到有。

（5）牙附着于颌骨的方式，由端生牙到侧生牙，再发展为槽生牙。

（6）牙齿生长的部位，由散在于广泛部位到集中生长于上、下颌骨。

（7）人类牙齿的功能，除咀嚼食物外，还有语音和维持面部形态的作用。

（8）人类牙齿的演化有退化的趋势。

（朱明太　李　健）

Definition and Terminology

进化论（Theory of evolution）：The theory of the continuing process of change from one state, condition, or form to another. A scientific theory of the origin of species of plants and animals.

脊椎动物（Vertebrate）：Animals having a bony or cartilaginous skeleton with a segmented spinal column and a large brain enclosed in a skull or cranium.

同形牙（Homodont）：Having teeth all alike in form, as those of the lower vertebrates, in contrast to heterodont.

异形牙（Heterodont）：Having teeth of varying shapes, such as those of humans and most other mammals.

哺乳动物［Mammal（mammalian）］：Mammals are animals such as humans, dogs, lions, and whales. In general, female mammals give birth to babies rather than laying eggs, and feed their young with milk.

The highest class of living organisms; it includes all the vertebrate animals（monotremes, marsupials, and placentals）that suckle their young, possess hair, and（except for the egg-laying monotremes）bring forth living young rather than eggs.

端生牙（Acrodont）：Tooth attachment in some lower vertebrates in which the teeth rest on the edge of the jaw bone.

侧生牙（Pleurodont）：As acrodont, tooth attachment in some lower vertebrates in which the teeth rest on the edge of the jaw bone.

槽生牙（Thecodont）：Having teeth inserted in alveoli.

参考文献

[1] Hilton Riquieri. Dental anatomy and morphology. Chicago：Quintessence Publishing Co，Inc.，2019.

[2] Nelson SJ, Ash MM. Wheeler's dental anatomy, physiology and occlusion. 9th ed. Missouri：Saunders Elsevier，2010.

第二章　颅、颌、面、𬌗的生长发育

Development of Craniomaxillofacial Regions and Occlusion

第一节　颅、面、颌骨的发育
Development of Craniomaxillofacial Regions

一、颅面部发育

婴儿出生时，颅部远大于面部。随着颌骨的发育和牙齿的萌出。面部快速增长，到成年时约为1:1的比例关系。面部的生长向宽度、深度和高度三个方向进行。面部宽度与深度的快速增长在牙齿萌出前即已开始，而面高度的增长则与牙齿的萌出有较密切的关系。

1. 面部宽度的生长　面部宽度可分为上面宽（颧弓间距）和下面宽（下颌角间距）两部分。面部宽度的生长是通过骨表面的增生实现的。2岁儿童的上面宽已达到成年人的70%，第一恒磨牙萌出前达到成人的80%，10岁时达到成人的90%。下面宽在第一恒磨牙萌出时已达到成人的85%。上、下面宽的增长虽然受到牙列发育的影响，但面宽度与牙弓宽度之间并不表现显著的相关关系。

2. 面部深度的生长　在颅脑向前发育增长时，面部也向前生长。同时随着乳、恒牙列发育萌出，腭（palate）与牙槽突（alveolar process）也向着后方扩大。下颌区深度的扩展较上颌区的比例更大些，最终在成人形成较儿童更为向前的面部。

3. 面部高度的生长　面部高度的生长受到牙列发育萌出、鼻与上颌窦的生长发育和口腔行使功能时肌肉作用力的影响。

颅面部生长发育在各个方向的比例关系和阶段性：

总的来说，人体头颈部分所占的比例从胚胎、出生到发育至成人的过程中在不断减小。在头部，面与颅相对的比例关系则在不断增大。出生时面部较宽，而随后的发育过程中面部宽度增长较少，面部深度增长较多，增长最多的是面部高度。

颅面部的生长有阶段性，快速期和缓慢期相互交替，这与个体全身发育的规律基本一致。同时又受到牙齿萌出情况的影响。第一快速期出现在出生至7个月，此期间乳牙开始萌出。第二快速期出现在儿童4~7岁，此期间乳牙列萌出完成，第一恒磨牙萌出。第三快速期出现在儿童11~13岁，此期间完成乳恒牙列交替，第二恒磨牙萌出。第四快速期出现在青少年16~19岁，此期间恒牙列完成萌出和建𬌗。在上述快速期之间颅面部生长相对较为平缓。成人随着年龄的增长，面部仍会继续缓慢生长。

二、颌骨的生长

上下颌骨是面部的重要组成部分，是牙列得以支持，并建立殆（occlusion）与颌位关系的基础。上下颌骨的生长发育与牙齿的发育萌出具有密切关系，并相互影响。

（一）上颌骨的生长

新生儿上颌骨（maxilla）短而宽，随着上颌窦的发育而将乳磨牙与第一恒磨牙和眶底分开，上颌骨的高度由此得以增长。恒牙的萌出带动了上颌窦深度与宽度的扩大，至18岁上颌窦的形态基本发育定形。

上颌骨的生长发育通常被描述为向长度、宽度和高度三个方向进行（图2-1）。

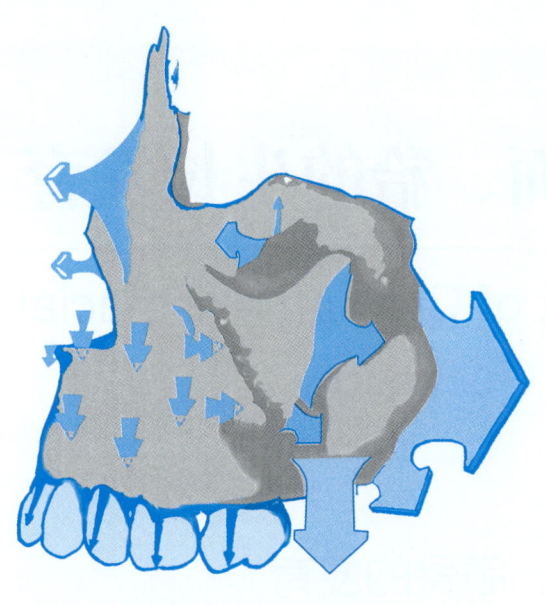

图 2-1 上颌骨的生长发育

1. 上颌骨长度的生长 完全是通过膜内成骨，主要源于：① 骨缝中沉积骨质；② 在上颌结节后壁区增生新骨；③ 在腭骨后缘增生新骨。

2. 上颌骨宽度的生长 主要源于：① 在腭正中缝处及上颌骨颊面增生新骨；② 在颧颌缝增生新骨；③ 牙齿唇舌向位置的变化带动上颌骨前部宽度增加。

3. 上颌骨高度的生长 主要源于：① 因颅基底及鼻中隔的生长而向下向前生长；② 由牙齿的萌出带动牙槽突顶表面增生新骨；③ 腭盖表面增生新骨及鼻腔底面吸收陈骨使腭盖下降。在上颌骨高度变化过程中牙槽骨的下降速度大于腭盖，因而腭盖穹窿逐渐增高。

（二）下颌骨的生长

下颌骨由下颌体、下颌支及牙槽骨三部分组成，其中每一部分又分为左右两半，出生后约1年才在中线完成骨融合。此后下颌骨不再有骨缝间增生新骨，除髁突具有软骨内生骨外，下颌骨的生长主要是由膜内成骨而实现的。

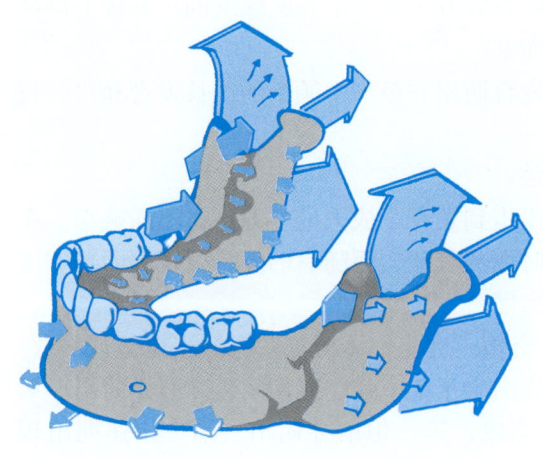

图 2-2 下颌骨的生长发育

下颌骨的生长发育也被描述为向长度、宽度和高度三个方向进行（图2-2）。

1. 下颌长度、宽度增长 下颌长度的增长靠下颌支前缘骨吸收和后缘及外侧新骨形成而实现。下颌体宽度的增长靠下颌骨外侧新骨形成，内侧骨吸收而实现，此过程中且可使双侧下颌角之间的距离扩大而增加了下颌骨的宽度。下颌骨宽度增大的另一个途径是髁突随颞窝同时向侧方生长而使下颌支宽度增加。

2. 下颌支高度的增长 主要源于：① 髁突新骨的生长；② 下颌支喙突的生长；③ 下颌牙齿萌出时带动牙槽突的增高；④ 下颌骨下缘新骨的增生。

下颌骨是颅面部唯一能运动的骨，受升、降颌诸肌的各方向作用力的影响。因此，除了受牙齿发育萌出的影响外，下颌骨的生长与咀嚼、吞咽、呼吸、言语等功能有密切关系。

第二节 牙的发育与萌出
Development and Eruption of Teeth

一、牙的发育阶段

牙及其支持组织由上下颌突和额鼻突的外胚层及外胚间叶发育而来。此长期复杂的生物学过程从胚胎第 5 周开始，包括了上皮间叶相互作用、细胞分化、形态发生、组织矿化和牙齿萌出等。一颗乳牙完成全部发育过程（包括萌出后牙根尖继续发育定形）约需 4 年时间，而一颗恒牙则需要长达 10 年以上的时间，但其经历的阶段是相同的。

1. 牙胚的发生和分化 胚胎第 5 周，在原口腔相当于未来的牙槽突区域深层的外胚间叶组织诱导上皮增生，依颌骨形状形成马蹄形的原发性上皮带（primary epithelial band）。原发性上皮带继续向深层生长并一分为二，其中位于舌（腭）侧者称为牙板（dental lamina），在其末端有细胞增生而发育成牙胚。牙胚由成釉器（enamel organ）、牙乳头（dental papilla）、牙囊（dental sac）三部分组成。

在乳牙胚形成后，在其舌侧从牙板游离缘下端开始形成相应的恒牙胚。牙板的远中端继续延伸，出现第一恒磨牙的成釉器。这一过程在出生后仍在进行。第二恒磨牙的牙胚在生后 1 年形成，而第三恒磨牙的牙胚要到 4~5 岁时才形成。

2. 牙齿硬组织形成 牙齿硬组织的形成从生长中心开始，前牙的生长中心位于切缘和舌隆突，磨牙的生长中心位于牙尖处。釉质和牙本质形成过程中有很强的节律和协调性。成牙本质细胞先形成一层牙本质并向牙髓中央后退，成釉细胞分泌一层釉质并向外周后退，如此交叉进行，层层沉积，直至形成牙冠的厚度和形成清晰的表面形态特征。

被逐渐形成的牙本质包围的牙乳头组织分化成为牙髓，最终成为多血管的结缔组织并有神经长入。当牙冠发育即将完成时，牙根开始发育，内釉和外釉上皮细胞在颈环处增生向未来的根尖方向生长，成为上皮根鞘。上皮隔和邻近的外胚间充质细胞决定了未来牙根的数目和形态。

二、牙的萌出

牙齿萌出（tooth eruption）是指牙突破口腔黏膜的现象。其全过程包括牙冠形成后殆向移动，穿过骨隐窝和口腔黏膜最终达到其功能位置，可分为萌出前期、萌出期和萌出后期（或称功能期）。

1. 萌出前期 是牙胚随牙根形成在牙槽骨中的移动。正常情况下，牙胚的发育与颌骨的生长同步进行，使牙与发育的颌骨保持一定的位置关系。在同一骨隐窝中，恒牙胚在乳牙胚的舌侧发育。恒磨牙与乳牙没有交替关系，是在牙板的远端形成牙胚，牙胚的形成和发育对颌骨的生长发育起到促进作用。

牙胚萌出前的移动有两种方式，一是牙胚的整体移动，二是牙胚在生长时一部分保持固定而其他部分继续生长，使牙胚的中心发生改变。随着牙根的生长，牙冠逐渐向口腔黏膜方向移动，同时伴有牙槽突高度的增加。

2. 萌出期 乳牙和恒牙的萌出都始于牙根的形成，持续到牙进入口腔并形成与对颌牙的咬合接触。牙冠萌出到口腔主要是依靠其本身的殆向运动而实现，同时也包括牙龈向根方的移动（即被动萌出）。

3. 萌出后期 当牙萌出到建立殆关系时，牙周支持组织开始出现牙槽骨密度增加，牙周膜纤维定向排列并变得强壮等变化。新萌出的牙根尖尚未成形，髓腔宽大并有着敞开的根尖孔，牙骨质层薄，一般在萌出后 2~3 年根尖才完全形成。萌出后的牙齿殆面不断发生磨耗和磨损，可由牙齿持续缓慢的殆向移动得到补偿。

4. 牙萌出移动的机制 牙的萌出是牙与周围支持组织不断相互调整的过程，可能有多种因素参与。牙萌出的机制可能有：① 牙根的形成：牙根的生长与牙冠的殆向移动有同步性；② 液体压力：根尖组织中局部组织液压力的增加可能对牙齿产生殆向推力；③ 牙周围骨组织的吸收及有选择的沉积：如萌出前期在上下颌骨的生长中通过骨的沉积和吸收使牙发生移动；④ 牙周膜纤维的殆向牵引力。

5. 牙萌出的规律 乳牙、恒牙萌出规律和萌出时间表参见第四章。

第三节　殆的建立
Establishment of Occlusion

约在婴儿出生后第 6 个月，上下颌乳牙相继萌出并相互接触（一般先在乳切牙部位达到），即开始了建殆（establishment of occlusion）。建殆过程延续十几年以至二十多年，直至第三恒磨牙萌出并上下建殆。殆关系的建立不仅给人提供了咀嚼的器官，也意味着无数灵敏的感受器伸出了触角，使幼儿获得牙位的感觉，以此反馈地调节上下颌位关系、颞下颌关节结构关系、肌张力的协同拮抗关系等。因此，建殆不仅对牙列本身，对整个咀嚼系统的正常发育也是至关重要的。反过来，正常殆的建立不仅有赖于牙齿的正常发育、正常萌出及正常功能，还有赖于牙槽骨、颌骨以至整个颅面结构的正常发育，双方是相互依存的关系。作为人体的一部分，殆的发育也会受到全身发育、营养代谢、内分泌、疾病等许多因素的影响，是一个联系广泛的复杂过程。

一、建殆的动力平衡

殆的建立过程中，不断地受到咀嚼压力和周围肌肉压力的作用。牙列正常位置和正常殆关系有赖于适宜的动力平衡（balance of driving forces），即作用于牙列的向前力与向后力的平衡、向上力与向下力的平衡、向内力与向外力的平衡。如动力平衡状态不适当，则可能产生不正常的错殆畸形。

1. 向前的动力 上下颌骨发育中在其后缘均会有新骨增生，使牙列向前方移动。颞肌、咬肌、翼内肌收缩所发出的咀嚼力，也有推动上下牙弓向前发育的作用。这种作用可通过三种机制产生。① 因上下颌牙的牙体长轴微向前方倾斜，所以在殆力作用下，牙齿有被推动移向前的趋势；② 因上下颌间距离呈前大后小楔形，故殆力有促使上下牙弓向前移动的趋势；③ 由于颞下颌关节位置高于牙弓殆面，髁突依横轴旋转使下颌沿弧形轨迹开闭，下颌的闭口方向是向上前方，下牙列与上牙列发生接触时，殆力方向也随之倾向上前方向，从而有推动上颌牙列向前发育的作用。

2. 向后的动力 这种力量主要来自唇、颊肌，如口轮匝肌、上下唇方肌、尖牙肌、颧肌、颊肌及颏肌等。向后的力主要加在上下颌前牙，通过邻面接触点而传至整个牙弓，又通过牙尖斜面在上下牙之间相互传递。

牙列及殆关系的建立和最终的稳定，从前后方向看就取决于上述向前、向后力的平衡位置。

3. 内外的动力平衡 上下牙列内侧有舌肌的力量，外侧有唇、颊肌的力量，上述前后向的动力平衡中还可能产生内外向分力。在内外动力平衡状态适宜时，牙列的宽度发育正常。

4. 上下的动力平衡 上下牙列间正常的尖窝嵌合关系，制约着每一牙齿的上下方向位置关系，使之保持稳定。倘若牙列发生缺损而未及时修复，则缺损部位的上下动力平衡将遭到破坏，牙齿发生移位，这必然对殆接触关系产生影响（图 2-3）。

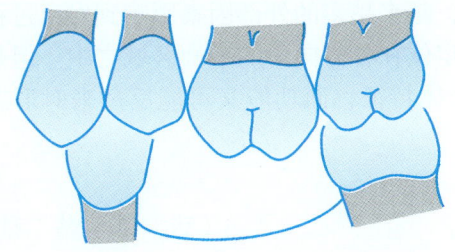
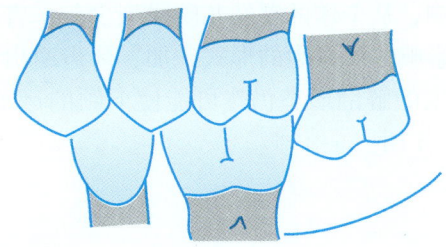

图 2-3 缺牙后上下动力平衡破坏出现牙齿移位

二、𬌗的发育阶段

1. 乳牙𬌗（deciduous occlusion） 出生后第 1 年内，初建的𬌗尚未形成尖窝嵌合关系，上下颌间也没有明确的正中关系位。在此期间下颌只有前后运动（以完成吸吮功能）而无侧方运动。完整的乳牙𬌗约在 2 岁半时建成，此时至约 4 岁期间相邻牙排列紧密，切缘及𬌗面尚无明显磨耗。从 4 岁以后，相邻牙间开始出现间隙并逐渐增大，切缘及𬌗面的磨耗明显。在乳牙列出现的邻牙间隙是颌弓发育增长的结果，是生理性的，有利于将来恒牙的正常萌出和排列。

2. 替牙𬌗（mixed occlusion） 在幼儿 6～12 岁期间，从第一恒磨牙萌出至乳牙全部脱落的阶段为替牙期。上下颌第一恒磨牙萌出建𬌗，成为维持颌间高度及牙列近、远中𬌗关系的主要支柱，其他乳恒牙的交替活动则围绕此支柱进行。因此，第一恒磨牙在正常的时间、正常的位置萌出，保持正常的形态和建立正常𬌗关系，对乳恒牙交替的顺利进行及建立适宜的恒牙列𬌗关系都有重要的意义。

3. 恒牙𬌗（permanent occlusion） 自口腔中最后一颗乳牙脱落之时起，即进入恒牙阶段，这个阶段是从 12～13 岁时开始的。在乳牙全部被替换后，恒牙𬌗建立过程还需待第二、第三磨牙萌出和建𬌗之后才告完成（图 2-4）。

各阶段𬌗的发育过程和特征请见第十六章。

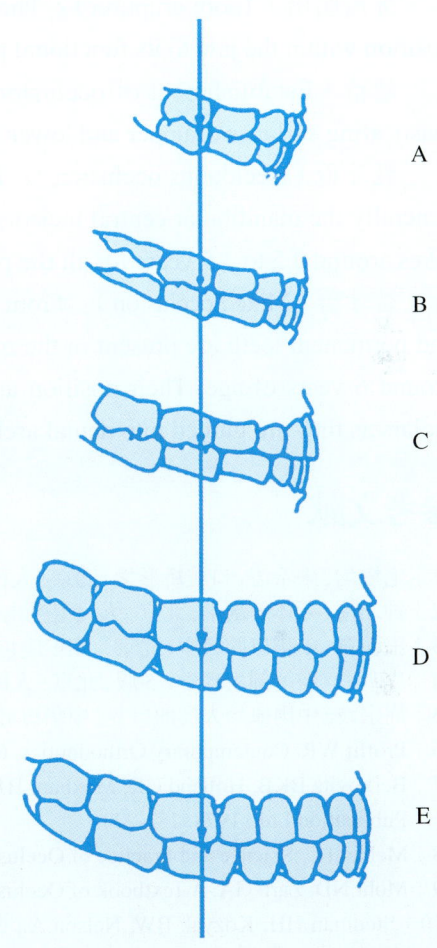

图 2-4 𬌗接触关系的自然调整进程

A. 3 岁的乳牙列，上颌第二乳磨牙近中颊尖三角嵴咬合在上颌第二乳磨牙的颊沟；
B. 5 岁半的乳牙列，下颌牙弓向近中移动，下颌第二乳磨牙的颊沟位于上颌第二乳磨牙近中颊尖三角嵴的近中；
C. 8 岁的混合牙列，下牙弓较上牙弓向近中移动较多，上颌第一恒磨牙的近中颊尖处于下颌第一恒磨牙近中颊沟的近中；
D. 青壮年的恒牙列，上颌第一恒磨牙的近中颊尖适对下颌第一恒磨牙近中颊沟；
E. 老年的恒牙列，下颌牙列因磨耗较上牙列向近中移动更多。上颌第一恒磨牙的近中颊尖处于下颌第一恒磨牙近中颊尖的远中

小　结

颅颌面部的胚胎发育受到基因调控，牙胚沿颌骨定位，按一定的时间顺序发育和萌出。除遗传因素外，母体患病、营养状况等也可能影响这一进程。至胎儿出生，生理功能逐渐对颅面形态

产生影响，从个体的婴幼儿阶段到少年、青年阶段，越来越多的外部因素影响到发育过程。这种外部影响主要以力的形式施加。牙齿萌出后最终定位在各方向力的平衡区域之中。但是由遗传而决定的解剖形态仍然可能使下颌的运动具有个体特征，而功能又可能反过来对形态起到"塑造"作用。

（张　磊　韩　科）

Definition and Terminology

牙齿萌出（Tooth eruption）：The axial or occlusal movement of tooth from its developmental position within the jaw to its functional position in the occlusal plane is known as eruption of teeth.

建𬌗（Establishment of occlusion）：Establishment of any contact between the incising or masticating surfaces of upper and lower teeth.

乳牙𬌗（Deciduous occlusion）：From the 1st to the 5th year, the first primary teeth to erupt are generally the mandibular central incisors, at about 8 months of age. The individual variations apart, it takes around 2.5 to 3.5 years for all the primary teeth to establish their occlusion.

替牙𬌗（Mixed occlusion）：From the 6th to the 12th year, the period during which both the primary and permanent teeth are present in the mouth together. The mandibular molars are the first to erupt at around 6 years of age. Their position and relation is dependent on the relation of second deciduous molars as they are guided into dental arch by the distal surfaces of these teeth.

参考文献

[1] 毛燮均, 朱希涛. 口腔矫形学. 北京：人民卫生出版社, 1962: 3-14.
[2] 钟之琦. 牙体解剖学. 北京：人民卫生出版社, 1955: 1-7.
[3] 王翰章. 中华口腔科学. 北京：人民卫生出版社, 2001: 14-21.
[4] 皮昕. 口腔解剖生理学. 5版. 北京：人民卫生出版社, 2003: 5-8.
[5] 周宗歧. 中国原始人类的口腔. 中华口腔科杂志, 1955, 4: 290-293.
[6] Proffit WR. Contemporary Orthodontics. 6th ed. Elsevier, 2019: 18-98.
[7] Berkovitz BKB, Holland GR, Moxham BJ. A Colour Atlas & Textbook of Oral Anatomy. London: Wolfe Medical Publication Ltd., 1978: 182-223.
[8] McNeill C. Science and Practice of Occlusion. Chicago: Quintessence Publishing Co., 1997: 3-17.
[9] Mohl ND, Zarb GA. A Textbook of Occlusion. Chicago: Quintessence Publishing Co., 1988: 27-41.
[10] Stedman HH, Kozyak BW, Nelson A., et al. Myosin gene mutation correlates with anatomical changes in the humanlineage. Nature, London: Nature publishing group, 2004, 25 March: 415-418.
[11] Moorrees CFA. The dentition of the growing child: a longitudinal study of dental development between 3 and 18 years of age. Cambridge: Harvard University Press, 1959.
[12] Ramfjord SP, Ash MM. Occlusion. 2nd ed. Philadelphia: Saunders, 1971.
[13] Ash MM, Wheeler RC. Wheeler's Dental anatomy, physiology, and occlusion. 7th ed. Philadelphia: W.B. Saunders, 1993.
[14] Jablonski, Stanley. Illustrated Dictionary of Dentistry. Saunders, 1982, 232.
[15] Standards of human occlusal development. Ann Arbor, Mich.: Center for Human Growth and Development, University of Michigan, 1976.
[16] Norman D. Mohl, George A. Zarb. A Textbook of Occlusion. Chicago: Quintessence Publishing Co., Inc., 1988: 43.

第二篇　牙体解剖学
Dental Anatomy

第三章 牙的结构、分类及功能

Structure, Classification and Function of Teeth

第一节 牙的结构
Structure of Teeth

任何一颗牙都有其外表的解剖形态和内部深层的组织结构。一般要从外部形态和内部结构来认识牙齿的组成。

一、外部形态

从外部观察，每一颗牙齿都是由牙冠、牙根和牙颈三部分组成（图3-1）。

1. 牙冠（dental crown） 是牙体显露于口腔，被牙釉质覆盖的部分，也是发挥咀嚼功能的主要部分。牙冠的形态随功能而异，功能和形态相互制约。牙冠形态简单的，其功能较弱；而牙冠外形复杂的，其功能较强。在临床上，牙冠有解剖牙冠和临床牙冠之分。

（1）解剖牙冠（anatomical crown）：是指被牙釉质覆盖的部分。牙冠与牙根之间以牙颈部为界。

（2）临床牙冠（clinical crown）：是指暴露于口腔的部分牙体组织。牙冠与牙根之间以牙龈缘为界。

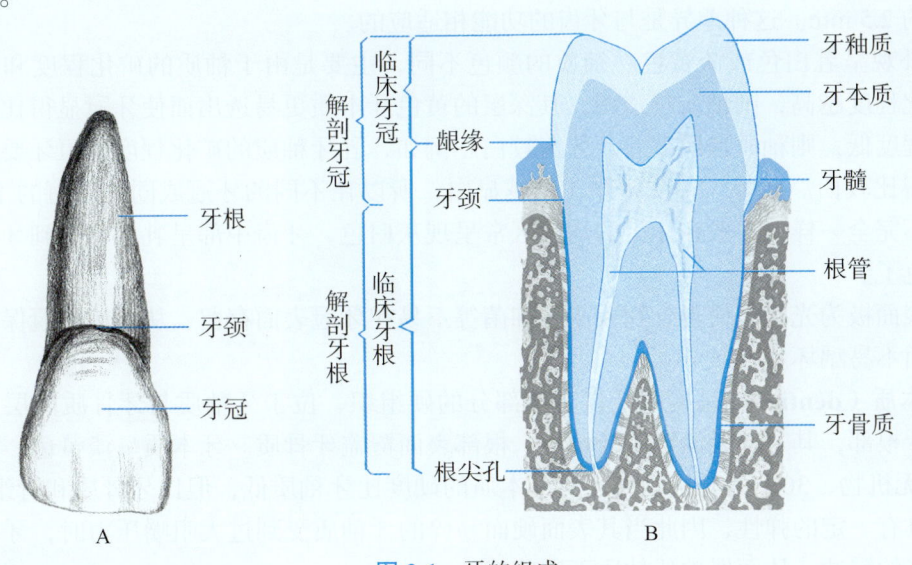

图 3-1 牙的组成
A. 外部观；B. 剖面观

临床上，正常健康的牙齿邻近牙颈部分被牙龈覆盖，特别是年轻人的牙冠，其临床牙冠常小于解剖牙冠。随着年龄的增长，或是牙周组织的病变，牙龈常常会萎缩，除解剖牙冠，部分牙根也暴露在口腔内，这时，临床牙冠就大于解剖牙冠了。因此，临床牙冠的高度并非是一成不变的。

2. 牙根（dental root） 是牙颈以下，埋于牙槽骨内，被牙骨质覆盖的部分。它也是牙体的支持部分。在临床上，牙根也有解剖牙根和临床牙根之分。

（1）解剖牙根（anatomical root）：是指被牙骨质覆盖的部分。牙根与牙冠之间以牙颈部为界。

（2）临床牙根（clinical root）：是指口腔内见不到的部分牙体组织。牙根与牙冠之间以牙龈缘为界。

同临床牙冠一样，临床牙根的长度也会有变化。当牙龈萎缩，部分解剖牙根暴露于口腔内，成为临床牙冠的一部分时，临床牙根就变短了。

牙根的形态与数目随功能而有所不同。例如：前牙仅用于切割食物，功能较弱，故为单根；而磨牙要承担研磨咀嚼食物的任务，功能复杂，所以常常有2~3个根，且有分叉，以增强在颌骨内的稳固性。

每一牙根的尖端，称为根尖。每一根尖处都有通过牙髓血管神经的小孔，称为根尖孔（apical foramen）。

3. 牙颈（dental cervix） 是指牙冠与牙根的交界处。因其呈一弧形曲线，也叫颈线（cervical line）或颈缘。此处也是牙冠的牙釉质和牙根的牙骨质的交界。

二、牙体组织

从牙体的纵剖面可见牙体内部由三层硬组织（牙釉质、牙本质、牙骨质）和一层软组织（牙髓）组成（见图3-1）。

1. 牙釉质（enamel） 是构成牙冠表层的、白色的半透明硬组织，是牙体组织中高度钙化的最坚硬的组织。釉质是人类及其他许多哺乳动物机体中最坚硬的组织。其化学成分是96%的无机物和4%的有机物及水。由于其高度钙化，所以能抵抗咀嚼压力而不致破碎。

釉质的厚度因部位不同而异。在牙冠的顶端最厚，而到牙颈部则逐渐变薄，像刀刃一样。另外，不同的牙齿，釉质的厚度也有差别。一般切牙的切缘处釉质厚度约2 mm，磨牙的牙尖处釉质厚约2.5 mm。这种差异是与牙齿的功能相适应的。

釉质外观呈乳白色或淡黄色。釉质的颜色不同，主要是由于釉质的矿化程度和厚度不同所致。矿化程度越高，则釉质越透明，其深层的黄色牙本质更易透出而使牙冠显得比较黄；反之，矿化程度低，则釉质透明度差，牙齿较白。例如，乳牙釉质的矿化程度比恒牙要低，所以乳牙常显得比较白。此外，釉质越厚，则越显白，所以在不同的牙冠或同一牙冠的不同部位，其颜色也不完全一样。一般在牙齿的切缘区常呈现灰白色，牙齿中部呈乳白色，到牙颈部则往往是淡黄色了。

釉质表面极为光滑，使得食物残渣、细菌等不易在牙冠表面存留，从而使牙冠保持良好的自洁作用而不易龋坏。

2. 牙本质（dentin） 是构成牙齿主体部分的硬组织，位于牙釉质与牙骨质内层，分布于牙冠部和牙根部，其冠部表面覆盖牙釉质，根部表面覆盖牙骨质。牙本质呈淡黄色。其化学组成70%为无机物，30%为有机物和水。牙本质的硬度比牙釉质低，但比牙骨质和骨组织要高。牙本质还具有一定的弹性，因此当其表面硬而易碎的牙釉质受到过大咀嚼压力时，牙本质能提供一个良好的缓冲，从而保护牙釉质不致破碎。

与牙釉质不同的是，牙本质是一种可以不断生成的牙体组织。在牙齿萌出后，牙本质在髓腔壁仍能不断继续生成，形成继发性牙本质（secondary dentin），使得髓周牙本质不断增厚，髓腔缩小，这是牙本质的一种增龄性改变。当牙齿因磨损、酸蚀、龋病等受到损伤时，牙本质还能形成新的硬组织——修复性牙本质（reparative dentin），以起到防御的作用，这是牙本质的一种反应性改变。

3. 牙骨质（cementum） 是覆盖于牙根表面的一层硬组织。牙骨质颜色淡黄，其化学成分为 45%～50% 的无机物和 50%～55% 的有机物，在近牙颈部很薄，而到根尖和磨牙分叉处则稍厚。牙骨质和釉质在牙颈部的相接处，称为釉牙骨质界（cementoenamel junction），这也是解剖牙冠与解剖牙根的分界线。

牙骨质分两类：细胞牙骨质（cellular cementum）和无细胞牙骨质（acellular cementum）。无细胞牙骨质分布在牙颈部到根尖 1/3 处；而细胞牙骨质则位于根尖部和多根牙的根分叉处，它可以持续性生长，以弥补牙冠因磨耗而造成的损失，维持牙齿的正常高度。这种持续性生长还能修复牙根表面的小范围病理性吸收或牙骨质折裂，也能导致根尖孔的闭锁。

牙骨质内没有血管和神经，其营养来源于牙周组织中的血运扩散。牙骨质借助附着于它的牙周韧带，将牙齿牢牢固定在牙槽窝内。当受到外力时，牙骨质通过不断的增生沉积形成继发牙骨质，以适应于牙周韧带的不断改建和附着，保证牙冠不致松动而脱落。所以，牙骨质是维系牙和牙周组织联系的重要结构。

4. 牙髓（pulp） 是牙体组织中唯一的软组织，它是由血管、神经、淋巴管、结缔组织和一种特别的牙体细胞层——成牙本质细胞（odontoblasts）所构成。牙髓位于牙体中心、由牙本质围成的牙髓腔（pulp cavity）中。血管为牙髓提供必要的营养，并保证继发牙本质的形成；同时还能抵抗入侵髓腔内的病菌。淋巴管过滤流经牙体的液体。牙髓内的神经很丰富，但只产生痛觉，所以任何刺激都只能引起疼痛反应。

在解剖上，牙髓腔就像一个与牙体外形相似但显著缩小的空腔。它由两部分组成：在牙冠部分膨大成室，叫髓室（pulp chamber）；在牙根部分细小成管，叫根管（root canal）。根管末端开口处称为根尖孔，牙髓中的血管、淋巴和神经仅通过此孔与根尖部的牙周组织相连通。

第二节　牙的分类
Classification of Teeth

对牙齿的分类常有两种方式：一种是根据牙齿的形态特点和功能特性来分类；另一种是根据牙齿在口腔中存在的时间来分类。

一、根据牙齿的形态和功能特性分类

当食物进入口腔后，为了将其粉碎，便于消化，需经过切割、撕裂、捣碎和磨细等工序，来完成咀嚼作用。因为牙齿的形态和功能是相互适应的，故可依此分为以下四类（图 3-2）：

1. 切牙（incisors） 位于口腔前部，上、下、左、右共 8 颗。顾名思义其主要功能为切割食物。它有一个很薄的切端，像刀刃一般；舌侧形状像一把铲子，帮助将食物纳入口中。切割一般不需要强大的力，故为单根牙。

2. 尖牙（canines） 位于口角，上、下、左、右共 4 颗。邻面观牙冠形态呈楔形，其特点是有一个突出的牙尖，以便撕裂、穿透食物。由于撕裂所需力量较大，故尖牙粗壮，牙根亦长大，通常是口腔内保留时间最长久的牙齿，俗称犬齿、虎牙，许多食肉类动物口腔中均可见这类牙齿。

恒牙列

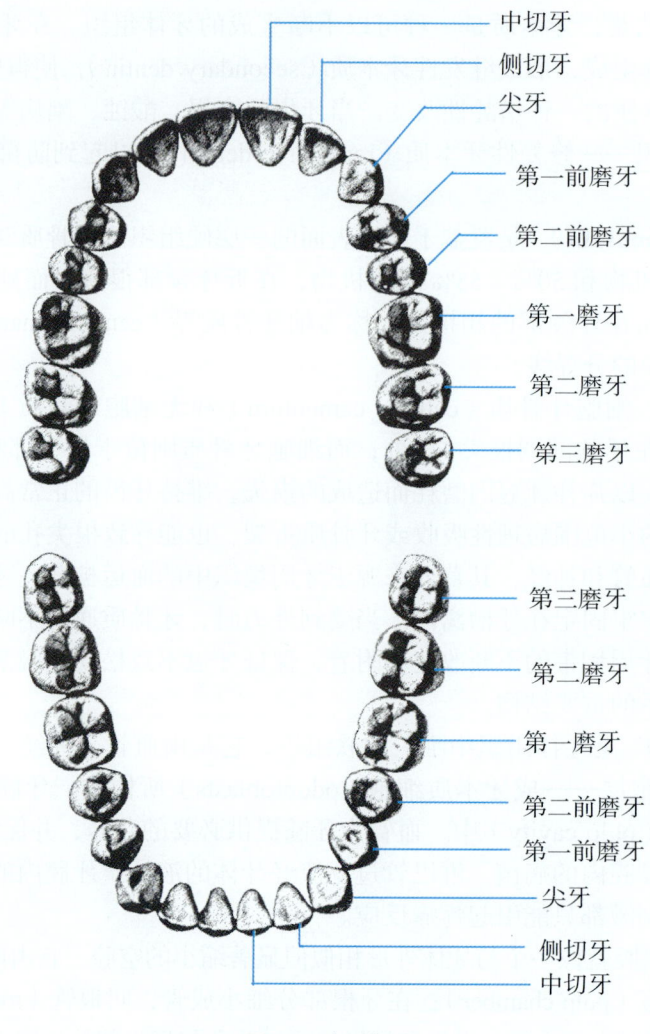

图 3-2　恒牙

3. 前磨牙（premolars）　位于尖牙之后、磨牙之前，上、下、左、右共 8 颗。牙冠呈立方形，有一个咬合面，一般有两个牙尖，但有些下颌第二前磨牙有三个尖，所以称前磨牙为"双尖牙（bicuspids）"并不准确。前磨牙的功能是协助尖牙撕裂并帮助磨牙研磨食物。牙根为扁根，可有分叉。

4. 磨牙（molars）　位于前磨牙之后，上、下、左、右共 12 颗。牙冠呈立方形，体积比前磨牙要大许多，咬合面宽大，形态复杂，有 4～5 个牙尖，与对𬌗牙尖窝相对，便于磨细食物。牙根多根、分叉。

切牙和尖牙位于口角之前、牙弓的前部，故称前牙（anterior teeth）；前磨牙和磨牙位于口角之后、牙弓的后部，故称后牙（posterior teeth）。

二、根据牙齿在口腔内存在时间分类

1. 乳牙（deciduous teeth）　婴儿出生 5～7 个月乳牙开始萌出，至 2 岁半左右陆续萌出 20 颗乳牙。自 6～7 岁至 12～13 岁，乳牙逐渐脱落，被恒牙替代。乳牙分为：乳切牙、乳尖牙、乳磨牙（无前磨牙）（图 3-3）。

乳牙公式：$I\frac{2}{2} C\frac{1}{1} M\frac{2}{2} \times 2 = 20$

乳牙在口腔内行使功能的过程中，正是儿童生长发育的快速期，所以尽量保护乳牙，对于

乳牙列

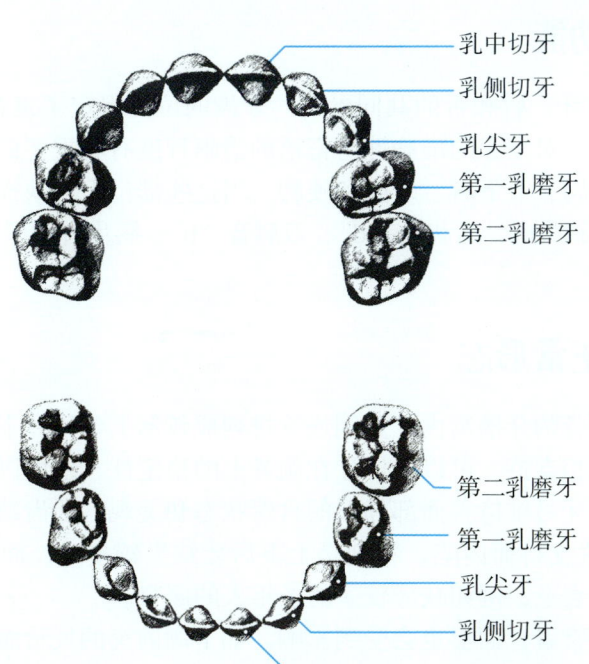

图 3-3 乳牙

保障消化和营养的吸收、引导新生恒牙的正常萌出、刺激颌面部的正常生长发育，都极为重要。

2. 恒牙（permanent teeth） 是继乳牙脱落后的第二副牙列，非因疾患或意外损伤不致脱落，脱落后再无牙替代。恒牙自6岁左右开始萌出，分为：切牙、尖牙、前磨牙、磨牙（见图3-2）。

$$恒牙公式：I\frac{2}{2}C\frac{1}{1}P\frac{2}{2}M\frac{3}{3} \times 2 = 32$$

3. 牙列阶段 根据儿童时期乳牙、恒牙的替换过程，临床常分三个牙列阶段：

（1）乳牙列阶段：6个月~6岁，第一颗乳牙萌出至第一颗恒牙萌出前，口内只有乳牙。

（2）混合牙列阶段：6~12岁，第一颗恒牙萌出至最后一颗乳牙脱落前，口内既有乳牙，又有恒牙。

（3）恒牙列阶段：12岁以后，最后一颗乳牙脱落后，口内仅有恒牙。

第三节 牙的生理功能
Physiologic Function of Teeth

人类的牙齿不仅仅是行使咀嚼的器官，而且在言语、外观及神经传导等方面都具有重要的作用。

一、咀嚼功能

牙齿是咀嚼器官的组成之一，是咀嚼的实际工具。食物进入口腔后，首先经过切牙、尖牙的切割、撕裂，然后是磨牙的捣碎、磨细，并与唾液混合，对食物进行初步消化。同时通过咀嚼运动，还可刺激颌骨、面部的正常发育；增进牙周组织的健康；在咀嚼过程中反射性地刺激胃肠蠕动，胰、胆等消化液的分泌，使消化系统处于活跃状态。

二、发音和言语功能

发音和言语需要有牙、唇和舌的共同参与。牙齿的位置限定了发音时舌的活动范围，牙、唇、舌之间的位置关系，对发音的准确性与言语的清晰程度有着重要的影响。口腔中与言语关系比较大的有：舌、软腭、上下唇、牙齿和硬腭。当这些部位出现缺损畸形时，言语必然会受到一定的妨碍。如前牙缺失时，舌齿音"d"、双唇音"b"、唇齿音"f"、齿音"s"等，发音均有很大影响。

三、保持面部的正常形态

牙齿生长在上下颌骨的牙槽窝内，分别连续排列成弧形上牙弓和下牙弓。在牙弓内的牙齿紧密相邻成为整体，互相支持，可以保持牙在颌骨上的稳定性，还可以支持颌面部软组织，维持面部的丰满。完整的牙弓维持着面部外形的自然状态和美观。牙齿缺失后，牙槽骨丰满度降低，唇颊部软组织失去支持而内陷，特别是上下后牙缺失较多时，面下部垂直距离变短，面部皱纹增加，人便显得衰老，例如缺牙较多的老年人的面容。

牙弓及咬合关系异常者，面形也会受到影响。如下颌前突的反𬌗面形，面中部凹陷，老百姓俗称"地包天"。而"天包地"也不美观，上颌前突往往造成开唇露齿。这些畸形可通过正畸等方法解决。

小 结

牙齿的外部形态是由牙冠、牙根和牙颈三部分组成的，其内部是由牙釉质、牙本质、牙骨质三种硬组织和牙髓一种软组织构成的。

牙的分类有两种方式：一种是根据牙齿的形态、功能分为切牙、尖牙、前磨牙、磨牙；另一种是根据牙齿的存留时间分为恒牙、乳牙。

牙齿的生理功能有咀嚼、发音和言语，以及保持面部的正常形态。

（陈 骆 李 健 王 磊）

Definition and Terminology

牙冠（Dental crown）：Portion of a tooth composed of dentin and pulp covered by enamel.

解剖牙冠（Anatomical crown）：It is the portion of a natural tooth that extends coronal from the cementoenamel junction.

临床牙冠（Clinical crown）：It is the portion of a tooth that extends from the occlusal table or incisal edge to the free gingival margin.

牙髓腔（Pulp cavity）：Portion of the tooth composed of pulp tissue and covered by dentin.

髓室（Pulp chamber）：Portion of the tooth that contains the mass of pulp.

乳牙（Deciduous teeth）：The first set of teeth to be seen in the mouth, which begins to form prenatally at about 14 weeks in utero and is completed postnatally at about 3 years of age.

恒牙（Permanent teeth）：The second set of teeth to be seen in the mouth. The emergence of these teeth begins the transition or mixed dentition period in which there is a mixture of deciduous and permanent teeth present.

第四章　牙齿的发育

Development of Teeth

牙齿的发育是一个长期复杂的过程。从胚胎第 6 周乳牙开始发育，到第三颗磨牙牙根发育完成，大约需要 20 年。每颗牙齿的发育都经过三个时期——生长期、钙化期、萌出期。这是一个连续不断的过程，没有截然的分界线。这种复杂的发育过程是身体其他器官所没有的。例如心脏、肝等器官只有一个生长期，骨骼系统也只有生长和钙化两期。

第一节　生长期
Development Stage

生长期（development）主要是牙胚组织的形成、生长，是组织学的变化，在显微镜下才能看到。

在胚胎第 6 周时（出生前 7~8 个月），乳牙胚即已发生。牙胚由来自外胚叶的上皮细胞形成的造釉器和来自中胚叶的乳突状结缔组织构成，形成牙滤泡，位于上下颌骨内。经过细胞增殖、组织分化、形态分化和基质形成，牙体组织（牙釉质、牙本质、牙骨质和牙髓）初步形成。

恒牙胚的发生在胚胎第 4 个月。

$$\begin{matrix}\text{外胚叶的造釉器}\\\text{中胚叶的乳状突}\end{matrix} \longrightarrow \text{牙滤泡} \xrightarrow{\text{细胞增殖、基质形成}}_{\text{组织、形态分化}} \text{牙胚}$$

第二节　钙化期
Calcification Stage

随着颌骨的不断生长发育，牙胚上出现钙盐沉积、基质变硬，牙胚逐渐钙化（calcification）。乳牙大约在胚胎第 4~5 个月开始钙化，这个过程要持续到出生后 3 或 4 年。在这期间乳牙根逐渐生成。

出生后不久，恒牙开始钙化并持续 12~15 年，直到第三磨牙牙根钙化完成。

$$\text{牙胚} \xrightarrow[\text{基质变硬}]{\text{钙盐沉积}} \text{牙胚钙化}$$

各乳牙、恒牙的发育时间见表 4-1、表 4-2。

表 4-1　乳牙发育时间表

	牙齿名称	硬组织开始形成（胎龄，月）	出生时釉质量	釉质形成（年龄，月）	萌出（年龄，月）	牙根形成（年龄，岁）
上颌	乳中切牙	4	5/6	$1\frac{1}{2}$	$7\frac{1}{2}$	$1\frac{1}{2}$
	乳侧切牙	$4\frac{1}{2}$	2/3	$2\frac{1}{2}$	9	2
	乳尖牙	5	1/3	9	18	$3\frac{1}{4}$
	第一乳磨牙	5	牙尖融合	6	14	$2\frac{1}{2}$
	第二乳磨牙	6	孤立的牙尖	11	24	3
下颌	乳中切牙	4	3/5	$2\frac{1}{2}$	6	$1\frac{1}{2}$
	乳侧切牙	$4\frac{1}{2}$	3/5	3	10	$1\frac{1}{2}$
	乳尖牙	5	1/3	9	16	$3\frac{1}{4}$
	第一乳磨牙	5	牙尖融合	$5\frac{1}{2}$	12	$2\frac{1}{4}$
	第二乳磨牙	6	孤立的牙尖	10	20	3

（Lunt 和 Law，1974）

表 4-2　恒牙发育时间表

	牙齿名称	硬组织开始形成	釉质形成（岁）	萌出（岁）	牙根形成（岁）
上颌	中切牙	3~4 月	4~5	7~8	10
	侧切牙	10~12 月	4~5	8~9	11
	尖牙	4~5 月	6~7	11~12	13~15
	第一前磨牙	$1\frac{1}{2} \sim 1\frac{3}{4}$ 岁	5~6	10~11	12~13
	第二前磨牙	$2 \sim 2\frac{1}{4}$ 岁	6~7	10~12	12~14
	第一磨牙	出生时	$2\frac{1}{2} \sim 3$	6~7	9~10
	第二磨牙	$2\frac{1}{2} \sim 3$ 岁	7~8	12~13	14~16
	第三磨牙	7~9 岁	12~16	17~21	18~25
下颌	中切牙	3~4 月	4~5	6~7	9
	侧切牙	3~4 月	4~5	7~8	10
	尖牙	4~5 月	6~7	9~10	12~14
	第一前磨牙	$1\frac{3}{4} \sim 2$ 岁	5~6	10~12	12~13
	第二前磨牙	$2\frac{1}{4} \sim 2\frac{1}{2}$ 岁	6~7	11~12	13~14
	第一磨牙	出生时	$2\frac{1}{2} \sim 3$	6~7	9~10
	第二磨牙	$2\frac{1}{2} \sim 3$ 岁	7~8	11~13	14~15
	第三磨牙	8~10 岁	12~16	17~21	18~25

（Logan 和 Kronfeld 1933 年原作，McCall 和 Schour 1940 年修改）

小 结

牙齿的发育都经过三个时期——生长期、钙化期、萌出期。这是一个连续不断的过程，没有截然的分界线。恒牙和乳牙的生长、钙化和萌出都存在一定的时间顺序和规律。医生可以利用牙齿发育的时间顺序表来避免采用可能伤害牙齿正常发育的治疗，并可以用其来评价患者的生长发育情况，采用合适的口腔治疗方法。

（陈 硌 李 健 王 磊）

Definition and Terminology

生长期（Development）：It occurs in a stepwise fashion for both primary dentition and permanent dentition, which is also called odontogenesis and takes place in many stages.

钙化期（Calcification）：It is one of the developmental stages of teeth. During this stage, the hard tissues including dentin, enamel and cementum are formed.

萌出期（Eruption）：A term used to denote the tooth's emergence through the gingiva, which becomes more completely defined to mean continuous tooth movement from the dental bud to occlusal contact.

第五章 临床牙位记录法

Clinical System of Coding Teeth

在临床工作中，为了便于描述牙齿的部位及名称，省略叙述牙齿全称的繁琐，常用一些符号来表示牙齿的名称。

在临床做检查时，一般是医生面对患者，用将颅面部左右平分为两等分的中线和与其相垂直的水平线，把患者的牙列分为上下左右对称的四个区，记录牙位。书写时，以"+"符号将上下牙弓分为四个象限，垂直线表示中线，用以区分左右；水平线用以区分上下。目前常用的四种临床牙位记录法都是以此为基础的。

第一节 部位记录法
Quadrant Coding Method

部位记录法（quadrant coding method）是国内最常见的手写记录法。以"+"符号将上下牙弓分为四个区：

⌐ 代表患者的右上区，称为A区；
¬ 代表患者的左上区，称为B区；
⌐ 代表患者的右下区，称为C区；
¬ 代表患者的左下区，称为D区。

A	B
C	D

用序数1~8分别代表中切牙至第三磨牙；用Ⅰ~Ⅴ分别代表乳中切牙至第二乳磨牙。

一、恒牙的临床牙位记录

恒牙的临床牙位记录（图5-1）用阿拉伯数字书写如下：

```
                    上
   8 7 6 5 4 3 2 1 | 1 2 3 4 5 6 7 8
右 ─────────────── ┼ ───────────────  左
   8 7 6 5 4 3 2 1 | 1 2 3 4 5 6 7 8
                    下
                    中 侧 尖 第 第 第 第
                    切 切 牙 一 二 一 二 三
                    牙 牙    前 前 磨 磨 磨
                             磨 磨 牙 牙 牙
                             牙 牙
```

从上面的临床牙位记录法和表5-1可以看出，数字越小，牙位越靠近中线。如所有的中切牙，无论是上颌、下颌，还是左侧、右侧，都用"1"来表示。

又如 ⌐6 表示从中线数第六颗牙，命名为左上颌第一磨牙。

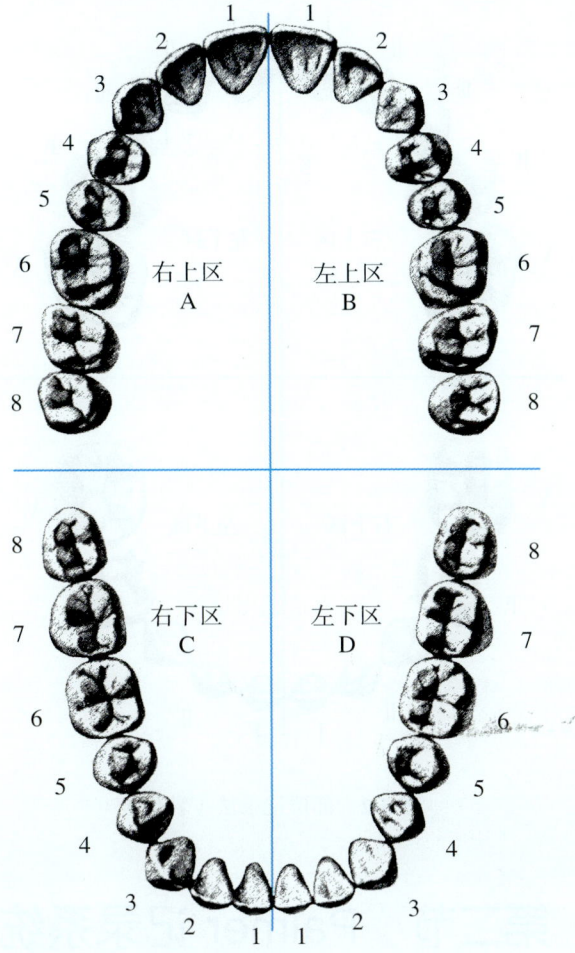

图 5-1 部位记录法与 Palmer 记录系统（恒牙）

二、乳牙的临床牙位记录

乳牙的临床牙位记录（图 5-2）用罗马数字书写如下：

$$右\frac{V\ IV\ III\ II\ I\ |\ I\ II\ III\ IV\ V}{V\ IV\ III\ II\ I\ |\ I\ II\ III\ IV\ V}左$$

上／下
Ⅰ 乳中切牙　Ⅱ 乳侧切牙　Ⅲ 乳尖牙　Ⅳ 第一乳磨牙　Ⅴ 第二乳磨牙

如 Ⅳ⌋ 表示右上颌第一乳磨牙。

用此方法时，我们是面对患者，要注意"镜像"的反像效果，水平线用以区分上下；而垂直线则用以区别左右，切记勿混淆左右。

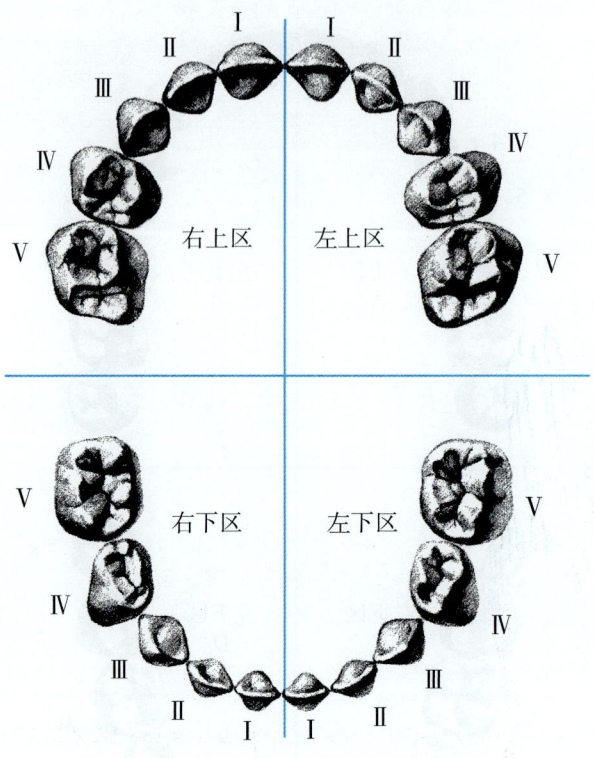

图 5-2 部位记录法（乳牙）

第二节　Palmer 记录系统
Palmer Notation System

Palmer 记录系统（Palmer notation system）与部位记录法相似。恒牙记录方法一样，用阿拉伯数字 1~8 表示；而乳牙则用英文字母 A~E 表示。

一、恒牙的临床牙位记录

恒牙的临床牙位记录（图 5-1）用阿拉伯数字书写如下：

右 $\dfrac{8\ 7\ 6\ 5\ 4\ 3\ 2\ 1\ |\ 1\ 2\ 3\ 4\ 5\ 6\ 7\ 8}{8\ 7\ 6\ 5\ 4\ 3\ 2\ 1\ |\ 1\ 2\ 3\ 4\ 5\ 6\ 7\ 8}$ 左

上／下　中切牙　侧切牙　尖牙　第一前磨牙　第二前磨牙　第一磨牙　第二磨牙　第三磨牙

例如：|3 表示左上颌尖牙。

二、乳牙的临床牙位记录

乳牙的临床牙位记录用英文字母书写如下：

$$\text{右} \frac{E\ D\ C\ B\ A\ |\ A\ B\ C\ D\ E}{E\ D\ C\ B\ A\ |\ A\ B\ C\ D\ E} \text{左}$$

上 / 下

乳中切牙　乳侧切牙　乳尖牙　第一乳磨牙　第二乳磨牙

例如：D| 表示右上颌第一乳磨牙。

第三节　通用编号系统
Universal Numbering System

通用编号系统（universal numbering system）的优点：不使用"+"区分上下和左右，只用数字或字母即可表明牙位，不会有区分上下左右的错误。

一、恒牙的临床牙位

用阿拉伯数字 1~32 将每一颗恒牙都用一个固定的编号表示。由右上颌第三磨牙起定为 #1，上颌牙依次由右向左编号，即右上颌中切牙定为 #8，左上颌中切牙定为 #9，左上颌第三磨牙定为 #16。而下颌牙由左向右编号，左下颌第三磨牙定为 #17，依次向前围绕下牙弓编号，至右下颌第三磨牙定为 #32。

牙列中各恒牙的位置记录如下（使用时，不需要画"+"，仅使用数字）：

上

$$\text{右} \frac{1\ 2\ 3\ 4\ 5\ 6\ 7\ 8\ |\ 9\ 10\ 11\ 12\ 13\ 14\ 15\ 16}{32\ 31\ 30\ 29\ 28\ 27\ 26\ 25\ |\ 24\ 23\ 22\ 21\ 20\ 19\ 18\ 17} \text{左}$$

下

二、乳牙的临床牙位

乳牙亦用同样顺序方法编号，只是改用英文字母 A~T 来编号，即 A 表示右上颌第二乳磨牙，而 T 则表示右下颌第二乳磨牙。

牙列中各乳牙的位置记录如下（使用时，不需要画"+"，仅使用字母）：

上

$$\text{右} \frac{A\ B\ C\ D\ E\ |\ F\ G\ H\ I\ J}{T\ S\ R\ Q\ P\ |\ O\ N\ M\ L\ K} \text{左}$$

下

第四节　国际牙科联合会系统
Federation Dentaire International System

国际牙科联合会系统（Federation Dentaire International System，简称 FDI 系统）记录牙位时是用两位数字表示的。其个位数表示牙的排列序位，类似部位记录法；而十位数则表示牙所在的区域部位，即是乳牙或是恒牙。

恒牙区：$\dfrac{1\ |\ 2}{4\ |\ 3}$ 乳牙区：$\dfrac{5\ |\ 6}{8\ |\ 7}$

每一区域仅用一个特定的十位数字来表示其区域，在此区域里的牙均用此数来作为其十位数的数字，即以 1 表示恒牙右上区，2 表示恒牙左上区，3 表示恒牙左下区，4 表示恒牙右下区，5 表示乳牙右上区，6 表示乳牙左上区，7 表示乳牙左下区，8 表示乳牙右下区；而个位数字的变化则表明牙距中线的位置，牙越靠近中线，则数越小。

如图 5-3 所示，每一颗牙均拥有一个特定的两位数。恒牙右上区排列 11～18，恒牙左上区则是 21～28，恒牙左下区是 31～38，恒牙右下区则是 41～48。

牙列中各恒牙的位置记录如下（使用时，不需要画"+"，仅使用数字）：

上

右 $\dfrac{18\ 17\ 16\ 15\ 14\ 13\ 12\ 11\ |\ 21\ 22\ 23\ 24\ 25\ 26\ 27\ 28}{48\ 47\ 46\ 45\ 44\ 43\ 42\ 41\ |\ 31\ 32\ 33\ 34\ 35\ 36\ 37\ 38}$ 左

下

如 16 表示右上颌第一磨牙。

同样，乳牙也有表达其特定区域的十位数字 5、6、7、8，而其个位数字亦是表明牙距中线的位置（图 5-4）。

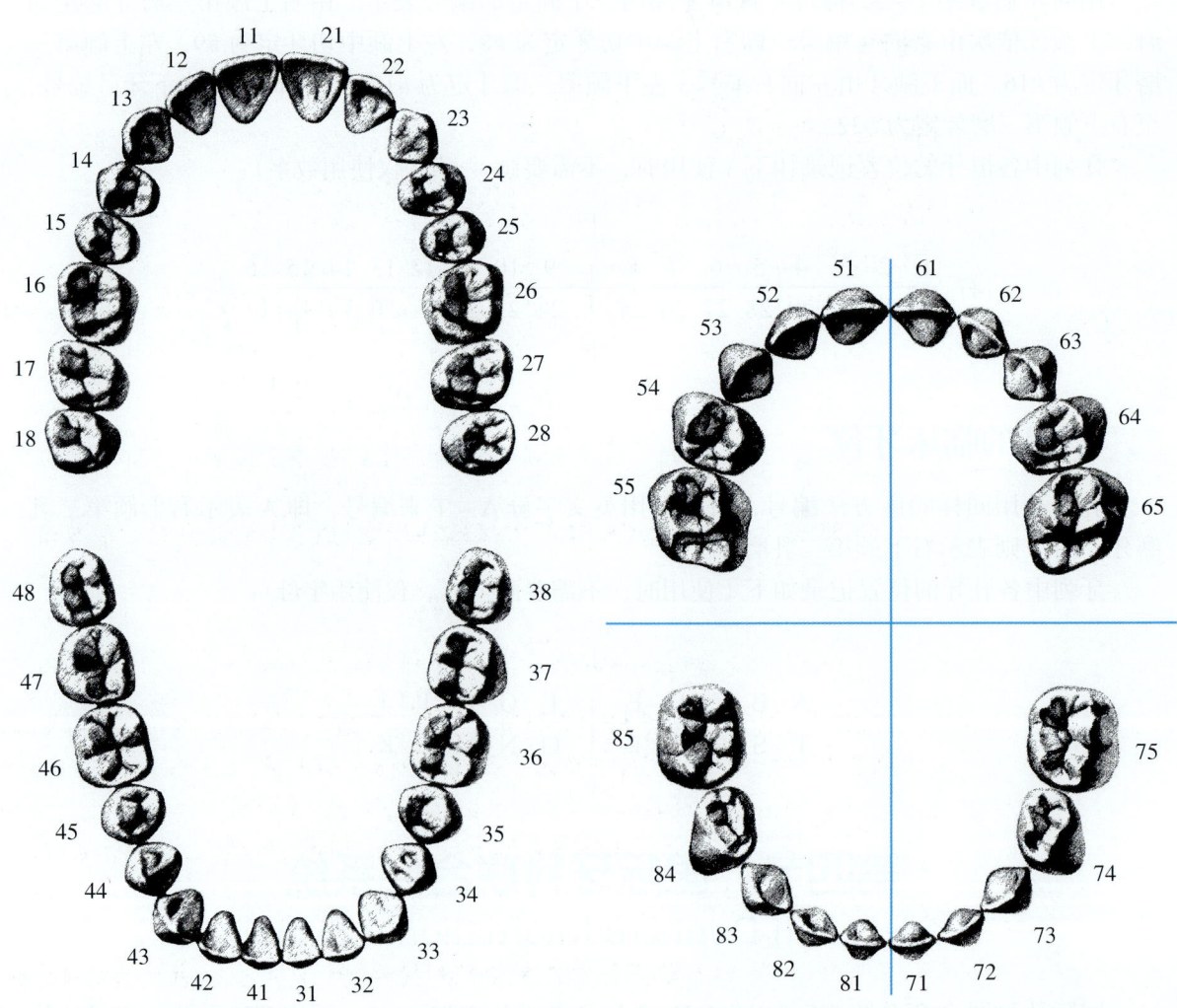

图 5-3　国际牙科联合会系统（恒牙）　　　图 5-4　国际牙科联合会系统（乳牙）

牙列中各乳牙的位置记录如下（使用时，不需要画"+"，仅使用数字）：

$$右 \frac{55\ 54\ 53\ 52\ 51}{85\ 84\ 83\ 82\ 81} \Bigg| \frac{61\ 62\ 63\ 64\ 65}{71\ 72\ 73\ 74\ 75} 左$$

上

下

如61表示左上颌乳中切牙。

在FDI系统中，无论是恒牙还是乳牙，每一颗牙均由一个两位阿拉伯数字表示，无一重复，不易混淆。在计算机应用日益广泛的今天，使用这种记录方法非常方便。

小 结

目前常用的四种临床牙位记录法的不同特点

			部位记录法		Palmer 记录系统		通用编号系统		FDI 系统	
			右	左	右	左	右	左	右	左
乳牙	上颌	乳中切牙	Ⅰ‌	‌Ⅰ	A‌	‌A	E	F	51	61
		乳侧切牙	Ⅱ‌	‌Ⅱ	B‌	‌B	D	G	52	62
		乳尖牙	Ⅲ‌	‌Ⅲ	C‌	‌C	C	H	53	63
		第一乳磨牙	Ⅳ‌	‌Ⅳ	D‌	‌D	B	I	54	64
		第二乳磨牙	Ⅴ‌	‌Ⅴ	E‌	‌E	A	J	55	65
	下颌	乳中切牙	Ⅰ‌	‌Ⅰ	A‌	‌A	P	O	81	71
		乳侧切牙	Ⅱ‌	‌Ⅱ	B‌	‌B	Q	N	82	72
		乳尖牙	Ⅲ‌	‌Ⅲ	C‌	‌C	R	M	83	73
		第一乳磨牙	Ⅳ‌	‌Ⅳ	D‌	‌D	S	L	84	74
		第二乳磨牙	Ⅴ‌	‌Ⅴ	E‌	‌E	T	K	85	75
恒牙	上颌	中切牙	1‌	‌1	1‌	‌1	8	9	11	21
		侧切牙	2‌	‌2	2‌	‌2	7	10	12	22
		尖牙	3‌	‌3	3‌	‌3	6	11	13	23
		第一前磨牙	4‌	‌4	4‌	‌4	5	12	14	24
		第二前磨牙	5‌	‌5	5‌	‌5	4	13	15	25
		第一磨牙	6‌	‌6	6‌	‌6	3	14	16	26
		第二磨牙	7‌	‌7	7‌	‌7	2	15	17	27
		第三磨牙	8‌	‌8	8‌	‌8	1	16	18	28
	下颌	中切牙	1‌	‌1	1‌	‌1	25	24	41	31
		侧切牙	2‌	‌2	2‌	‌2	26	23	42	32
		尖牙	3‌	‌3	3‌	‌3	27	22	43	33
		第一前磨牙	4‌	‌4	4‌	‌4	28	21	44	34
		第二前磨牙	5‌	‌5	5‌	‌5	29	20	45	35
		第一磨牙	6‌	‌6	6‌	‌6	30	19	46	36
		第二磨牙	7‌	‌7	7‌	‌7	31	18	47	37
		第三磨牙	8‌	‌8	8‌	‌8	32	17	48	38

（陈 硌 李 健 王 磊）

Definition and Terminology

Palmer 记录系统（Palmer notation system）：One of the "shorthand" methods of tooth coding that is necessary for recording data.

通用编号系统（Universal numbering system）：System for numbering permanent teeth in consecutive arrangement by using Arabic numerals #1 through #32 and for primary teeth by using capital letters A through T.

第六章 牙体应用名词及表面解剖标志

Applicable Terms and Anatomic Landmarks of Teeth

第一节 牙体应用名词
Applicable Terms of Teeth

一、应用术语

1. 中线（median line） 是平分颅面部为左右两等分的一条假想线，这条线通过眉尖点、两眼之间、鼻尖、两上颌中切牙之间和两下颌中切牙之间，将牙弓分成左右对称的两部分。

2. 牙体长轴（long axis） 沿冠根方向，通过牙体中心的一条假想线（图6-1）。常用以说明牙齿的倾斜度。

3. 接触区（contact area） 牙与牙邻面相互接触的区域，又称邻接区（图6-2）。

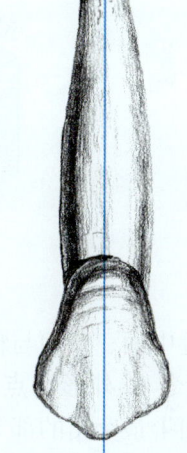

图6-2 牙齿邻面接触区　　　　　　　图6-1 牙体长轴

4. 线角（line angle） 牙冠上两面相交处成一线，所成的角称线角（图6-3）。不同的线角按参与组成的牙面来命名。如前牙的远中面与唇面交角称为远唇线角；后牙的颊面与近中面的交角称为近颊线角。

5. 点角（point angle） 牙冠上三面相交处成一点，所成的角称点角（图6-4）。如磨牙的

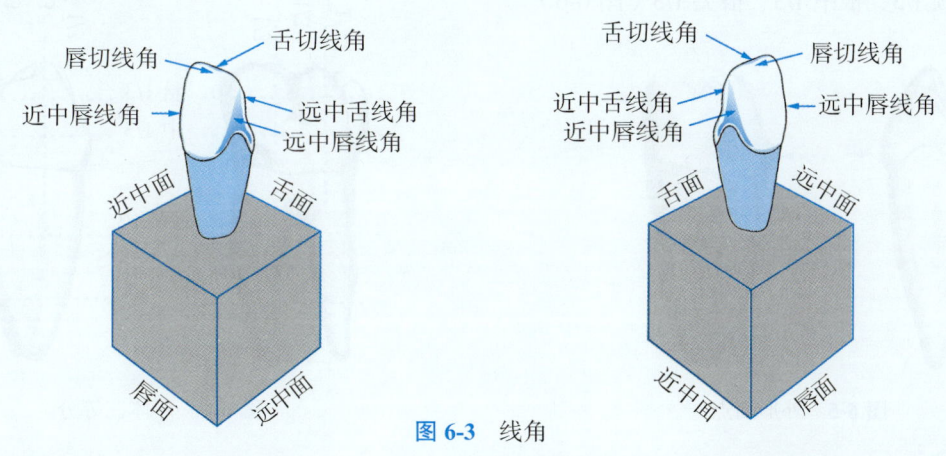

图6-3 线角

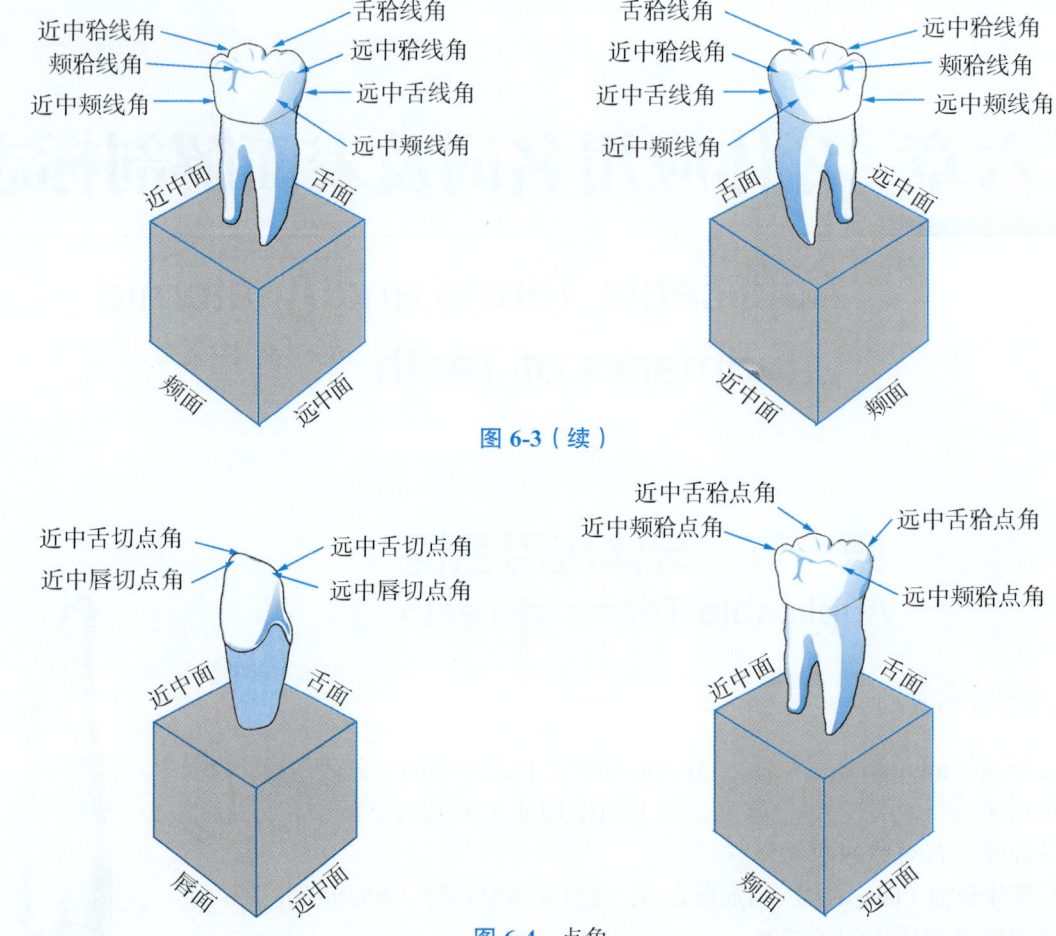

图 6-3（续）

图 6-4 点角

近中面、颊面与𬌗面相交处称为近颊𬌗点角。

6. 外形高点（height of contour） 为牙体各轴面上最突出的部分（图 6-5）。

7. 牙体三等分（division into thirds） 为了明确牙体各面上某一部位所在，常将牙冠、牙根各个面分成三等分来描述。

例如：舌面可分为近中 1/3、中 1/3、远中 1/3；邻面可分为颊 1/3、中 1/3、舌 1/3；唇面可分为切 1/3、中 1/3、颈 1/3；后牙则是𬌗 1/3、中 1/3、颈 1/3。牙根则分为根颈 1/3、根中 1/3、根尖 1/3（图 6-6）。

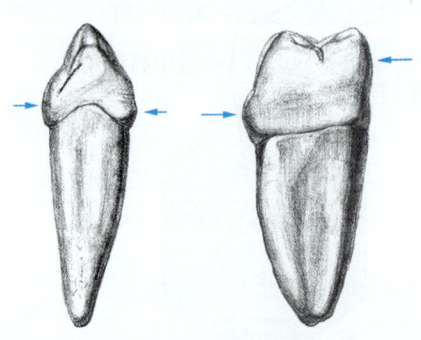

图 6-5 外形高点

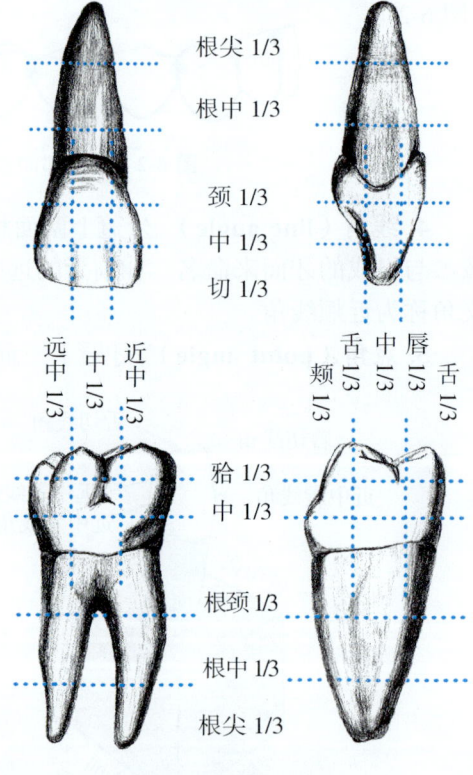

图 6-6 牙体三等分

二、牙冠各面的名称

每个牙冠都有与牙体长轴一致的四个轴面和与牙体长轴基本垂直的殆面或切嵴。各个面按照其解剖结构来命名（图 6-7）。

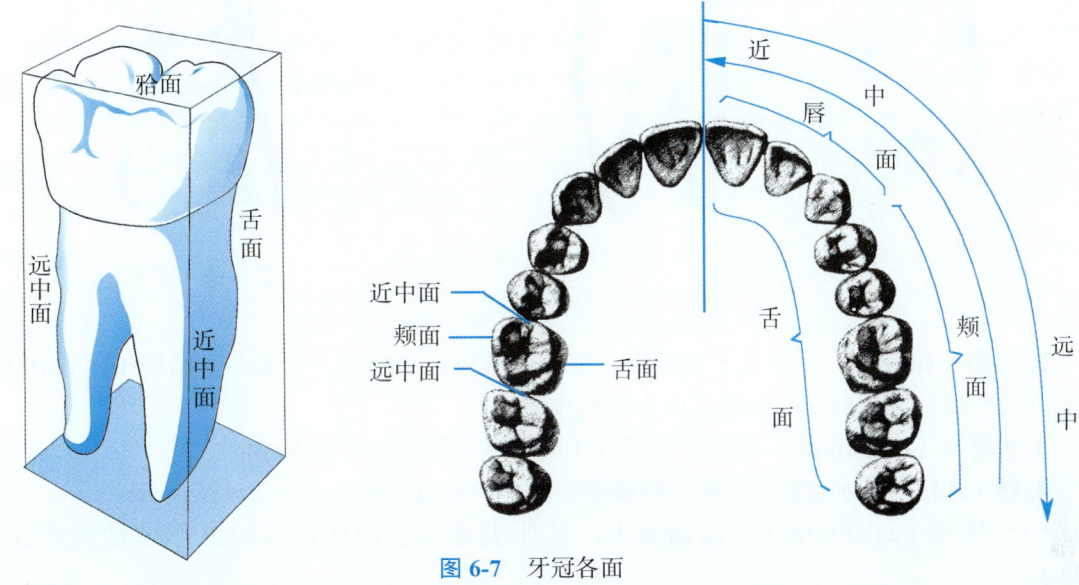

图 6-7　牙冠各面

1. 唇面（labial surface） 前牙牙冠接近口唇的一面。

2. 颊面（buccal surface） 后牙牙冠接近颊黏膜的一面。

3. 舌面（lingual surface）或腭面（palatal surface） 前牙或后牙的牙冠接近舌体的一面称舌面，上颌牙牙冠的舌面接近腭部，故也称腭面。

4. 邻面（proximal surface） 在同一牙弓内，两颗相邻牙相互接触的一面。每颗牙都有两个邻面：近中面和远中面。

（1）近中面（mesial surface）：牙冠离中线较近的邻面。

（2）远中面（distal surface）：牙冠离中线较远的邻面。

5. 殆面（occlusal surface） 上下颌后牙咬合时发生接触的一面。

6. 切嵴（incisal ridge） 前牙行使切咬功能的部分（图6-8）。前牙在舌面圆突隆起形成嵴，称其为"切嵴"；而在唇面一般较平滑，我们常称其为"切缘"。

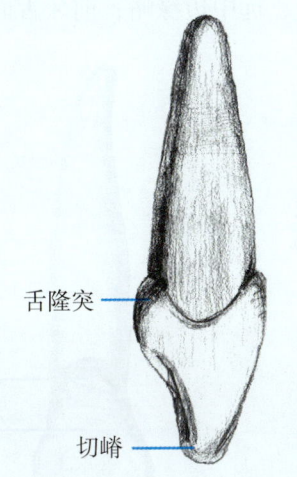

图 6-8　前牙切嵴、舌隆突

第二节　牙冠的表面解剖标志
Anatomic Landmarks of Crown Surfaces

一、牙冠的突起部分

1. 牙尖（dental cusp） 牙冠上突出成尖形的结构（图6-9）。只见于尖牙的切缘、前磨牙和磨牙的殆面，而在切牙是不存在的。

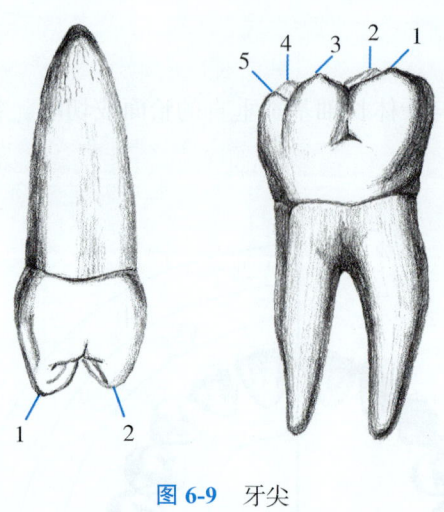
图 6-9 牙尖

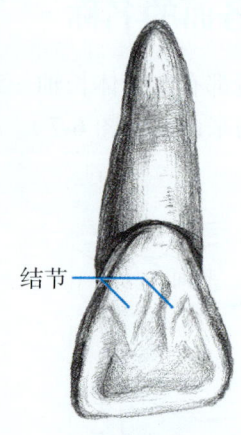
图 6-10 结节

2. 结节（tubercle） 牙冠上牙釉质过度钙化形成的小突起，并非正常结构（图 6-10）。可在殆面或唇面切缘见到，一般在舌面出现较少。

3. 舌隆突（cingulum） 前牙舌面颈 1/3 的釉质增厚部分（见图 6-8）。

4. 嵴（ridge） 牙冠上长形的牙釉质隆起结构。按其部位命名。

（1）轴嵴（axial ridge）：在轴面上，从牙尖顶端伸向牙颈部的纵形牙釉质隆起（图 6-11）。

（2）边缘嵴（marginal ridge）：牙冠边缘上的牙釉质隆起（图 6-12）。例如：后牙殆面上的近、远中边缘嵴；前牙舌面上的近、远中边缘嵴。

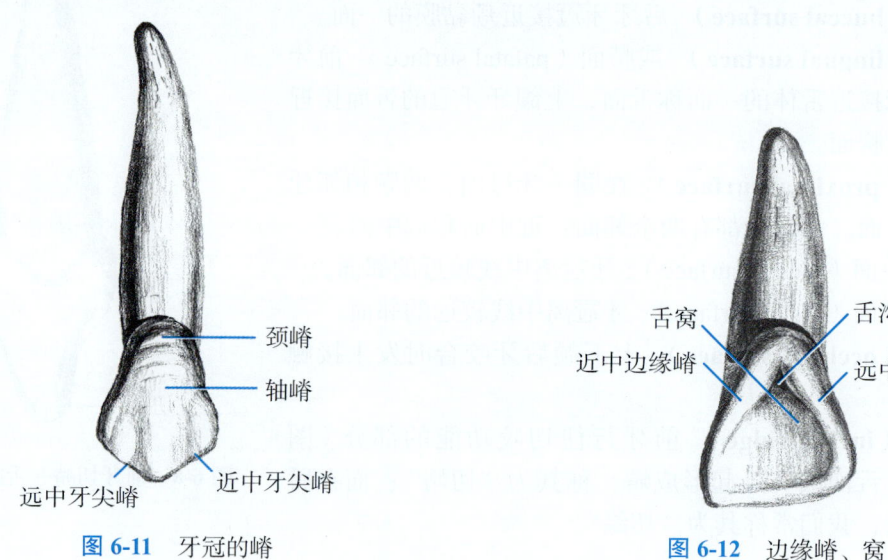

图 6-11 牙冠的嵴　　　图 6-12 边缘嵴、窝

（3）切嵴（incisal ridge）：切牙切缘舌侧的牙釉质隆起（图 6-8）。

（4）三角嵴（triangular ridge）：位于殆面，由牙尖的两斜面相交成的牙釉质隆起，自牙尖顶至殆面中央（图 6-13）。

（5）横嵴（transverse ridge）：两相对牙尖的三角嵴相连，且横过殆面的牙釉质隆起。如下颌第一前磨牙殆面的横嵴。

（6）斜嵴（oblique ridge）：殆面上两斜对牙尖的三角嵴相连而成斜嵴。如上颌第一磨牙殆面的斜嵴（图 6-13）。

（7）牙尖嵴（cusp ridge）：从牙尖顶分别斜向近中、远中的嵴。如尖牙的近中、远中牙尖嵴共同组成切嵴（见图6-11）。

（8）颈嵴（cervical ridge）：牙冠的唇面及颊面上，沿颈缘部位的微显突起的牙釉质隆起（见图6-11）。

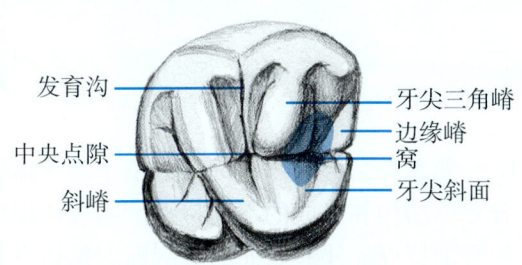

图6-13 𬌗面标志

二、牙冠的凹陷部分

1. 窝（fossa） 为不规则的、略似圆形的凹陷（图6-12）。按其所在位置命名。如在舌面，则称为舌面窝（舌窝）。

2. 沟（groove） 位于牙冠上的轴面及𬌗面、牙尖与嵴之间、窝的底部的细长凹陷部分。

3. 发育沟（developmental groove） 为牙齿生长发育时，生长叶之间相融合所形成的浅沟（图6-13）。

4. 副沟（supplemental groove） 除发育沟以外的沟均为副沟，并非生长叶相连所成，形态不规则。

5. 裂（fissure） 钙化不全的沟。为龋病的好发部位。

6. 点隙（pit） 为3个或3个以上的发育沟相交所成的点状凹陷（图6-13）。此处釉质未完全连接，亦为龋病好发部位。

三、斜面

组成牙尖的各面为斜面（inclined surface）。两斜面相交形成嵴；四条牙尖嵴（唇颊、舌、近中、远中）、四个斜面相交形成牙尖；各斜面按其在牙尖的位置而命名。如上颌第一磨牙近中舌尖的远舌斜面（见图6-13）。

四、生长叶

牙发育的钙化中心称为生长叶（development lobe）。其交界处为发育沟。每颗牙大多由4～5个生长叶发育而成（图6-14）。

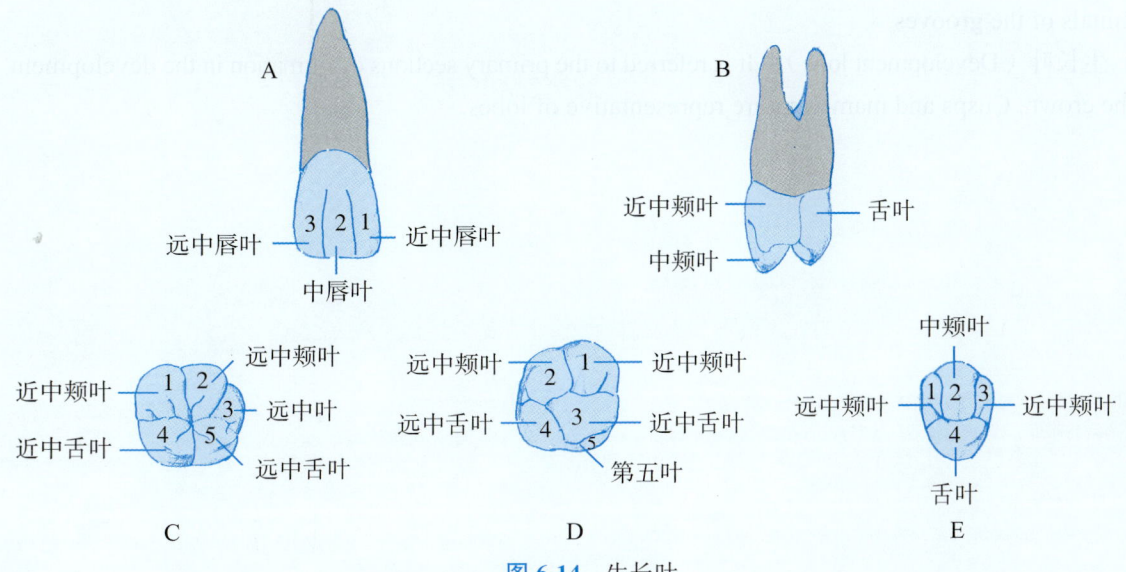

图6-14 生长叶

A. 上颌中切牙；B. 上颌第一前磨牙；C. 下颌第一磨牙；D. 上颌第一磨牙；E. 上颌前磨牙

小 结

熟悉和掌握牙体名词术语是学习牙体解剖学的第一步。利用牙体名词可以准确地描述和区分牙体结构和组成的不同特点。通过认识牙冠表面的解剖标志有助于学习和掌握不同牙位牙体的解剖特点。牙冠表面的解剖标志包括突起部分、凹陷部分、斜面和生长叶。

(陈 硌 李 健 王 磊)

Definition and Terminology

线角(Line angle): The junction of two surfaces, for example, on an anterior tooth, the junction of the mesial and labial surfaces is called the mesiolabial line angle.

点角(Point angle): The junction of three surfaces, for instance, the junction of the mesial, buccal and occlusal surfaces of a molar is called the mesiobucco-occlusal point angle.

牙尖(Dental cusp): An elevation or mound on the crown portion of a tooth making up a divisional part of the occlusal surface.

结节(Tubercle): It is an elevation on some portion of the crown produced by an extra formation of enamel.

舌隆突(Cingulum): The lingual lobe of an anterior tooth makes up the bulk of the cervical third of the lingual surface.

嵴(Ridge): Any linear elevation on the surface of a tooth, which is named according to its location, for example, incisal ridge, buccal ridge, marginal ridge.

窝(Fossa): It is an irregular depression or concavity, for example, central fossa, and lingual fossa.

发育沟(Development groove): It is referred to a shallow groove or line between the primary parts of the crown or root.

点隙(Pit): Small pinpoint depressions located at the junction of developmental grooves or at terminals of the grooves.

生长叶(Development lobe): It is referred to the primary sections of formation in the development of the crown. Cusps and mamelons are representative of lobes.

第七章 切 牙

Incisors

第一节 切牙的功能和共性
Functions and Common Features of Incisors

切牙位于上、下颌骨前部，中线两旁。上下左右共 8 颗，即上颌中切牙、上颌侧切牙、下颌中切牙、下颌侧切牙。呈弧线排列，形态相似。切牙的形态、位置及排列影响面容。

一、切牙功能

① 切割食物；② 帮助发音；③ 帮助支撑口唇，维持良好的外貌；④ 使下切牙的切缘与上切牙的舌侧相适应，从而引导下颌的前后运动。

二、切牙共性

牙冠呈铲形，由唇面、舌面、近中面和远中面四个轴面及一个切端渐薄而形成的切嵴（incisal ridge）组成。体积比较：$\underline{1|1} > \underline{2|2} > \overline{2|2} > \overline{1|1}$。

1. 唇面（图 7-1） ① 近似梯形，光滑平坦；② 从近远中径最宽处的邻面接触区至颈 1/3 逐渐变窄，最窄在颈 1/3，而切 1/3 较宽，即切缘大于颈缘；③ 切颈径大于近远中径；④ 远中缘比近中缘稍圆突（对称的下切牙除外）；⑤ 近中接触区（邻面外形高点）在切 1/3，或切 1/3 与中 1/3 交界处，远中稍靠颈部（除外：下中切牙因对称，近、远中在同一水平）；⑥ 唇面颈缘线弯曲，凸向根尖。

2. 舌面（图 7-2） ① 因近、远中面向舌侧聚拢，故舌面比唇面窄；② 中央凹陷形成舌窝（lingual fossa）；③ 颈部突出为舌隆突，近、远中边缘嵴交汇于此；④ 舌面颈缘线亦弯曲凸向根尖。

3. 邻面（图 7-3、图 7-4） ① 牙冠三角形、颈部最厚；② 唇侧从切缘到颈缘的外形高点在颈 1/3；③ 舌侧的外形高点在颈 1/3 的舌隆突上（从舌隆突到切缘是凹下的，所以在舌侧从切缘到颈缘形成"S"形曲线。上前牙舌面凹度在下颌闭合运动中起着重要的引导作用，而下切牙由于舌隆突小，则"S"形曲线要平缓些。）；④ 上切牙的切嵴在牙长轴的唇侧，下切牙的切嵴在牙长轴的舌侧；⑤ 邻面的颈曲线凸向切缘，其近中面凸度要比远中面的更大些。

4. 牙根（图 7-1、图 7-3、图 7-4） ① 均为单根；② 从颈缘到根尖逐渐变细；③ 唇舌径大于近远中径（除外：上中切牙唇舌径与近远中径大致相等）；④ 根尖 1/3 常弯向远中（除外：上中切牙）；⑤ 根比冠长；⑥ 根的近中面中 1/3 有纵形凹陷（下中切牙、下侧切牙牙根远中面亦有）。

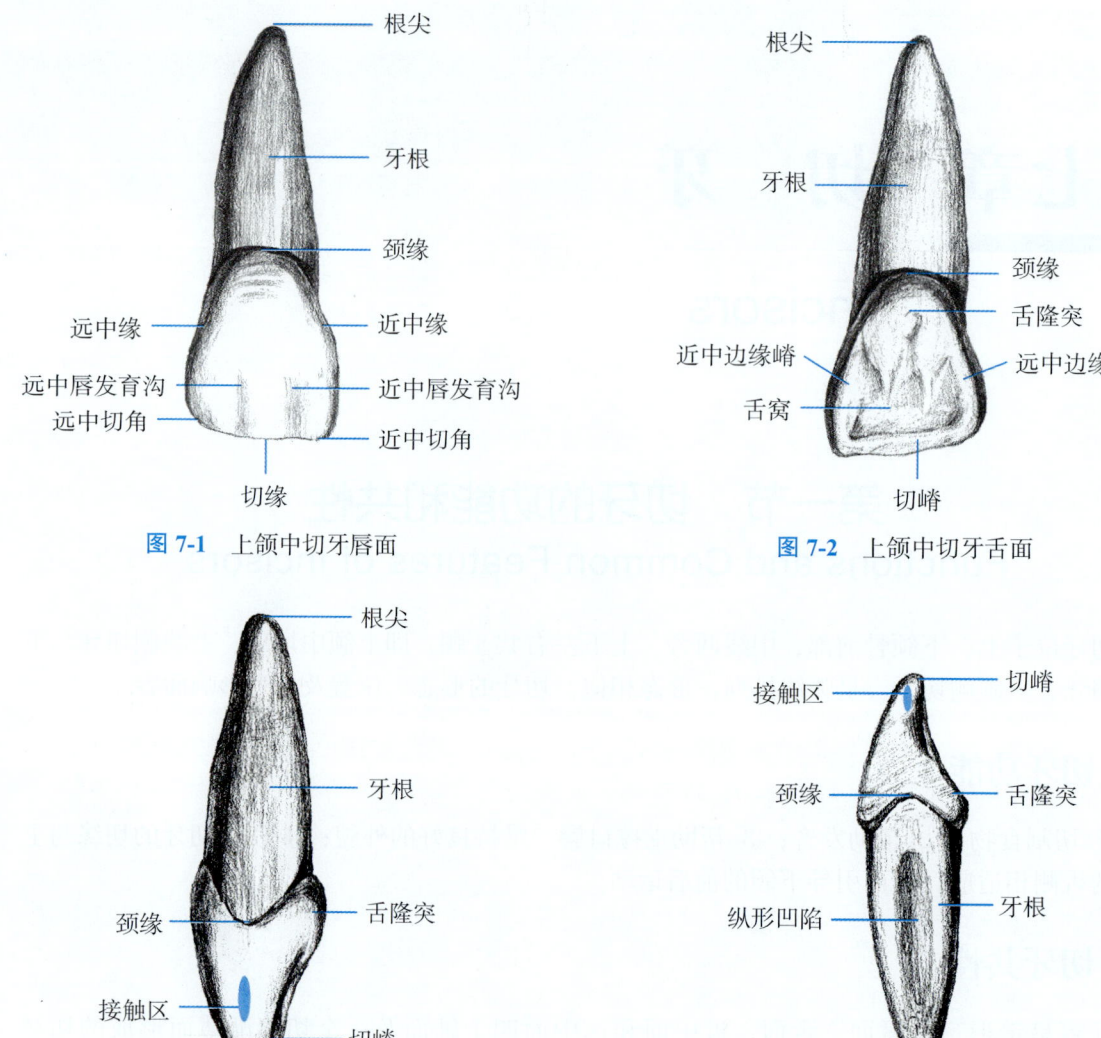

图 7-1 上颌中切牙唇面

图 7-2 上颌中切牙舌面

图 7-3 上颌中切牙邻面

图 7-4 下颌中切牙邻面

第二节 上颌切牙
Maxillary Incisors

一、上颌中切牙

上颌中切牙（maxillary central incisors）（图 7-5）位于上颌口腔前部，中线两侧，其体积为切牙中最大。左、右中切牙近中面彼此相对，远中面与同侧侧切牙的近中面相接触。

1. 唇面 牙冠长度是全口牙中最长的。其宽度是所有切牙中最宽的。一般牙冠的切颈径大于近远中径（平均 2.6 mm）。牙冠颈 1/3 较窄，到切 1/3 变宽，即切缘宽于颈缘，近似梯形。

牙冠表面釉质光滑平坦。切缘较平直，初萌时圆凸为嵴，随着功能性磨耗逐渐变成锐利的边缘。近中缘长而较直，远中缘较短突。切缘与近中缘相交而成的近中切角为锐角，与远中缘相交而成的远中切角为钝角，借以此可区分左右。在切 1/3 处可见两条浅的纵行发育沟，将唇面分为三份，此沟源于牙齿发育时的三个生长叶。

切牙唇面形态常可分为尖圆型、方圆型、卵圆型三种，一般与人的面形协调一致。

（1）尖圆型：牙冠颈部缩小显著，从近、远中切角到颈部成尖形。

（2）方圆型：牙冠颈部的宽度与切端的宽度相近。

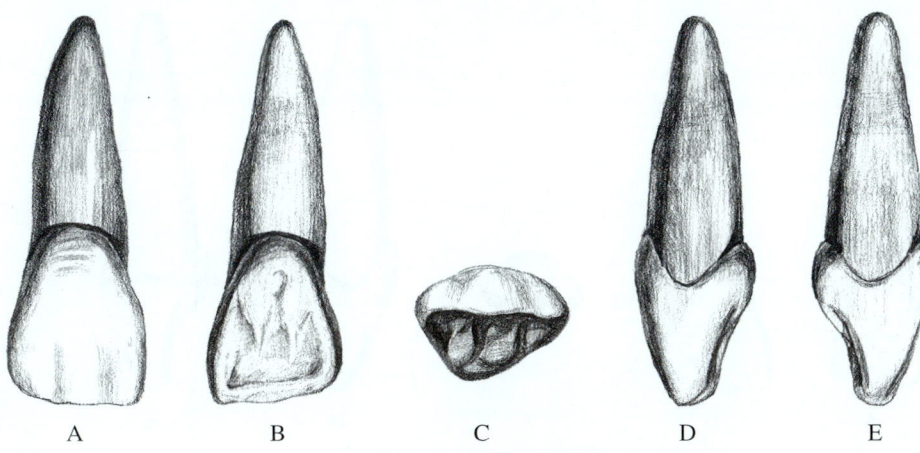

图 7-5　右侧上颌中切牙
A. 唇面；B. 舌面；C. 切嵴；D. 近中面；E. 远中面

（3）卵圆型：牙冠颈部与切端的宽度均较窄，近中邻接处与远中邻接处之间最宽。

由于上颌中切牙位于上颌口腔前部，最易显露，也最易遭受到意外的损伤，缺损后对发音及美观有直接影响，在修复时应注意使恢复的形态与面形相协调。

2. 舌面　与唇面相似但较小，是由于牙冠由唇侧向舌侧略为内收之故。中央凹陷成窝为舌窝。舌窝的四周为突起的嵴：近中边缘嵴、远中边缘嵴、切嵴。颈部有光滑的半月形隆起——舌隆突。其位置并非正中，而是稍偏远中，故近中边缘嵴的长度要大于远中边缘嵴。舌隆突表面常可见一些发育沟延伸至舌窝。

3. 邻面　牙冠的近、远中面相似，均为三角形。三角形的顶即为切嵴；底为颈缘，呈"V"形，凹向根尖。其弯曲度近中面比远中面稍大些。远中面短而圆突，颈部稍凹陷；近中面比远中面略长。邻面外形高点在邻接区：近中靠近近中切角，与对侧中切牙的近中面相接触；远中邻接处较近中稍偏颈部，与侧切牙的近中面相接触。

4. 切嵴　唇面较平为切缘，舌侧圆突成切嵴。与下颌切牙的切嵴相接触，能行使切割功能。侧面观，切嵴在牙体长轴的唇侧。

5. 牙根　为粗壮而直的单根；唇侧宽于舌侧，颈部的横切面呈圆三角形；整个牙根自颈部向根尖逐渐变细，呈圆锥状，根尖细小。根的近中面常见纵形凹陷，其余面较圆突。根长度不一，通常牙根比牙冠长 2~3mm，但冠根比例在不同牙上并不是恒定的。

二、上颌侧切牙

上颌侧切牙（maxillary lateral incisors）（图 7-6）位于上颌中切牙的远中，其形态与上颌中切牙相似，但牙冠较短窄、圆突。此牙常有变异，可能是锥形牙或先天缺失。

上颌侧切牙与上颌中切牙的主要区别如下：

1. 唇面　与上颌中切牙相似，但牙冠较短窄、圆突；发育沟不如中切牙明显；近中缘稍长，远中缘较短；切缘自近中至远中显著斜向颈部，使远中切角更圆钝，形成"大圆弧角"；整个牙冠显得不对称。

2. 舌面　近远中边缘嵴明显，舌窝窄而深，舌隆突较中切牙窄，但位置居中；其上时有裂沟越过，一直延伸到根部。

3. 邻面　近中面较长，远中面圆突；近远中接触区均较中切牙靠近颈部。

4. 牙根　根为细长单根；根长大于冠长，常是冠长的 1.5 倍；且比中切牙要稍长些（0.4 mm）；根尖变细且多偏向远中；唇侧宽于舌侧，颈部横切面为卵圆形；根的近中面常见纵形凹陷。

总之，与上颌中切牙比较，上颌侧切牙的特点是：整体细长，唇凸舌凹，切角相差比例大。

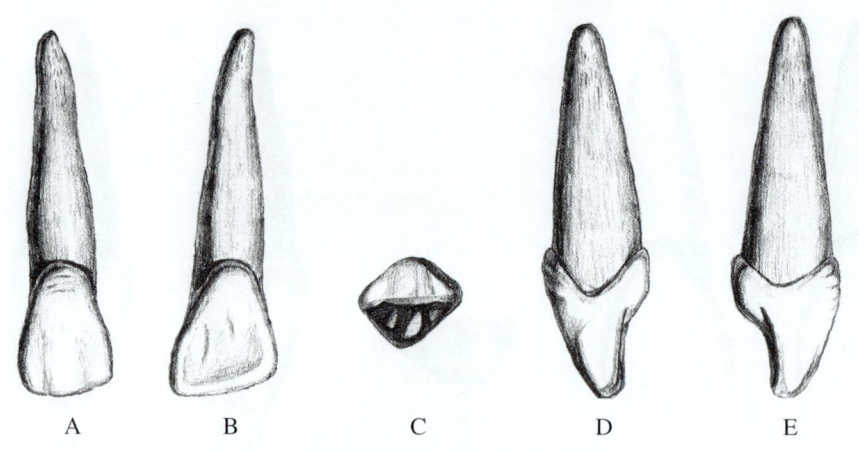

图 7-6　右侧上颌侧切牙
A. 唇面；B. 舌面；C. 切嵴；D. 近中面；E. 远中面

第三节　下颌切牙
Mandibular Incisors

下颌切牙根部、冠部都较上颌切牙细长，舌面因边缘嵴低平以至于舌窝不明显；下颌切牙的牙冠窄长，侧面观切嵴靠近牙体长轴；4 个下切牙的形态彼此极为相似，区别标志很不明显，仅下颌侧切牙（mandibular lateral incisors）的牙冠较下颌中切牙（mandibular central incisors）的牙冠稍大；下中切牙为全口中最小的牙，牙冠宽度仅为上中切牙的 2/3。

一、下颌中切牙

1. 唇面　近似一窄长梯形，其近中缘与远中缘左右对称，切缘平直，与牙体长轴垂直；近、远中切角均为锐角；近远中的接触区分别靠近近远中切角（图 7-7）。

2. 舌面　舌窝与切缘嵴都不明显；舌隆突较小、居中，无结节或裂沟。

3. 邻面　呈三角形，切嵴在牙体长轴上或稍偏舌侧，近远中接触区均在切 1/3 近切角处。

4. 牙根　窄而扁；唇舌径大于近远中径；唇侧宽于舌侧；远中面的长形凹陷比近中面略深；根较直，根尖微向远中。

由于下颌中切牙极为对称，所以它是全口中最难区分左右的牙。但也有一些特征能帮我们来分辨：远中切角比近中切角要稍稍圆钝些；远中边缘嵴比近中边缘嵴长度稍稍短些。

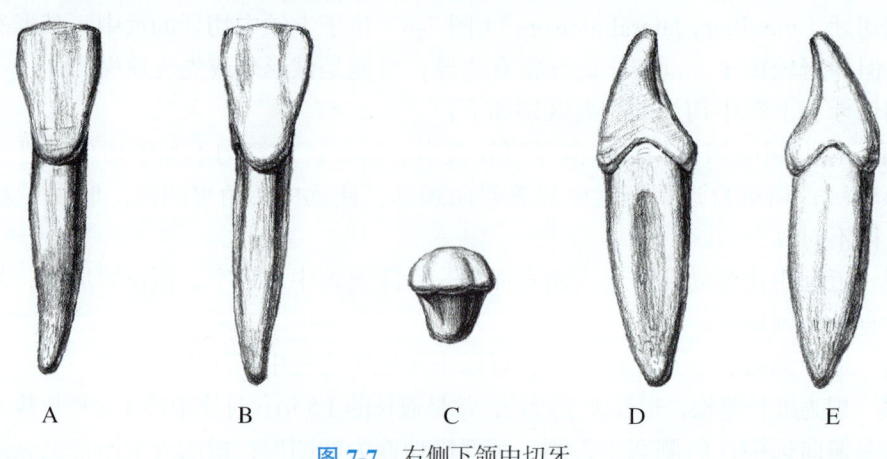

图 7-7　右侧下颌中切牙
A. 唇面；B. 舌面；C. 切嵴；D. 近中面；E. 远中面

二、下颌侧切牙

下颌侧切牙（图7-8）与下中切牙极为相似，但牙冠的长度、宽度、体积均比下颌中切牙要大。

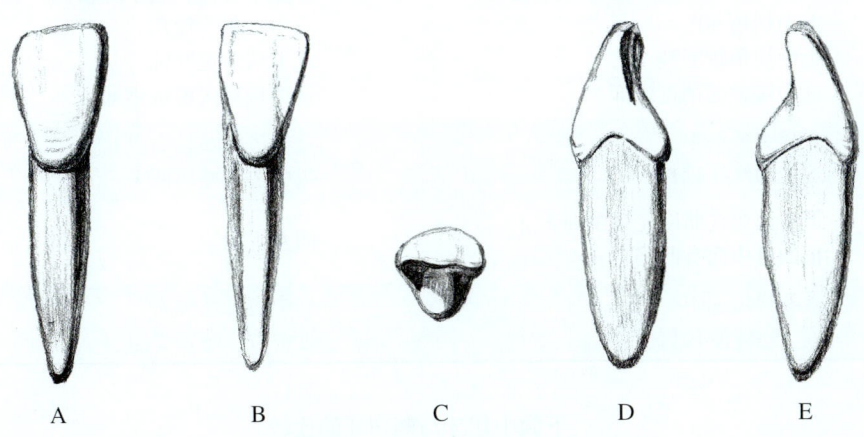

图7-8 右侧下颌侧切牙
A. 唇面；B. 舌面；C. 切嵴；D. 近中面；E. 远中面

1. 唇面 与下中切牙极为相似，但并不是双侧对称，其近中边缘较平直，而远中边缘较圆突；下颌侧切牙切缘自近中至远中略斜向颈部，不如中切牙平直；近中切角锐，远中切角略圆钝；发育沟较下颌中切牙要明显。

2. 舌面 牙冠非双侧对称，远中斜向颈部，且自中1/3至颈1/3向舌面聚拢；远中边缘嵴比近中边缘嵴长度稍短些；舌隆突小且稍偏远中；舌窝、边缘嵴均较下颌中切牙要明显。

3. 邻面 近远中接触区不在同一水平上，近中接触区靠近切角，远中接触区离切角稍远；近中邻面颈线曲度比远中面稍大。

4. 牙根 近远中径虽很窄，但较下颌中切牙要宽、粗、长；根较直，根尖变细且稍向远中；唇侧宽于舌侧，远中面的长形凹陷比近中面略深。

小 结

上颌中切牙与上颌侧切牙的比较

	上颌中切牙	上颌侧切牙
唇面	牙冠大，颈部较宽 左右较对称 近中切角90° 近中接触区接近切缘 根颈部宽，到根尖逐渐变细 根尖较少偏远中	牙冠小，远中斜向颈部 左右不对称 近中切角较圆，为锐角 远中接触区接近中1/3处 根较长、较窄 根尖常偏远中
舌面	舌窝大、浅 舌隆突偏远中 切缘近远中向平直 近中边缘嵴比远中长	舌窝小、深 舌隆突居中 切缘向远中倾斜 近中边缘嵴较直，远中圆突
邻面	颈线曲度大 牙根均匀变细，只有近中面有凹陷 舌窝外形较浅	颈线曲度较小 牙根外缘较圆突 舌窝外形较深
切嵴	牙冠近远中径较宽 舌隆突偏远中 唇侧发育切迹明显	牙冠近远中径较窄 舌隆突居中 唇侧发育切迹不明显，少见

上颌切牙左右辨别

	上颌中切牙	上颌侧切牙
唇面	牙冠近中缘平直，远中缘圆突 近中切角 90° 远中切角较圆钝 远中接触区稍近颈部	牙冠不对称，远中缘较短 近中切角为锐角 远中切角更圆钝 远中接触区更近颈部
舌面	舌隆突偏远中 近中边缘嵴较长	近中边缘嵴长而直 远中边缘嵴短而突
邻面	近中面颈线曲度比远中面大 根的近中面有凹陷	同左
切嵴	舌隆突偏远中 近中边缘嵴较长	远中边缘嵴短突 近中边缘嵴较平坦

下颌中切牙与侧切牙的比较

	下颌中切牙	下颌侧切牙
唇舌面	牙冠较对称 冠小、根短 接触区在同一水平 切缘平直 两边对称	牙冠不对称 冠大、根长 远中接触区稍近颈部 切缘远中斜向根方 远中缘圆突
切舌面	舌隆突居中 边缘嵴长度相等 切嵴平直	舌隆突偏远中 近中边缘嵴稍长 切嵴向远中舌侧偏斜

（陈 硌 李 健）

Definition and Terminology

切牙（Incisors）：Anterior teeth that are the first and second from the midline and consist of both centrals and laterals, respectively.

切嵴（Incisal ridge）：An edge formed by the junction of the linguoincisal surface and the labial surface.

舌窝（Lingual fossa）：A shallow concavity located in lingual surface bouned by the cingulum and the marginal ridges.

第八章 尖 牙

Canines

第一节 尖牙的功能和共性
Functions and Common Features of Canines

尖牙位于侧切牙远中，居中线第三位，上下左右共 4 颗。其近中与侧切牙的远中面相邻，远中与第一前磨牙近中面接触。其位置恰在口角部位，牙弓拐弯处。

一、尖牙功能

1. 穿透和撕裂食物 由于尖牙的牙冠切端成尖形，形成一个突出的牙尖，所以能穿透和撕裂食物。这种形态的牙存在许多食肉类动物口内，故尖牙也有"犬牙""虎牙"之称。

2. 维持面部丰满度 尖牙位于口角，同切牙一起支撑着口唇和面颊部的软组织，对维持面部的丰满度起着至关重要的作用。

3. 稳固、支持 尖牙的牙根粗壮长大，为全口中牙根最长的牙齿，根长约为冠长的 2 倍，故在牙槽骨内很稳固，通常是口内保留时间最长久的牙。当其他牙齿缺失后，无论进行固定义齿修复，还是可摘局部义齿修复，尖牙均能为人工牙提供良好的支持作用。

二、尖牙共性

1. 尺寸 尖牙是全口中最长的牙齿，它们有一个长而粗壮的牙根。

2. 切嵴 尖牙切端有一明显牙尖，约占牙冠长度的 1/3，牙尖将切嵴分为两部分，近中牙尖嵴短，远中牙尖嵴长。

3. 唇面 为五边形，唇面明显突起，中部有突出的唇轴嵴（labial axial ridge）。

4. 牙根 唇舌径大于近远中径，根颈横断面为唇舌向椭圆形，舌面窄于唇面。

5. 前牙属性 与切牙同属楔形牙冠，但牙冠较厚，呈扎枪头形；远中接触区比近中更近颈部；从邻面观，舌面的外形高点在颈 1/3 的舌隆突（cingulum）上，但中 1/3 较凹，到切 1/3 较直或稍凸，形成"S"形，这种"S"形在所有前牙中都有。

第二节 上颌尖牙
Maxillary Canines

图 8-1 显示右侧上颌尖牙形态。

1. 唇面（图 8-2） 牙冠近似圆五边形，唇面光滑，有两条明显的发育沟，介于三个生长

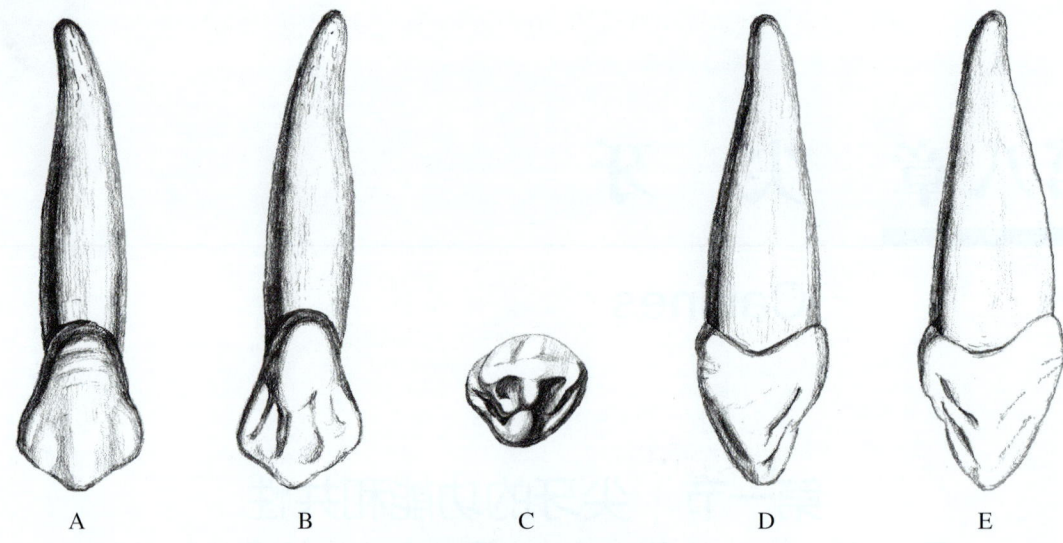

图 8-1　右侧上颌尖牙
A. 唇面；B. 舌面；C. 牙尖；D. 近中面；E. 远中面

上颌尖牙

叶之间，中间的生长叶最大，在唇面形成一个突出的唇轴嵴，自牙尖顶至颈 1/3，将唇面分为两个斜面：近中唇斜面、远中唇斜面。外形高点在中 1/3 和颈 1/3 交界处。

牙冠和根的近远中径均比上中切牙要窄；牙冠的长度要比其他牙都大（但上中切牙及下尖牙除外，它们的冠有时会比上尖牙还要长）；近中缘较直，但在接触区稍有弯曲；近中接触区大致在中 1/3 和切 1/3 的交界处。远中缘较圆突，且斜向颈部，这是因为远中接触区通常在牙冠的中 1/3 处。牙尖顶位于唇面的近中，即：远中牙尖缘大于近中牙尖缘（两牙尖缘交角在初萌牙时约 90°）；远中切角较近中切角向侧方突出，同时偏向舌侧（尖牙位于口角部位，牙弓拐弯处）。

2. 舌面（图 8-3）　无论牙冠，还是牙根，由于唇面向舌面缩小的生长趋势，故舌面较唇面小；舌隆突非常显著，为前牙中之最。外形高点在舌隆突上。自牙尖至舌隆突有一明显的纵嵴叫舌轴嵴（lingual axial ridge），将舌窝分成近中舌窝、远中舌窝。舌窝周边有近中边缘嵴、

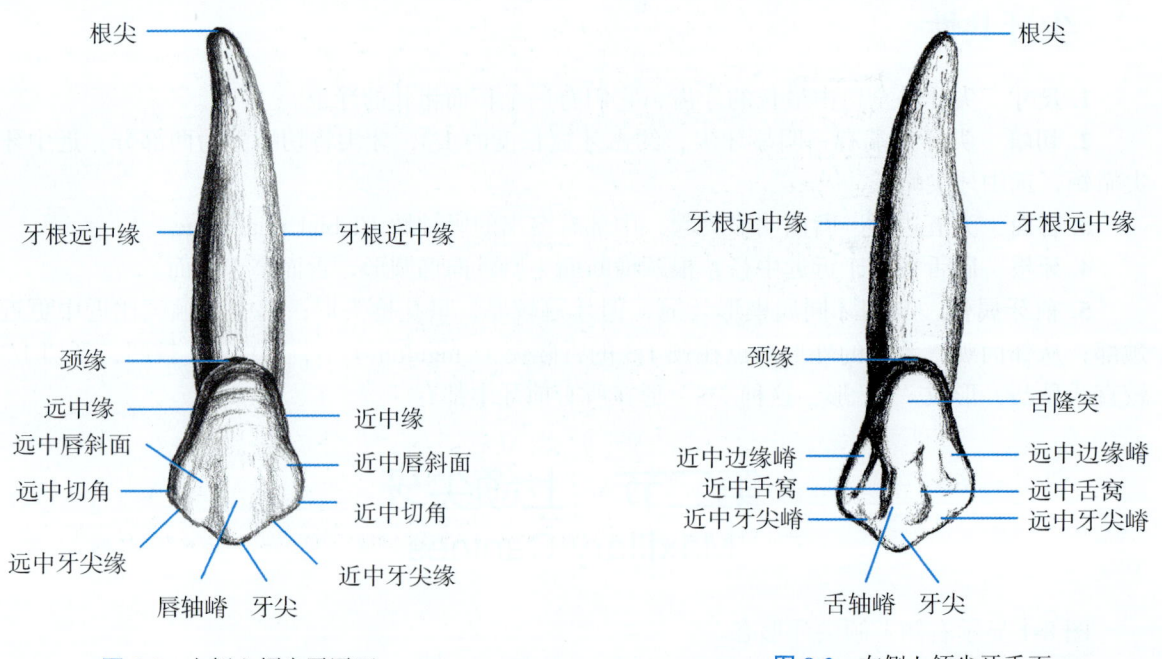

图 8-2　右侧上颌尖牙唇面　　　　　　　　　　　图 8-3　右侧上颌尖牙舌面

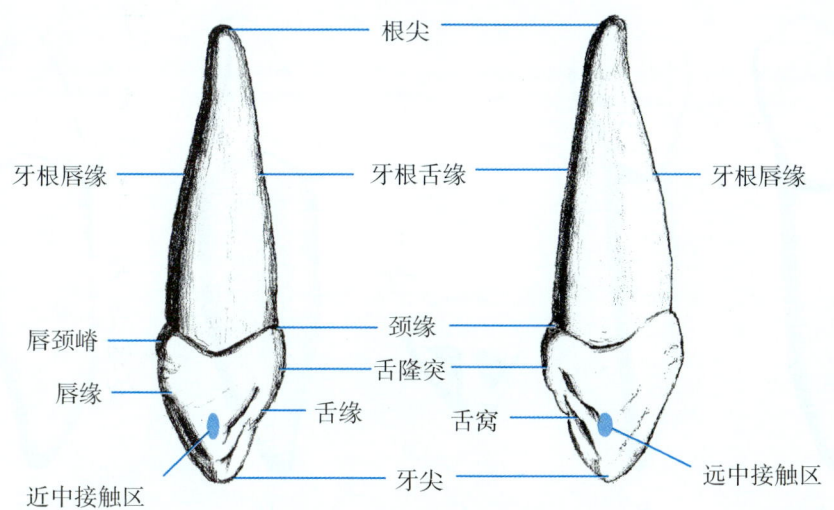

图 8-4　右侧上颌尖牙邻面

远中边缘嵴（短而突），和近中牙尖嵴、远中牙尖嵴。远中牙尖嵴较长，所以牙尖偏近中。

3. 邻面（图 8-4）　似三角形，但比切牙要短小，因为牙尖占去了冠长的 1/3。由于尖牙有显著的舌隆突和非常大的唇面曲度（从颈缘到切端），所以尖牙的唇舌径比其他前牙都要大，最大径在颈 1/3。除了接触区和颈缘这两小区域稍平坦，整个邻面均很圆突；远中面较近中面更短而突。近中接触区约在近中切角；远中接触区距远中切角稍远且偏舌侧。

4. 牙尖（图 8-5）　从切缘观察，上尖牙不但有相当宽的近远中径，而且有前牙中最厚的唇舌径；两径大致相等，或唇舌径稍大些。牙冠远中半部分比近中显得薄些，似乎要顺应牙弓拐弯向远中延伸，与第一前磨牙相接触。整个牙尖由 4 个嵴和 4 个斜面构成（近、远中牙尖嵴，唇、舌轴嵴，近、远中唇斜面，近、远中舌斜面），外形锐利如刀锋，以便行使尖牙穿刺、撕裂食物的功能。

5. 牙根　强大粗壮的单根，圆锥形，根长为冠长的 2 倍，为全口牙中根长之最。唇舌径大于近远中径，根颈横断面为椭圆三角形。根的近远中面较平，可见长形沟状凹陷，这显示了由单根向双根发展分叉的痕迹。根尖较直，或略偏远中。

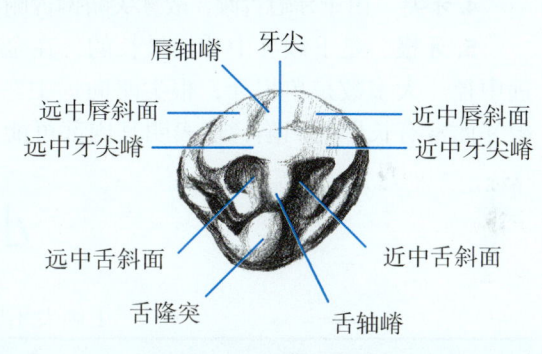

图 8-5　右侧上颌尖牙牙尖

第三节　下颌尖牙
Mandibular Canines

下尖牙形态与上尖牙相似，但整体比上尖牙窄而薄，所以牙体显得细长。实际上牙冠与上尖牙等长或稍长些，而牙根与上尖牙等长或稍短些。图 8-6 显示右侧下颌尖牙形态。

1. 唇面　唇面为窄长五边形，较平坦，沟嵴不如上尖牙明显，唇轴嵴自牙尖顶止于中 1/3。近中缘较直，几乎与牙根的近中缘连贯一致；远中缘较短。牙尖的近中牙尖缘明显短于远中牙尖缘，二者长度约为 1∶2；两牙尖缘交角大于 90°。

2. 舌面　与其他下前牙相似，舌面特征不明显，但仍有比它们都大的舌隆突和舌轴嵴，只是不如上尖牙舌舌显著，所以舌面较光滑平坦，窝浅嵴低。

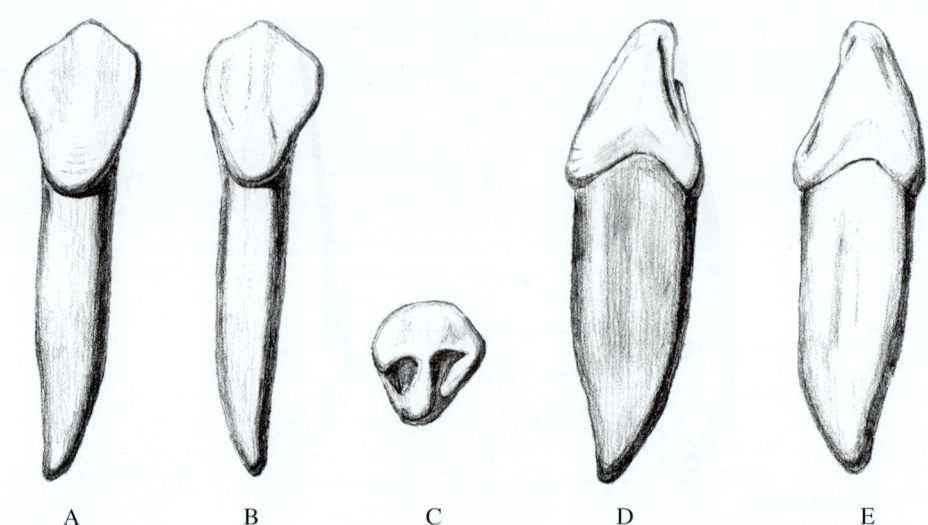

图 8-6　右侧下颌尖牙
A. 唇面；B. 舌面；C. 牙尖；D. 近中面；E. 远中面

下颌尖牙

3. 邻面　近中接触区比上尖牙更接近近中切角，在切 1/3 处；而远中接触区亦近切缘，在切 1/3 与中 1/3 交界处。颈曲线向切缘的凸度更大。

从邻面观：冠与根的唇缘呈一贯通相连的弧线。下尖牙的牙冠舌倾，牙尖位于牙体长轴之上；而上尖牙的牙冠唇倾，牙尖位于牙体长轴的唇侧。当上下尖牙经过咀嚼接触等磨耗后，这一特征更明显。

4. 牙尖　由于牙冠舌倾，故牙尖嵴偏舌侧，尤其远中牙尖嵴比近中更舌倾。牙尖顶明显偏近中。

5. 牙根　是下颌牙中牙根最长的，在全口牙中仅次于上尖牙。有较宽的唇舌径和较窄的近远中径。大多数是单根牙，根尖略向远中弯曲。但有些牙在根尖 1/3 分叉为二，唇舌各一。牙根邻面常有长形的凹陷，这表明其内部可能存在双根管，但到根尖部又可合二为一。

小　结

上颌尖牙与下颌尖牙的比较

	上颌尖牙	下颌尖牙
唇面	牙尖更尖（约 105°） 牙冠宽大 唇轴嵴明显 牙尖偏近中 牙冠近中切角较突出 牙根粗长，根尖 1/3 偏远中	牙尖稍钝（约 120°） 牙冠窄长 唇轴嵴不明显 牙尖明显偏近中 冠根近中缘相连成直线 牙根细直
舌面	嵴突、窝深 有磨损面 舌隆突居中	嵴低、窝浅 无磨损面 舌隆突居中或稍偏远中
邻面	舌隆突明显 牙尖位于牙长轴唇侧	舌隆突不明显 牙尖位于牙长轴舌侧 冠根唇缘相连成弧线
牙尖	切嵴位于牙长轴唇侧 近远中唇斜面较平直 舌隆突居中	切嵴位于牙长轴之上的偏舌侧 远中唇斜面稍向舌侧倾斜 舌隆突偏远中

左右尖牙的辨别

	上颌尖牙	下颌尖牙
唇面	近中牙尖缘短 近中缘较平直 远中接触区更近颈部 根尖偏远中	同左 冠近中缘与根近中缘相连成直线 同左 根尖略向远中弯曲
舌面	舌隆突居中	舌隆突偏远中
邻面	根面凹陷远中更清晰 颈线曲度近中更大	只有根的远中面有凹陷 同左
牙尖	近中牙尖嵴＜远中 近中半部分唇舌径＞远中半部分唇舌径	同左 同左

（陈 硌 李 健）

Definition and Terminology

尖牙（Canines）：Anterior teeth that are the third teeth from the midline in each quadrant.

唇轴嵴（Labial axial ridge）：In the crown of canine, there are three labial lobes. The middle labial lobe shows much greater development than the other lobes. This produces a ridge on the labial surface.

舌隆突（Cingulum）：The lingual lobe of an anterior tooth makes up the bulk of the cervical third of the lingual surface.

舌轴嵴（Lingual axial ridge）：Vertically oriented and centrally placed ridge that extends from the cusp tip to the cingulum on the lingual surface of certain canines.

第九章 前磨牙

Premolars

第一节 前磨牙的功能与共性
Functions and Common Features of Premolars

前磨牙上下左右共 8 颗，分别排列在各象限距中线的第四和第五的位置，位于尖牙与磨牙之间，即：第一前磨牙的近中与尖牙的远中相邻，第二前磨牙的远中与第一磨牙的近中相邻。

以往常常将前磨牙又称为"双尖牙"，但这是不准确的。因为双尖牙是指牙有两个尖，而下颌前磨牙在牙尖数上可以从 1~3 个有所变化。

上颌第一、第二前磨牙，下颌第一前磨牙与前牙一样，都有 4 个生长叶；而下颌第二前磨牙则有 5 个：3 个颊叶，2 个舌叶。前磨牙的颊尖同前牙一样均来源于 3 个生长叶。不同的是，前牙的舌叶形成切牙和尖牙的舌隆突，而在前磨牙的舌叶则形成舌尖。有 3 个牙尖的情况（下颌第二前磨牙），是有 2 个舌叶，分别形成 2 个小舌尖。但有些下颌前磨牙只有两个牙尖，这是因为它们只有 4 个生长叶。

一、前磨牙功能

前磨牙的形态与前牙完全不同，牙齿不是楔形的，而是一个立方形，有一个咬合面（图 9-1）。所以前磨牙的许多功能类似磨牙：咀嚼食物；维持面部的垂直距离；支撑口角和面颊部，防止塌陷；另外，第一前磨牙还协助尖牙撕裂食物。

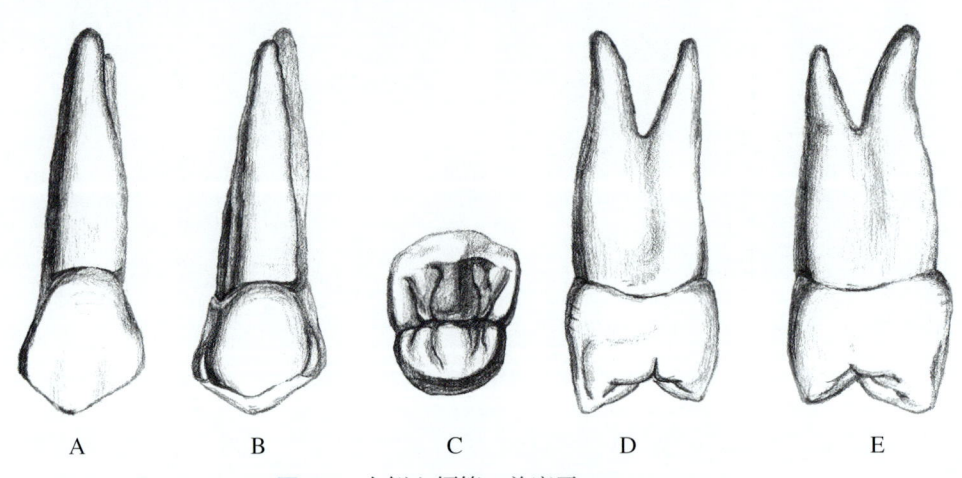

图 9-1　右侧上颌第一前磨牙
A. 颊面；**B.** 舌面；**C.** 𬌗面；**D.** 近中面；**E.** 远中面

二、前磨牙共性

1. 颊面 ① 外观像尖牙，为五边形，较突，有明显的颊轴嵴（下颌第二前磨牙不明显）；② 近远中接触区水平处较宽，颈部缩窄；③ 颊尖偏近中（例外：上颌第一前磨牙）；④ 近中接触区在𬌗 1/3 与中 1/3 交界处，远中则稍近颈部（例外：下颌第一前磨牙近中较远中更近颈部）。

2. 舌面 较圆突，较颊面缩窄（例外：三尖型下颌第二前磨牙舌面可能比颊面宽）。

3. 邻面 ① 颊侧外形高点在中 1/3 和颈 1/3 交界处（例外：下颌第一前磨牙更近颈部）；② 舌侧外形高点在中 1/3（与前牙不同）；③ 近中边缘嵴高于远中（例外：下颌第一前磨牙远中边缘嵴更高）。

4. 𬌗面 ① 颊舌径大于或等于近远中径；② 颊、舌尖三角嵴跨过中央沟相连，形成横嵴（例外：三尖型下颌第二前磨牙）。

第二节　上颌前磨牙
Maxillary Premolars

一、上颌第一前磨牙

上颌第一前磨牙

上颌第一前磨牙（maxillary first premolars）是前磨牙组中体积最大的（图 9-1）。在牙弓上显得窄而厚，牙冠立方形，颊舌径大于近远中径。牙冠自颊侧向舌侧缩小显著，颊侧宽而舌侧窄。有两个尖：颊尖长而尖，舌尖短而圆。通常颊尖要比舌尖长 1mm 多。绝大多数上颌第一前磨牙有两个牙根及两个根管；当只有一个根时，也常是双根管。而上颌第二前磨牙则多是单根，很少见双根。

1. 颊面（图 9-2） 似上尖牙，但冠短小且近远中径窄。不像上尖牙的近远中接触区在同一水平上，且近、远中缘比上尖牙更明显。颊尖长而尖且偏远中（是 4 颗前磨牙中唯一颊尖偏远中的牙）。即：颊尖近中牙尖缘长，而远中牙尖缘短。近中缘在接触区较突而在颈部凹陷，远中缘相对较直。颊尖中央自颊尖至颈缘微突，为颊轴嵴。其颈 1/3 处是颊面的外形高点，即颊颈嵴。颊轴嵴两侧各有发育沟一条。

2. 舌面（图 9-3） 较颊面窄小，且圆突光滑，无明显舌嵴、颈嵴。舌尖较颊尖短很多，并较圆。近中牙尖缘短，远中牙尖缘长，即舌尖偏近中。最突出处为舌面中 1/3。

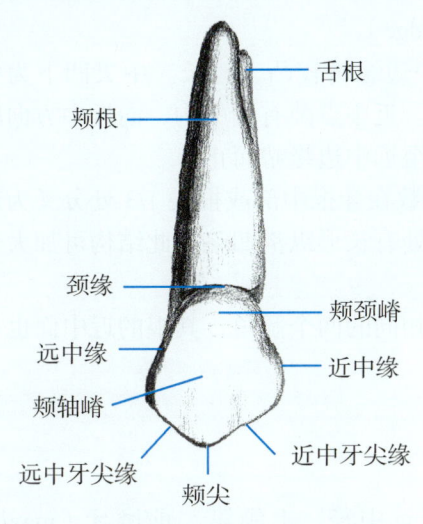

图 9-2　右侧上颌第一前磨牙颊面

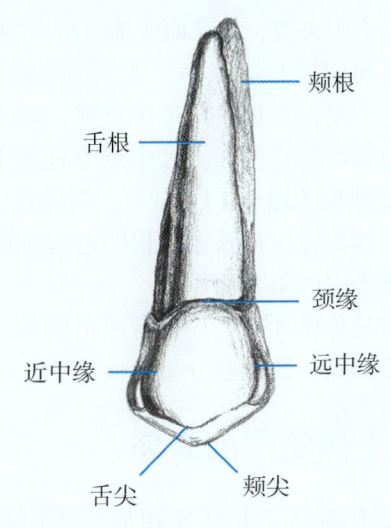

图 9-3　右侧上颌第一前磨牙舌面

3. 近中面（图 9-4） 略似梯形四边形，其颈部最宽，即：颈部颊舌径大于𬌗缘颊舌径。在近中面，有"近中沟"（mesial marginal groove）从𬌗面近中缘跨过至近中面，止于邻面中 1/3、接触区的舌侧。近中接触区在近𬌗缘的颊 1/3 处。其下方的颈部有沟状凹陷（developmental depression），一直向下延伸，跨过颈缘线至牙根。近中沟不一定总是存在，但近中面的沟状凹陷通常总是有的。

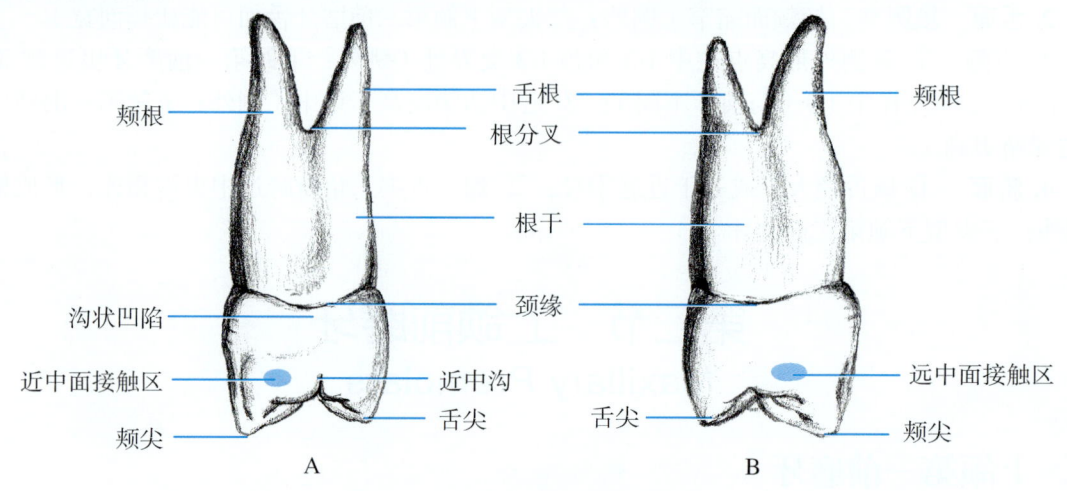

图 9-4 右侧上颌第一前磨牙邻面
A. 近中面；B. 远中面

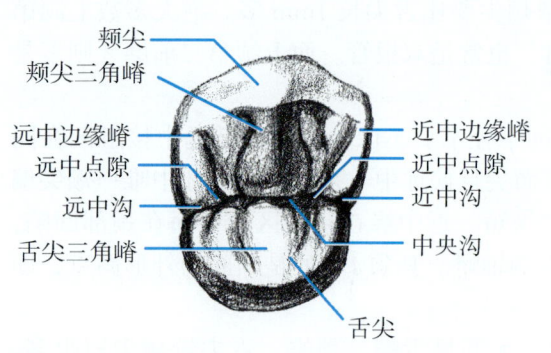

图 9-5 右侧上颌第一前磨牙𬌗面

4. 远中面（图 9-4） 与近中面相似，但极少有"远中沟"存在。颈部也较平坦，一般无凹陷。颈线的曲度也比近中的要小。整个远中面显得较圆突、光滑。接触区离𬌗缘较远，并偏颊侧。

5. 𬌗面（图 9-5） 不规则的六边形，颊宽舌窄，颊舌径大于近远中径。远中颊角较突出，颊尖偏远中，舌尖偏近中，故整个𬌗面呈不对称形。有颊舌两牙尖，颊尖长而尖，舌尖小而圆。颊尖的三角嵴锐而突，自颊尖顶斜向𬌗面中间；舌尖的三角嵴较圆突，自舌尖顶至𬌗面中央。两三角嵴交汇于中央沟，结合而成横过𬌗面的横嵴（transverse ridge）。

𬌗面四周有边缘嵴，近中边缘嵴较平、较短；远中边缘嵴较凸、较长。中央凹下为中央窝，中央窝内有近中与远中点隙，两点隙之间为中央沟。近中点隙有近中沟，向近中方向跨过近中边缘嵴至近中面。远中点隙有远中沟，向远中方向至远中边缘嵴而止。

6. 牙根（图 9-4） 扁形，颊舌径大于近远中径。多数在牙根中部或根尖 1/3 处分叉为颊舌两根。颊根比舌根长大。根的近远中面自颈缘至根分叉处有长形纵沟凹陷（此结构可加大牙根在牙槽骨内的附着面积）。

若是单根牙，往往也有两个根管，并有与牙尖数目相同的两个髓角，其根的近中面也有长的沟形凹陷，像是要分叉的痕迹。

二、上颌第二前磨牙

与上颌第一前磨牙相似，无论是𬌗颈径，还是近远中径，上颌第二前磨牙（maxillary second premolars）都要比第一前磨牙要小，整个牙冠显得小而圆突，轮廓不如第一前磨牙突显

（图 9-6）。

1. 颊面 颊尖不如上颌第一前磨牙长尖，比较圆钝，偏向近中，发育沟及颊轴嵴均不明显。颈部较平，收缩不明显。

上颌第二前磨牙

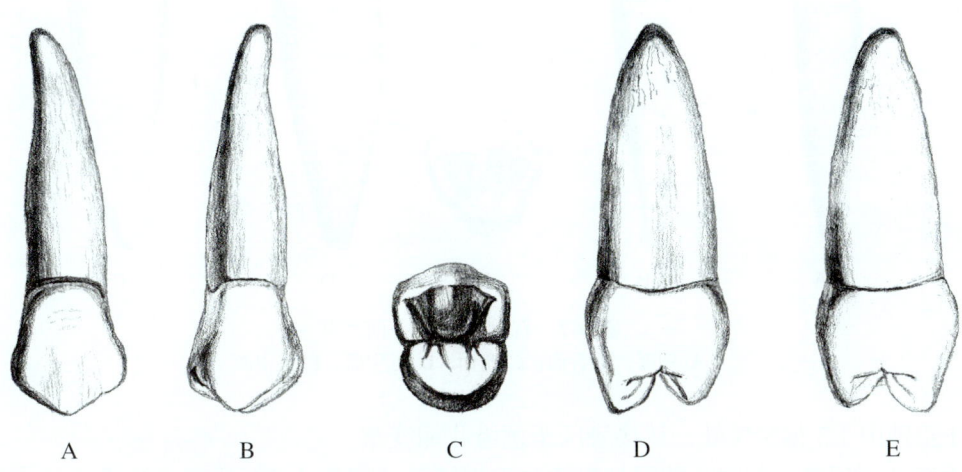

图 9-6 右侧上颌第二前磨牙
A. 颊面；B. 舌面；C. 𬌗面；D. 近中面；E. 远中面

2. 舌面 颊舌面大小差异不如第一磨牙明显，舌尖几乎与颊尖等高，并偏近中。

3. 邻面 仍是四边形，但较圆突，很少见颈部凹陷。

从邻面观颊舌的尖几乎等高。很少有近中沟、远中沟跨过边缘嵴至邻面。近远中接触区在近𬌗缘的偏颊侧。

4. 𬌗面 远中颊角不突出，各角均较圆钝。由于颊舌面宽度相似，颊舌尖高度、大小相近，所以𬌗面轮廓比较对称，近于卵圆形。中央窝较浅，近远中点隙距离近，故中央沟亦短。很少见近中沟（37%），但𬌗面的副沟比上颌第一前磨牙要多。

5. 牙根 多为单根、扁形。根的近远中面上有浅的纵形沟，好像根欲分为颊舌两根。通常只有一个根管，但有 4% 在根尖处根管出现分叉。有些牙同上颌第一前磨牙一样，也会出现牙根分叉，这时常常是有两个根管。

第三节　下颌前磨牙
Mandibular Premolars

一、下颌第一前磨牙

下颌第一前磨牙（mandibular first premolars）是前磨牙中体积最小的牙（图 9-7）。其颊舌径与近远中径相近，牙冠显得比较方圆。由于下颌第一前磨牙有一个很突出的颊尖，故其很多功能和特征类似下尖牙。

类似上颌第一、第二前磨牙，下颌第一前磨牙也来源于 4 个生长叶，其中 3 个颊叶形成大的颊尖，另一个舌叶形成舌尖。此舌尖要比上颌前磨牙的舌尖小得多，它不但在高度和宽度上要小很多，而且还与对𬌗牙无咬合接触，是一个无功能的舌尖。

1. 颊面 形态似下尖牙，颊舌径宽度接近尖牙，有一个像尖牙一样高耸的颊尖，近中牙尖缘短于远中牙尖缘，故颊尖偏近中。下颌前磨牙的颈 1/3 和中 1/3 比上颌前磨牙更显突，颊轴嵴在颈 1/3 处明显，其两侧可见发育沟。从颊面还可以观察到：近远中接触区几乎在同一水平

下颌第一前磨牙

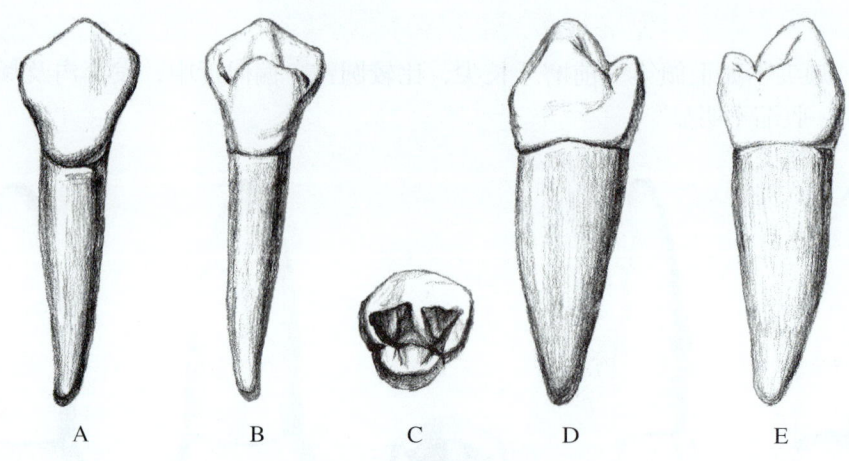

图 9-7　右侧下颌第一前磨牙
A. 颊面；B. 舌面；C. 𬌗面；D. 近中面；E. 远中面

上，位于𬌗颈中 1/3 偏𬌗缘处，从接触区至颈缘收缩变窄。

2. 舌面　下颌第一前磨牙的冠与根均向舌侧倾斜，颊尖的近远中径要比舌尖的近远中径宽很多，即舌面仅及颊面的 1/2，舌尖也比颊尖小很多。

3. 近中面　在近中颊叶和舌叶之间，常会有近中舌沟（mesiolingual developmental groove）出现，这是此牙最明显的识别特征之一。

从邻面观：颊侧外形高点在牙冠的颈 1/3 处，而舌侧在中 1/3。另外，由于牙冠舌倾，颊尖顶刚好位于牙体长轴上，而舌尖顶则位于牙体长轴的舌侧。

4. 远中面　与近中面的区别是：远中边缘嵴比近中高突，且连续而无发育沟跨过；颈曲线凸度比近中要低 1mm；远中接触区比近中要宽些，均在𬌗缘偏颊侧；根的远中面比近中更圆突，沟状凹陷少见、且浅。

图 9-8　右侧下颌第一前磨牙𬌗面

5. 𬌗面（图 9-8）　相对前磨牙来说，无论是下颌第一或第二前磨牙，在𬌗面都出现了明显的变化，显示了该牙本身特有的个性。由于牙冠向舌侧倾斜，颊舌面相差很多，颊尖约占𬌗面颊侧的 4/5，舌尖不发达。即：颊尖长大、尖而突，舌尖短小、低而圆。整个𬌗面自接触区向舌侧收缩明显，尤其近中侧。近中边缘嵴较平直，远中边缘嵴较圆突，形成非对称的外形轮廓。颊尖的近中牙尖嵴和近中边缘嵴形成一锐角。

颊尖三角嵴很突显，自颊尖至𬌗面中央，占𬌗面的大部分。舌尖三角嵴短小，颊舌两尖的三角嵴连贯一致而无界限，成为一条嵴——横嵴，此为该牙的一个重要解剖标志。横嵴分𬌗面为较小的三角形近中窝和较大的长圆形远中窝。从近中窝发出的近中沟，延伸跨过近中边缘嵴至舌面，称为近中舌沟，分隔舌尖与近中边缘嵴。

6. 牙根　多为扁形单根，根长比下尖牙要短 3 mm 或更多。颊侧比舌侧略宽些。近远中面常较圆突，也可有沟形凹陷痕迹。偶尔可见分为颊舌两根，此时根的邻面常常有深的长形沟印迹。

二、下颌第二前磨牙

下颌第二前磨牙（mandibular second premolars）与下颌第一前磨牙形状相似，但体积要稍大些（图9-9）。由于牙冠𬌗颈高度、颊舌径与近远中径几乎相等，故牙冠外形方圆。下颌第二前磨牙的舌尖较发达，双侧边缘嵴也更高，从而与上颌牙的咬合作用将更强，所以，第二前磨牙的功能作用更像磨牙。该牙通常有两类：两尖型、三尖型，每个牙尖内都有一个髓角。

下颌第二前磨牙

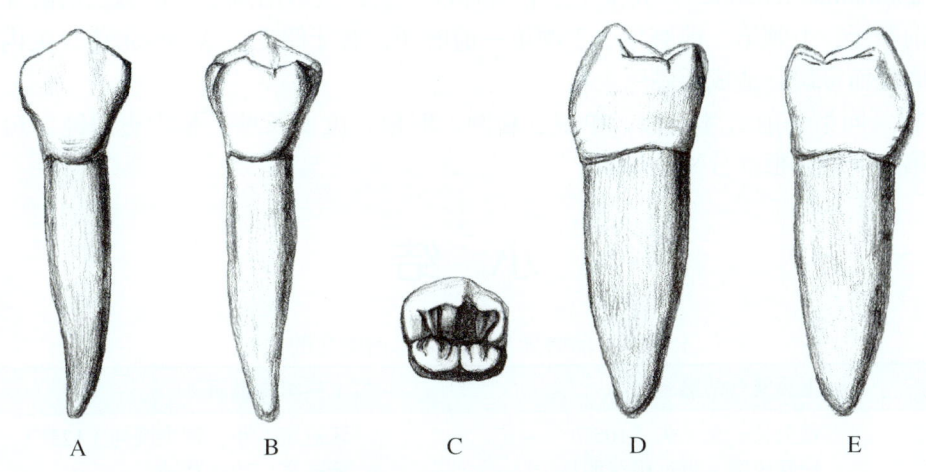

图 9-9 右侧下颌第二前磨牙
A. 颊面；B. 舌面；C. 𬌗面；D. 近中面；E. 远中面

1. 颊面 下颌第二前磨牙的颊尖比第一前磨牙要短小，近、远中牙尖嵴和颊轴嵴都较圆突。近、远中接触区之间较宽，接近同一水平。颈部相对较宽，收缩不如第一前磨牙明显。

2. 舌面 舌面与颊面一样宽，或稍宽于颊面（三尖型）。冠与根的舌面都比较圆突。舌尖较发达，比下颌第一前磨牙要长大，与颊尖等高或略低。在三尖型中有近中舌尖、远中舌尖，前者长大些，两尖之间以舌沟为界（两尖型无舌沟）。

3. 近中面 与下颌第一前磨牙不同的是：颊尖稍短，其颊尖顶更偏颊侧，冠和根的颊舌径更宽，舌尖较发达，无近中舌沟，牙根稍长，根尖更圆钝。

4. 远中面 远中边缘嵴比近中要低一些，近、远中接触区均在近𬌗缘的偏颊侧。就一般规律而言，所有后牙（上颌、下颌）的牙冠，其根的长轴都偏远中，大多数多根后牙的牙根都偏向远中，即根尖均偏远中。

5. 𬌗面（图9-10） 呈圆形或卵圆形。无论是两尖型，还是三尖型，颊尖外形近似。在三尖型中，颊尖最大，近中舌尖次之，远中舌尖最小。三个牙尖均有明显的牙尖嵴。每个牙尖之间有深的发育沟相隔。有三条主要的发育沟分布在近中、远中和舌侧，在𬌗面组成一定的形态。在三尖型中，发育沟的形态常呈"Y"形；而在两尖型中，发育沟多为"U"形或"H"形。此外𬌗面还有三个点隙（三尖型时）：中央点隙，近中点隙，远中点隙。

两尖型与三尖型相比，有以下特点：冠的𬌗缘较圆突；冠的舌面更圆突，且向舌倾；无舌

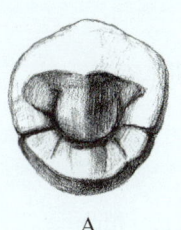
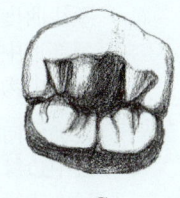

图 9-10 右侧下颌第二前磨牙𬌗面
A. U形；B. H形；C. Y形

沟；仅有一个发育良好的舌尖，与颊尖相对，通常无中央点隙，只有近、远中点隙。

一般规律是，第二前磨牙、第二磨牙的发育沟的深度均要比第一前磨牙、第一磨牙要浅，而且存在许多副沟。总之，越后方的牙，其𬌗面沟裂越多。

另外，在前磨牙的中央窝内，有可能出现一个突起的圆锥形牙尖，称为畸形中央尖（occlusal anomalous tubercle）。大多是左右对称性发生，最多出现于下颌第二前磨牙，其次为下颌第一前磨牙、上颌第二前磨牙、上颌第一前磨牙，磨牙偶见。这种畸形中央尖内有髓角突入，易因磨耗而穿髓，造成牙髓感染。

6. 牙根 同第一前磨牙相似，单根、扁圆，但根长度要长些，根尖更圆钝，颊舌径要宽些，没有第一前磨牙根欲分叉的趋势。

小 结

上颌第一前磨牙与上颌第二前磨牙的比较

	上颌第一前磨牙	上颌第二前磨牙
颊面	颊尖长、大、尖（105°） 轮廓锐突、近远中缘明显 颊尖偏远中 颊轴嵴明显 颈部凹陷	牙冠短、小，颊尖圆钝（125°） 牙冠窄，边缘圆钝 颊尖偏近中 颊面光滑、嵴不明显 颈部平坦
舌面	可见颊舌两尖；舌尖短 牙冠向舌面缩小	颊舌两尖等高、等宽 舌面缩小不明显
邻面	颊尖比舌尖长 1.3mm 冠和根的近中面有凹陷 常为双根或根分叉 常有近中沟（97%）	颊舌尖等长 颈部及根的近中面相对平坦，很少见凹陷 单根
𬌗面	牙冠为六边形，不对称 向舌面收缩 中央沟长 常见近中沟（97%） 副沟少 边缘嵴：近中，短、平；远中，长、凸	牙冠为卵圆形，对称 无舌向收缩 中央沟短 少见近中沟（37%） 副沟多 近、远中边缘嵴几乎对称

上颌前磨牙左右的辨别

	上颌第一前磨牙	上颌第二前磨牙
颊面	颊尖近中牙尖缘长 根弯向远中	颊尖近中牙尖缘短 根弯向远中
舌面	舌尖偏向近中	舌尖偏向近中
邻面	颈线曲度近中 > 远中 颈部近中凹陷（100%） 有近中沟（97%）	同左 颈部无近中凹陷 近中沟少见
𬌗面	舌尖偏向近中 近中边缘较直 远中边缘较凸、较长 有近中沟（97%） 近中颊角为锐角	同左 远中边缘嵴稍长、稍凸 少见边缘嵴沟 （近中 37%、远中 30%） 近中颊角为钝角

下颌第一、第二前磨牙的比较

	下颌第一前磨牙	下颌第二前磨牙
颊面	冠较长 颊尖较尖（110°） 从接触区至颈缘缩窄 颊轴嵴明显 根较短，根尖变细	冠短而宽 颊尖较圆钝（130°） 颈部相对较宽 颊轴嵴不明显 根较长，根尖圆钝
舌面	舌面很窄小 舌尖极短小 舌尖无功能	舌面相对大些 1~2个功能舌尖，均比第一要大 近中舌尖更大（两舌尖者） 有舌沟（两舌尖者）
近中面	牙冠舌倾 舌尖比颊尖小很多，且无功能 可见近中舌沟（67%） 根可在根尖1/3分叉	牙冠不舌倾 舌尖稍短于颊尖 无近中舌沟 根无分叉
殆面	牙冠外形不对称 殆面小，无功能面 向舌面收缩（尤其近中） 近中颊尖嵴和近中边缘 嵴之间形成锐角 有近中沟（67%） 两个窝 两条沟：近中、远中 有横嵴	牙冠方圆形 殆面大，有功能面 舌面可能宽于颊面（三尖型） 可见舌沟（三尖型） 近中边缘嵴无沟跨越 两尖型：两个圆窝 三尖型：三个窝 三条沟：近中、远中、舌（三尖型） 无横嵴

下颌前磨牙左右的辨别

	下颌第一前磨牙	下颌第二前磨牙
颊面	颊尖偏近中	颊尖偏近中
舌面	有近中舌沟（67%）	近中舌尖大（90%）
殆面	牙冠外形不对称：近中平、远中凸 有近中沟（67%） 远中窝比近中窝稍大，稍深 近中颊尖嵴较短	近中舌尖大（90%） 中央窝比近中三角窝要大 近中颊尖嵴较短

上颌前磨牙与下颌前磨牙的比较

	上颌前磨牙	下颌前磨牙
牙冠比例	颊舌径＞近远中径	颊舌径≈近远中径
牙冠外形	卵圆形	方圆形
牙冠方向	较直	舌倾

（陈 䂮 李 健）

Definition and Terminology

前磨牙（Premolars）：Posterior teeth which are the fourth and fifth teeth from the midline in the permanent dentition, and include firsts and seconds, respectively.

近中沟（Mesial marginal groove）：It is one of the distinguishing features of the maxillary first premolar. This groove is continuous with the central groove of the occlusal surface of the crown, crossing the marginal ridge immediately lingual to the mesial contact area and terminating a short distance cervical to the mesial marginal ridge on the mesial surface.

沟状凹陷（Developmental depression）：A marked depression which can be found on the mesial surface of the crown is one of the distinguishing features of the maxillary first premolar. It is immediately cervical to the mesial contact area, centered on the mesial surface and borderd buccally and lingually by the mesiobuccal and mesiolingual line angles. This concavity continues apically beyond the cervical line, joins a deep developmental depression between the roots, and ends at the root bifurcation.

横嵴（Transverse ridge）：The union of two triangular ridges crossing transversely the surface of a posterior tooth.

近中舌沟（Mesiolingual developmental groove）：A characteristic of the lingual surface of the mandibular first premolar acts as a line of demarcation between the mesiobuccal lobe and the lingual lobe and extends into the mesial fossa of the occlusal surface.

第十章 磨 牙

Molars

第一节　磨牙的功能和共性
Functions and Common Features of Molars

磨牙位于前磨牙的远中，牙弓的后端。分别排列在各象限距中线第六、第七和第八的位置，包括上颌第一、第二、第三磨牙和下颌第一、第二、第三磨牙，上下左右共 12 颗。

磨牙是口腔中最大、最强壮的牙齿。若比较近远中径的宽度，3 颗磨牙的宽度几乎占据了半侧牙弓近远中径宽度的一半（上颌占 44%，下颌占 51%）。由于牙冠体积大，结构复杂，故牙根分叉，以增大在颌骨里的支持面积。

恒磨牙是在所有乳牙萌出后很久方才萌出。第一恒磨牙是在第二乳磨牙的远中萌出，不替代任何乳牙。在人类，大约 6 岁时，第一颗恒牙（即第一磨牙）开始萌出，之后恒切牙等才开始逐步替换乳切牙等。第一磨牙位于牙弓的中心，起着举足轻重的作用，如若缺失，往往造成牙弓连续性的破坏。

一般情况下，第一磨牙来源于 5 个生长叶，而第二、第三磨牙则只有 4 个生长叶。例如，上颌第一磨牙其中 3 个生成叶形成 3 个主牙尖，这些牙尖发育良好，体积大，功能强，存在于所有磨牙——第一、第二、第三磨牙。第四叶形成一个次尖，此牙尖发育不良，体积小、功能弱，仅占很小比例，且第二、第三磨牙常缺如。上颌第一磨牙还有一个第五叶，其可能发育为一个副牙尖，此尖无功能。

总之，上颌磨牙有 3 个主尖，1 个次尖，上颌第一磨牙有时有 1 个副尖；下颌磨牙通常有 4 个主尖，有时有 1 个次尖。上颌的次尖是远中舌尖，在下颌则是远中尖，副尖是无功能尖，只见于上颌第一磨牙，甚至可完全缺如。

一、磨牙功能

① 负责咀嚼的主要任务：咀嚼并磨碎食物；② 支撑面部的垂直距离：避免下颌前伸、面容衰老；③ 保持牙弓的连续性：从而稳定牙齿相互间的排列；④ 使面颊部有正常的丰满度：维持良好的外貌。

二、磨牙共性

① 牙冠外形：磨牙有宽大的咬合面，上面有 3~5 个牙尖。近远中径大于𬌗颈径，即磨牙的𬌗颈径比其他牙冠均要小。② 聚拢趋势：牙冠从近中向远中聚拢；从颊侧向舌侧聚拢（有时上颌第一磨牙例外）。③ 接触区位置：近中在𬌗 1/3 与中 1/3 的交界处；远中更近颈部，接近中 1/3。

第二节 上颌磨牙
Maxillary Molars

上颌第一磨牙

一、上颌第一磨牙

上颌第一磨牙（maxillary first molars）因在 6 岁左右萌出，所以常称其为"六龄齿"（图 10-1）。它通常是上牙弓中最大的牙齿，有宽大的近远中径和颊舌径，后者稍大。每颗牙都有 3 个发育良好的主牙尖和 1 个次牙尖，均为功能尖，两个在颊侧，两个在舌侧。有的有第五尖，又称卡氏尖（cusp of Carabelli），是无功能的副尖。

1. 颊面（图 10-2） 略似梯形，近远中宽度大于殆颈高度，牙颈部缩小，殆缘宽度大于颈缘宽度。近中缘从颈缘到近中接触区比较平直，接触区向殆方便向远中弯曲一直到达近中颊尖顶，近中接触区在中 1/3 与殆 1/3 交界处。远中缘稍短而突，远中接触区在中 1/3 处。虽然近中颊尖要比远中颊尖宽些，但远中颊尖通常要更尖，更长些。近中颊尖的近中牙尖缘与远中牙尖缘在牙尖顶上的交角为钝角（大于 90°），而远中颊尖所成的角度则稍小些。两颊尖之间有颊沟通过，此沟与牙长轴平行，终止于冠中部，其终点形成颊点隙，并分出两条小沟。颊颈嵴与近中颊轴嵴略显突，颊面外形高点在颈 1/3 处。颈缘线弯曲不平，通常近远中两端弯向殆缘。

2. 舌面（图 10-3） 大小与颊面相近或稍小。但略显突，外形高点在中 1/3。牙冠的近中

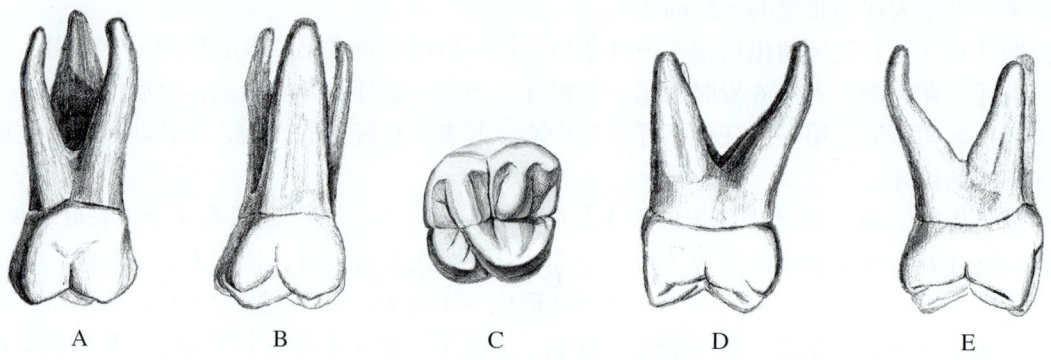

图 10-1 右侧上颌第一磨牙
A. 颊面；**B.** 舌面；**C.** 殆面；**D.** 近中面；**E.** 远中面

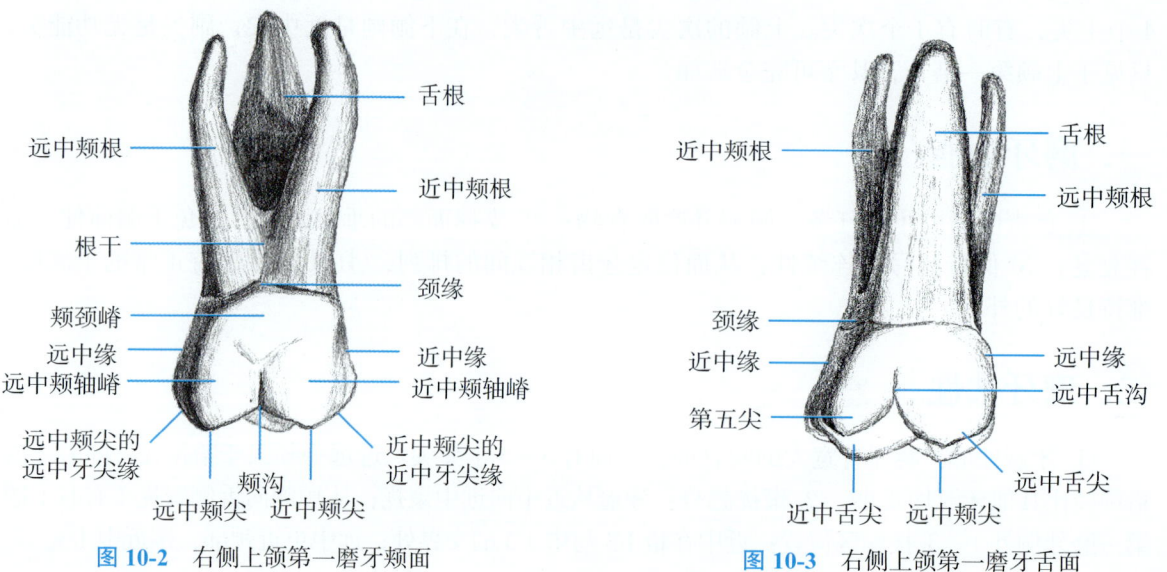

图 10-2 右侧上颌第一磨牙颊面

图 10-3 右侧上颌第一磨牙舌面

缘比较直，而远中缘由于圆滑的远中舌尖而显得更为圆突。以近远中径和颊舌径宽度来说，近中舌尖比两个颊尖都要长大；近中颊尖次之，虽然它不如远中颊尖高；远中舌尖在功能尖中是最小和最短的。卡氏尖在 5 个尖中最小，最短，且无功能。由于卡氏尖既没在殆面上，其内部也无髓角，所以它并不是一个真正的牙尖，只是一个附在近中舌尖舌侧的结节。它与近中舌尖之间有一新月形发育沟——近中舌沟相分隔。

两个舌尖之间有发自殆面的舌沟，延伸至舌面并弯向远中，形成远中舌沟。这两条沟（舌沟和远中舌沟）常被看作是一条沟，并称为远中舌沟。上颌第一磨牙的远中舌尖虽小，但却是有功能的。它大约占舌面的 40%，另 60% 则是近中舌尖。但到上颌第二、第三磨牙，远中舌尖所占比例将进一步缩小。

3. 邻面（图 10-4） 为四边形，由于牙冠有一种越向远中越小的发育趋势，所以近中面的颊舌径要比远中面宽些，近中边缘嵴也比远中边缘嵴高些、长些，颈缘线的曲度在近中面稍大些。近中接触区在殆 1/3 偏颊侧，远中接触区在殆 1/3 的中 1/3 处。虽然牙冠远中面比较圆突、光滑，但从颈缘到远中颊根，其根干的远中面都有凹陷的痕迹。

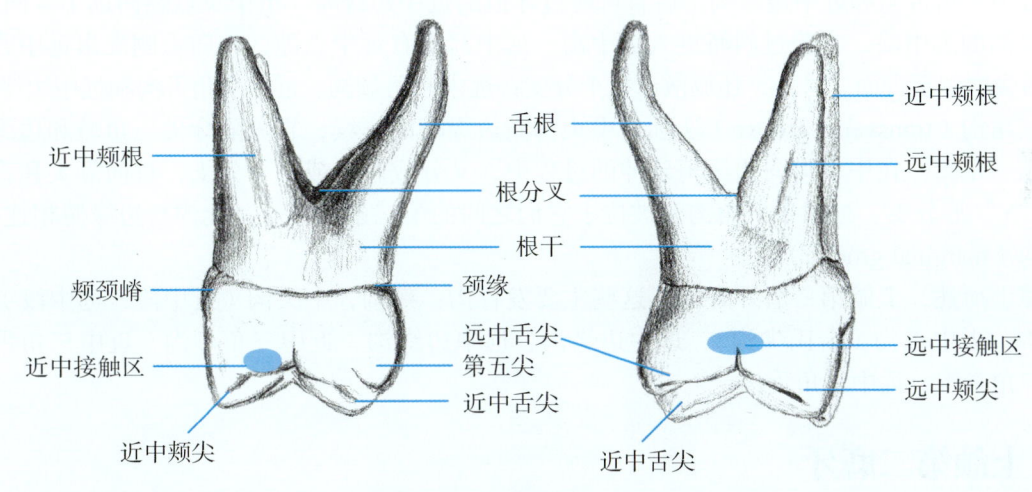

图 10-4 右侧上颌第一磨牙邻面

4. 殆面（图 10-5） 上颌第一磨牙的殆面尖窝起伏，沟嵴交错，结构复杂，殆面的外形轮廓是一个斜方形：近中宽度大于远中，舌侧宽度大于颊侧（这是唯一一个舌侧宽于颊侧的磨牙）。近中颊殆角、远中舌殆角为锐角，远中颊殆角、近中舌殆角为钝角。

（1）牙尖：有 4 个功能尖：近中颊尖、远中颊尖、近中舌尖、远中舌尖。颊尖较锐利，

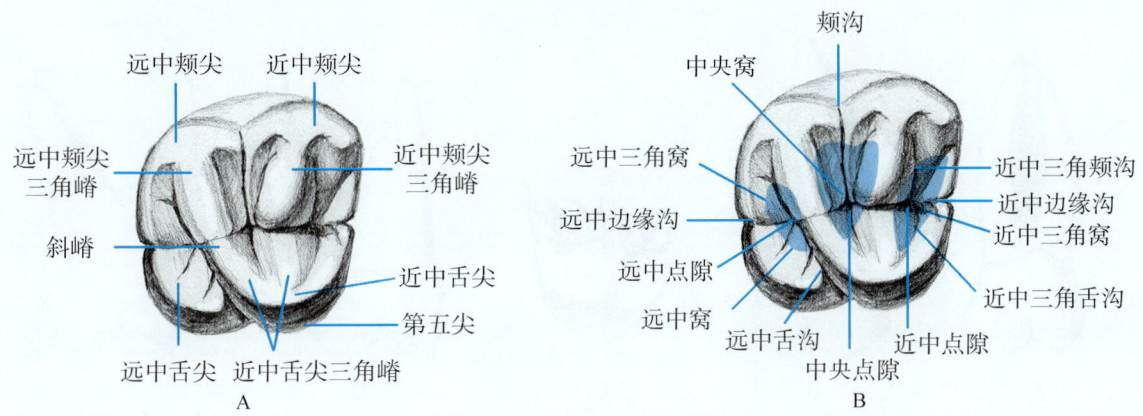

图 10-5 右侧上颌第一磨牙殆面的尖嵴
A. 尖嵴；B. 沟窝点隙

舌尖较圆钝；近中舌尖最大，为主要功能尖，远中舌尖则最小。在近中舌尖的舌侧，还常常有一个无功能的第五尖。

（2）三角嵴：每个牙尖都有一个三角嵴，从其牙尖顶斜向颊（舌）侧，并延伸至殆面中部。当两个斜向相对的三角嵴相连在一起，并斜行跨过磨牙的殆面，形成了一道为上颌磨牙所特有的对角线嵴——斜嵴（oblique ridge），即：远中颊尖三角嵴与近中舌尖三角嵴相连成斜嵴，这是上颌磨牙的解剖特征。

另外，在上颌第一磨牙的近中舌尖通常还有第二个三角嵴，此嵴可与对面近中颊尖的三角嵴相连形成一条横嵴。近中舌尖上的两个三角嵴之间有一条沟，称为 Stuart 沟。

（3）沟窝点隙：殆面有两个主要的大窝，分别是中央窝和远中窝。中央窝位于斜嵴的近中；远中窝位于斜嵴的远中。还有两个小窝，是近中三角窝和远中三角窝，它们分别位于各自的边缘嵴旁边，为窄长三角形。

中央窝内有中央点隙，它向颊侧放散出颊沟，位于两颊尖之间；向近中延伸出中央沟的近中段，终止于近中三角窝。近中三角窝内有近中点隙，它又产生了中央沟的分支：近中三角颊沟、近中三角舌沟和近中边缘沟，后者可跨过牙冠的近中边缘嵴。由中央点隙向远中方向放散出中央沟的远中段，它跨过斜嵴进入远中窝。远中窝内有远中点隙，它向舌侧发出远中舌沟，经两舌尖之间至舌面。另外，还放散出三个分支：远中三角颊沟、远中三角舌沟和远中边缘沟。

三角沟（transverse groove）实际是中央沟向边缘嵴的延续，它分隔牙尖三角嵴和边缘嵴，终止于三角窝。在中央沟向边缘嵴延伸的过程中，又分成两个或三个分支，弯向颊尖和舌尖，形成"Y"形分支。这两条三角沟又被位于它们之间的第三条沟分开，此沟与边缘嵴相连，叫边缘沟（marginal groove）。

综上所述，上颌第一磨牙有以下这些主要发育沟：颊沟，中央沟（近中段、远中段）、远中舌沟、近中舌沟（卡氏尖沟）、近中边缘沟、远中边缘沟、近中三角颊沟、近中三角舌沟、远中三角颊沟、远中三角舌沟。

二、上颌第二磨牙

上颌第二磨牙

1. 上颌第二磨牙（maxillary second molars） 与上颌第一磨牙相似，但第一磨牙上的一些形态、发育的特点在第二磨牙上不明显，到第三磨牙上可能就根本不存在了（图 10-6）。与第一磨牙相比，第二、第三磨牙有以下一些变化。

（1）第二磨牙从颊面向舌面收缩，从近中向远中收缩，使颊面明显大于舌面，近中面明显大于远中面，所以整个牙冠显得窄厚，圆钝。到第三磨牙，整个牙冠的比例将更小，包括颊舌径。

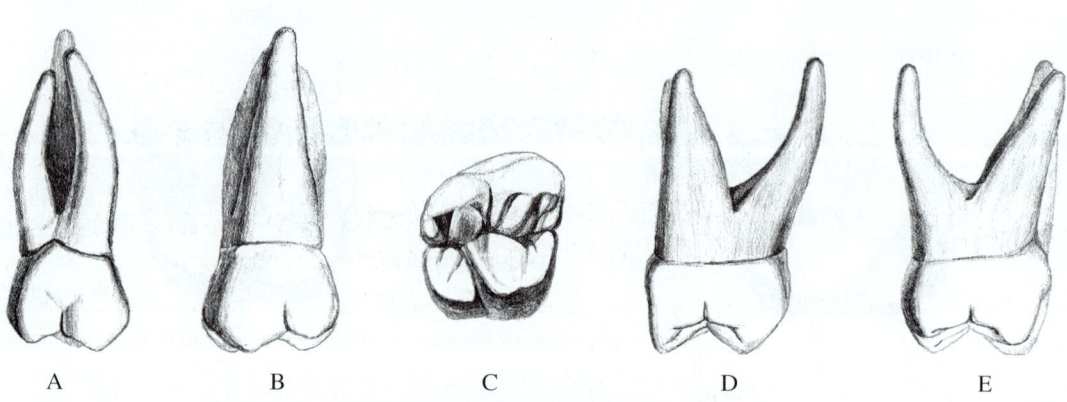

图 10-6 右侧上颌第二磨牙
A. 颊面；**B.** 舌面；**C.** 殆面；**D.** 近中面；**E.** 远中面

（2）第二磨牙的远中舌尖发育不完善，斜嵴不明显，通常很少见第五尖，而到第三磨牙，这些发育更差，甚至完全消失了。

（3）第二磨牙的牙合面轮廓非斜方形，近似心形，第三磨牙则更像心形。

（4）第二磨牙的牙根有一种聚拢的趋势，好像要融合在一起，到第三磨牙更甚，大多合并成一个锥形根。

按一般规律，越向后方的磨牙，牙冠越小。也就是说，第二磨牙的牙冠要比第一磨牙小，而第三磨牙的牙冠又要比第二磨牙小。但第三磨牙往往有许多变异。

2. 颊面 牙冠的牙合颈高度和近远中径宽度均比上颌第一磨牙要小，远中颊尖也小。近中颊尖的颊轴嵴较远中稍显突出。

3. 舌面 没有第五尖（卡氏尖）。远中舌尖更小，近中舌尖占舌面的大部分。

4. 邻面 近中面大于远中面。虽然牙冠短，但颊舌径与上颌第一磨牙大致相同。

5. 牙合面 与上颌第一磨牙相比，颊舌径大致相同，而近远中径小些，斜嵴不如第一磨牙明显；近中牙合缘比远中牙合缘长。由于近中颊尖、近中舌尖与第一磨牙相似，远中颊尖稍小，远中舌尖明显变小，且无卡氏尖，因此上颌第二磨牙牙合面轮廓不是斜方形，而近似心形。上颌第二磨牙的副沟与点隙比第一磨牙要多。

三、上颌第三磨牙

与其他上颌牙相比，上颌第三磨牙（maxillary third molars）在大小、形态、位置等方面都有很多变异，它很少像第二磨牙，经常显现出发育异常或毫无规则形态可言。

第三磨牙的牙冠比第二磨牙要短，根也较短，且趋于融合，或融合为一个锥形根。牙冠各轴面较圆突，远中舌尖很小甚至缺如，颊面宽而舌面窄，牙合面轮廓为心形，牙合面多牙尖，多副沟。

第三磨牙除了易出现形态异常外，还常存在先天缺失和阻生现象。所谓阻生（impaction）是指由于邻牙、颌骨或软组织的阻碍，导致牙齿只能部分萌出或完全不能萌出。第三磨牙的阻生在很大程度上是因为颌骨发育不足，不能为全部牙齿的萌出提供足够间隙而引起的。

我们祖先的生存非常依赖牙齿的保留。但随着社会文明的发展，食物越来越精细，牙齿的功能越来越减退，直接支持牙的牙槽骨也明显退缩。但牙齿的退化不如牙槽骨明显，所以常造成最后萌出的第三磨牙阻生。就现代人类遗传趋势而言，先天缺失第三磨牙更占优势（约占20%）。现在越来越多的人没有第三磨牙但咀嚼功能正常，而且还避免了因此牙阻生等带来的诸多烦恼和痛苦。

四、上颌磨牙牙根

1. 上颌磨牙牙根分叉为三个：近中颊根、远中颊根和舌根（图10-7）。它们都与牙根未分叉的根干（root trunk）相连。两颊根之间相距较近，与舌根分开较远。三根中舌根最大、最粗，远中颊根最短、最细。根长大约为2倍冠长。这些分叉的牙根好像强有力的铁锚一样深深扎在颌骨里，帮助上颌磨牙抵抗各方面的外力而不易动摇。

2. 从颊侧观，近中颊根从中1/3开始，到根尖1/3明显向远中弯曲。远中颊根通常较直，在根尖1/3向近中弯曲（第三磨牙则向远中弯曲）。从颈缘线到两颊根的分叉点大约有4mm，可见深的凹陷痕迹。

3. 上颌磨牙牙根的发育趋势是：

（1）上颌磨牙越向后，牙根越短。第一磨牙牙根最长，第三最短。

（2）上颌磨牙越向后，牙根分叉度越小，第一磨牙牙根分叉比第二、第三磨牙都大，第三磨牙牙根多融合。

（3）上颌磨牙越向后，其牙根的形态、大小和弯曲方向的变化越大。

  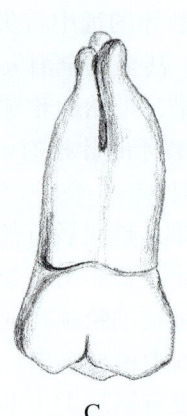

图 10-7　右侧上颌磨牙颊面
A. 第一磨牙；**B.** 第二磨牙；**C.** 第三磨牙

第三节　下颌磨牙
Mandibular Molars

下颌恒磨牙比其他下颌牙都要大。每侧有 3 个：第一、第二、第三下颌磨牙，它们占据了每侧下颌的后半部分。像上颌一样，它们也显现了越向后方，牙体积越小的发育趋势。

下颌磨牙与上颌磨牙存在明显的区别：

（1）下颌磨牙牙冠为长方形，近远中径大于颊舌径；上颌磨牙牙冠呈斜方形，颊舌径大于近远中径。

（2）下颌磨牙的舌尖锐而颊尖钝；上颌磨牙的颊尖锐而舌尖钝。

（3）下颌磨牙多为近中、远中两根；上颌磨牙多为二颊根、一舌根共三根。

下颌第一磨牙

一、下颌第一磨牙

下颌第一磨牙（mandibular first molars）常被看作是下颌牙中最关键的牙，因为它是第一个萌出的恒牙，也是唯一拥有五个牙尖的下颌磨牙：两个颊尖、两个舌尖（主尖）和一个远中尖（次尖）（图 10-8）。一般有两个牙根：近中根、远中根。下颌第一个磨牙是下颌牙弓中最大的牙，牙冠近远中径比颊舌径宽约 1mm。

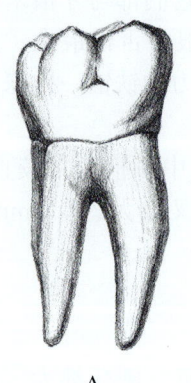 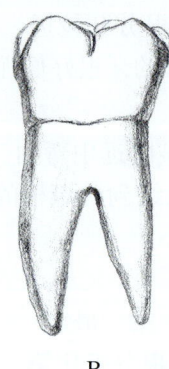   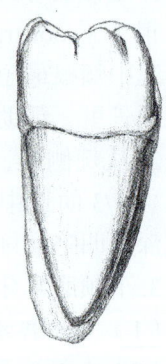

图 10-8　右侧下颌第一磨牙
A. 颊面；**B.** 舌面；**C.** 𬌗面；**D.** 近中面；**E.** 远中面

1. 颊面（图 10-9） 似梯形，短而宽，外形高点在颈 1/3 的颈嵴处。牙冠的远中缘较圆突，近中缘的中 1/3 和𬌗 1/3 也是圆突的，但颈 1/3 却都是凹陷的，即牙冠的近、远中面都向颈方聚合，故牙冠颈 1/3 比𬌗 1/3 要窄，即：𬌗缘长于颈缘。从颊侧可看到两个半尖，即近中颊尖、远中颊尖和远中尖的半个尖。近中颊尖最宽，远中尖最窄。近、远中颊尖高度大致相等，以近中颊沟相分隔，其末端止于颊面中 1/3 的点隙。远中尖小于另两个尖，以远中颊沟与远中颊尖相分隔，此沟较短。

2. 舌面（图 10-10） 也呈梯形，小于颊面，稍显圆突。近中、远中两舌尖大小相近，但近中舌尖要稍宽些、高些，均比两颊尖要高而尖些。两尖之间有舌沟分隔。近中缘、远中缘都较圆突，外形高点在牙冠中 1/3。

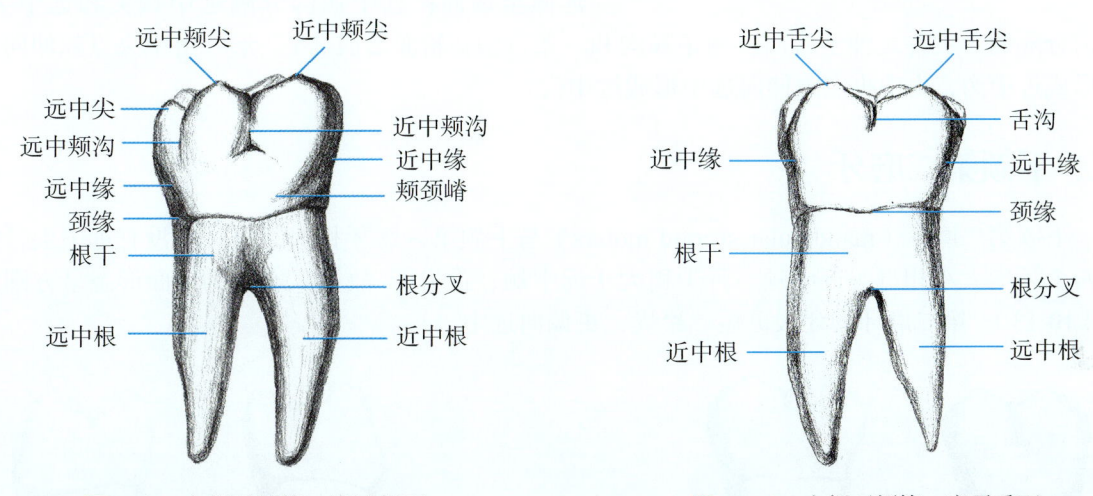

图 10-9　右侧下颌第一磨牙颊面　　　　图 10-10　右侧下颌第一磨牙舌面

3. 邻面（图 10-11） 为四边形，最突处在邻接区：𬌗 1/3 的偏颊侧。近中边缘嵴比远中边缘嵴宽，两边缘嵴上常有边缘沟跨过，终止于邻面中部偏舌侧。第一磨牙无论牙冠、牙根还是牙尖，越向远中越变小，故其近中面的颊舌径比远中面要大，近中尖亦比远中尖高。邻面的颊缘，从颈嵴到𬌗缘逐渐斜向牙体长轴，故颊侧牙尖显得向舌侧倾斜。

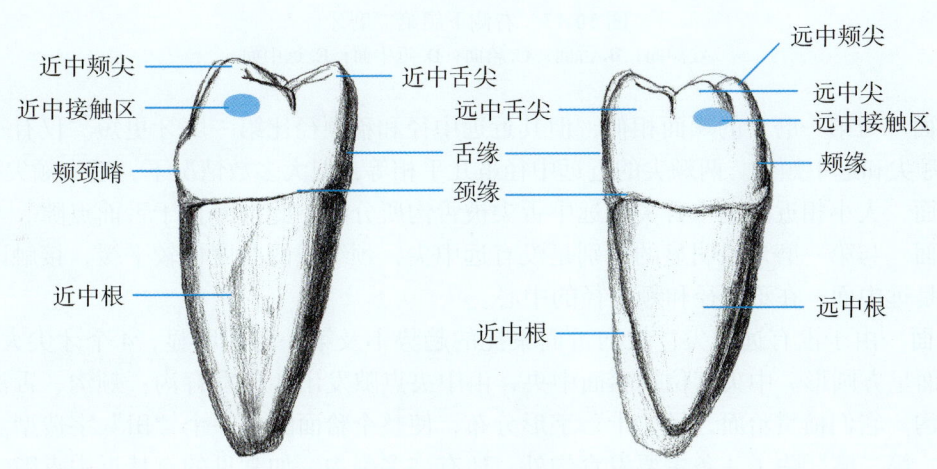

图 10-11　右侧下颌第一磨牙邻面

4. 𬌗面（图 10-12） 𬌗面近远中径大于颊舌径，近似长方形，并向远中和舌侧聚拢，即：颊𬌗边缘嵴长于舌𬌗边缘嵴；近𬌗边缘嵴长且直，远𬌗边缘嵴短且突。𬌗面上有 5 个牙尖。近、远中颊尖短而圆，近、远中舌尖长而尖。近中颊尖比两个等大的舌尖都要宽，远中颊尖比

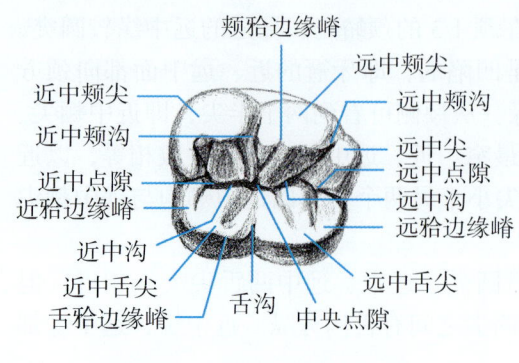

图 10-12　右侧下颌第一磨牙𬌗面

这三个尖要小，而远中尖在5个尖中最小，位于颊面与远中面交界处。这5个尖都是功能尖。

𬌗面中央大的凹陷区域为中央窝，其边界为近中颊尖的远中斜面、远中颊尖的近中和远中斜面、远中尖的近中斜面、近中舌尖的远中斜面、远中舌尖的近中斜面。另外还有两个小窝：近中三角窝（近𬌗边缘嵴内），远中三角窝（远𬌗边缘嵴内）。

由中央窝中心的中央点隙向四周放散出多条发育沟。其中近中颊沟分隔近中、远中颊尖，并延伸至颊面；远中颊沟分隔远中颊尖和远中尖；舌沟分隔两舌尖并延伸至舌面。两条颊沟和一条舌沟在𬌗面形成"Y"形。由中央点隙伸向近中形成近中沟，由中央点隙伸向远中形成远中沟。

二、下颌第二磨牙

下颌第二磨牙

下颌第二磨牙（mandibular second molars）与下颌第一磨牙相似，但一般没有远中尖，所有四个牙尖大小相近（近中颊、舌尖稍大于远中颊、舌尖），故第二磨牙的𬌗面形态呈方圆形（图10-13）。第二磨牙的牙根更短、聚拢，更偏向远中。

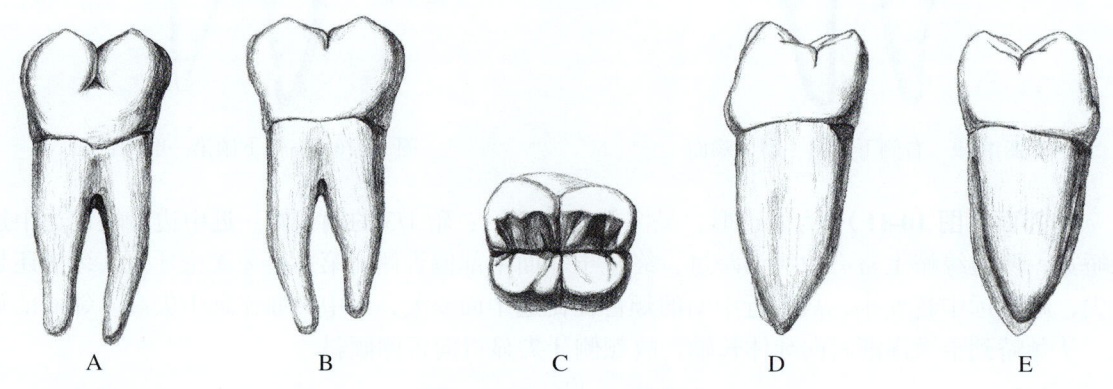

图 10-13　右侧下颌第二磨牙
A. 颊面；B. 舌面；C. 𬌗面；D. 近中面；E. 远中面

1. 颊面　与第一磨牙的颊面相似，但其近远中径和𬌗颈径比第一磨牙更短。仅有一个颊沟分隔近中颊尖和远中颊尖。两颊尖的近远中径虽几乎相等，但大多数情况下，近中颊尖稍大些。

2. 舌面　大小相近的近中舌尖和远中舌尖被舌沟所分隔，此沟终止于舌面点隙。

3. 邻面　与第一磨牙最明显的区别是没有远中尖，颈缘线的曲度也较平缓；接触区位置较低，尤其是远中面，在𬌗颈径和颊舌径的中心。

4. 𬌗面　由于没有远中尖，故向舌面聚拢的趋势不及第一磨牙明显，4个牙尖大小相近，使整个𬌗面呈方圆形。中央窝位于𬌗面中央，由中央点隙发出4条发育沟：颊沟、舌沟、近中沟、远中沟。它们横贯𬌗面，呈"十"字形分布，使整个𬌗面酷似一个"田"字造型。与第一磨牙相比，第二磨牙除了4条主要发育沟外，还有许多副沟，如常见的有从近中点隙、远中点隙发出的三角沟：近中颊、近中舌、远中颊、远中舌三角沟。

三、下颌第三磨牙

如同上颌第三磨牙，下颌第三磨牙（mandibular third molars）的形态、大小和位置均有可能发生变异。虽然牙冠通常与下颌第二磨牙相似，但各方向尺寸都要小些。㖞面外形多为卵圆形（各轴面较圆滑），两个近中尖大于两个远中尖。㖞面皱缩，尖嵴不清，沟裂众多。第三磨牙的牙根通常比第二磨牙要短，并明显偏向远中，且聚拢，甚至常融合成一个锥形根。

四、下颌磨牙牙根

下颌磨牙一般为双根，一个近中根，一个远中根，扁而厚，两根共同拥有一个短的根干（图10-14）。根干颊舌面自颈缘至分叉处均可见深的长形凹陷。两根中，近中根更长、更宽、更强壮。近中根先向近中弯曲，然后在根尖部又转向远中。远中根中上部通常比较直，但在根尖1/3则向近中或远中弯曲。近中根的近、远中面及远中根的近中面均可见长的沟形凹陷。

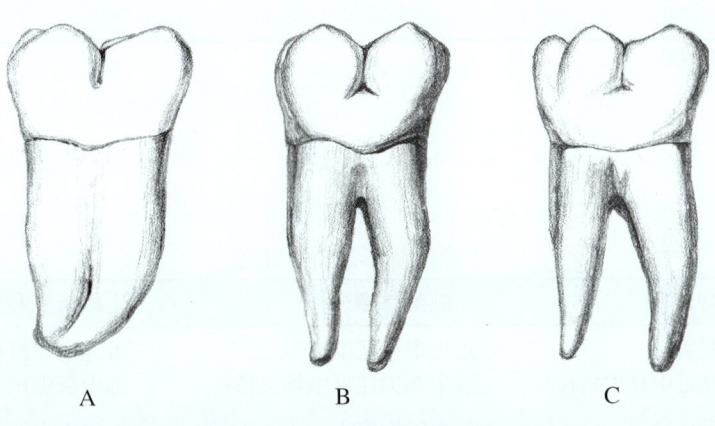

图 10-14 右侧下颌磨牙颊面
A. 第三磨牙；**B.** 第二磨牙；**C.** 第一磨牙

下颌磨牙牙根的发育趋势为：越向后方的磨牙，其牙根越短；根分叉越小；其根的形态、大小、方向等变化越大。

附：中国人恒牙牙体测量统计资料见表10-1。

表 10-1 中国人恒牙牙体测量统计表（平均数） （单位：mm）

	全长	冠长	根长	冠宽	颈宽	冠厚	颈厚
上颌牙							
中切牙	22.8	11.5	11.3	8.6	6.3	7.1	6.2
侧切牙	21.5	10.1	11.5	7.0	5.0	6.4	5.9
尖牙	25.2	11.0	14.2	7.9	5.7	8.2	7.7
第一前磨牙	20.5	8.5	12.1	7.2	4.9	9.5	8.4
第二前磨牙	20.5	7.8	12.7	6.7	4.6	9.3	8.3
第一磨牙	19.7	7.3	12.4	10.1	7.6	11.3	10.5
第二磨牙	19.3	7.4	11.9	9.6	7.6	11.4	10.7
第三磨牙	17.9	7.3	10.6	9.1	7.3	11.2	10.3
下颌牙							
中切牙	19.9	9.0	10.7	5.4	3.6	5.7	5.3

续表

	全长	冠长	根长	冠宽	颈宽	冠厚	颈厚
侧切牙	21.0	9.5	11.5	6.1	4.0	6.2	5.9
尖牙	24.6	11.1	13.5	7.0	5.4	7.9	7.5
第一前磨牙	20.9	8.7	12.3	7.1	4.9	7.9	6.9
第二前磨牙	20.5	7.9	12.6	7.1	4.9	8.3	7.0
第一磨牙	20.5	7.6	12.9	11.2	8.9	10.5	8.6
第二磨牙	19.1	7.6	12.3	10.7	8.5	10.4	8.7
第三磨牙	18.0	7.1	12.9	11.1	9.2	10.4	8.9

引自第四军医大学王惠芸资料

小　结

上颌磨牙形态特点比较

	上颌第一磨牙	上颌第二磨牙	上颌第三磨牙
颊面	近远中径最大 远中颊尖比近中颊尖稍长	近远中径宽度居中 远中颊尖比近中颊尖稍短	近远中径最小 远中颊尖比近中颊尖小很多
舌面	远中舌尖发育良好 有第五尖	远中舌尖较小 极少有第五尖	远中舌尖缺如 无第五尖
𬌗面	斜方形 斜嵴明显	斜方形不明显 斜嵴不明显	圆三角形或心形 常无斜嵴
牙根	3个根分叉大 远中颊根尖弯向近中	3个根聚拢 远中颊根较直	3个根常融合 所有根都向远中倾斜

下颌磨牙形态特点比较

	下颌第一磨牙	下颌第二磨牙	下颌第三磨牙
颊面	牙冠近远中径最宽 两个半尖：近中颊尖 远中颊尖、远中尖 两个颊沟	牙冠比第一磨牙小 两个颊尖：近中颊尖 远中颊尖 一个颊沟	冠最小 两个颊尖：近中颊尖 远中颊尖 一个颊沟
𬌗面	长方形 有5个牙尖 近、远中面较平直 向舌侧聚拢 发育沟呈"Y"形	方圆形 有4个牙尖 近、远中面较圆突 无舌向聚拢 发育沟呈"十"字形	卵圆形 有4~5个牙尖 近、远中面极圆突 无舌向聚拢 发育沟无固定形态
牙根	近远中两根 相对较直 分叉度大 最长	近远中两根 偏向远中 分叉度小	牙根通常融合 明显偏远中、弯曲 最短

上颌磨牙与下颌磨牙形态特点比较

上颌磨牙	下颌磨牙
牙冠斜方形、直立	牙冠长方形、舌倾
颊舌径＞近远中径	颊舌径＜近远中径
第一磨牙颊面＜舌面	第一磨牙颊面＞舌面
有一个颊沟	第一磨牙有两个颊沟
有 3~4 牙尖	有 4~5 牙尖
有卡氏尖	无卡氏尖
舌尖大小不一	舌尖大小相近
有斜嵴	无斜嵴
4 个窝（远中窝大）	3 个窝（中央窝大）
三根（颊2、舌1）	两根（近中、远中）

（陈 硌 李 健）

Definition and Terminology

磨牙（Molars）：Most posterior teeth, including firsts, seconds, and thirds.

卡氏尖（Cusp of Carabelli）：It is a supplemental cusp lingual to the mesiolingual cusp which can be found in the crowns of permanent maxillary first molars. This trait has been used to distinguish populations.

斜嵴（Oblique ridge）：It is a ridge that crosses the occlusal surface obliquely. It is formed by the union of the triangular ridge of the distobuccal cusp and the distal ridge of the mesiolingual cusp.

根干（Root trunk）：The roots of molars originate as a single root on the base of the crown. They then are divided into two or three roots. The common root base is called root trunk.

第十一章　乳　牙

Deciduous Teeth

乳牙（deciduous teeth）是人类的第一副牙齿。第一颗乳牙的萌出，大约在出生后6个月左右，随着其下方恒牙胚的发育，乳牙到一定时期，牙根逐渐吸收，导致牙冠脱落，由萌出的恒牙所代替，这一过程称为乳、恒牙替换。

乳牙的牙根是人体中唯一能生理性吸收、消失的硬组织，乳牙根完全形成一般要在牙冠萌出到口腔后1年。从乳牙根发育完成到根开始吸收，在乳前牙一般为2~3年，乳磨牙为5年。这一时期为乳牙根的稳定期。乳牙根的吸收一般从根尖开始，向牙根颈部扩展，这是因为欲取而代之的恒牙冠开始向殆方移动而侵及其上方的乳牙根所致。从根吸收导致的根附着丧失越来越多，最终是整个牙根被吸收完，乳牙从颌骨上脱落下来。这时，继任的恒牙牙冠已接近牙龈黏膜表面准备萌出，通常不到1个月就在口腔中显露出来了。乳牙列（primary dentition）共有20个牙齿（图11-1），每个象限区域包含两颗切牙，一颗尖牙和两颗磨牙（注意：乳牙列中没有前磨牙！）

上下乳牙列正面观

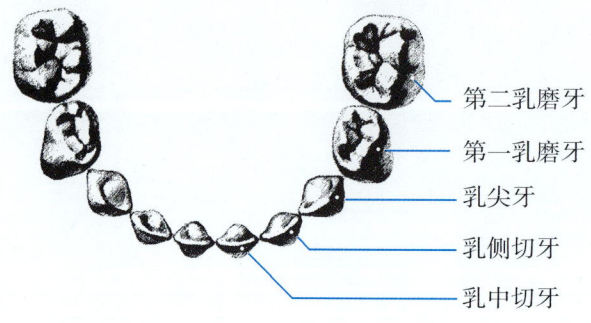

图11-1　乳牙列图

第一节 乳牙的功能与共性
Functions and Common Features of Deciduous Teeth

一、乳牙功能

1. 咀嚼功能 乳牙是乳儿期、幼儿期和学龄期咀嚼器官的主要组成部分。食物经过乳牙的切割、撕裂、磨碎等机械加工,为进一步的化学消化打下良好的基础。

2. 促进颌面部和全身的生长发育 乳牙在口腔内行使功能的阶段,正值儿童生长发育的旺盛期。正常的乳牙能发挥良好的咀嚼功能,不仅可促进消化,还能增进牙周组织的健康,并给予颌面部及颅底等软、硬组织功能性刺激,促进其生长发育。

3. 诱导恒牙萌出及正常咬合的建立 乳牙的存在为继任恒牙的萌出预留间隙。若乳牙因龋坏等造成缺损或早失,使得邻牙移位、间隙变小,导致恒牙萌出异常(错位、早萌、退萌),最终会产生恒牙牙列不齐、错𬌗畸形的发生。

4. 辅助发音 牙齿是发音的辅助器官之一。乳牙列期是儿童开始学习语言的主要阶段。正常的乳牙列有助于儿童正常的发音和语言。若前牙缺失,对儿童的准确发音将会产生一定的影响,尤其是齿音、唇齿音和舌齿音。

5. 维护美观和心理健康 正常的乳牙列能支持面部软组织,使唇颊部丰满对称,表情自然。当乳牙损坏严重,尤其是上乳前牙的大面积龋坏或过早缺失,常常给儿童心理上带来不良刺激。

由此看来,虽然乳牙在口内存留的时间比恒牙短(短者 5 年,长者 10 年),但其生理意义却很重要,因此,我们要消除"乳牙只是暂时性的、是无关紧要的"错误观点,重视和保护好乳牙。

二、乳牙共性

1. 大小 无论是牙冠还是牙根,从比例上讲,乳前牙都比其继任的恒牙要小,而乳磨牙的近远中径要比前磨牙大,这将给后者留下足够的替换空间。

2. 颜色 乳牙颜色比恒牙要浅,呈乳白色,或微青白色。这是由于乳牙钙化程度低,且在乳牙脱落前,会经历牙弓扩张和牙齿𬌗位变化所造成的磨损,故乳牙的光泽较暗,不像恒牙是明亮的淡黄色。

3. 牙颈(图 11-2) 乳牙的牙颈部狭窄收缩,而颈嵴(cervical ridge)却很明显突出。这突显的颈嵴与缩窄的牙颈形成鲜明的对比,就好像牙冠在颈部被橡皮筋紧紧勒住了一样,而呈现球根状。

4. 牙根(图 11-2) 乳牙的牙根与牙冠长度的比例较恒牙为大,所以乳牙显得根长冠短。此特点在乳前牙尤为明显。乳磨牙的根分叉度大,根干短,这给其下方的恒牙胚留有足够的发育空间。

5. 髓腔(图 11-3) 乳牙髓腔也与牙体外形基本相似,但与恒牙相比,乳牙髓腔所占牙体比例大,而且髓角较高,接近牙尖表面。同时乳牙根尖孔亦相对宽大。

6. 硬组织结构(图 11-3) 乳牙的牙釉质、牙本质均较薄,其厚度大约为恒牙的 1/3~1/2。

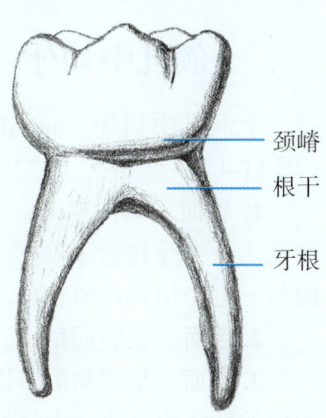

图 11-2 乳牙的牙颈、牙根

颈嵴
根干
牙根

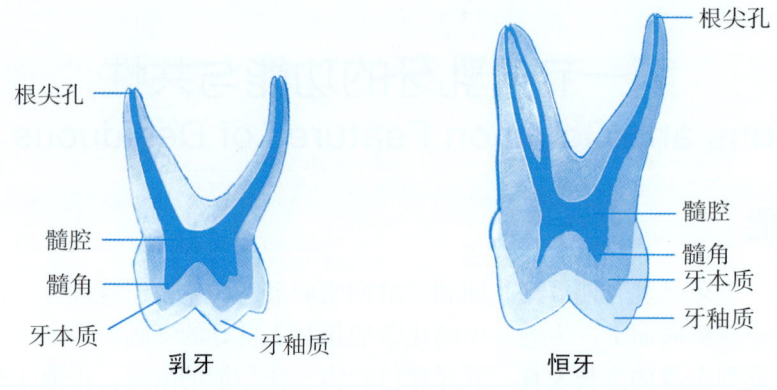

图 11-3　乳牙、恒牙髓腔对比

三、乳牙与恒牙的鉴别要点

乳牙除了第一乳磨牙形态比较特殊外，其他乳牙与其继任的恒牙很相似。在 6~12 岁替牙牙合时期，口腔内乳、恒牙并存，且位置相邻，往往容易混淆，需要通过乳、恒牙的解剖特点，准确地区别乳牙和恒牙。

1. 颜色　乳牙为乳白色，光泽较暗；恒牙为淡黄色，光泽较亮。

2. 大小　乳牙体积较小，乳磨牙的体积依次递增，即第二乳磨牙大于第一乳磨牙，而恒牙体积较大，恒磨牙的体积依次递减，即第一磨牙最大，第二磨牙次之，第三磨牙最小。

3. 形态　乳牙颈部缩窄，颈嵴突出，冠根分明，牙合面聚缩；而恒牙冠根分界不很明显，牙合面宽阔。

4. 牙根　由于乳牙下方容纳恒牙胚，故乳前牙根尖向唇侧弯曲；乳磨牙根干短，根分叉大，两根尖距往往大于牙冠部。这点可通过 X 线片检查得知。另外，通过 X 线片，还可看到乳牙有牙根吸收，恒牙牙根发育未完成等现象。

5. 磨损　到了替牙牙合时期，乳牙已行使了几年咀嚼功能，故乳牙表面多有磨损，而新萌出的年轻恒牙则无磨损，切牙切缘常有明显切迹，后牙牙尖则比较高锐。

6. 位置　由于牙冠的萌出有比较明确的时间和顺序，故在临床上还需要结合患儿的年龄，以及牙齿在牙弓中所处的位置等来综合考虑判断。

第二节　乳切牙
Deciduous Incisors

一、上颌乳中切牙

上颌乳中切牙（maxillary deciduous central incisors）形态似上颌恒中切牙，但体积较小（图 11-4）。

1. 唇面　略似梯形，表面光滑。近远中径比切颈径大（与恒中切牙相反），故牙冠显得短而宽。近中缘和切缘较直，远中缘和颈缘较突。切缘较薄，切迹不明显，由近中略向远中颈部倾斜。近中切角近似直角，远中切角较圆钝。唇面近颈缘处突起，形成明显的唇颈嵴。

2. 舌面　较唇面稍小，近远中边缘嵴发育良好，舌隆突明显，舌窝亦较深。

3. 邻面　呈三角形。因唇颈嵴和舌隆突均很突显，所以牙冠颈部显得很厚，冠根分明，近中面的颈线曲度比远中面的要大。切嵴在牙长轴的唇侧。

4. 牙根　为锥形单根，扁宽（宽冠、宽根为此牙的重要解剖特征），唇侧宽于舌侧。根长约为冠长的 2 倍。根尖 1/3 弯向唇侧，根的唇面和近中面常可见纵形凹陷。

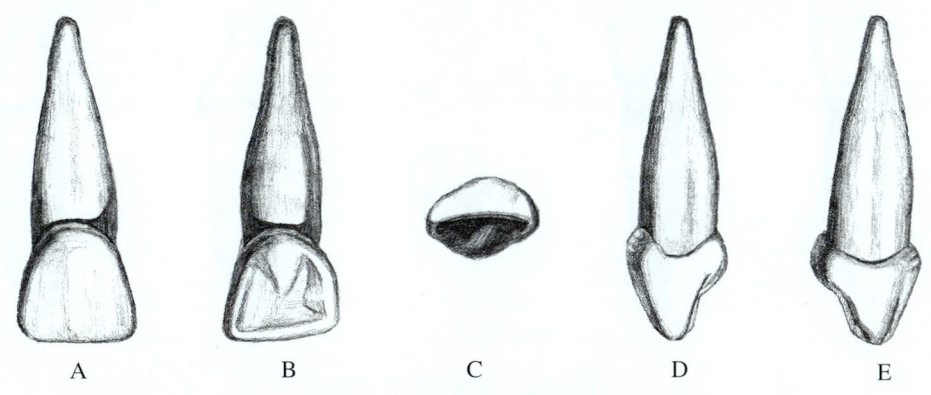

图 11-4　右侧上颌乳中切牙
A. 唇面；B. 舌面；C. 切嵴；D. 近中面；E. 远中面

二、上颌乳侧切牙

上颌乳侧切牙（maxillary deciduous lateral incisors）外形与上颌乳中切牙相似，但显得小而窄长（图 11-5）。

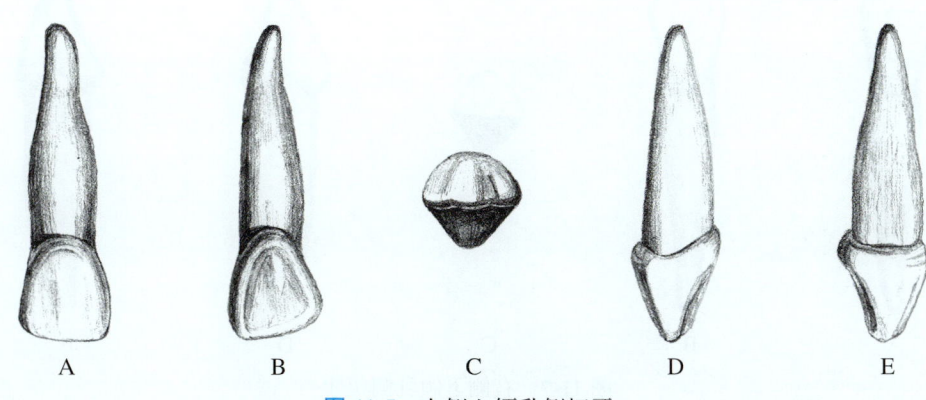

图 11-5　右侧上颌乳侧切牙
A. 唇面；B. 舌面；C. 切嵴；D. 近中面；E. 远中面

1. 牙冠　近远中径小于切颈径。唇面较突，唇颈嵴不如上乳中切牙明显。切缘由近中斜向远中，近中切角为一小圆角，远中切角更圆钝，呈圆弧形。舌面边缘嵴不发达，舌窝较浅，舌隆突较小。

2. 牙根　单根、较窄，与乳中切牙冠根比例相比，此牙根显得要更长些，且唇侧一般无沟。根尖偏唇侧，稍斜向远中。

三、下颌乳中切牙

下颌乳中切牙（mandibular deciduous central incisors）是乳牙中最小的牙，形态与下颌恒中切牙相似（图 11-6）。

1. 唇面　唇面平坦，近远中径小，但切颈径仍稍大于近远中径，与继任恒牙相比，牙冠显得稍宽些。切缘较直，有时在切 1/3 可见浅的发育沟，近、远中边缘对称，近、远中切角较锐。唇颈嵴较突。

2. 舌面　表面光滑，舌窝明显，边缘嵴突，舌隆突不大。

3. 邻面　三角形，切缘薄，位于牙长轴上。唇、舌面颈曲线相当突，远远大于恒下中切牙，近中颈线曲度大于远中。

4. 牙根　单根、细长。根长为冠长的 2~3 倍。牙根较直，根尖部偏向唇侧。

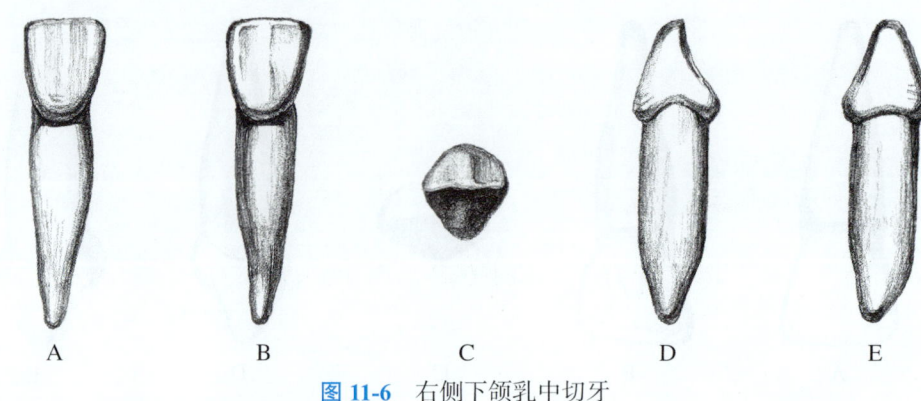

图 11-6 右侧下颌乳中切牙
A. 唇面；B. 舌面；C. 切嵴；D. 近中面；E. 远中面

四、下颌乳侧切牙

下颌乳侧切牙（mandibular deciduous lateral incisors）比下颌乳中切牙稍大，形似上颌乳侧切牙（图 11-7）。

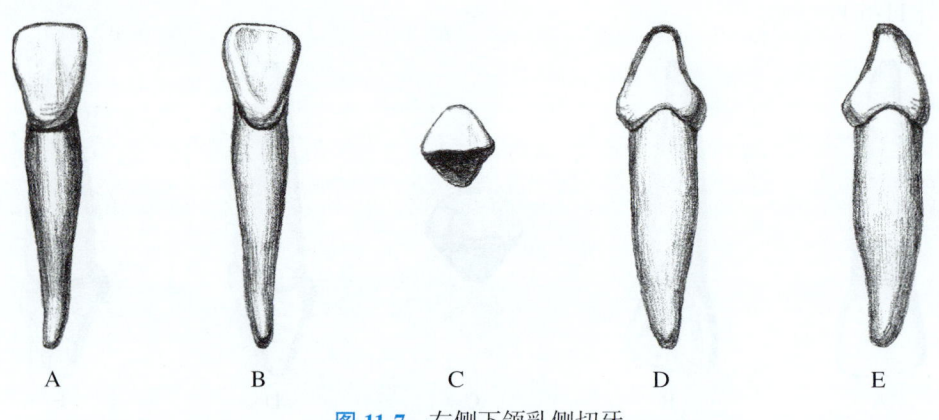

图 11-7 右侧下颌乳侧切牙
A. 唇面；B. 舌面；C. 切嵴；D. 近中面；E. 远中面

1. 牙冠　唇面近中缘长，远中缘短，切缘向远中倾斜。近中切角为一小圆角，远中切角为一大圆弧角。舌面边缘嵴及舌隆突均较明显，舌窝较深。

2. 牙根　比下颌乳中切牙的牙根更长、更细、更尖，且根面有纵形沟。

第三节　乳尖牙
Deciduous Canines

一、上颌乳尖牙

上颌乳尖牙（maxillary deciduous canines）形态与恒尖牙相似，但体积明显缩小（图 11-8）。

1. 唇面　类似五边形，牙冠颈部近远中向更加缩窄，颈嵴明显，但颈线曲度小，显得较平直。唇轴嵴明显。牙尖发达，约占牙冠长度的一半。近中牙尖缘长于远中牙尖缘，故牙尖偏远中。此特点恰与恒尖牙相反，是上颌乳尖牙区别左右、与上颌恒尖牙鉴别的主要标志之一。

2. 舌面　近、远中边缘嵴及舌窝均较明显。舌轴嵴将舌面分为近中、远中两个舌窝。

3. 邻面　外形同切牙相似，但颈 1/3 的唇舌径更宽。

4. 牙根　单根，长度几乎为冠长的 2 倍，比乳切牙根粗壮，根尖更圆钝。唇侧宽于舌侧，其横断面为圆三角形。根尖偏远中，并弯向唇面。

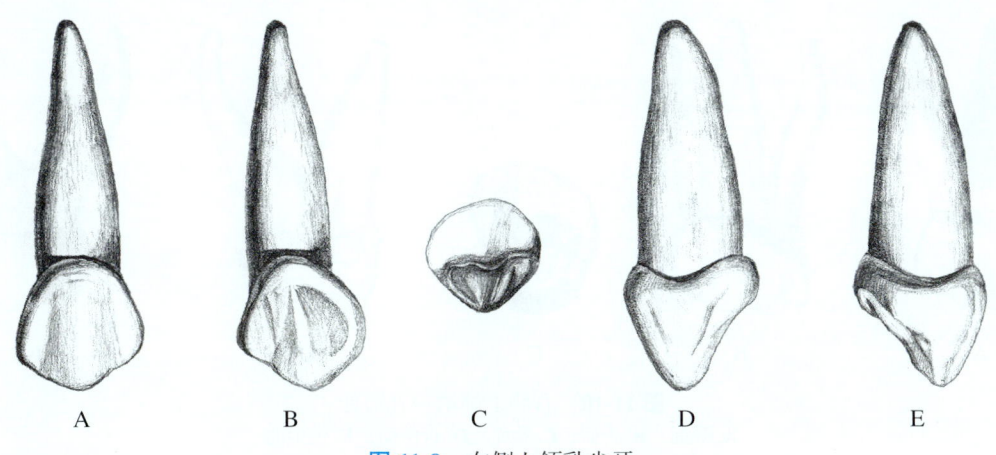

图 11-8 右侧上颌乳尖牙
A. 唇面；**B.** 舌面；**C.** 牙尖；**D.** 近中面；**E.** 远中面

二、下颌乳尖牙

下颌乳尖牙（mandibular deciduous canines）形似上颌乳尖牙，但显得细长（图 11-9）。

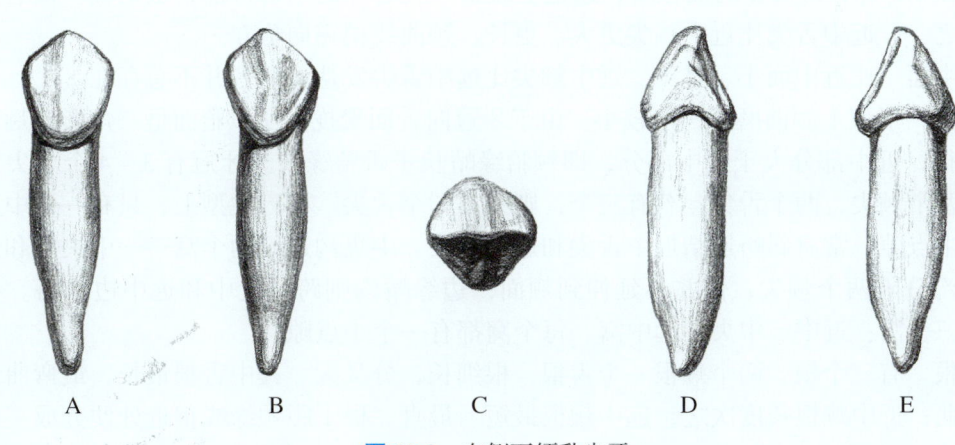

图 11-9 右侧下颌乳尖牙
A. 唇面；**B.** 舌面；**C.** 牙尖；**D.** 近中面；**E.** 远中面

1. 唇面 与上颌乳尖牙相比，唇面要平些，发育沟浅，远中牙尖缘比近中长，故牙尖偏近中。

2. 舌面 比唇面要小，窝嵴不如上乳尖牙明显。有时舌轴嵴很难分辩，使得舌面仅有一个舌窝存在。

3. 邻面 形似切牙，牙尖在牙长轴上，唇舌径比上乳尖牙要小。

4. 牙根 单根，比上乳尖牙要短些、细些。

第四节　乳磨牙
Deciduous Molars

一、上颌第一乳磨牙

上颌第一乳磨牙（maxillary first deciduous molars）好似前磨牙和磨牙的混合体，既不像乳牙，也不像恒牙（图 11-10）。

1. 颊面 近远中宽度大于殆颈高度。近中缘长而直，远中缘短而突。颈部缩窄，颈嵴突

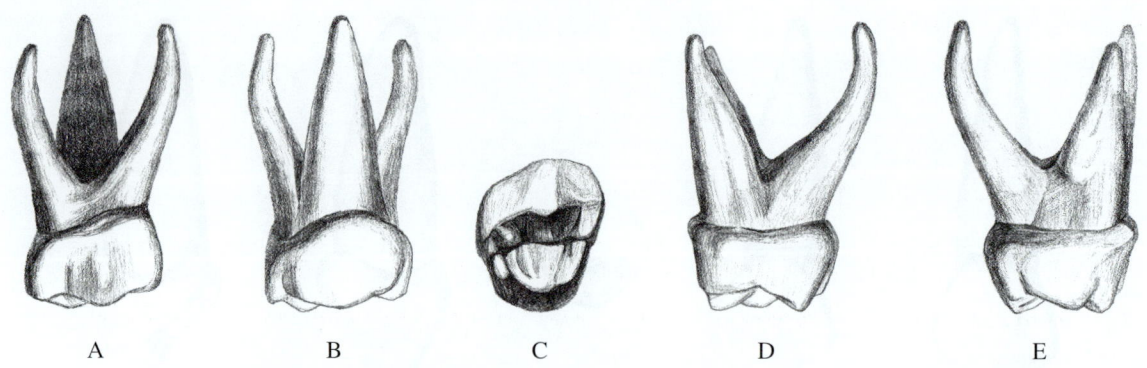

图 11-10　右侧上颌第一乳磨牙
A. 颊面；B. 舌面；C. 殆面；D. 近中面；E. 远中面

出，尤其在近中部分。有两个牙尖，近中、远中颊尖，后者只有前者的一半大。

2. 舌面　因向舌面聚拢，故舌面比颊面小而圆突。近中舌尖最大、最尖，有时其上能看到一个小结节，但不能称其为卡氏尖。如果有远中舌尖，则也是小而圆。

3. 近中面　颈 1/3 的颊舌径要比殆 1/3 大，这在所有磨牙上均如此，但在乳牙上则更明显。在颊侧的颈 1/3 有非常突显的颊颈嵴，这是上颌第一乳磨牙的主要特征，也是乳、恒磨牙最显著的区别之一。近中舌尖比近中颊尖更大、更长，颈曲线稍突向殆方。

4. 远中面　比近中面小、且突。远中颊尖比远中舌尖发达（后者并不总存在）。

5. 殆面　形似上颌前磨牙，但较小。由于牙冠向舌面聚拢，所以殆面呈三角形。颊舌径大于近远中径；近中部分大于远中部分，即颊殆缘嵴长于舌殆缘嵴。牙冠有 3～4 个牙尖，如有四个，则两个颊尖，两个舌尖；若有三个，则只有一个舌尖。在三尖型上，只有一个中央点隙和一个近中点隙。常有斜嵴连结近中舌尖和远中颊尖。中央沟连结两个窝——中央窝和近中三角窝。颊沟分隔两个颊尖，但并不延伸到颊面；边缘嵴沟则跨过近中和远中边缘嵴。在四尖型，则有三个窝：近中、中央、远中窝。每个窝都有一个小点隙。

6. 牙根　有三个根，两个颊根一个舌根，根细长，分叉大。其中舌根最长，最弯曲，根尖向颊侧弯曲；近中颊根长度次之，远中颊根最短、最直。根干距颈缘线很近处便分成三叉，根干很短，每个根内只有一个根管。

二、上颌第二乳磨牙

上颌第二乳磨牙（maxillary second deciduous molars）形态与上颌第一恒磨牙极为相似，只是体积稍小些。但无论是牙冠还是牙根都比上颌第一乳磨牙要大（图 11-11）。

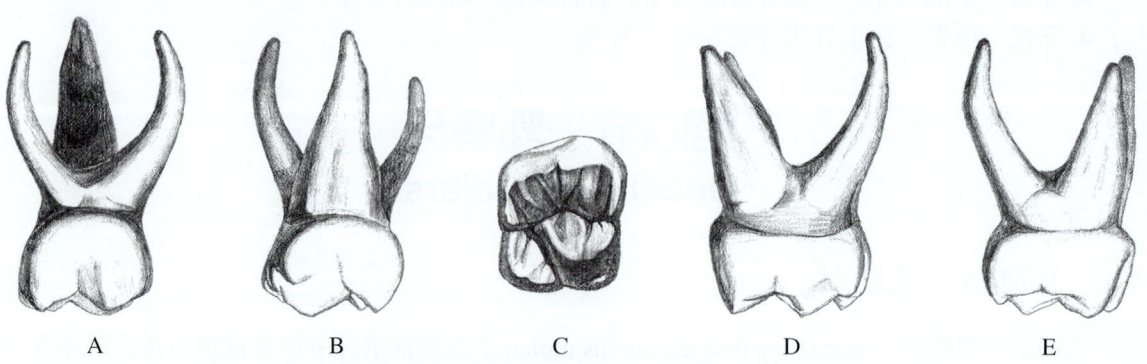

图 11-11　右侧上颌第二乳磨牙
A. 颊面；B. 舌面；C. 殆面；D. 近中面；E. 远中面

1. 颊面 有两个等大的颊尖，被颊沟所分隔。颈部缩窄，颈嵴突出。

2. 舌面 可见三个牙尖——近中舌尖、远中舌尖和一个副尖。近中舌尖较大，而远中舌尖较小。副尖类似卡氏尖，较小，是此牙的第五尖，位于近中舌尖的舌侧，有沟与之相隔。两舌尖之间亦有舌沟分隔。

3. 邻面 似恒磨牙，稍小，但比第一乳磨牙要大。其近中面比远中面要大，但差别不如第一乳磨牙明显。

4. 𬌗面 与第一恒磨牙相似，有四个发育良好的牙尖和一个副尖，有发育沟、点隙、斜嵴等。

5. 牙根 有三个根，两个颊根一个舌根。同第一乳磨牙一样，舌根最长，远中颊根最短。不像第一恒磨牙那样：近中颊根可能和舌根一样长。根干短，每个根只有一个根管。

6. 第二乳磨牙与第一恒磨牙的主要区别：
（1）体积要小，𬌗面较浅；
（2）牙冠颈部缩窄，颊面近中颊颈嵴较突；
（3）牙根分叉大，分叉距颈缘线近，根干短；
（4）牙冠从近中向远中聚拢，向𬌗面收缩。

三、下颌第一乳磨牙

下颌第一乳磨牙（mandibular first deciduous molars）的形态不像任何恒牙、乳牙（图11-12）。

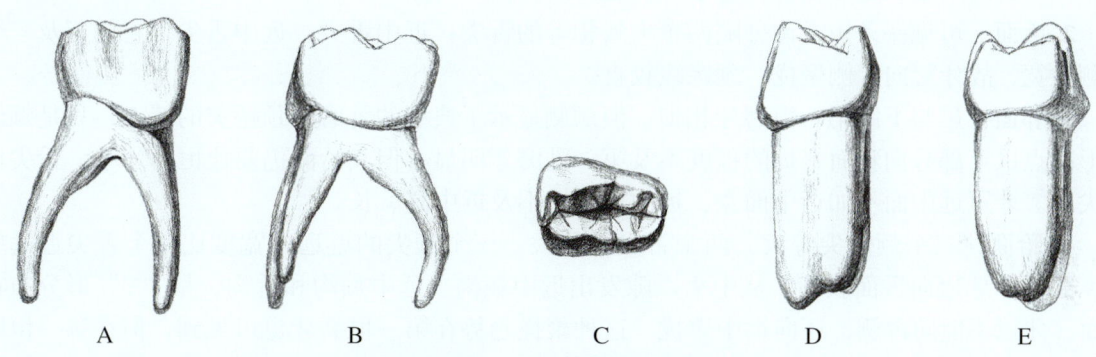

图 11-12 右侧下颌第一乳磨牙
A. 颊面；B. 舌面；C. 𬌗面；D. 近中面；E. 远中面

1. 颊面 四边形，近中缘从上至下相当平直，而远中缘却极短且突，使得牙冠远中半部分比近中短许多。近中颊尖比远中颊尖大，约占𬌗缘2/3。两尖之间有颊沟，但并不总存在。近中颊颈嵴突显，其上方可有近中颊轴嵴。

2. 舌面 可见长而尖的近中舌尖和短而圆的远中舌尖。两尖之间有舌沟。近、远中缘长度相仿。颈缘线较直（而颊面在近中部分的颈线有一个大的弯曲）。

3. 邻面 颊侧缘颈1/3的颊颈嵴非常突出，𬌗1/3的颊舌径明显小于颈1/3，这是此牙的解剖特征之一。颊侧缘中1/3和舌侧缘𬌗1/3向𬌗面聚拢收缩，牙长轴逐渐倾斜缩窄，颊舌尖相距近。两远中尖不及两近中尖发达，远中边缘嵴也不及近中边缘嵴高。远中面比近中面圆突。

4. 𬌗面 为不规则的四边形。近中颊面突显，尤其是近中颊颈嵴。近中边缘嵴虽高，但却极短，远中边缘嵴稍长。四个牙尖中，近中颊尖最大，近中舌尖次之，两尖相距近。其三角嵴相连成横嵴，将𬌗面分成较小的近中窝和较大的远中窝。前者有近中点隙，后者有中央点隙和远中点隙。中央点隙发出颊沟、舌沟，分别至两颊尖、两舌尖之间。自近中点隙至中央点隙有中央沟。

5. 牙根 有近中、远中两个根，相当扁而宽，分叉大。近中根面有纵行沟，此根有两个根管；远中根短、细，只有一个根管。

四、下颌第二乳磨牙

下颌第二乳磨牙（mandibular second deciduous molars）同下颌第一恒磨牙相似，只是体积小些，牙冠颈部有乳磨牙典型的特征（图11-13）。

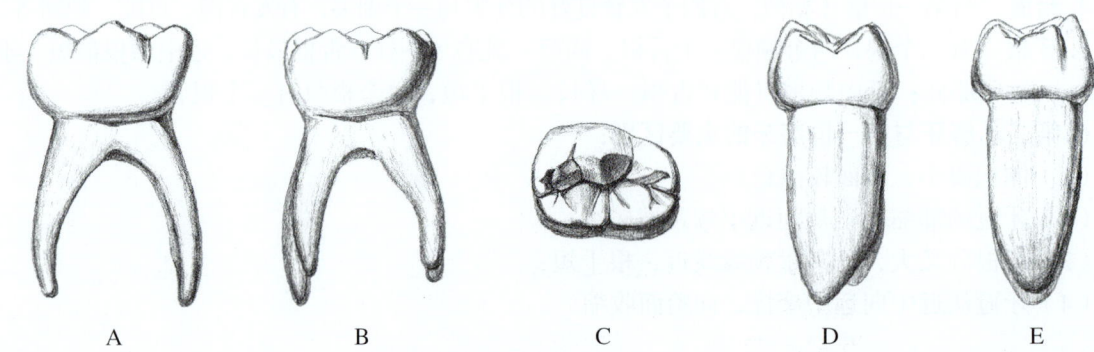

图 11-13 右侧下颌第二乳磨牙
A. 颊面；B. 舌面；C. 𬌗面；D. 近中面；E. 远中面

1. 颊面 近中、远中两颊沟分隔三个颊尖。三个颊尖分别是近中颊尖、远中颊尖、远中尖。三个尖的高度和宽度相仿，远中颊尖比另两尖稍高一点。

2. 舌面 可见一条短舌沟分隔两个大致相等的舌尖：近中舌尖，远中舌尖。它们不及三个颊侧尖宽，故牙冠向舌侧聚拢，颈缘线较直。

3. 邻面 虽与下颌第一恒磨牙相似，但颊侧显示了典型的乳磨牙颈嵴突的特点，只是颊侧外形高点以上部分向𬌗面聚拢的程度不及第一乳磨牙明显，但其𬌗面仍要比恒磨牙小。舌尖比颊尖高。牙冠远中面不如近中面宽，远中边缘嵴不及近中高、长。

4. 𬌗面 三个颊侧尖等大，两个舌尖也等大。三个颊尖的近远中宽度比两个舌尖近远中宽度要大，牙冠向舌面收缩。从中央点隙发出近中颊沟、远中颊沟和舌沟，呈"Y"形分布在𬌗面。牙冠不但向舌侧，还向远中聚拢。这种聚拢趋势在第一恒磨牙也可见到，但在第一恒磨牙远中尖比两个颊尖要小，而乳磨牙三个颊尖几乎等大。乳磨牙的三个颊尖要比恒磨牙的两个颊尖小，这使得乳磨牙牙冠的颊舌径比近远中径窄。

5. 牙根 根长为冠长的2倍。根长、细、分叉大。根干同所有乳磨牙一样，非常短，在颈缘下方立刻分叉。有近中、远中两根。近中有两个根管，且可有长形沟将根颊、舌向分隔；远中根只有一个根管，且表面无沟。

附：中国人乳牙牙体测量统计资料见表11-1。

表 11-1 中国人乳牙牙体测量统计表（平均数）

	全长	冠长	根长	冠宽	颈宽	冠厚	颈厚
上颌牙							
乳中切牙	16.9	6.8	10.0	7.3	5.4	5.4	4.4
乳侧切牙	16.5	6.6	9.8	6.0	4.2	5.6	4.9
乳尖牙	18.4	7.0	11.4	7.3	5.5	6.2	5.1
第一乳磨牙	14.2	6.4	7.7	7.4	5.9	9.2	7.8
第二乳磨牙	16.1	6.9	9.3	9.4	6.6	10.1	8.7

续表

	全长	冠长	根长	冠宽	颈宽	冠厚	颈厚
下颌牙							
乳中切牙	16.3	6.5	9.8	4.8	3.3	4.4	3.8
乳侧切牙	16.1	6.5	9.6	5.3	3.6	4.9	4.2
乳尖牙	18.0	7.4	10.7	6.1	4.5	5.8	4.7
第一乳磨牙	15.7	7.1	8.5	8.4	7.0	7.7	5.8
第二乳磨牙	16.6	6.9	9.4	10.5	8.0	9.3	7.6

引自第四军医大学王惠芸资料

小 结

上、下颌乳牙及左、右侧乳牙形态特点比较

	上颌乳牙	下颌乳牙	左、右区别	
			上颌乳牙	下颌乳牙
中切牙	牙冠短、宽、对称 舌隆突大 牙根宽长 根尖1/3弯向唇侧	牙冠长、宽、对称、很小 牙根细长 根尖1/3偏向唇侧	近中切角90° 远中切角较圆 牙冠近中缘较平直，远中缘较圆突 远中接触区较近中近颈部 颈线曲度近中大	很难区分
侧切牙	牙冠窄长方形，对称 根尖1/3弯向唇侧	与上侧切牙相似，但小些 近中切角较锐 根尖1/3偏向唇侧	近中切角锐 牙冠近中缘较平，远中缘圆突 远中接触区更近颈部 颈线曲度近中大 舌隆突稍偏远中	远中切角较圆钝 牙冠远中圆突 远中接触区更近颈部 舌隆突稍偏远中
尖牙	牙冠宽大，牙尖长尖 牙尖偏远中 唇侧颈线平直 舌隆突居中 近中接触区更近颈部 根尖1/3弯向唇侧	牙冠窄长，不对称 牙尖偏近中 舌隆突偏远中 远中接触区更近颈部 根很少偏唇侧	牙尖偏远中 近中接触区比远中更近颈部 颈线曲度近中大 远中窝比近中深、窄	牙尖偏近中 远中接触区更近颈部 舌隆突偏远中
第一磨牙	外形独特 三尖：近中颊（很大）、远中颊、近中舌 牙冠向舌面聚拢 牙冠向远中面聚拢 三根：近中颊、远中颊、舌	外形独特 四尖：近中颊、远中颊、近中舌、远中舌 近远中径＞颊舌径 二根：近中、远中	颊面近中缘长于远中缘 近中颊舌径宽于远中 远中颊根最小、最短	颊面近中缘长于远中缘 远中窝＞近中窝 近中根长、宽
第二磨牙	牙冠形态与上颌第一恒磨牙相似，但冠短小 三根：近中颊、远中颊、舌	牙冠与下颌第一恒磨牙相似 二根：近中、远中	近中舌尖大 颊面近中缘长于远中缘 近中颊面颈嵴突显 远中颊根最小、最短	确定远中尖及其位置 颊面近中缘长于远中缘 颊面颈嵴突显 近中根长、宽

(陈 硌 李 健)

Definition and Terminology

乳牙列（Primary dentition）：First dentition present, also called the deciduous dentition.

颈嵴（Cervical ridge）：It is a linear elevation on the cervical third of the crown. This ridge is much more prominent and pronounced on the primary molars, especially on the maxillary and mandibular first molars.

第十二章 牙体形态的生理意义

Physiologic Significance of Dental Form

牙齿的形态结构与其生理功能是相互影响、密不可分的。正如人们常说的：形态结构是功能活动的物质基础，功能活动又可逐渐引起形态结构的变化。牙齿历经千百万年的演化，逐步形成了特定的形态结构，这不仅可以保障牙齿完成其功能使命，还能维持牙齿在牙弓中的稳定，避免牙齿遭遇病害、创伤，同时还保护了牙齿周围的牙龈、牙周组织，从而进一步延长了牙齿的寿命。

第一节 牙冠形态的生理意义
Physiologic Significance of Crown Form

一、邻面接触区

牙齿在牙槽窝内连续排列成弯曲的近似抛物线的牙弓。牙冠邻面（近中面或远中面）为凸面，各牙冠借助外形高点相互接触，此处称为"接触点"或"邻接点"（图 12-1）。

邻面接触区

在咀嚼过程中，每一颗牙齿都有它正常的轻微动度，称为牙齿的生理动度。由于这种生理性运动，使各牙之间的接触点发生磨耗，由初期的点接触变为面接触，成为接触区（contact area）（图 12-2）。这个牙齿之间彼此相互接触的区域虽然没有占据整个邻面，却足以建立起一道有效的保护屏障，具有以下生理意义：

（1）防止食物嵌塞：邻牙之间良好的接触，可以防止食物嵌塞，从而保护了牙龈乳头的健康和正常高度，防止龈乳头及牙槽骨的萎缩。

（2）保持牙弓的稳定性：邻牙彼此接触，相互支持依靠，便于分散𬌗力，以获得牙齿位置及牙弓形状的稳定。

（3）保持牙面清洁：因为有邻面接触关系，食物很容易从接触区四周排溢，从而避免了残渣滞留，防止牙菌斑形成。

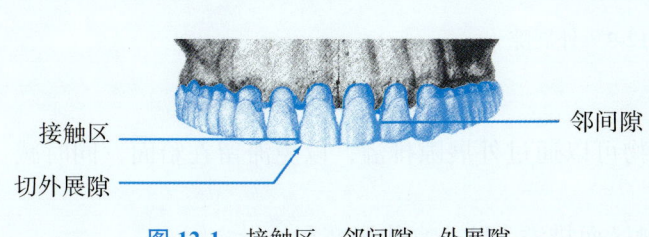

图 12-1 接触区、邻间隙、外展隙

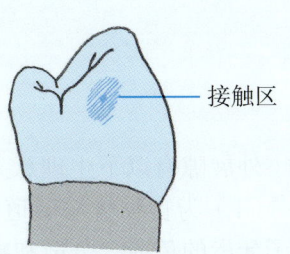

图 12-2 接触区

接触区位于每个牙邻面的最突、最宽处，即邻面的外形高点处，从唇颊面观，前牙接触区的位置在近切缘，后牙则接近中 1/3。牙齿越向后方，接触区的位置越近颈部。但有一例外：上尖牙的远中接触区位于中 1/3，而第一、第二前磨牙的接触区在中 1/3 和殆 1/3 的交界处。故尖牙的接触区比前磨牙更近牙颈部。

从殆面看，前牙的接触区在唇舌向的中心，后牙则稍偏向颊侧。

二、邻间隙

邻间隙（interproximal spaces）位于两牙之间，接触区的龈方，是一个以两牙邻面为边、牙槽嵴为底而构成的三角形间隙（见图 12-1）。此间隙正常时为牙龈乳头充满，阻止了食物的堆积，保护牙槽骨和邻面。除了防御功能外，邻间隙通过龈乳头内的血液循环，还间接地为邻近的牙槽骨提供营养支持。

由于牙周疾患或不良正畸治疗等，使得牙之间的牙龈出现萎缩，这时龈乳头不再充满整个邻间隙，形成的空隙称为"颈外展隙"（cervical embrasure），这个间隙常为细菌和食物残渣的滞留提供场所。

邻间隙随着邻面的磨耗（点接触变为面接触）而变窄。越向后方的牙齿，由于牙冠变短了，所以邻间隙的殆颈径也是变短的。

三、外展隙

外展隙（embrasures）是指接触区向周围展开的空隙（图 12-1、图 12-3）。它们是牙齿四周食物的排溢通道（spillways）。这样食物就不会因受到咬合压力而进入牙齿之间的接触区了。这些外展隙以它们与接触区的位置关系来命名。例如，在接触区的颊侧就称为颊外展隙。外展隙的命名有：颊（或唇）外展隙、舌外展隙、切外展隙、殆外展隙。另外还有龈外展隙（也就是颈外展隙），但这只是在邻间隙没有被龈乳头占据时才存在，此间隙是指牙龈到接触区之间的空隙，并不总是存在的。

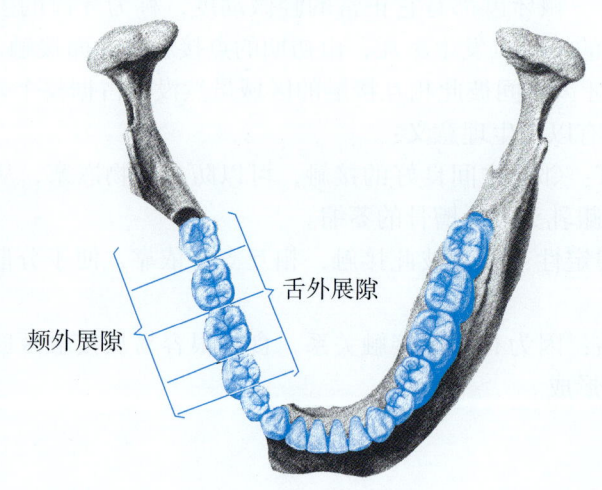

图 12-3　外展隙

外展隙有以下生理意义：

（1）为食物排溢通道：咀嚼时部分食物可以通过外展隙排溢，以免滞留在殆面，同时减轻了牙齿的负荷，分散和减轻了殆力。

（2）防止食物嵌塞：帮助食物避开接触区而排溢，防止食物嵌塞在牙齿之间。

（3）清洁牙面：由于外展隙是由圆凸、光滑的牙齿表面构成，当食物夹杂着唾液等滑过牙面，可起到自洁作用，并同时对颊、舌和口唇进行摩擦。

（4）保护牙龈：凸度适宜的外展隙能使食物在排溢时轻轻滑过牙龈，给予牙龈摩擦按摩，使其血循环正常，保证龈组织健康。而凸度过小的外展隙则会造成牙龈发炎和萎缩。

越向后方的牙齿，其外展隙越宽阔。就颊舌向外展隙来看，舌外展隙比颊外展隙要宽些，这是因为从接触区向舌侧的牙体要比向唇颊侧的牙体窄，这也是牙冠从颊（唇）面向舌面聚拢所致。

四、唇、颊、舌面的凸度

牙冠的唇、颊、舌面都有一定的凸度（convexity of labial, buccal and lingual surfaces），这也是牙冠外形高点所在之处。虽然每颗牙的凸度外观并不是一致的，但一般来说，前牙和后牙的颊侧外形高点总在颈 1/3，前牙的舌侧外形高点也在颈 1/3，而后牙舌侧则在中 1/3 或其附近（图 12-4）。

当咀嚼时排溢的食物顺着牙冠的凸度滑下，恰好在牙龈的表面轻轻擦过，给予牙龈轻微的按摩刺激，所以唇、颊、舌面的凸度为食物滑下牙齿表面、给予牙龈适度按摩提供了正确的方向和适宜的角度（图 12-5）。

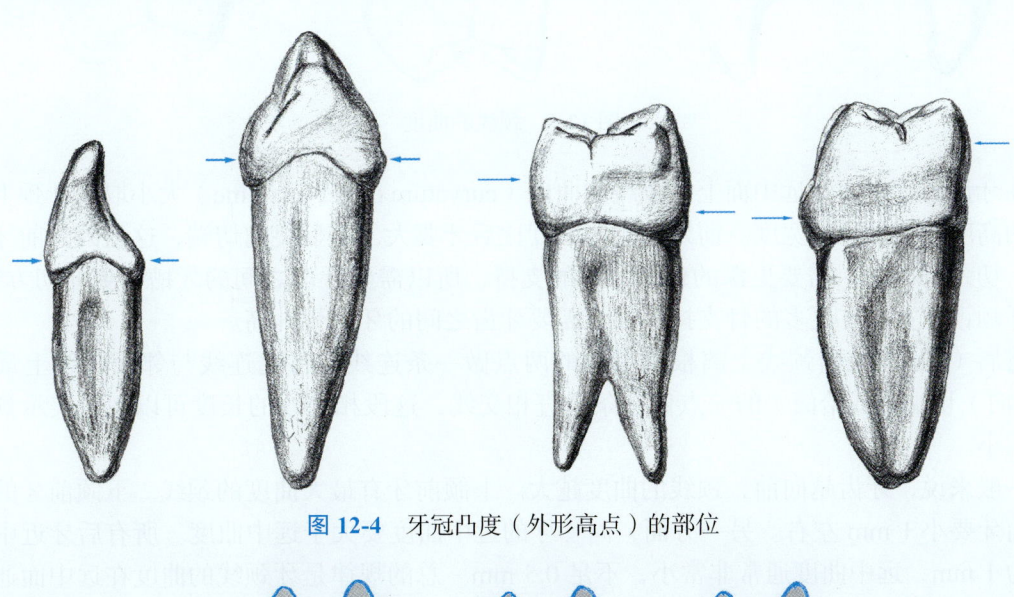

图 12-4 牙冠凸度（外形高点）的部位

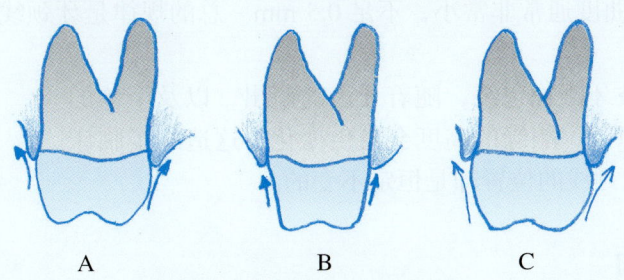

图 12-5 牙冠凸度与牙龈的关系
A. 凸度适当；B. 凸度过小；C. 凸度过大

1. 若凸度过大 牙龈将失去食物的按摩而退变失去张力，容易感染，或失用性萎缩；同时牙颈部也会失去自洁而易龋患。

2. 若凸度过小 将会使食物直接撞击颈部牙龈，使牙龈受到创伤，与牙齿分离形成间隙，导致食物滞留在牙颈部，引起牙周疾患、牙龈炎症，或组织萎缩。

3. 适当的唇、颊、舌面凸度 保证食物的适宜方向，从而给予组织适度的刺激，并保护颈部牙龈。除此之外，舌面的凸度还有助于舌更贴近牙齿，从而提高清洁的效率。同样，颊面的凸度也有助于唇、颊部的清洁作用，另外，牙冠颈1/3的凸度还可起到扩展龈缘的作用，使牙龈紧张有力。

五、颈线的曲度

颈线（cervical line）是牙冠与牙根交界处的一条弧形曲线，它也是牙釉质和牙骨质交界的标志线（图12-6）。

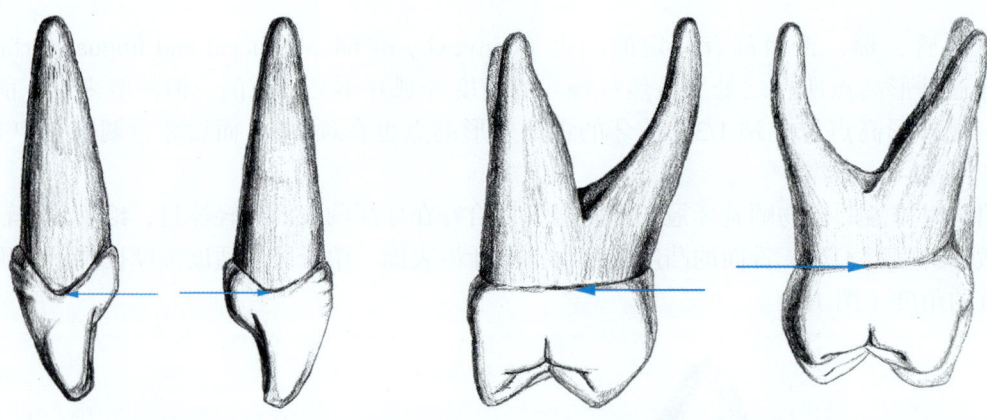

图12-6 颈线的曲度

在牙齿的近中面和远中面上，颈线的曲度（curvature of cervical line）大小取于牙颈上方接触区的高度和颊舌径的宽度。前牙的颈线曲度比后牙要大，明显突向切端，这是因为前牙唇舌径窄、切颈长度大，需要更深的包埋和骨的支持，所以需要牙齿之间的牙槽骨更向切方突出。而后牙颊舌径宽，有更多的骨支持，并不需要牙齿之间的牙槽骨升高。

将唇（颊）、舌面颈线上离根尖最近的两点做一条连线，将此连线与邻面颈线上最凹向（或凸向）切端（或殆面）的一点做一条垂直相交线，这段相交线的长度可以用来表示颈线曲度的大小。

一般来说，牙齿越向前，颈线的曲度越大。上颌前牙有最大曲度的颈线。下颌前牙的曲度比上前牙要小1 mm左右。另一方面，同一牙的近中曲度要大于远中曲度。所有后牙近中曲度平均为1 mm，远中曲度通常非常小，不足0.5 mm。总的规律是牙颈线的曲度在远中面通常比近中面小1 mm。

牙冠颈部通常被牙龈缘包绕，随着牙齿的萌出，以及个体的衰老、牙周疾患等原因，龈缘的高度会发生变化，这造成了临床牙冠高度的变化，但颈线的位置却是恒定不变的。

六、切缘与殆面

牙齿在萌出的早期，切缘与殆面（incisal ridge and occlusal surface）都是由圆凸面所构成：一个牙尖及其四周、嵴的两个面、窝的周边、沟的两侧都是凸面。上下牙齿咬合时也都是凸面对凸面的对殆，也就是呈点线接触（图12-7）。这种接触的生理意义在于：

（1）有利于食物的切割和磨碎：当咬合时，上下牙尖窝相对，沟嵴相合，像杵臼一样来捣碎食物。在殆面上，高耸的牙尖，

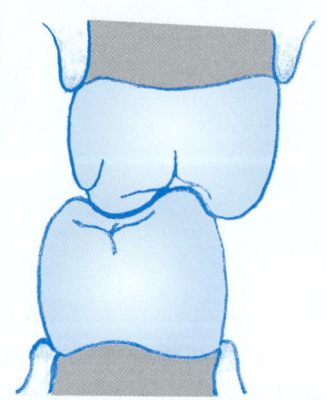

图12-7 上下牙咬合的尖窝相对关系

交错的沟嵴，犹如安插在不同角度的各式刀具，对食物进行多刀刃、多方向的联合切割，从而提高了咀嚼效率。

（2）便于食物排溢：因上下牙呈点线接触，周围都是开口隙道，再加上𬌗面上的窝沟，及邻牙外展隙，均可帮助食物排溢，使牙齿不受到过大的咬合压力。

（3）利于牙位调整：在刚达到咬合接触的牙，其最终的𬌗位并未建立，需要不断地调整位置。而这种凸面点线的接触刚好便于上下牙齿的移动，在牙尖与斜面的相互引导作用下，将牙调整到相适应的位置上。

随着咀嚼运动的进行，切缘和𬌗面发生了功能性的磨耗，由点接触变为面接触，增大了咀嚼面积，有利于上下𬌗关系的稳定。随着个体的发育成长，咀嚼肌力不断增强，从而补偿了因磨耗对咀嚼效能的影响。

第二节　牙根形态的生理意义
Physiologic Significance of Root Form

牙根形态与其稳固有密切关系，其形态位置与牙所承受咀嚼压力的大小和方向有关。切牙承担𬌗力较小，多为单根。上切牙在咀嚼过程中受向前向上的力，所以其唇侧较宽，以加强抵抗；下前牙承受向内向下之力，牙根的唇面与舌面几乎相等。尖牙位于牙弓转弯处，容易遭受外力；在演化过程中曾经是强有力的工具及武器，故其牙根特别强大。

后牙承担主要咀嚼任务，受力大而复杂，故其形态为多根，并在牙根近中面、远中面有凹陷，牙槽骨嵌入此凹陷中，以增强抗力。根分叉形态也是支持牙体得以稳固的重要因素。根分叉越多，支持作用越大。如上颌第一磨牙为三根，三根非常稳定，可抵抗咬合中各方面所受的𬌗力。因为舌尖受力最大，故舌根比颊根更粗且长。下第一磨牙为两扁根，颊舌面宽，能承受各个方面的咀嚼力。

小　结

牙齿的形态结构与其生理功能是相互影响，密不可分的。牙之间相互接触的邻接触区防止食物嵌塞、保持牙弓的稳定性和保持牙面的清洁。邻间隙为牙龈乳头充满，阻止了食物的堆积。外展隙是牙齿四周食物的排溢通道。牙冠的唇、颊、舌面有一定的凸度，使食物滑过牙齿表面，给予牙龈适度按摩。前牙邻面的颈线明显突向切端，可以获得更深的包埋和骨的支持。切缘与𬌗面均是圆凸的面，有利于食物的切割和磨碎、食物排溢和牙位调整。前牙承担𬌗力较小，多为单根。后牙承担主要咀嚼任务，受力大而复杂，故其形态为多根。

（陈　硌　李　健）

Definition and Terminology

接触区（Contact area）：Portion of a tooth where adjacent tooth crowns in the same arch physically touch on each proximal surface.

邻间隙（Interproximal spaces）：These triangularly shaped spaces are formed by proximal surfaces in contact and normally filled by gingival tissue/papillae. The base of the triangle is the alveolar process, the sides of the triangle are the proximal surfaces of the contacting teeth, and the apex of the triangle is in the area of contact.

外展隙（Embrasures）：When two teeth in the same arch are in contact, their curvatures adjacent to the contact areas form spillway spaces called embrasures.

颈线（Cervical line）：The cementoenamel junction（CEJ）is visualized anatomically as the cervical line. Normal epithelial attachment follows the curvature of the CEJ, which makes the CEJ a significant landmark for probing the level of the attachment of fibers to the tooth. The height of normal gingival tissue, mesially and distally, on approximating teeth is directly dependent on the heights of the epithelial attachment on these teeth.

第十三章　牙齿异常

Dental Abnormality

同身体其他组织器官一样，牙齿在其生长发育过程中，会出现一些不同于"正常"的异常变化。这些牙齿发育异常（abnormality of development of teeth）是指牙齿数目异常、牙齿形态异常、牙齿结构异常和牙齿萌出异常。牙齿发育异常的原因目前还不十分明确，但大多与牙胚发育期间的遗传因素、内分泌及各种外来有害因素（如：机械外力、放射线、化学因素）等有关。

牙齿发育异常出现在恒牙比在乳牙多，上颌比下颌多。牙齿发育异常的发生率存在国家和种族之间的差异。据研究报道牙齿发育异常的发生率有增长的趋势，学者们将这归结为环境污染的影响和医疗的进步使得更多的患者得以诊断，以及牙齿数目的减少可能是一种进化趋势。

第一节　牙齿数目异常
Abnormality of Tooth Number

牙齿数目异常表现为牙齿数目不足和牙齿数目过多。

一、牙齿数目不足

牙齿数目不足（insufficiency of tooth number）又称先天缺牙（congenitally missing teeth），是指该牙在牙胚发育的早期即出现异常，未能发育和形成牙齿，从而导致缺失。先天缺牙的病因尚不明确，可能与牙板生成不足、牙胚增殖受到抑制或遗传等有关。先天缺牙可分为部分牙缺失和先天无牙症。

1. 部分牙缺失（hypodontia）　临床上最常缺失的牙齿是上下颌第三磨牙、上颌侧切牙和下颌第二前磨牙。以缺牙2颗最常见，缺牙5颗以上则很少。

2. 先天无牙症（anodontia）（图13-1）　先天无牙症是外胚叶发育不全综合征（ectodermal dysplasia syndrome）的一种表现。本病为遗传性疾病。由于外胚叶先天发育异常，临床上除了大多数牙齿先天缺失或完全无牙，还伴有毛发稀疏、少汗或无汗、皮肤干燥多褶等皮肤异常表现。患儿躯体发育迟缓，矮小，以男性多见。

二、牙齿数目过多

牙齿数目过多（superabundance of tooth number）又称多生牙或额外牙（supernumerary teeth），是指超过正常牙数以外的牙齿（图13-2）。其原因亦不明确，推测与牙板过度活跃、返祖现象以及遗传和发育有关。

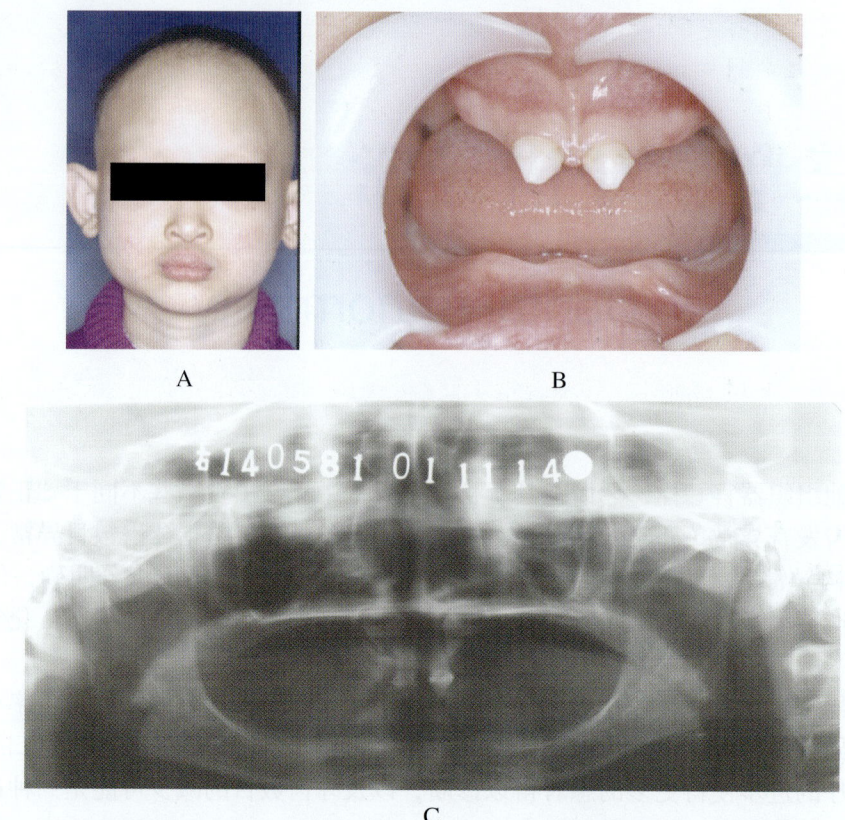

图 13-1 先天无牙症（外胚叶发育不全患者）
A.患者头部正面像；B.口腔正面像；C.曲面断层片（张晓霞提供）

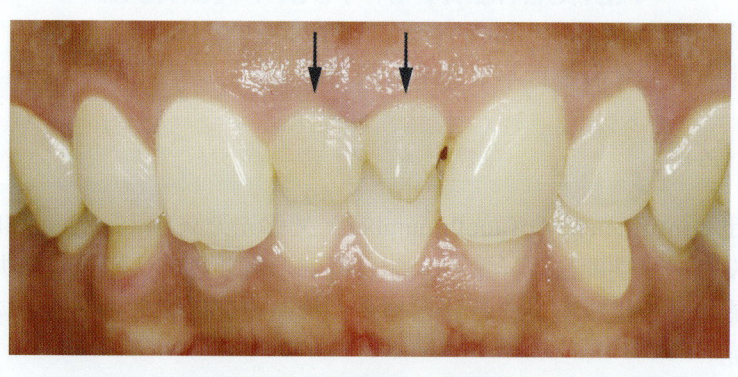

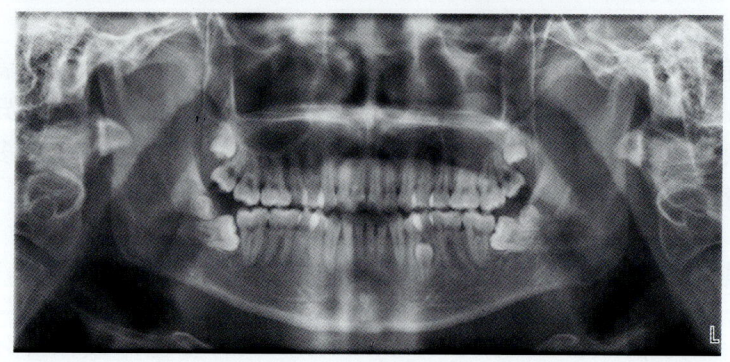

图 13-2 多生牙
A.多生前牙；B.多生的前磨牙与磨牙

多生牙好发部位多在上颌，尤以中切牙之间最多见。其次是牙弓末端第三磨牙之后，称为第四磨牙。多生牙可在牙弓内或靠唇颊、舌侧，也有阻生在颌骨内者。多生牙以萌出 1～2 颗常见，其形态极不规则，锥形最多，其次为多尖融合，也有与正常牙形态相似的。多生牙常从替牙期开始出现，乳牙期极少见。

第二节 牙齿形态异常
Abnormality in Morphology of Teeth

牙齿形态除受遗传的影响外，环境因素（如：机械外力、感染）也起一定的作用，引起牙齿形态的变异。

一、过大牙与过小牙

过大牙（macrodontia）与过小牙（microdontia）是指牙形正常而体积异常的牙齿。个别过大牙、过小牙多见于上颌前牙及第三磨牙。普遍性牙过大、过小则见于脑垂体功能异常的患者。

二、锥形牙

锥形牙（cone-shaped tooth）是形态呈锥形的牙齿（图 13-3）。多见于上颌侧切牙、上颌第三磨牙和多生牙。

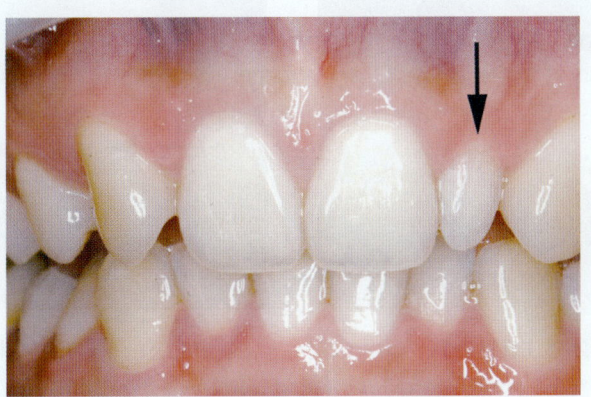

图 13-3　锥形牙　（王磊提供）

三、畸形中央尖

畸形中央尖（occlusal anomalous tubercle）是指在前磨牙𬌗面的中央窝处，或接近中央窝的颊尖三角嵴上，突起的一个圆锥形的牙尖（图 13-4）。多见于下颌第二前磨牙，其他前磨牙也可见，磨牙偶见。畸形中央尖的中央部为薄层牙本质，并有髓角突入，常因磨耗或折断而露髓，引起牙髓疾患。

畸形中央尖

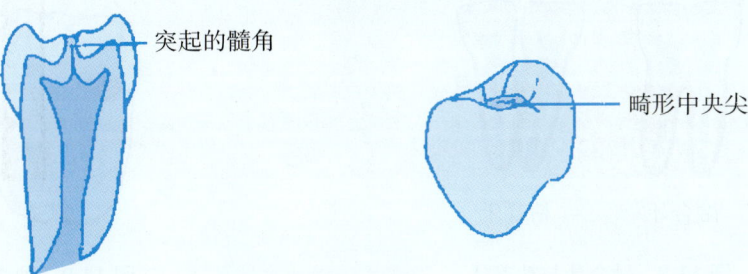

图 13-4　畸形中央尖

四、畸形舌窝和畸形舌尖

切牙在发育过程中，舌窝内陷卷入牙冠中，形成一个窝状畸形，即为畸形舌窝（invaginated lingual fossa）（图13-5）。在舌窝内陷的同时，舌隆突又过突起而形成畸形牙尖，即为畸形舌尖。畸形舌窝较深时，易积存食物和菌斑而患龋病。有的畸形舌尖有髓角突入，折断后可引起牙髓感染。当舌窝内陷严重时，可形成一个腔洞，洞壁有牙釉质、牙本质，故牙质较厚，外形好似包含在牙中的一个小牙，又称牙中牙。

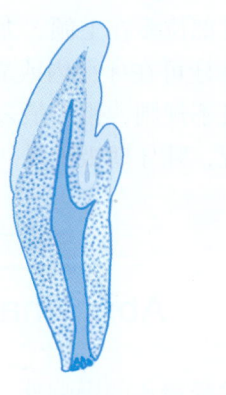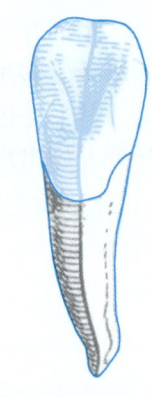

图 13-5　畸形舌窝和畸形舌尖

五、融合牙

融合牙（fused tooth）由两个正常牙胚的牙釉质或牙本质融合而成（图13-6）。若融合时期较早，可仅为牙冠融合，或冠根都融合；若融合时期较晚，则仅有牙根融合，而牙冠分离。根管多为两个，也可是一个。

乳、恒牙均可出现融合，以乳牙多见。常见的形式有：乳牙与乳牙融合、恒牙与恒牙融合、恒牙与多生牙融合。一般发生的部位在下颌前牙区。

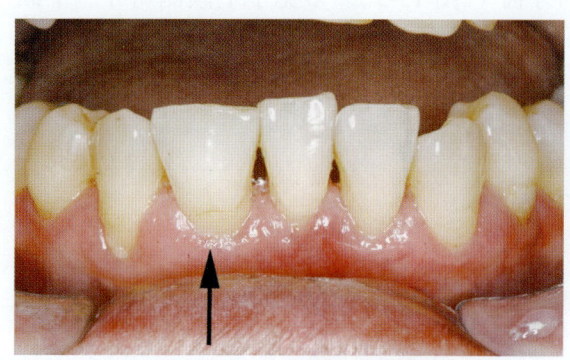 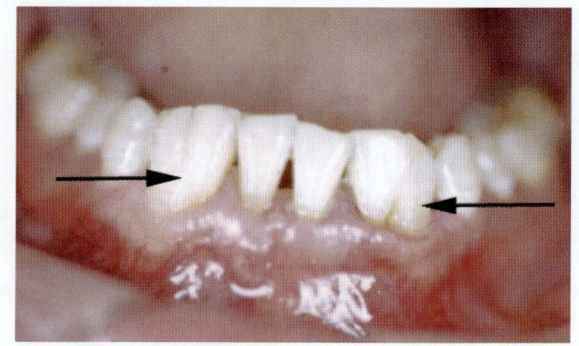

图 13-6　融合牙（王磊提供）　　　　　图 13-7　粘着牙

六、粘着牙

由两颗分离的牙齿，靠增生的牙骨质联合而结合在一起，而其牙本质是完全分开的牙，称为粘着牙（concrescence of tooth）（图13-7、图13-8）。粘着牙的发生期较融合牙晚，可在牙齿萌出前或萌出后，多因牙齿拥挤或创伤而造成。

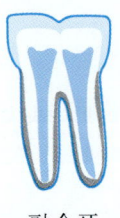  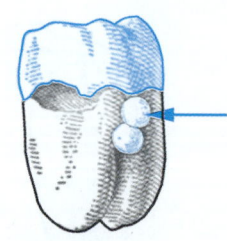

融合牙　　粘着牙

图 13-8　融合牙与粘着牙　　　　　图 13-9　釉珠

七、釉珠

釉珠（enamel pearls）是牙在钙化过程中根部发生的变异（图13-9）。其形态为结节状或圆锥状，表面为釉质覆盖，位于磨牙根分叉处。

八、牙根的异常

牙根的异常（abnormality of root）包括牙根的数目异常、扭转弯曲、过粗、过细、过长、过短（图13-10）。

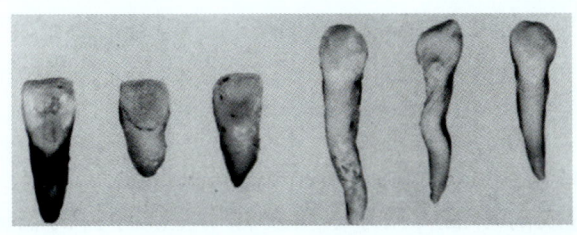

图13-10　牙根的异常

九、牙髓腔的异常

牙冠长而牙根短，髓室纵径长，髓室或根分歧移向根尖处的牙齿，由于这种牙形类似有蹄类牙，故称为牛牙样牙（taurodontism）。牛牙样牙在乳恒牙列均可发生，恒牙多见。一般见于下颌第二（乳）磨牙。

第三节　牙齿结构异常
Abnormality of Tooth Structure

牙齿结构异常通常是指在牙齿基质形成或钙化时，因受到不良因素影响而导致牙齿发育异常，并在牙体组织上留下永久性缺陷或痕迹。其影响范围常波及整个牙列，而非个别牙。

一、釉质发育不全

釉质发育不全（enamel hypoplasia）是指牙釉质形成时，因受到全身或局部因素影响而出现的釉质结构异常。临床表现为牙齿变色和牙釉质缺损：牙齿为白垩色或黄褐色，牙齿表面有带状或窝状的凹陷。釉质发育不全在乳恒牙列均可发生，但恒牙较为严重。

二、牙本质发育不全

牙本质发育不全（dentinogenesis imperfecta）是一种牙本质发育异常的常染色体显性遗传疾病。其牙齿变化主要在牙本质，而牙釉质基本正常。牙齿变化的主要特征为：全口牙呈半透明色，牙冠为钝圆球形，故又称"遗传性乳光牙本质"；全口牙磨损严重，釉质剥脱，牙本质外露；牙髓腔早年宽大，而后狭窄或完全闭塞。牙本质发育异常可累及乳恒牙，但乳牙列病损更为严重。有些类型还伴有全身性成骨不全。

三、氟牙症

氟牙症（dental fluorosis）是一种特殊类型的釉质发育不全，又称氟斑牙或斑釉（mottled enamel），是因慢性氟中毒而引起的。临床表现也为牙齿变色和牙釉质缺损，但主要发生在恒牙，乳牙很少见。

四、四环素着色牙

四环素着色牙（tetracycline pigmentation tooth）是因牙齿发育期间服用了四环素类药物而引起的牙齿内源性着色现象。其临床表现为牙齿不同程度的变色，严重时还可出现釉质发育不全和牙齿的实质性缺损。

五、先天性梅毒牙

先天性梅毒牙（tooth abnormality caused by congenital syphilis）是由于牙胚受到母体梅毒螺旋体侵害而造成的牙釉质和牙本质发育不全。牙齿的临床表现为：半月形切牙（Hutchinson's incisors）——切缘窄小且有半月形凹陷；桑葚状磨牙（mulberry molars）——𬌗面多结节、凹陷，牙尖皱缩。常发生在上颌中切牙和第一恒磨牙。

第四节　牙齿萌出异常
Abnormality of Tooth Eruption

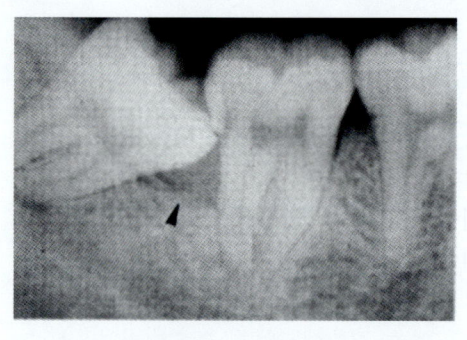

图 13-11　牙阻生

牙齿萌出异常包括牙错位、牙阻生和牙异位：

1. 牙错位　指牙萌出后未排在牙弓的正常位置。牙错位的形式有多种：唇（颊）向错位、舌向错位、近中错位、远中错位、𬌗上错位、𬌗下错位、旋转错位等。牙错位多发生在上颌尖牙和第一恒磨牙，其次是下颌侧切牙。

2. 牙阻生（impacted tooth）（图13-11）　指牙埋伏于颌骨内不能萌出或仅部分萌出者。最常见的是第三磨牙阻生。

3. 牙易位　指相邻牙的位置发生交换。多发生在上颌牙，如尖牙与第一前磨牙位置更换，即尖牙位于第一前磨牙之后。

小　结

牙齿发育异常是指牙齿数目异常、牙齿形态异常、牙齿结构异常和牙齿萌出异常。恒牙发育异常较乳牙多见，且上颌比下颌多见。牙齿数目不足包括部分缺失和先天无牙；数目过多是指多生牙或额外牙。形态异常的牙齿也较常见，如：过大或过小牙、锥形牙等。结构异常的有釉质发育不全、牙本质发育不全等。牙错位、牙阻生和牙易位属于牙齿萌出异常。

（陈　𰗞　李　健）

Definition and Terminology

部分牙缺失（Hypodontia）：Congenital absence of one or more, but not all, of the normal complement of teeth.

先天无牙症（Anodontia）：A rare dental condition characterized by congenital absence of all teeth (both deciduous and permanent).

过大牙（Macrodontia）：Abnormally large teeth.

过小牙（Microdontia）：Abnormally small teeth.

多生牙（Supernumerary teeth）：They are the extra teeth that one can have in the mouth. The supernumerary teeth are classified into several groups based on their morphology and location. On the basis of morphology four types emerge as follows, conical, tuberculate, supplemental and odontoma. They are mostly found in the lateral incisor, molar and premolar region.

融合牙（Fused tooth）：Two teeth are united during development by the union of their tooth germs. The teeth may be joined by the enamel of their crowns, by their root dentin, or by both.

粘着牙（Concrescence tooth）：Two teeth join together by the union of their cementum overlying the roots. The cause can sometimes be attributed to trauma or crowding of teeth.

釉质发育不全（Enamel hypoplasia）：It is a general term referring to all quantitative defects of enamel thickness. They range from single or multiple pits to small furrows and wide throughs to entirely missing enamel.

牙本质发育不全（Dentinogenesis imperfecta）：It is an autosomal dominant disorder in which both primary and permanent teeth are affected. The teeth exhibit discoloration ranging in hue from grayish-blue to brown, the pulp chamber being obliterated by abnormal dentine.

氟牙症（Dental fluorosis）：It is a change in the appearance of the tooth's enamel. These changes can vary from barely noticeable white spots in mild forms to staining and pitting in the more severe forms. Dental fluorosis only occurs when younger children consume too much fluoride, from any source, over long periods when teeth are developing under the gums.

四环素着色牙（Tetracycline pigmentation tooth）：When antibiotic tetracycline is ingested during certain times of the development of the dentitions, significant discoloration from yellow to brown to bluish violet and from part (cervical) to all of the enamel may occur.

先天性梅毒牙（Tooth abnormality caused by congenital syphilis）：Enamel hypoplasia and dentinogenesis imperfect caused by congenital syphilis. The changes usually take place in the permanent maxillary central incisors and first molars. The incisal edges of incisors are notched and narrower than the cervical area. The occlusal surfaces of molars are like mulberries.

桑葚状磨牙（Mulberry molars）：Developmental disturbance that occurs as a result of congenital syphilis, in which enamel nodules are present on the occlusal surface of the molars.

牙阻生（Impacted tooth）：Unerupted or partially erupted tooth that is positioned against another tooth, bone, or even soft tissue so that complete eruption becomes unlikely.

参考文献

［1］Hilton Riquieri. Dental anatomy and morphology. Quintessence Publishing Co, Inc., 2019.
［2］Rakhshan V. Congenitally missing teeth (hypodontia): A review of the literature concerning the etiology, prevalence, risk factors, patterns and treatment. Dent Res J (Isfahan), 2015, 12 (1): 1-13.

第十四章 髓腔解剖形态

Anatomic Morphology of Dental Pulp Cavity

在牙齿的中央有牙髓组织存在，牙体硬组织包绕牙髓组织构成的腔体称作牙髓腔（dental pulp cavity），或简称髓腔（pulp cavity）。髓腔形态是牙齿外形的缩影，是一个显著缩小了的内腔，其在牙根尖端的开口使牙髓组织中的血管、神经和淋巴管与牙周组织相连。

第一节　髓腔的构成与形态
Components and Morphology of Dental Pulp Cavity

髓腔位于牙齿中央，为一由冠部延伸至根部直至根尖部开口的连续结构，牙髓腔内充满牙髓组织。解剖学上将其分部位命名，位于牙冠的部分空间较大，称为髓室（pulp chamber）；位于牙根中心的管状系统，称为根管系统（root canal system）；髓室与根管在牙颈部釉牙骨质界水平的分界呈现一漏斗状的移行结构，称为根管口（root canal orifice）；根管在根尖表面的开口，称为根尖孔（apical foramen）（图 14-1）。牙髓腔的解剖形态因牙位而异，萌出后也在变化，包括生理性的增龄变化，以及牙齿疾病导致的病理变化，如牙髓钙化、髓石等。

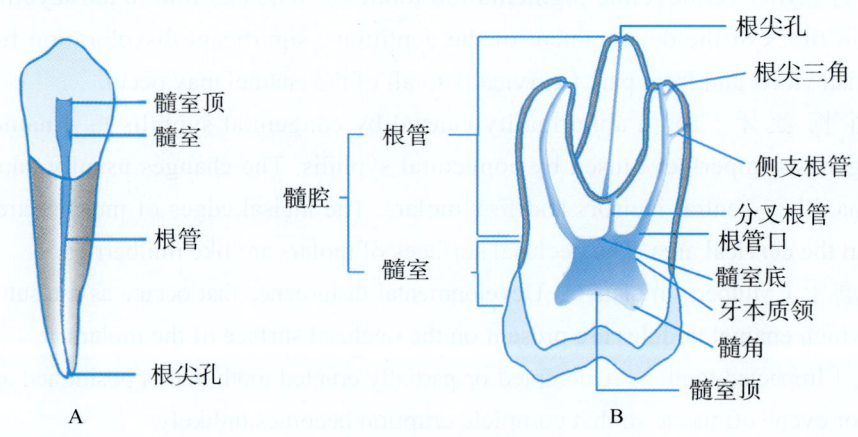

图 14-1　髓腔的构成
A. 前牙；B. 磨牙

一、髓室

髓室（pulp chamber）是髓腔中空间最大的部分，由四个侧壁和顶、底围成。每一牙齿内部均只有 1 个髓室，单根管牙的髓室与根管呈延续状态，没有髓底，也没有明显的根管口；多根管牙的髓室形似立方体，在髓室底上分布各个根管口，与根管形成明确的界限（见图14-1）。

1. 髓室顶 髓室顶（roof of pulp chamber）分别位于前牙切缘和后牙𬌗面的髓腔侧，是髓腔最接近牙齿咬合功能面的部分，形态与切缘或𬌗面相适应。髓室顶由顶壁和髓角组成，形似吊起的帐篷顶。髓室顶壁呈弧形，顶壁在对应于牙尖的位置呈尖角形凸起，称为髓角（pulp horn），一般在每一牙尖或切角的内侧均有一髓角。髓角常因龋、急慢性损伤或机械侵入而暴露。

2. 髓室侧壁 包围髓室四周与牙轴面相平行的壁称为髓室侧壁，简称髓壁（wall of pulp chamber），按其方位分别称为颊侧壁、舌侧壁、近中壁和远中壁。各壁均呈弧形，以不同程度凸向髓室中心，磨牙最为显著，髓壁在牙颈部的凸起（cervical ledge）又称为牙本质领（dentin collar），常会遮挡住根管口（见图14-1）。髓壁与髓顶、髓底的交界形成线样折叠，髓壁在根管口处伸入根管内与根管壁相接续。

3. 髓室底 髓室底（floor of pulp chamber）只在多根牙的髓室才有，与髓室顶相对，位于根分叉的髓腔侧，与根分叉形态相似，呈拱形，颜色较髓壁深。髓室底上有发育遗留的暗区或深色暗线，它们是各发育结节融合的痕迹，暗线的末端即为根管口的位置。多根管牙的各根管口一般位于髓底和髓壁相交之处，也是髓底水平向的拐角点（图14-2）。拱形的髓室底上还存在一些小孔，是分叉根管（副根管）在髓室的开口，构成髓室与根分叉区牙周组织的直接交通（见图14-1）。

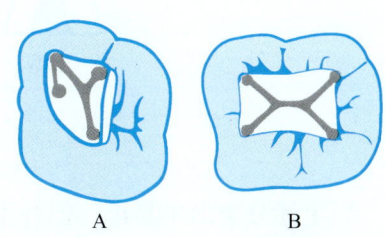

图 14-2 髓室底暗线和根管口分布
A. 上颌磨牙；B. 下颌磨牙

二、根管系统

根管系统（root canal system）是指位于牙根内部的管状系统，其内所含牙髓称为根髓。根管系统结构复杂，一个牙根中可有一个或几个根管，由主根管、分叉根管（副根管）、侧支根管、根管峡部以及细小分支的网状交通组成（图14-3）。

根管间可形成峡部（isthmus）或根管间吻合支（intercanal anastomoses）；根管可分开，又可汇合，可有侧支和分叉。

1. 根管 根管（root canal）又称为主根管（main root canal），起于牙颈部的根管口，在牙根内穿行，止于根尖部的根尖孔。根管从根管口向根尖孔走行呈由大到小的锥体形态。根管的横

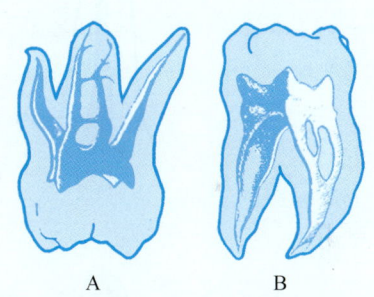

图 14-3 复杂的根管系统
A. 上颌磨牙；B. 下颌磨牙

截面并非都是圆形，在不同形态的牙根中以及牙根的不同水平上，根管的横截面还可表现为圆三角形、卵圆形、椭圆形、哑铃形、"C"形、肾形、丝带形甚至不规则形。牙根断面近似圆形时，根管多为一个，截面以卵圆形最为常见；牙根为扁根时，根管的横截面形态更多为椭圆形或哑铃形，或在一根牙根中含有2个或多个根管（图14-4，图14-5）。

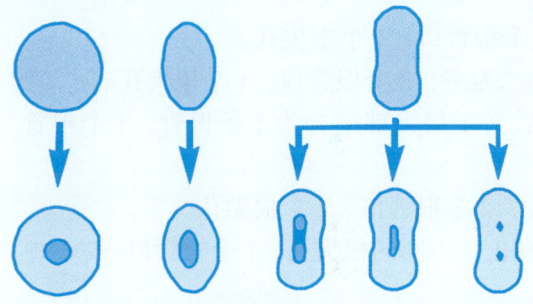

图 14-4 牙根形态与根管形态的关系

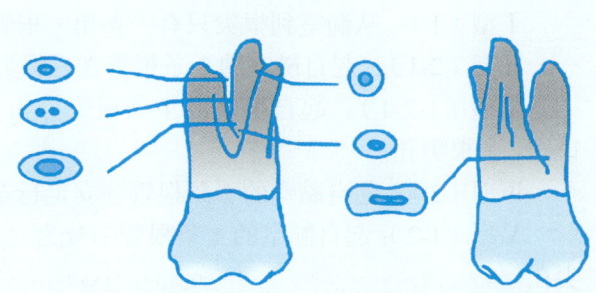

图 14-5 上颌磨牙各牙根不同水平的根管横断面形态

根管在走行过程中可一分为二，也可合二为一，呈现出多种形态。Weine 将根管走行分为 4 型（图 14-6）：Ⅰ型为 1-1 型，单一根管；Ⅱ型为 2-1 型：起自 2 个根管口，在 1 个根中行走过程中合并为 1 条根管，出 1 个根尖孔；Ⅲ型为 2-2 型：1 个根中有 2 条独立的根管；Ⅳ型为 1-2 型：起自 1 个根管口，在走行过程中分开成 2 条根管，分别出 2 个根尖孔。

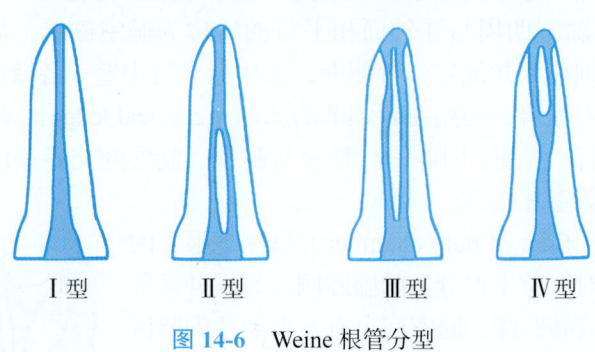

图 14-6　Weine 根管分型

上述分类简单易记，但并不能反映根管走行的复杂状态，据此，Vertucci 在多样的根管走行中以根尖孔数目进行归类，将根管分为 8 型（图 14-7），Ⅰ～Ⅲ型均为 1 个根尖孔，Ⅳ～Ⅶ型为 2 个根尖孔，Ⅷ型为 3 个根尖孔：

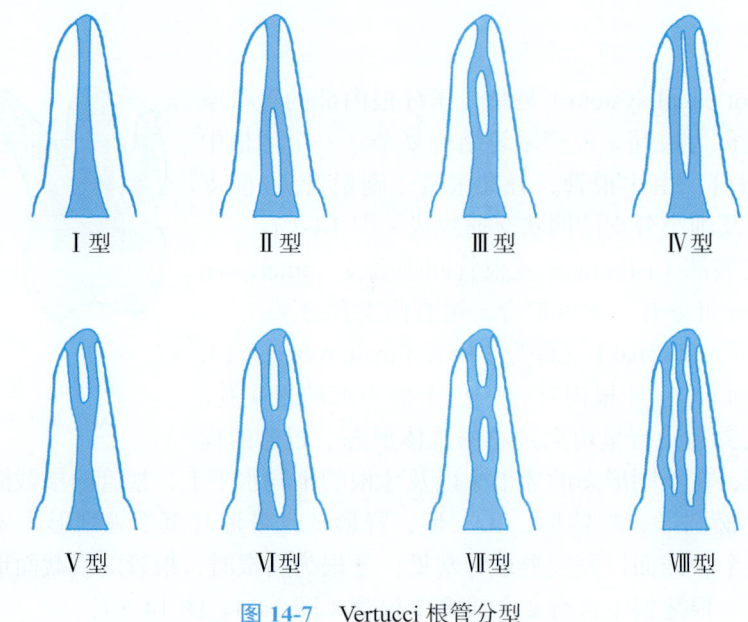

图 14-7　Vertucci 根管分型

Ⅰ型（1）：从髓室到根尖只有一条单一根管，1 个根管口，1 个根尖孔。

Ⅱ型（2-1）：起自髓室的 2 条根管在近根尖处合二为一，2 个根管口，1 个根尖孔。

Ⅲ型（1-2-1）：起自髓室的 1 条根管分为 2 支后又于根尖部融合为 1 条根管，1 个根管口，1 个根尖孔。

Ⅳ型（2）：起自髓室的 2 条根管独立走行至根尖，2 个根管口，2 个根尖孔。

Ⅴ型（1-2）：起自髓室的 1 条根管一分为二并分别止于不同的根尖孔，1 个根管口，2 个根尖孔。

Ⅵ型（2-1-2）：起自髓室的 2 条根管合为 1 根管后再分为 2 根管，并分别止于独立的根尖孔，2个根管口，2个根尖孔。

Ⅶ型（1-2-1-2）：起自髓室的1条根管分开后合并再分开止于不同的根尖孔，1个根管口，2个根尖孔。

Ⅷ型（3）：起自髓室的3条独立根管互不交叉分别止于各自的根尖孔，3个根管口，3个根尖孔。

全口牙位中，上颌前牙的根管走行最为简单，均为单根管；而上颌前磨牙的根管走行最为复杂，种类最多，其中上颌第二前磨牙的根管走行的变化囊括了上述8个类型。

Gulabivala 发现了更为复杂的根管分布和走行，也提出了分类（图14-8）。

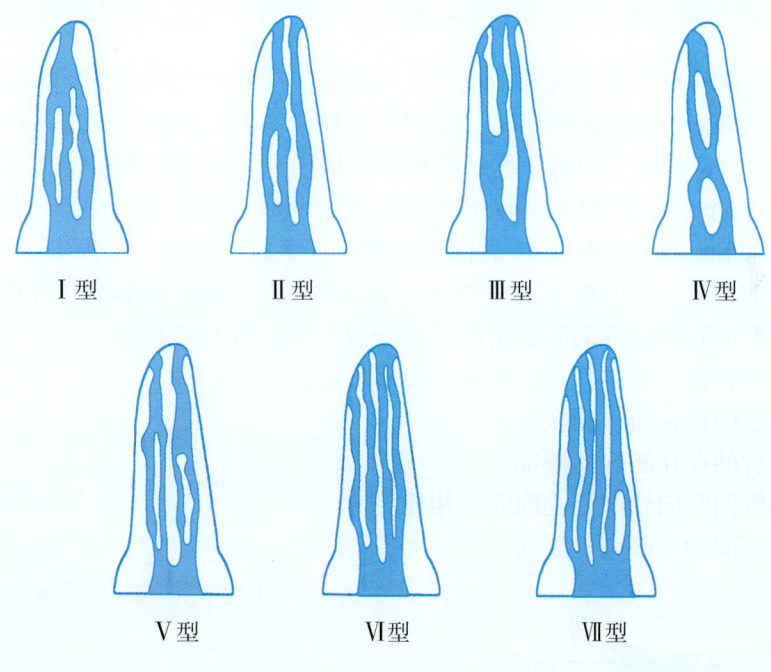

图 14-8 Gulabivala 根管分型

根管多数有不同程度的弯曲，根管可朝向任一方向弯曲，但根尖多弯向远中，有时根管呈相反方向的两个弯曲（双弯），称为"S"弯曲，若根管的双弯较锐，形似刺刀，又称作"刺刀样弯曲（bayonet curve）"（图14-9）。

2. 侧副根管 在髓腔全长可由髓室和主根管分出许多更细小的分支，它们穿过髓室底或根管壁与牙周组织形成交通。发生于磨牙髓室底的细小分支原来称为副根管，Vertucci 按其发生的部位将其命名为分叉根管（furcation canal），它通常与牙长轴平行，是髓室与根分叉区牙周膜的联系通道。副根管形成是因为根鞘形成时发生断裂，牙

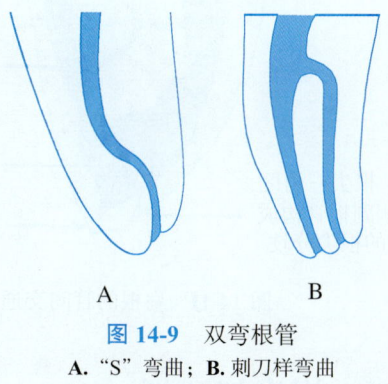

图 14-9 双弯根管
A. "S"弯曲；B. 刺刀样弯曲

髓和牙囊之间牙周血管在融合过程中被保留。在主根管走行的任何水平均可向根管壁分出侧支，在根管主干部位分出的侧支称为侧支根管（lateral canal），通常与主根管呈垂直关系。副根管（分叉根管）和侧支根管又统称为侧副根管（accessory canal），它们在牙根表面的开口称为侧副根管孔（accessory foramen）（图14-1、图14-10）。

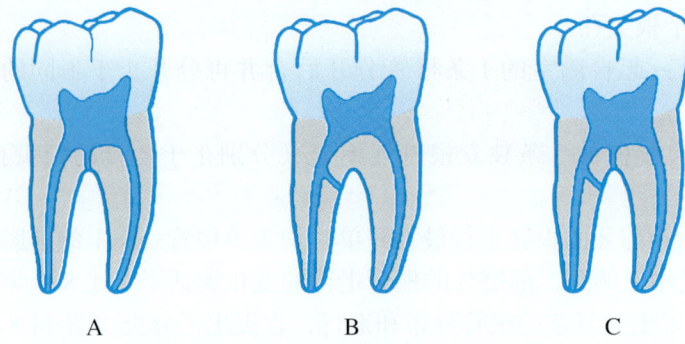

图 14-10 下颌磨牙的侧副根管
A. 13% 仅有单支分叉根管；**B.** 23% 在主根管的冠 1/3 处有一条侧支根管；**C.** 约 10% 既有分叉根管又有侧支根管

3. 管间交通 在扁根中常含有两个及以上的根管，在根管之间，由牙髓血管相连，构成丝带样的管间连接（intercanal connection）或细窄的横向吻合（transverse anastomosis），可交织呈网状（见图 14-3）；这些管间的交联结构形态不规则，可以呈断续相接，或弧形带状，又被称为管间峡部（isthmus），有时管间峡部的较宽区域形成一个盲端，形似鱼鳍（fin），构成髓腔的死角（Cul De Sac）（图 14-11）。管间峡部多存在于扁根内部，距根尖 3~5 mm 的部位更为常见，如上颌前磨牙，上颌磨牙近中颊根，下颌磨牙近、远中根部都可有管间峡部。Hsu 和 Kim 根据牙根横断面管间峡部的联通情况将其分为 5 类（图 14-12）：

Ⅰ类：扁根中各根管独立存在，管间无交通。
Ⅱ类：二根管间存在断续的峡部。
Ⅲ类：三根管间存在断续的峡部。
Ⅳ类：二根管间凸向峡部，之间断续相连。
Ⅴ类：二根管间的峡部完全联通。

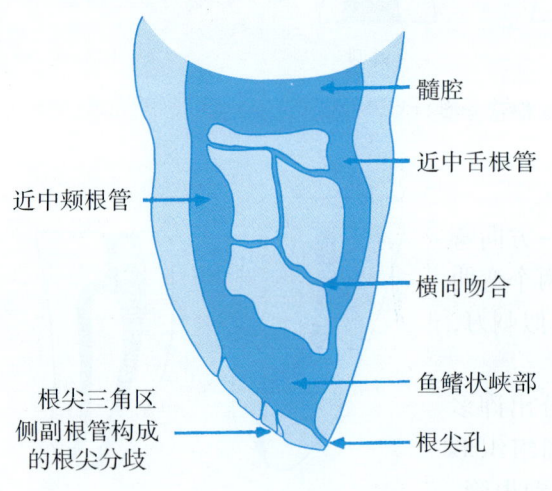

图 14-11 扁根的管间交通

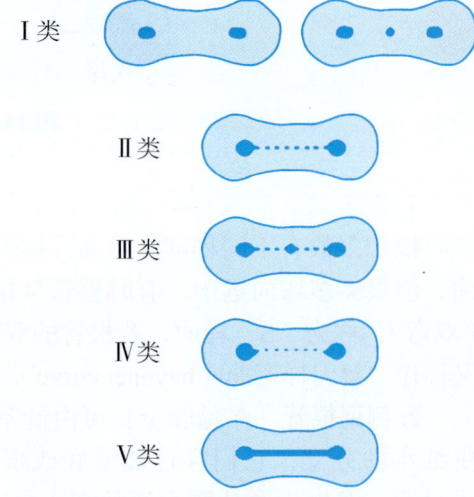

图 14-12 Hsu 和 Kim 的管间峡部分类

三、根尖部解剖

根尖的解剖形态呈现复杂的多样性，体现在几个重要的解剖概念上：根尖孔，牙本质牙骨质界，根尖狭窄部，根尖三角区，根尖分歧，根尖分叉。

1. 根尖孔 根管走行至根尖区后逐渐变窄，最后穿出根尖开口于根尖表面，称为根尖孔（apical foramen）。根尖孔的位置除居于根尖顶端，更多是位于根尖侧方（Vertucci 调查数据占 70%~88%），常在远中舌侧。根尖孔中心到解剖根尖（anatomic apex）顶端的垂直距离为

0.5~1.0 mm。

根尖孔的数目大多数为单孔（78%），少数为双孔（18%），还有极少数为多孔（3%~4%）。根尖孔形态仅少数是圆形（4%），绝大多数为椭圆形（70%~93%），还有个别呈现不规则形（约3%）。

2. 牙本质牙骨质界和根尖狭窄部　牙本质牙骨质界（cementodentinal junction，CDJ）是一个组织学结构，顾名思义，是牙本质与牙骨质的交界，由牙根表面的牙骨质在根尖向根尖孔内卷叠而成，同时，它也是牙髓和牙周膜的分界线。一般认为，牙本质牙骨质界环周一圈，构成了根管的最狭窄处，该处为根管的小根尖直径（minor apical diameter），定义为根尖狭窄部（apical constriction），由此向根尖孔逐渐放大，呈现"漏斗（funnel shape）"形状，至根尖孔为根管的大根尖直径（major apical diameter）（图14-13）。根尖狭窄部可有四种形态，除了上述典型的单一根尖狭窄外，还可见有管壁呈均匀锥体延伸至根尖孔者；根尖部管壁平行成一狭长的根尖狭窄区者；以及形似葫芦的多个狭窄者（图14-14）。

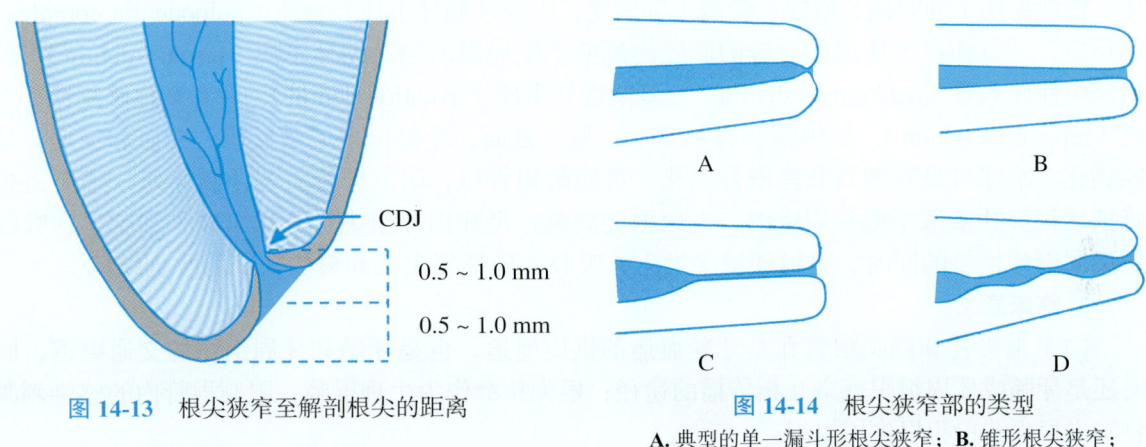

图14-13　根尖狭窄至解剖根尖的距离

图14-14　根尖狭窄部的类型
A. 典型的单一漏斗形根尖狭窄；B. 锥形根尖狭窄；C. 狭长的平行根尖狭窄；D. 根尖多个狭窄

根尖孔因多数开在根尖侧方，其中心至解剖根尖（anatomic apex）的垂直距离为0.5~1.0 mm，而牙本质牙骨质界上缘距根尖孔中心也有0.5~1.0mm，故临床上认为根尖狭窄到解剖根尖的距离为1~2mm（图14-13）。

3. 根尖三角区和根尖分歧、根尖分叉　根管的管径从根管口向牙本质牙骨质界渐行缩小，而从牙本质牙骨质界到根尖孔方向却又逐渐放大，故根尖区的根管通道呈现出相向的双漏斗形态，形似"沙漏"（图14-13）。根管走向根尖区接近根尖孔时，可向各个方向根管壁分出一些细小的侧副支，水平或斜行分布，其立体形貌恰似"船锚（anchor）"或"河口三角洲（river delta）"结构。这种由主根管、一个或多个侧支根管以及根尖周组织围成的根尖部三角形区域称为根尖三角区（apical delta）（图14-15）。此区域的侧支根管又称作根尖分歧（apical ramification），它们在根尖表面形成相对应的数个根尖孔或侧支根管孔（见图14-11）。如主根管在根尖部分为2支，无主副根管之分，则被称为根尖分叉（apical furcation）。

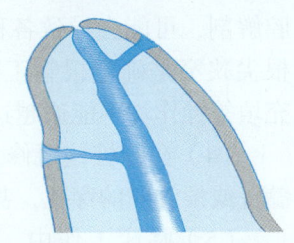

图14-15　根尖三角区

四、髓腔形态的变化和临床意义

自牙齿萌出，髓腔一直在变化，一是增龄性的生理变化，二是牙齿疾病所致的病理变化。

1. 增龄性变化　年轻恒牙的髓腔较宽大，髓角高耸，髓室空间高，髓底较平坦，根管口漏斗形明显，根管较粗，根尖孔较大。随着年龄的增长，髓腔壁表面继发牙本质（secondary dentin）不断沉积，使髓腔容积越来越小（图14-16）。老年人的髓腔表现为髓室高度降低，顶

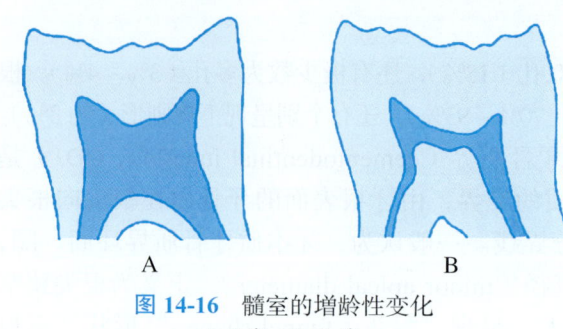

图 14-16 髓室的增龄性变化
A. 7 岁；B. 55 岁

底距离相近，甚至相接，髓室侧壁的牙本质领显著凸起，髓角变矮，髓底变凸；根管口形态愈加不规则，根管变细，根尖孔变窄，随牙骨质沉积，根尖孔越加偏离根尖中心，与牙本质牙骨质界的距离也越远，根尖狭窄区变长，原沙漏形的根尖通道形态渐变为平行的狭长通道。根尖孔在牙的一生中是处于变化状态的，可因牙骨质增龄沉积使其孔径变小并与解剖根尖的距离不断增加，也可以在牙齿受到创伤、正畸力量、根尖周组织和牙周组织的炎症等病理变化的作用后位置发生改变。

2. 病理性变化　牙齿受到细菌及理化因素等外界因素的长期刺激，牙体硬组织可发生龋坏、慢性损伤（如磨损、酸蚀、隐裂）等病变，引发牙髓牙本质复合体（pulpodentin complex）的反应，一方面在牙体损伤对应的髓腔内侧壁产生局限的第三期牙本质（tertiary dentin），包括反应性牙本质（reactionary dentin）和刺激性牙本质（irritation dentin），后者又称修复性牙本质（reparative dentin），使得髓腔容积变小；另一方面，牙髓出现应激反应，充血和炎症，牙髓钙化，临床可见到髓石和弥漫性钙化，可隐蔽根管口，阻塞根管。若牙髓坏死，感染由根管抵达根尖孔播散至根尖周组织，发生根尖周炎，炎症肉芽组织可分化出破骨细胞，在吸收根尖周围牙槽骨的同时，也可使根尖发生外吸收，破坏根尖孔和根尖狭窄的解剖结构。

3. 临床意义

（1）根尖孔和侧副根管孔是牙髓血运的供应通道，也是牙髓和牙周组织的交通渠道，同时还是牙髓或牙周组织感染互相传播的途径；根尖狭窄作为生理屏障，限制根管内的感染刺激物穿出根尖孔侵犯根尖周组织。

（2）髓室各解剖结构的位置和变化，对临床实施牙体治疗和牙冠修复产生直接的影响，如对龋齿的充填治疗和活髓牙的牙冠预备，均需熟悉髓腔各部位的解剖形态和位置，以免造成意外露髓等医源性损伤。

（3）在牙髓治疗过程中，更需牢牢掌握髓腔尤其是根管系统的解剖形态以及生理、病理的变化，还要掌握各种可能存在的解剖变异。从开髓进入髓腔，到定位各根管口；从疏通各细弯的根管到确定根尖部的操作止点，从根管预备，到根管充填，髓腔的各个结构无不关乎各步治疗操作能否顺利实施到位。如髓室顶和髓角的位置可影响开髓进入；髓壁和髓底可影响定位根管口；根管的数目、粗细、走行和弯曲程度均可影响根管器械的使用和操作效果。不了解髓腔解剖，可能会导致各种操作缺陷或并发症的出现，如髓壁或根管壁穿孔、根管器械断离等；根尖狭窄是确定根管工作长度的根尖止点（apical stop）位置，根管内的预备、冲洗、消毒、充填等操作均不能逾越这一生理界限，以免造成根尖周组织的医源性损伤。

（4）在行桩核冠修复中，桩道预备对根管解剖知识的要求也很高，不熟悉解剖，可发生髓壁或根管壁的穿孔，甚至导致患牙丧失。

（5）临床工作中，对髓腔形貌的了解可通过三种途径：① 熟练掌握牙齿和髓腔的解剖知识，面对患牙，头脑中应能反映出髓腔在牙面上的透视影像以及牙齿和根管的基本解剖数据（表 14-1）。② 拍摄 X 线片，在根尖 X 线片上可显示髓室和根管的形态、分布、走向（图 14-17）。但 X 线像是将三维形貌压缩为二维的图像，只能反映近远中向的画面（矢状面），且会有重叠影像，从而导致许多信息的丧失。牙科锥形束 CT（CBCT）可从三个维度展示牙齿、髓腔和牙周骨组织的形貌，越来越得到临床医生的青睐，成为疾病诊断和疗效判断的有效工具。③ 牙髓治疗中，进入髓腔后通过直视髓室底形貌和根管口的分布（图 14-18），可直观了解局部的解剖信息，应用手术显微镜可以看清髓腔内的情况。

第十四章　髓腔解剖形态

表 14-1　恒牙牙根及根管的基本解剖数据

		牙齿长度（mm）			根管类型				侧支根管构成比	根尖分歧构成比	牙根弯方向构成比					
		平均长度	最大长度	最小长度	1-1	2-1	2-2	3-3			直	远中弯	近中弯	颊向弯	舌向弯	双弯
上颌中切牙		23.3	25.6	21.0	100.0%				23.0%	13%	75%	8%	4%	9%	4%	
上颌侧切牙		22.8	25.1	21.5	99.9%				10.0%	12%	30%	53%	3%	4%		6%
下颌中切牙		21.5	23.4	19.6	70.1%	23.4%	6.5%		5.2%		60%	23%	0	13%	0	
下颌侧切牙		22.4	24.6	20.2	56.9%	14.7%	29.4%		13.9%		39%	32%	0	13%	7%	7%
上颌尖牙		26.0	28.9	23.1	100.0%				24.0%	8%	68%	20%	1%	7%	0	2%
下颌尖牙		25.2	27.5	22.9	94.0%		6.0%		9.5%							
上颌第一前磨牙	颊根	21.8	23.8	18.8	9.0%	13.0%	72.0%	6.0%			28%	14%	0	14%	36%	8%
	腭根										45%	14%	0	28%	9%	0
上颌第二前磨牙		21.0	23.0	19.0	75.0%		24.0%	1.0%			9.5%	27%	1.6%	12.73%	4%	20.6%
下颌第一前磨牙		22.1	24.1	20.1	73.5%	6.5%	19.5%	0.5%			48%	35%	0	2%	7%	7.8%
下颌第二前磨牙		21.4	23.7	19.1	85.5%	1.5%	11.5%	0.5%			39%	40%	0	10%	3%	7%
上颌第一磨牙	近中颊根	19.9	21.6	18.2	41.1%	40.0%	18.9%				21%	78%	0	0	0	1%
	远中颊根	19.4	21.2	17.6							54%	17%	19%	0	0	10%
	腭根	20.6	22.5	17.6							40%	1%	4%	55%	0	0
上颌第二磨牙	近中颊根	20.2	22.2	18.2	63%	13%	24%				22%	54%	0	0	0	
	远中颊根	19.4	21.3	17.5							54%	17%	17%	0	0	
	腭根	20.8	22.6	19.0							63%	0	0	37%	0	
下颌第一磨牙	近中根	20.9	22.7	19.1	16.9%	40.5%	59.5%				16.9%	84%	0	0	0	0
	远中根	20.9	22.6	19.2	71.1%	17.8%	11.1%				74%	21%	5%	0	0	0
下颌第二磨牙	近中根	20.9	22.6	19.2	13%	49%	38%				27%	61%	0	4%	0	7%
	远中根	20.8	22.6	19.0	92%	5%	3%				58%	18%	10%	4%	0	6%

数据引自 Ingle JI, Bakland LK, eds. Endodontics.5th ed. Hamilton: BC Decker, 2002: 405-570.

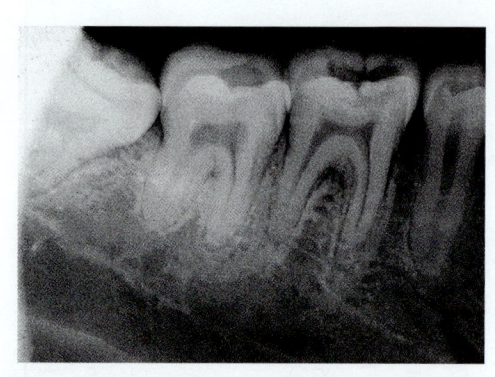

图 14-17　右下第一磨牙和第二磨牙根尖 X 线片

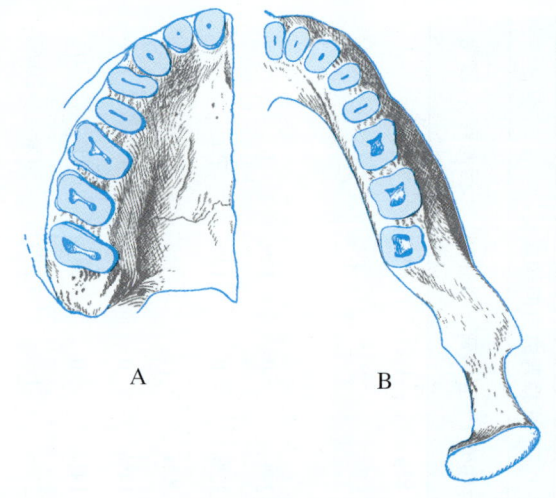

图 14-18　全口各牙位髓腔颈部横断面根管口分布总览
A. 上牙列；B. 下牙列

第二节　恒牙各牙位髓腔解剖形态特点
Pulp Cavity Morphological Characters of Permanent Teeth

一、切牙组

切牙（incisor）的髓腔形态特点是髓室与根管移行，无明显分界，多为单根管，根尖孔多位于根尖的侧方，根尖孔距离根尖端平均 0.2～0.3mm，只有 17% 的中切牙和 7% 的侧切牙的根尖孔位于解剖根尖顶端。

（一）上颌切牙

上颌切牙的形态相似，但中切牙比侧切牙体积大，髓腔形态与牙体外形相像，髓室较大，单根管，较粗大，偶见双根管（图 14-19、图 14-20）。

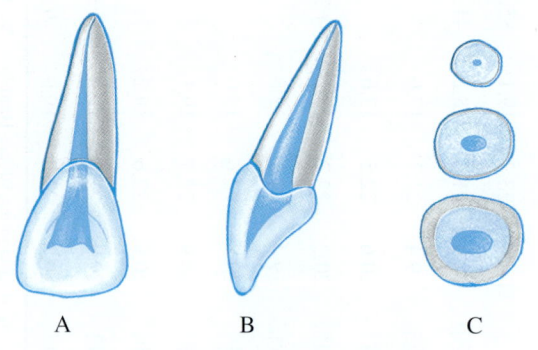

图 14-19　上颌中切牙髓腔形态
A. 近远中向；B. 唇舌向；C. 横断面

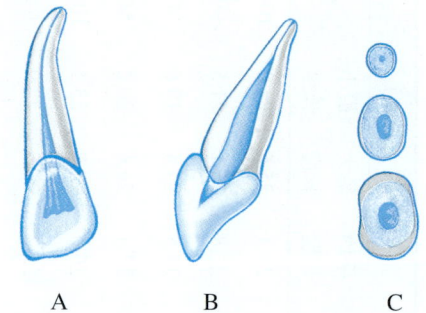

图 14-20　上颌侧切牙髓腔形态
A. 近远中向；B. 唇舌向；C. 横断面

1. 近远中向观　髓腔呈狭长三角形，髓顶最宽，为三角形底边，位于牙冠中部，髓角位于髓顶的两端；由此近、远中髓壁向根管过渡延伸，逐渐缩窄到达根尖。大约 75% 的中切牙为直型根管；约 53% 的侧切牙根管在根尖 1/3 向远中弯曲。

2. 唇舌向观　髓腔呈梭形，两端尖，最宽处位于颈部。中切牙髓腔的唇、舌壁均匀移行，侧切牙的根管在根中部至根尖 1/3 处急剧缩窄。

3. 横断面观 中切牙根管在牙颈部水平呈椭圆三角形，唇侧略宽于舌侧，整体略偏唇侧，唇壁薄于舌壁；在根中部水平呈卵圆形，约比颈部小一半；在根尖部水平，根管继续缩小，呈圆形。侧切牙根管在牙颈部和根中部水平呈递减的卵圆形，随牙根外形唇舌向大于近远中向；在根尖部水平，根管缩小成圆形。

（二）下颌切牙

下颌中切牙和侧切牙形态、体积几乎相同，髓腔形态为牙体外形的缩微版，髓室和根管均细小，多为 1 个直根管，也有唇舌向排列的双根管（图 14-21）。

1. 近远中向观 髓腔狭长，髓顶略宽，位于牙冠中部，髓室颈部缩窄，过渡为根管，渐细达根尖。60% 左右的下前牙为直根管，约 20% 根尖 1/3 向远中弯曲。

2. 唇舌向观 髓腔亦为梭形，两端尖，最宽处位于牙根冠 1/3 处。根管 1-1 型多见，在根尖 1/3 处明显缩窄；也可见 2-1 型和 2-2 型，根管口位置较低，常在牙根冠、中 1/3 交界处。

3. 横断面观 根管在牙颈部水平呈椭圆形，唇舌径大于近远中径；在根中部水平 1-1 型根管呈缩小的卵圆形，2-1 型和 2-2 型根管呈 2 个唇舌向排列的小圆形；在根尖部水平 1-1 型和 2-1 型根管呈 1 个更小的圆形，2-2 型根管呈 2 个唇舌向排列、靠得更近的细小圆形。

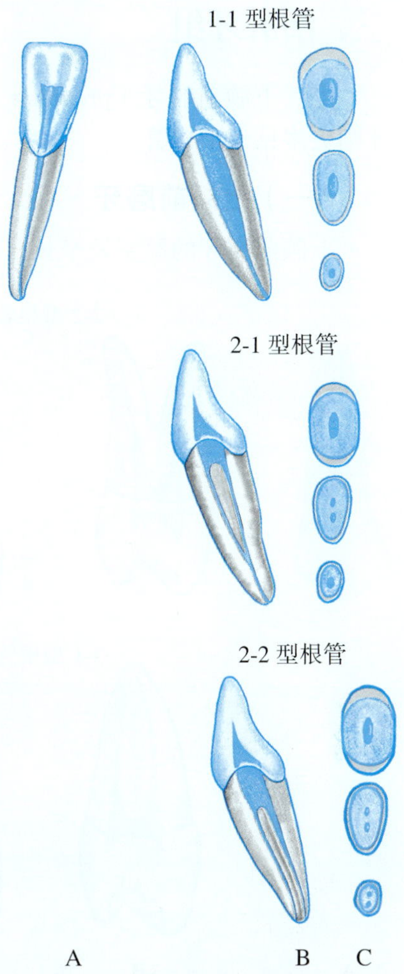

图 14-21 下颌切牙髓腔形态
A. 近远中向；**B.** 唇舌向；**C.** 横断面

二、尖牙组

上、下颌尖牙（canine）的髓腔形态与其牙齿外形相似，近远中向观和唇舌向观均呈"扎枪头"状，近远中向较唇舌向窄；髓角尖，对应于牙尖，位于牙冠中 1/3 处；髓室与根管移行，无明显根管口分界；多为单根管（89.4%～96.5%），一般较直，颈 1/2 较宽，根尖 1/2～1/3 处缩窄，有少数下颌尖牙在根尖 1/3 处分为唇舌向 2 个根管；仅有 17% 的尖牙根尖孔位于根尖端，多位于根尖端一侧 0.3～0.35 mm。横断面观颈部和中部根管均呈卵圆形，唇舌径长；根尖 1/3 呈圆形，直径明显缩小。上颌尖牙髓室在近远中髓角之间还有一突出的髓角，根管较长较粗，约 32% 根管的根尖 1/3 略向远中弯曲（图 14-22、图 14-23）。

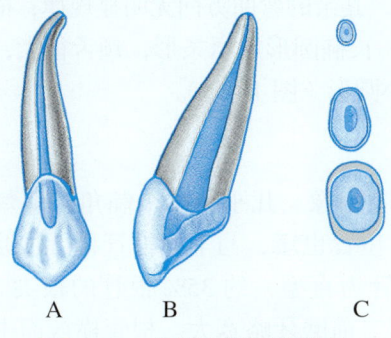

图 14-22 上颌尖牙髓腔形态
A. 近远中向；**B.** 唇舌向；**C.** 横断面

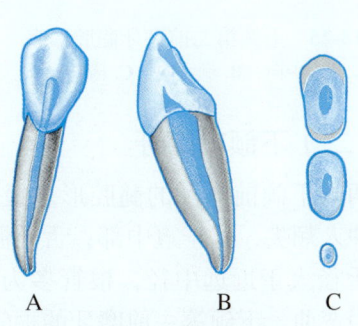

图 14-23 下颌尖牙髓腔形态
A. 近远中向；**B.** 唇舌向；**C.** 横断面

三、前磨牙组

上、下颌前磨牙（premolar）的髓腔形态完全不同，上颌前磨牙多为 2 个根管，下颌前磨牙则更多见 1 个根管。

（一）上颌前磨牙

上颌前磨牙的髓室较窄长，颊舌径远大于近远中径，似长立方形，髓室顶呈凹面，最凹处可与颈部釉牙骨质界平齐；颊、舌二髓角高耸，分别突入颊尖和舌尖；因根柱长，髓室底低，有 1~3 个根管口，根管间多有峡部或网状横向吻合。

1. 上颌第一前磨牙　大多数上颌第一前磨牙为两根管（75.8%），亚裔人群单根管（46%）比例明显高于非亚裔（11.6%）（图 14-24）。

（1）近远中向观：梭形，近远中向非常窄，髓角尖，位于冠中部，约 38% 根管为直型，约 37% 根管的根尖 1/3 略向远中弯曲。

（2）颊舌向观：髓室长，形似渔叉头，颊、舌二髓角尖、突，位于颊尖和舌尖下方，颊髓角比舌髓角更接近𬌗面；根管分叉低，可有 1~3 个根管，两根管最为多见，根管走行多样化，Vertucci 的 8 类分型均可见（见图 14-7），最多见为 2-2 型，其次为 2-1 型，根管向根尖走行过程中直或向远中弯，颊、舌双根管相向弯曲。

（3）横断面观：由于髓室长，在牙颈部水平呈现的是髓室横断面，表现为长圆形或哑铃型，颊舌径远大于近远中径，有时近远中径极其狭窄，根管断面就像一条窄缝；在根中部水平多为 2 个卵圆形根管，可有峡部断续相连，或呈现为肾形；在根尖部水平根管直径缩小，呈圆形。

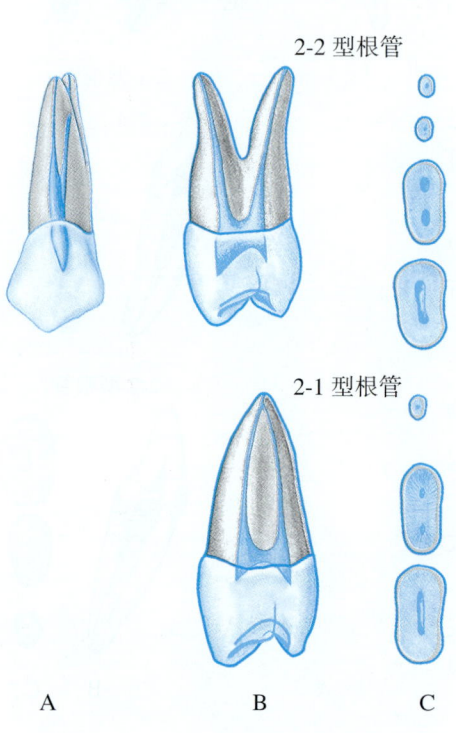

图 14-24　上颌第一前磨牙髓腔形态
A. 近远中向；**B.** 颊舌向；**C.** 横断面

2-2 型根管

2-1 型根管

2. 上颌第二前磨牙　上颌第二前磨牙的髓腔形态与上颌第一前磨牙相似，髓角略圆钝；单根管（50.3%）扁窄，颊舌向长，近远中向很短，在走行至近根尖 1/3 时缩窄为一细根管；两根管（46.5%）也较常见，三根管罕见（1.2%）。只有 9% 为直型根管，约 27% 根管的根尖 1/3 略向远中弯曲，其余的弯曲方向无明显规律；横断面颈部和中部多为一长椭圆形或窄条形，颊舌径大，在根尖部水平根管呈小圆形（图 14-25）。

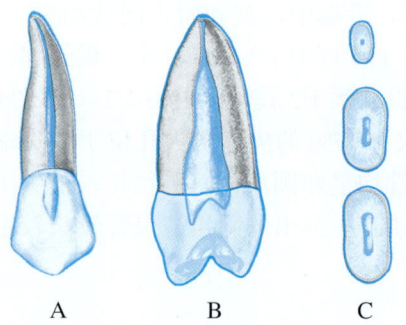

图 14-25　上颌第二前磨牙髓腔形态
A. 近远中向；**B.** 颊舌向；**C.** 横断面

（二）下颌前磨牙

两颗下颌前磨牙的髓腔形态极为相似，均与尖牙髓腔相像。几乎为 1 个髓角，即颊侧髓角，伸入颊尖，位于冠中部；舌侧髓角不明显，很圆钝，位置也矮，与下方根管移行过渡。髓室颊舌径大于近远中径，根管多为 1 个，40% 左右的根管为直型，约 35% 根管的根尖 1/3 略向远中弯曲，下颌第一前磨牙的根管颈部和中部比下颌第二前磨牙略宽大。根管横截面由颈部的椭圆形向根尖渐成为圆形（图 14-26、图 14-27）。

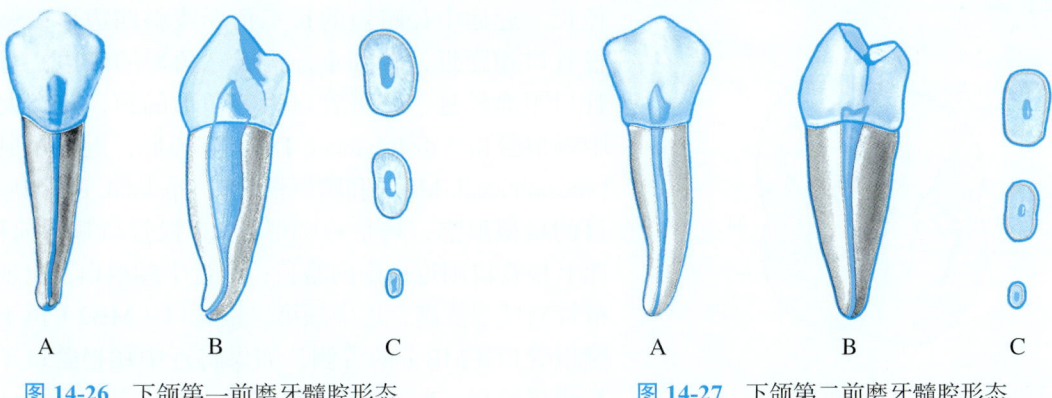

图 14-26　下颌第一前磨牙髓腔形态
A. 近远中向；B. 颊舌向；C. 横断面

图 14-27　下颌第二前磨牙髓腔形态
A. 近远中向；B. 颊舌向；C. 横断面

四、磨牙组

上、下颌磨牙（molar）髓腔形态的共同特征是髓室呈立方形，髓顶凹，每一牙尖下方均对应一耸起的髓角，即上颌磨牙一般为 4 个髓角，下颌磨牙一般为 4～5 个髓角；髓壁有明显内凸的牙本质领；有明确的髓室底，髓底上有暗线交汇，暗线的末端即为根管口；根管随牙根分布和排列，上颌磨牙一般为 2～3 个颊根管和 1 个腭侧根管，下颌磨牙则为 3～4 个根管，近中 2 个，远中 1～2 个。

（一）上颌磨牙

1. 上颌第一磨牙（图 14-28）

（1）髓室：呈矮立方形，颊舌径 > 近远中径 > 𬌗龈径，𬌗龈径为髓室顶底间的距离，代表髓室高度，一般髓顶最凹处平齐颈部釉牙骨质界；有 4 个髓角，近中髓角高于远中髓角，近中颊髓角最高。

（2）根管口：髓底与三个牙根对应之处分布着 3～4 个根管口，各根管口连线排列成颊舌

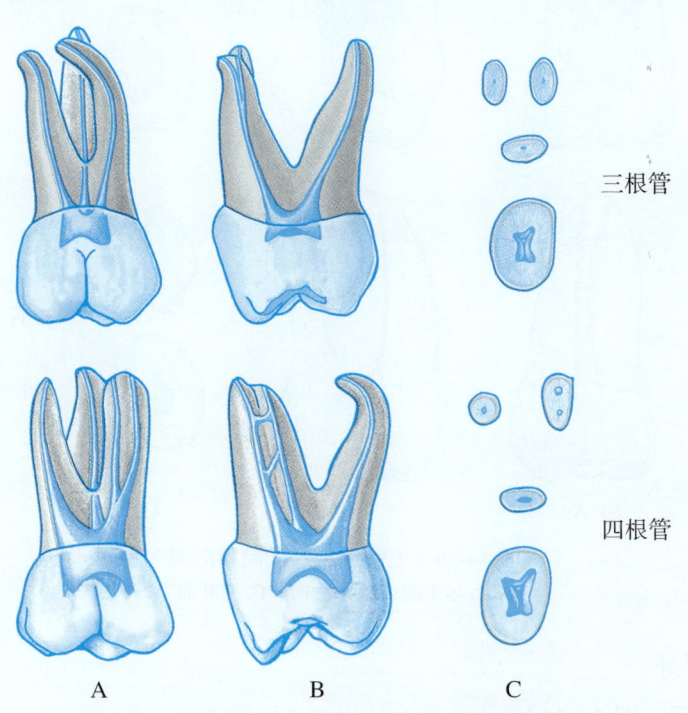

三根管

四根管

图 14-28　上颌第一磨牙髓腔形态
A. 近远中向；B. 颊舌向；C. 横断面

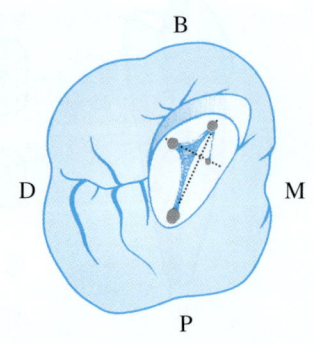

径长、近远中径略短的长三角形或斜四边形；颊侧两根管口相距近，较细小，构成三角形的底边，与腭根管口距离较远；腭根管口为三角形的顶，较宽大；远中颊根管口（distobuccal, DB）呈圆形，近中颊根管口（mesiobuccal, MB）和腭侧根管口（palatal, P）顺应于各自的扁根形态，均呈扁圆形，MB 根管口颊舌向稍长，而 P 根管口则近远中向略长；因近中颊根扁，出现 2 个根管的概率较高，近中颊第二根管口（MB2）位于近中颊根管口（MB）的舌侧，如果将近中颊根管口（MB）与腭根管口（P）连成一线，再由远中颊根管口（DB）向 MB-P 的连线作一垂线，两线交叉处的近中侧常为近中颊第二根管口（MB2）的位置（图 14-29）。

图 14-29　上颌第一磨牙根管口分布
图中字母代表：M 近中，D 远中，B 颊侧，P 腭侧

（3）根管：三根管占 41%，四根管占 56.5%，还有 2.4% 为五个根管。根管中腭侧根管较粗直，颊侧根管较细弯，MB2 根管最为细窄。近中颊根中的两个根管可分别独立走行（32.1%），也可相向而行至根尖融合为一（67.9%），两根管间多有峡部或网状交通支存在。腭根的根尖 1/3 常向颊侧弯曲；远中颊根多为直型；近中颊根根尖 1/3 多向远中侧弯曲。

2. 上颌第二磨牙（图 14-30）　上颌第二磨牙髓腔形态与上颌第一磨牙相似，但容积较小，变异也更多；多数为三个根管（88.6%），远中颊根管口（DB）更偏于舌侧，三根管口可排列成颊舌长、近远中短的斜三角形，甚至可排列为近乎一斜线；根管发生融合时（46%），远中颊根管消失，颊、舌各有一根管，还有三根管融合为一个根管的情况。

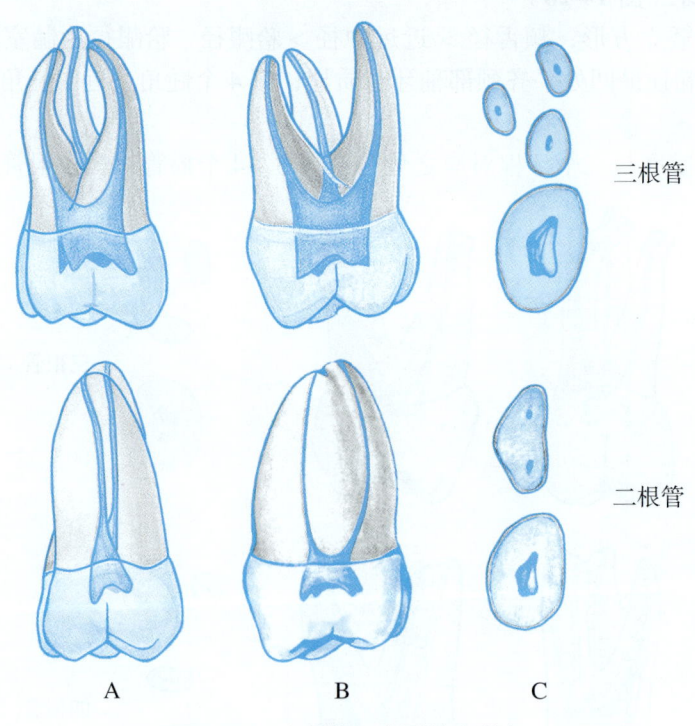

图 14-30　上颌第二磨牙髓腔形态
A. 近远中向；B. 颊舌向；C. 横断面

（二）下颌磨牙

1. 下颌第一磨牙（图 14-31）

（1）髓室：也呈矮立方形，但近远中径最长，𬌗龈径最短，三维长度的排列顺序为近远中

径＞颊舌径＞牙合龈径。髓顶最凹处位于牙颈部；有5个髓角，2个舌侧髓角较高，位于冠中1/3处，3个颊侧髓角较低。

（2）根管口：根管口对应于近远中两个扁根，近－远中根管口的距离＞颊－舌侧根管口的距离；近中根有二个根管（95.8%），二根管口较细小，位于髓底的中央暗线的颊、舌两端，对称排列，距离较近；远中根多数为一根管（68.3%），位于髓底中央暗线的远中末端，根管口较大，呈颊舌向略长的扁圆形；远中根二根管的情况也不少见，二根管口也对称排列于中央暗线的两侧，圆形，间距较两近中根管口间距稍远。

（3）根管：多数为三个根管（64.4%），近中二根管较细，根尖段弯向远中，二根管可分别独立，也可合二为一，管间有峡部或横向吻合；远中一根管较粗直。当为四个根管时（28.9%），远中有二个根管，走行和弯曲与近中根管相似。还有少数只有近、远中二个根管的情况（6.7%）。

2. 下颌第二磨牙 下颌第二磨牙髓腔形态与下颌第一磨牙极为相似，四个髓角，绝大多数为三个根管（图14-32）。

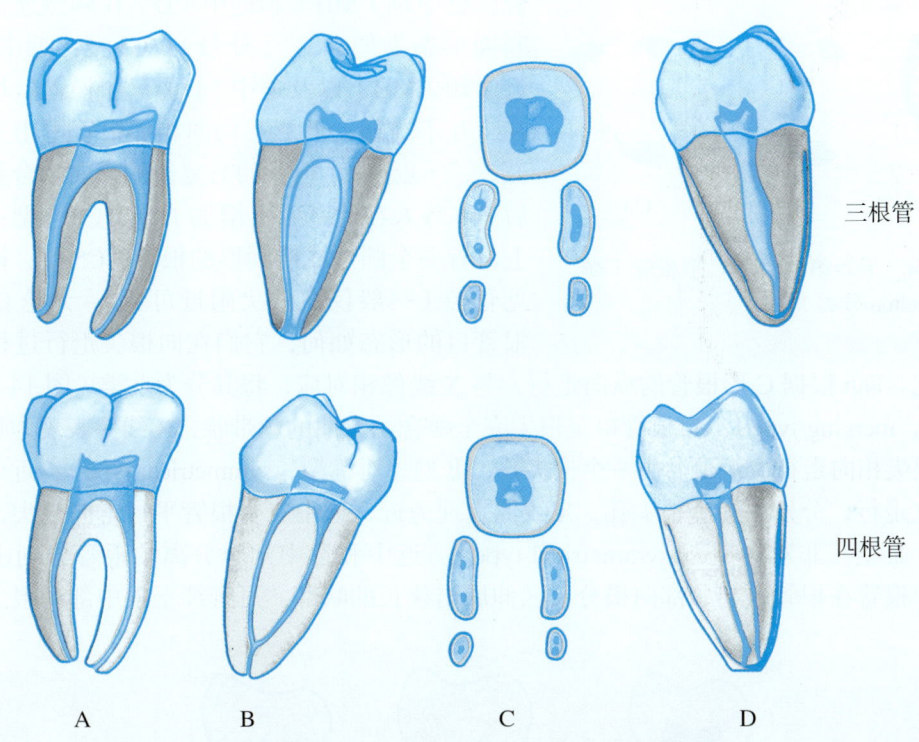

图 14-31 下颌第一磨牙髓腔形态
A. 近远中向；**B.** 颊舌向近中侧；**C.** 横断面；**D.** 颊舌向远中侧

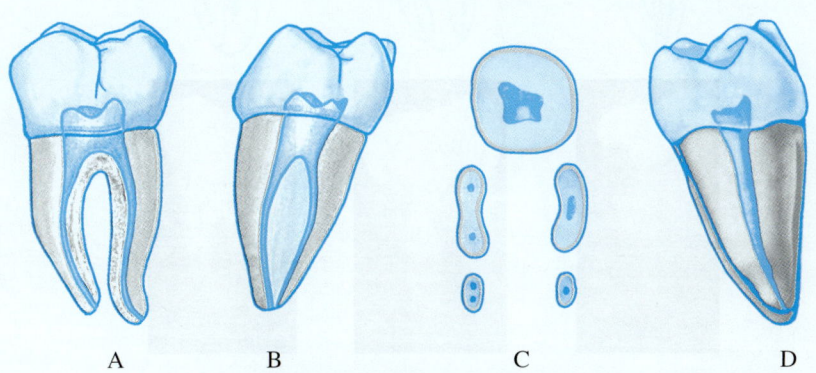

图 14-32 下颌第二磨牙髓腔形态
A. 近远中向；**B.** 颊舌向近中侧；**C.** 横断面；**D.** 颊舌向远中侧

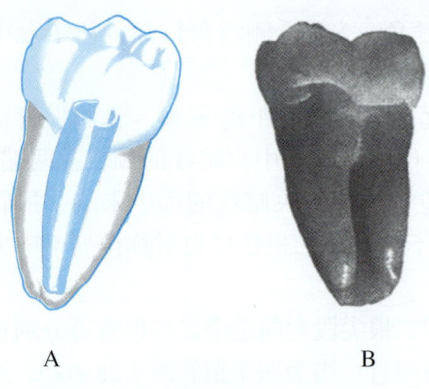

图 14-33　下颌第二磨牙融合牙根及其 C 形根管
A. 颊面观；**B.** 舌面观

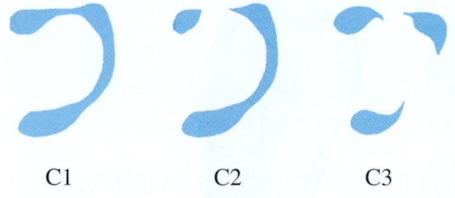

图 14-34　下颌第二磨牙 C 形根管（横断面 Melton 分类）

下颌第二磨牙最大的变异是牙根发育时上皮根鞘卷叠异常，仅在舌侧中央凹陷为两个牙根，而颊侧根面上皮根鞘未能断开，呈现为融合于一体的锥形。根管随牙根形态也为一融合的袋状的卷筒形态，横断面呈英文字母"C"形，故又称为 C 形根管（C-shaped canal）（图 14-33）。亚洲人下颌第二磨牙 C 形根管的发生率较高，占 1/3 以上。对 C 形根管形态的研究较多，各分类方法中最为经典的是 Melton 分类，他根据根管口的横向联通是否完全将 C 形根管分为三类（图 14-34）：C1 型：由近中舌（mesiolingual, ML）至近中颊（MB）再从颊侧向远中（distal, D）整体贯通，为真正意义的"C"形；C2 型：近中舌（ML）为独立根管，近中颊（MB）和远中（D）在颊侧连为一体，横断面形态类似"；"（分号）；C3 型：近中舌（ML）、近中颊（MB）以及远中（D）三个根管口均为独立存在，互不连通，但形态均向相邻根管甩出一尾部，形似"，"（逗号），根管间有复杂的横向吻合及峡部。此后 Fan 等人在此基础上增加了分类，C4 型：即横截面上只有一个圆形或椭圆形的根管；C5 型：横截面上未见管腔（一般仅在根尖附近可见）。无论 C 形根管在根管口的形态如何，它们在向根尖走行过程中又出现许多变化。Fan 根据 C 形根管的纵向走行，与 X 线像相对应，将其分为三类（图 14-35）：Ⅰ 型（融合型，merging type）：自根管口至根尖完全融合呈弯曲的丝带状，X 线像表现为近、远中二根管向根尖相向走行，汇聚后出一个根尖孔；Ⅱ 型（对称型，symmetrical type）：近中和远中二根管独立走行，分别出 2 个根尖孔，X 线像表现为近、远中二个根管平行走向根尖，根尖孔位置平齐；Ⅲ 型（非对称型，asymmetrical type）：近中和远中两个分离的根管分别出二个根尖孔，远中根管在根管口起始部向根分叉区伸展出狭长的峡部，可延续至根中部到根尖部，根尖

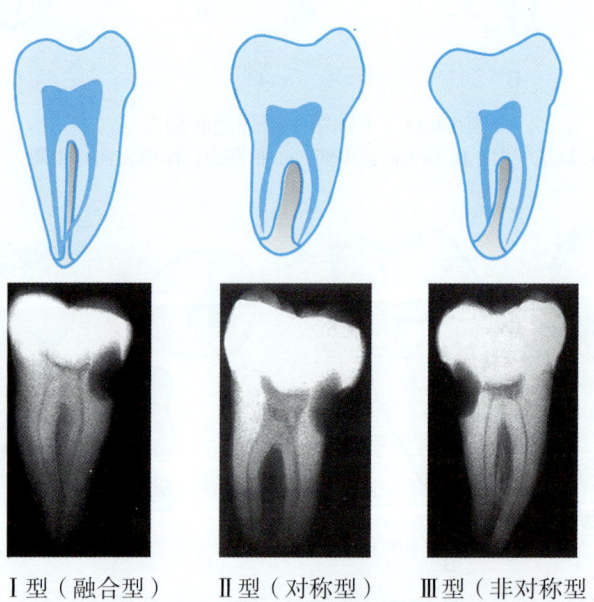

Ⅰ 型（融合型）　　Ⅱ 型（对称型）　　Ⅲ 型（非对称型）

图 14-35　下颌第二磨牙 C 形根管纵向走行（Fan 分类）

孔位置可稍高，X 线像表现为细长的近中根管和粗短的远中根管，两根尖孔位置一低一高。

（三）第三磨牙

上、下颌第三磨牙的髓腔形态多为变异情况，与其牙齿形态相似，特点为髓室较大，根管可有融合，为单根管，也有 C 形根管可能；也可有多个根管，甚至有六个根管，分布和排列类似同颌同组牙。

第三节　乳牙与恒牙髓腔形态的比较
Differences in Pulp Cavity Morphology Between Primary and Permanent Teeth

乳牙体积比恒牙小，髓腔却相对较大，其所占牙体的比例比恒牙髓腔所占比例要大。从颊舌侧观察，乳牙髓腔在颈 1/3 处最为突出，分别向𬌗向和颈部缩窄；乳牙髓腔的形态也与乳牙牙体外形相似，但表现出大髓室、高髓角、粗根管、大根尖孔的特征（图 14-36）。

一、乳前牙髓腔形态

乳前牙的髓室在颈部宽大，不出现缩窄，与根管延续呈漏斗形状。上、下颌乳切牙的髓室偏向唇侧和近中，上颌乳尖牙髓室偏近中者较乳切牙为少，下颌乳尖牙髓室稍偏向舌侧和远中。乳前牙多数为单根管，下颌前牙偶尔出现双根管（小于 10%），常在根 1/2 到根尖 1/3 处向颊侧弯曲。乳前牙侧副根管和根尖分歧罕见（图 14-37）。

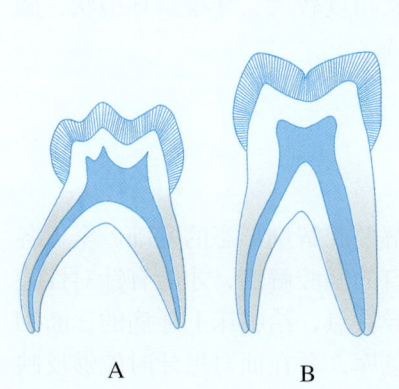

图 14-36　乳牙（A）与恒牙（B）解剖形态对比

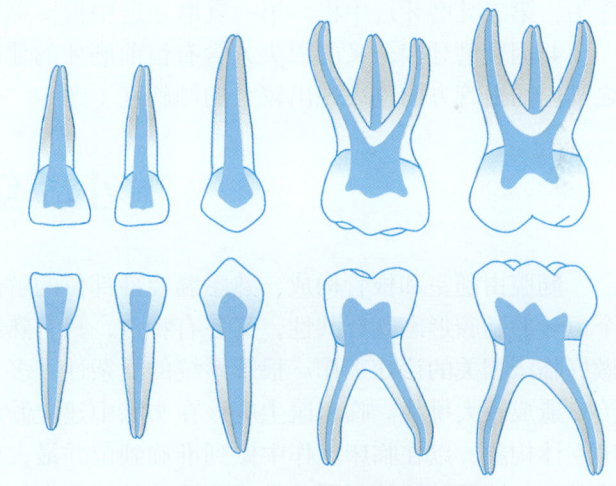

图 14-37　乳牙列髓腔形态

二、乳磨牙髓腔形态

（一）髓室

1. 乳磨牙髓室大，髓壁薄。上颌乳磨牙髓室颊舌径大于近远中径；下颌乳磨牙髓室则相反，近远中径大于颊舌径。乳磨牙的髓角较高，各髓角对应于各牙尖，明显突入牙本质中；颊侧髓角比舌侧髓角高，近中髓角比远中髓角高；上、下颌第二乳磨牙的近中颊髓角最为接近𬌗面（图 14-36、图 14-37）。

2. 乳磨牙髓底薄，约为 1 mm，较恒牙有更多的分叉根管（副根管），且分布和走行更复

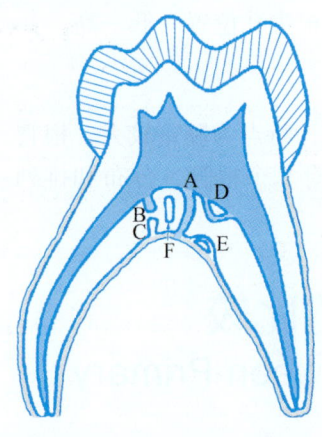

图14-38 乳牙髓底分叉根管（副根管）类型

杂。42.7%的第一乳磨牙在根分叉处有副根管孔，扫描电子显微镜（SEM）可在乳磨牙根分叉处髓底的内表面和外表面观察到副孔存在，这是乳牙牙髓感染容易引起根分叉病变的解剖学依据。乳牙髓底的分叉根管（副根管）曾被分为6型（图14-38）：A型：贯通髓腔和牙周膜；B型和C型：分别起自髓底的髓腔侧或根分叉侧，均止于髓底的牙本质内，为盲管；D型和E型：分别起自髓底的髓腔侧或根分叉侧，均在髓底的牙本质内环绕后返回起始侧；F型：包埋在髓底的牙本质内，既不与髓室相通，也不与根分叉相通。可以看出，乳牙髓底真正能够起到联通髓室和牙周组织的分叉根管只有A型，仅占5.4%；C型和F型所占比例较多，分别为41.5%和40.8%；其次为B型，占9.5%；最少为D型和E型，分别为0.7%和2.1%。

（二）根管

1. 乳磨牙的根管数目为3~4个。在乳牙中，牙根形成后继发性牙本质的沉积可能会改变根管的基本形态，引起根管数量和大小发生改变。上颌乳磨牙每根中有1根管，即2个颊侧根管，1个舌侧根管，共3个根管。下颌乳磨牙的根管可为近中2个、远中1个，共3个根管；也可为近、远中各2个根管，共4个根管。

2. 根管口的位置更靠近髓壁，椭圆形，颊舌径均大于近远中径。第一乳磨牙的各管口间距离比第二乳磨牙小。

3. 根管的走行也呈复杂、多态性。可单一根管自始至终；可一分为二；也可分开后再合并为一；还可有管间呈现网状交通吻合的状态。出现根管分支或管间交通支的牙根，依其多寡排序为：第二乳磨牙近中根＞第一乳磨牙近中根＞第一乳磨牙远中根和第二乳磨牙远中根。

4. 因乳磨牙根分叉的根尖方含有恒前磨牙的牙胚，故根分叉角度较大，牙根呈环抱状，随之其内的根管方向也表现出较大的倾斜度（图14-36、图14-37）。

小　结

髓腔由髓室和根管构成，熟悉髓腔各部位的解剖名称是理解髓腔解剖形态的基础。全口各个恒牙的髓腔形态既有共性，又各有特点，只有熟练掌握了各自的髓腔解剖，才能有针对性地做好临床相关的诊疗工作。根管系统的复杂性、多态性以及变异特点，给临床上牙病的诊断和治疗造成较大挑战。临床医生应该在头脑中建立髓腔形态的信息库，并在面对患牙时能够反映出立体构象，以在临床工作中做到准确到位并最大程度地防止操作并发症的发生。充分了解乳牙髓腔与恒牙髓腔的不同点是正确诊治乳牙疾患的必要条件。

（岳　林　梁宇红）

Definition and Terminology

根尖（Apex）：The tip or end of the root.

根尖狭窄部（Apical constriction）：The apical portion of the root canal having the narrowest diameter; position may vary but is usually 0.5–1.0mm short of the center of the apical foramen.

根尖三角区（Apical delta）：A pulp canal morphology in which the main canal divides into multiple accessory canals at or near the apex.

根管［Canal（pulp canal, root canal）］：A passage or channel in the root of the tooth extending from the pulp chamber to the apical foramen; may be narrow, have lateral branches and/or exhibit irregular morphology.

侧副根管（Accessory canal）：Any branch of the main pulp canal or chamber that communicates with the external surface of the root.

C形根管（C-shaped canal）：A pulp canal anatomy having the cross-sectional shape of the letter "C"; found in mandibular second molar teeth in which mesio-buccal and distal canals communicate due to fusion of the mesial and distal roots.

分叉根管（Furcation canal）：An accessory canal located in the furcation.

侧支根管（Lateral canal）：An accessory canal located in the coronal or middle third of the root, usually extending horizontally from the main canal space.

牙本质牙骨质界（Cementodentinal junction，CDJ）：The region at which the dentin and cementum are united; commonly used to denote the point at which the cemental surface terminates at or near the apex of a tooth; position can range from 0.5 to 3.0mm from the anatomic apex. It must be pointed out, however, that the cementodentinal junction is a histological landmark that cannot be located clinically or radiographically.

根尖孔［Apical foramen（pl. foramina）］：The apical foramen is the main apical opening （entrance/exit）of the root canal. It is frequently eccentrically located well away from the anatomic or the radiographic apex.

根分叉［Furcation（furca）］：The anatomic area of a multi-rooted tooth where the roots diverge.

髓角（Pulp horn）：Extension of pulp tissue into occlusal or incisal projections following the cusp tips or developmental lobes.

管间峡部［Isthmus（anastomosis）］：A thin communication between two or more canals in the same root or between vascular elements in tissues.

髓室（Pulp chamber）：The portion of the pulp space within the anatomic crown of the tooth.

根管系统（Root canal system）：The space containing the dental pulp inside the crown and root of a tooth.

参考文献

[1] 皮昕. 口腔解剖生理学. 4版, 5版, 6版. 北京: 人民卫生出版社, 2000, 2003, 2007.
[2] 石四箴. 儿童口腔医学. 2版, 3版. 北京: 人民卫生出版社, 2003, 2008.
[3] 文玲英, 杨富生. 临床儿童口腔科学. 西安: 世界图书出版公司西安公司, 2001.
[4] 郑麟藩, 张震康, 俞光岩. 实用口腔科学. 2版. 北京: 人民卫生出版社, 1999.
[5] 于世凤. 口腔组织病理学. 5版. 北京: 人民卫生出版社, 2003.
[6] Nelson SJ, Ash MM. Wheeler's Dental Anatomy, Physiology and Occlusion. 9th ed. Missouri: Saunders Elsevier, 2010.
[7] Bath-Balogh M, Fehrenbach MJ. Dental Embryology, Histology, and Anatomy. 2nd ed. St Louis: Elsevier, 2006.
[8] Brand RW, Isselhard DE. Anatomy of Orofacial Structures. 3rd ed. St Louis: The C.V. Mosby Company, 1986.
[9] Woelfel JB, Scheid RC. Dental Anatomy. 5th ed. Baltimore: Williams & Wilkins, 1997.
[10] Woelfel JB. Permar's Outline for Dental Anatomy. 2nd ed. Philadelphia: lea& Febiger, 1979.
[11] Carlsen O. Dental Morphology. Copenhagen: Munksgaard, 1987.
[12] Van Beek GC. Dental Morphology. 2nd ed. Bristol: Wright. PSG, 1993.
[13] Ingle JI, Bakland LK. Endodontics. 5th ed. Hamilton: BC Decker, 2002: 405-570.
[14] Hargreaves KM, Cohen S. Pathways of the pulp. 10th ed. Missouri: Mosby Elsevier, 2011: 136-222.

[15] Vertucci FJ. Root canal morphology and its relationship to endodontic procedures. Endodontic Topics, 2005, 10: 3-29.

[16] Hsu Y, Kim S. The resected root surface: the issue of canal isthmuses. Dent Clin N Am, 1997, 3: 529-540.

[17] Dummer PMH, McGinn JH, Ree DG. The position and tomography of the apical constriction and apical foramen. Int Endod J, 1984, 17, 192-198.

[18] Melton DC, Krell KV, Fuller MW. Anatomical and histological features of C-shaped canals in mandibular second molars. J Endod, 1991, 17: 384.

[19] Gao Y, Fan B, Cheung GSP, Gutmann JL, Fan M. C-shaped canal system in mandibular second molars. IV. Morphological analysis and transverse measurement. J Endod 2006, 32: 1062.

第三篇　殆学

Occlusion

𬌗学发展史

History of Occlusion

𬌗学起源于口腔修复学（prosthodontics）领域，随着制作义齿的程序日趋规范和复杂，不可能直接在口腔中制作义齿，必须采用间接法。在实践中人们认识到，制作一件理想的修复体不仅有赖于精确的印模、模型和良好的义齿材料及工艺，也在很大程度上取决于能否在体外重现患者的𬌗、颌位关系及下颌运动。

𬌗学的萌芽阶段

口腔医师很早就研制了模拟患者颅颌系统的工具——𬌗架（articulator），并在使用中不断改进，使其模拟程度日臻完善。在研制𬌗架时首先面临的问题是将咀嚼器官复杂的解剖结构和运动功能抽象成较简单的模型，以便用机械结构和运动模拟复制。据记载，早在16世纪就已有关于咀嚼肌的解剖生理学研究论著问世。16世纪中叶发明用蜡印模的技术后，人们对牙齿牙列的解剖形态做了研究，由此开始积累的研究数据资料为其后的研究和各种假说提供了依据。当时已有人用石膏将上下颌牙列的石膏模型对位在正中𬌗（centric occlusion）的颌位关系上，起到类似𬌗架的作用。

从19世纪起陆续有人提出关于颌位关系和下颌运动的各种假说。这些假说部分是建立在以前所取得的解剖学知识之上，部分是来自肉眼直接粗糙的观察。下颌的开闭口运动看上去很像一种铰链运动（hinge movement），因而早在1805年就有人发明了金属的铰链开闭式𬌗架。1840年，美国的Evans发明了带前伸髁导结构的𬌗架，表明当时已认识到下颌的水平运动。1866年，英国的Balkwill提出髁突并非直向前而是向前下方滑动的观点，并测得前伸髁道（protrusive condylar path）的平均值为26°。他还认为髁道（condylar path）方向与髁突至下前牙切缘连线是一致的，表明已注意到牙齿与颞下颌关节结构的功能间的密切关系。随后，很快就出现了带倾斜髁导（condylar guide）的𬌗架。1885年，美国的Bonwill提出著名的"Bonwill三角"学说，至今在𬌗架设计中还参考他所测得的下颌基本几何结构和尺寸（图1）。Bonwill的另一项贡献是提出双侧平衡𬌗（bilateral balanced occlusion）理论，认为在下颌侧方接触滑动时应形成工作侧（working side）上下牙同名牙尖之间，非工作侧（nonworking side）上牙舌尖与下牙颊尖之间的均匀平衡𬌗接触。Bonwill的平衡𬌗理论是将有关牙尖视为在同一平面上的，因而只考虑到平移滑动（translation）而未涉及旋转因素（rotation）。19世纪末20世纪初，德国的von Spee通过观察研究首先提出𬌗曲线（occlusal curve）的概念，对后世的咬合理论产生重大影响。丹麦的Christensen以Spee曲线的理论为基础，提出了一整套在临床上测定髁导斜度（condylar inclination）和用人工牙重建𬌗关系的理论和方法。1919年，美国的Hall在Spee和Wilson（提出横𬌗曲线概念者）工作的基础上提出了完善平衡𬌗有关因素的学说，至今仍在全口义齿临床实践中被运用。几乎同时，Monson也提出了类似的球面学说（图2），认

图 1　Bonwill W. G. A.

图 2　Monson G. S.

为上下颌牙齿的长轴"聚集"于眉间附近一点，上下牙𬌗面则吻合于以此点为圆心、半径 4 英寸（10.16 cm）的球面，髁道亦为该圆心的另一同心圆之一部分，因而𬌗接触滑动是在上述球面上以旋转方式进行的。这些观点表明当时口腔界已将上下牙列及其形成的咬合视为一个整体，并与颞下颌关节间有着密切的关系。

近代𬌗学——学派的产生和演变

19 世纪末和 20 世纪初所获取的测量数据资料，使学者们有可能客观地证实或否定以往的种种假说，并形成有带头人、学术观点比较一致的学派。例如，人们很久以来就直观地认为开闭口是下颌的铰链旋转运动，但直到 1921 年，美国的 McCollum 才用机械式运动面弓（gnathograph）实测到髁突的铰链轴（hinge axis）的位置，并发明了 Gnathoscope 全可调𬌗架（full adjustable articulator）和将铰链轴位置转移到𬌗架上的技术方法（图 3）。以 McCollum 为核心的一批美国口腔医师被称为"颌学（gnathology）"派，他们相信存在着普遍地适于人群的"理想𬌗（ideal occlusion）"，例如完善平衡𬌗、尖牙保护𬌗（canine protected occlusion）等。他们开发了一系列的工具和方法来协助口腔医师通过调𬌗（occlusal adjustment）、正畸、修复等途径建立理想的𬌗型。20 世纪 60 年代，属于颌学派的 Guichet 发明了利用压缩空气悬浮动件的面弓描记仪，到今天仍在下颌运动分析中得到广泛应用并取得了具有临床意义的成果。首先提出正中𬌗与正中关系是两个位置，且在其间宜形成"长正中（long centric）""广泛

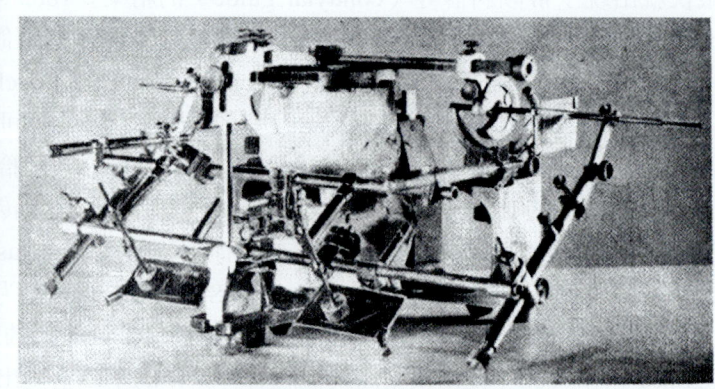

图 3　McCollum B. B. 与机械式面弓

正中（wide centric）"关系的 Schuyler 也是颌学派的成员。他还提出在天然牙列不宜形成"完善平衡𬌗"，而应形成"组牙功能𬌗（group functional occlusion）"。他的这些思想对后来著 Occlusion《𬌗学》一书的 Ramfjord 有深刻影响。

与此同时，斯堪的纳维亚地区的一批口腔医师也形成了北欧生理学派。与美国的颌学派相比，他们更注重于𬌗作为生命机体组成部分的特点，认为机体对𬌗的不同变异情况有一定的适应能力，但𬌗的异常有可能影响到咀嚼系统相当广泛的区域，并在咀嚼肌、颞下颌关节等部位有所反应。1957 年，丹麦的 Posselt 报告了对切点边缘性运动（border movement）轨迹研究的成果，他所描述的 Posselt 图形高度概括了𬌗、颌位关系和下颌运动之间的内在联系，后来几乎成为口腔生理学的"图腾"（图 4）。在他的传世之作 Physiology of Occlusion and Rehabilitation《𬌗与重建的生理学》中谈到了牙周膜本体感受器（proprioceptive receptor）在牙承受𬌗力时向中枢发出信号，并通过中枢反射调控咀嚼肌功能、下颌运动的理论。1966 年，Ramfjord 和 Ash 合著的 Occlusion 一书中进一步发挥了 Posselt 的思想，奠定了𬌗学理论基础。北欧学派的另一位著名人物是丹麦的 Krohg Poulsen，他系统地建立了颅颌区域触诊（palpation）的临床方法，并在哥本哈根皇家医学院首创了颌科。北欧学派认为不能拘泥于𬌗的形态，而应当从整个颅颌系统的功能状态出发对𬌗关系作评价。只要功能是正常的，就是适宜的𬌗（optimum occlusion）。

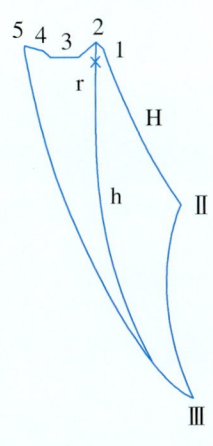

图 4　Posselt U. 与切点边缘运动

20 世纪 60 年代以来，美国口腔医学界也受到北欧学派的很大影响，Guichet 是其中的佼佼者。他利用气浮式六针六板下颌运动描记仪记录下颌各部位的运动情况，明确提出下颌作侧方运动（lateral excursion）时工作侧髁突并非原地旋转而存在一定程度和方向的侧移（side shift），并用一圆锥图形描述了工作侧髁突侧移的范围。他还将非工作侧髁突的侧移情况作了分类。"咬合病（occlusal disease）"的概念也是他首先提出的。同时，美国的 Veyer、Panky、Mann、Thomas、Lundeen 等也相继提出各种在临床上调控𬌗关系的理论和技术方法，做出了各自的贡献。

现代𬌗学

当今，口腔修复学、口腔生理学、牙周病学、口腔正畸学和口腔颌面外科学等领域的学者都在关注并用自己的专业知识充实着𬌗学的学说体系。他们同时也从中汲取知识和获得启迪，指导自己的实践。现代电子和计算机技术在𬌗学研究的测量、数据存贮和分析、颅颌系统生理病理状态的模拟显示等方面发挥了巨大的威力。

同时，𬌗学也成为口腔医学教育结构中的重要组成部分，在国外一些院校，𬌗学课程占有数十甚至上百学时，以使学生从更高、更全面的视角学习口腔医学知识并应用于临床。在许多医院（尤其是教学医院中），"𬌗"以一个专门科室的形式设立，以便统筹处理颅颌系统病变中与𬌗有关的各种问题，即发现病变中的𬌗因素，及以𬌗治疗来解除病变。

在中国，20世纪30年代由华西医学院的邹海帆教授创造"𬌗"字以表达相应的学术观念。随着我国口腔医学的进步，对𬌗学的重视程度也日益提高，不仅引进了国外有关的学术观点和技术知识，也通过几代学者的辛勤劳动和刻苦钻研深化发展了𬌗学领域的知识宝库。除大量发表的研究论文外，近年相继出版的𬌗学专著是这些研究成果的结晶。在口腔医学教育领域，𬌗学已成为本科生、研究生的一门重要课程。2002年中华口腔医学会颞下颌关节病学及𬌗学专业委员会正式成立，标志着我国的𬌗学研究进入了新的历史时期。

（韩　科）

第十五章　牙　列

Dentition

牙齿的根部生长在牙槽窝内，牙冠按照一定的顺序、方向和位置萌出口内，连续排列成弓形，称为牙弓（dental arch）或牙列（dentition）。在上颌者称为上牙列，在下颌者称为下牙列。成人的完整自然牙列有32颗牙，上、下牙列各16颗牙。由于多数个体的第三磨牙因各种原因阻生或缺失，临床研究中的完整牙列定义为由28颗牙组成。

"正常的（normal）"和"理想的（ideal）"是用来描述成人自然牙列的常用术语。前者通常指平常的、一般的或没有疾病的，而后者指与预先确定的标准相符的、完美的、和谐的牙齿关系。在拥有健康牙列的人群中，牙弓的大小和形状、牙齿的排列方式都有很大的变异。这些变异不一定都是有害、异常或病理的。解剖变异本身不一定需要治疗。有人甚至主张应该将某些轻度变异归为正常情况，因为在人群中这种变异比"正常"更为常见，而且在绝大多数情况下与咀嚼功能异常无关。

现有知识还不能完全确定牙列形态和功能之间的理想关系，所以应该更为重视具有功能的牙齿的特定解剖排列。有关自然牙列的描述应该基于在一定变异范围内的观察，良好咬合的主要特征是拥有最佳的功能且无疾病存在。

第一节　牙列的形状及生理意义
Shape and Physiologic Significance of Dentitions

一、牙列形状

（一）恒牙列

牙列的形状和大小在个体之间有所不同，但从咬合面观，牙列形状（shape of dentition）比较整齐、规则，略似抛物线（parabola）形（图15-1 a, b）。理想状态下，牙齿在牙弓中应该以正中矢状面（mid sagittal plane）为界呈两侧对称分布。上下牙弓被分为四个象限（four quadrants），各有8颗牙齿：2颗切牙、1颗尖牙、2颗前磨牙、3颗磨牙。这种分区是几种常用牙齿命名体系如我国常用的十字分区、FDI两位数牙位命名系统等的基础。

以形态和功能为基础，牙弓又被划分为不同区段。前段是从一侧尖牙到另一侧尖牙，形成横过中线（跨弓）的曲线。中段（前磨牙区段）是从尖牙远中面到第一磨牙近中面的一段曲线，下颌中段的曲度较上颌的小，几成直线。从第一磨牙近中面向后的直线形成了后段（磨牙区段）。

1. 牙弓长度和宽度的测量

牙弓长度（length of dentition）的测量（图15-2）：以左右第二恒磨牙远中接触点间连线为底线，由中切牙近中接触点向底线作垂线为牙弓的总长度。

牙弓宽度（width of dentition）的测量（图15-2）：一般测量牙弓三个部位的宽度，即牙弓

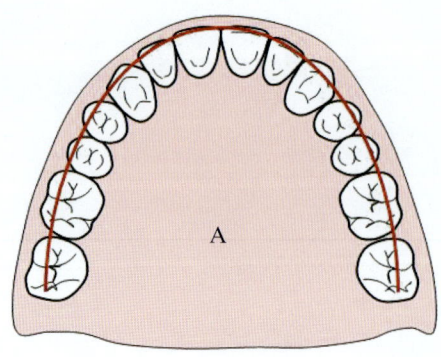
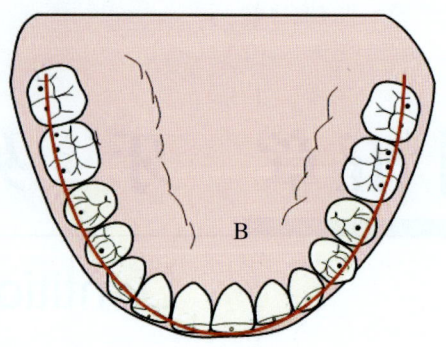

图 15-1　正常恒牙列牙弓的𬌗面观
A. 上牙弓；B. 下牙弓

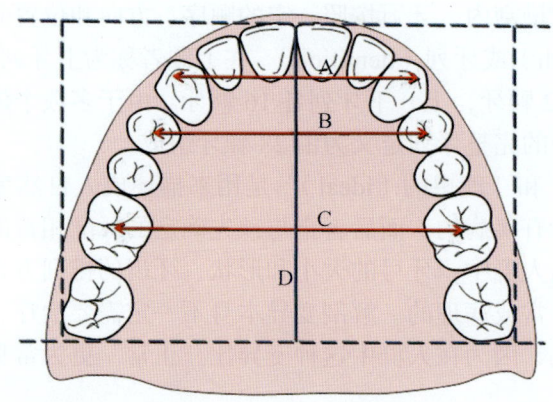

图 15-2　牙弓长度和宽度
A. 牙弓前段宽度；B. 牙弓中段宽度；C. 牙弓后段宽度；D. 牙弓长度

前段宽度（左右尖牙牙尖间的宽度），牙弓中段宽度（左右第一前磨牙中央窝间的宽度），牙弓后段宽度（左右第一磨牙中央窝间的宽度）。也有学者将左右第二磨牙颊面间最宽的距离定为牙弓宽度。根据这一方法，国人上下恒牙列的长度和宽度均呈正相关关系。上颌牙弓宽约 55 mm，长约 50 mm；下颌牙弓宽约 52 mm，长约 41 mm。

2. 恒牙列的形状　可概括地分为三种基本类型：方圆型、椭圆型和尖圆型（图 15-3）。

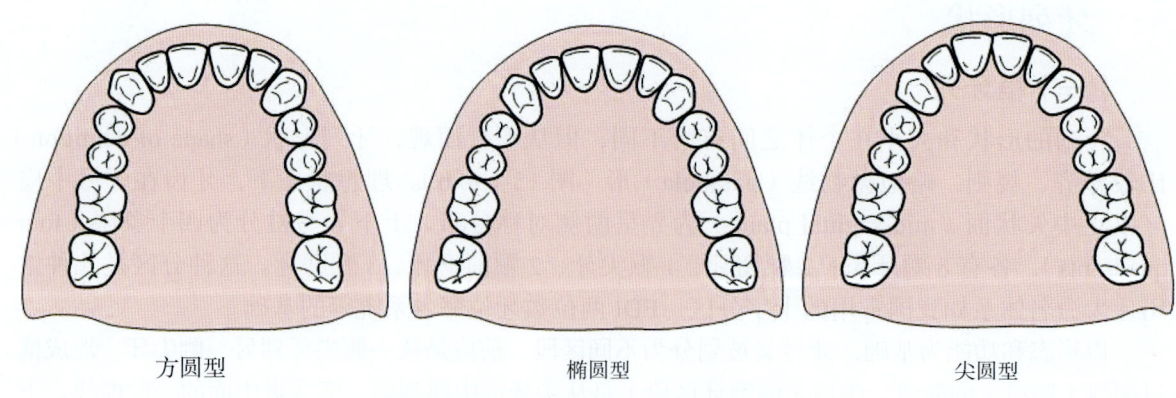

方圆型　　　　　　　　椭圆型　　　　　　　　尖圆型

图 15-3　恒牙列三种基本形状

（1）方圆型：上颌 4 个切牙切缘的连线略微平直，从尖牙的远端转向后方。使前牙排列的弓形呈方圆形。

（2）尖圆型：从上颌侧切牙的切缘即明显转向后方，使前牙排列的弓形呈尖圆形。

（3）椭圆型：介于两者之间，从上颌侧切牙的远中逐渐转向后端，使前牙排列的弓形较圆。

3. 牙列前段比例关系 正常生理情况下从额状面（也称冠状面）观，整齐排列的上颌各个前牙的宽度依次变窄，其宽度之比以及上颌中切牙的长度和宽度之比符合黄金分割比例关系。根据统计，上颌中切牙的宽度为 8.3~9.3 mm，长度为 10.4~11.2 mm，宽度为长度的 75%~80%（图 15-4）。从额状面观上颌牙列时，中切牙：侧切牙：尖牙的宽度比例约为 1.618：1.0：0.618（图 15-5），也有学者认为该比例宜为 1.51：1：0.84。上颌中线和颜面中线一致，切缘和牙尖连线也即切缘线呈现下凸的微笑曲线并与正中线呈直角，微笑时切缘线与下唇的干湿线一致。牙龈缘为连续的曲线，中切牙、侧切牙、尖牙的牙龈缘最高点呈现高、低、高的关系。满足这些比例关系时即在一定程度上符合了理想的美学标准。临床上在固定义齿的修复、正畸矫治错𬌗时均以此为前牙美学重建的标准。

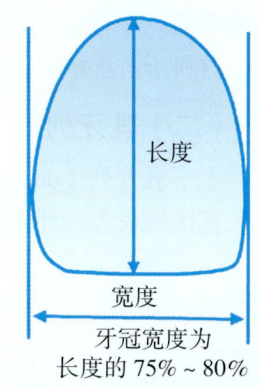

图 15-4 上颌中切牙长宽比

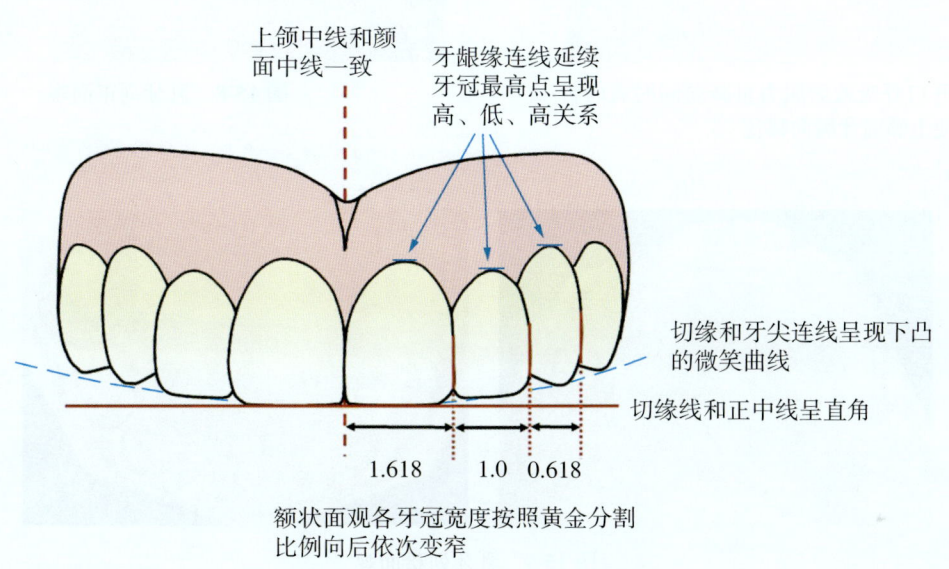

图 15-5 额状面观上颌前牙区宽度比

4. 中性区 牙弓外侧邻近唇颊，内侧邻舌，唇颊舌肌系统力量处于相对平衡状态时，唇颊侧和舌侧之间的空隙叫做中性区（neutral zone）（图 15-6）。其生理学意义为，在此空隙中牙齿受力均衡，排列位置最稳定平衡。其病理学意义为，如果牙齿周围动力平衡受到破坏，牙齿的位置可能受到影响而出现牙齿移位；相反，如果牙齿位置改变影响到肌力的平衡，也同样会出现牙齿稳定性下降等问题（图 15-7）。其修复学意义为，在义齿修复时，人工牙要排列在中性区内，这时多数情况下该区也位于牙槽嵴顶部，这样，不会因为人工牙周围受力不均而影响义齿稳定，也利于咀嚼负载时咬合力传达到其下的支持骨组织中去，并沿牙力轨道和肌力轨道

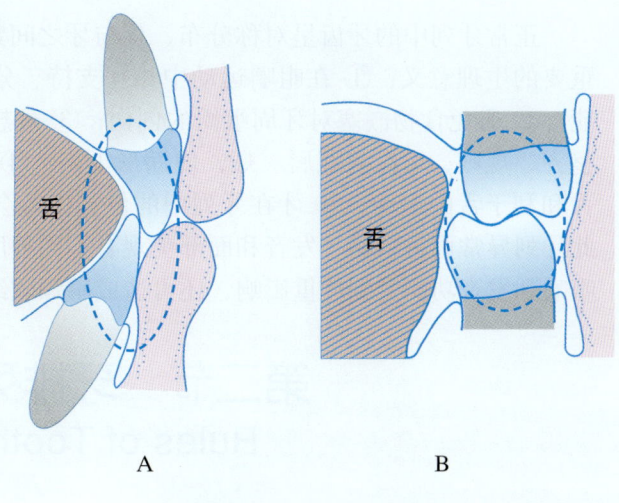

图 15-6 中性区示意图
虚线内表示中性区范围
A. 前牙中性区；**B.** 后牙中性区

分散负载。中性区的获得可通过在牙列区域放置温敏软性材料后做适当的唇颊舌运动使材料塑形，材料所占区域可作为排列人工牙位置的参考。

（二）乳牙列

上下乳牙列（deciduous dentition）各为10颗乳牙组成（图15-8）。乳牙列较恒牙列短小，由于长宽比例较大，牙列显得宽、短，似半圆形（half ellipse）（图15-9）。

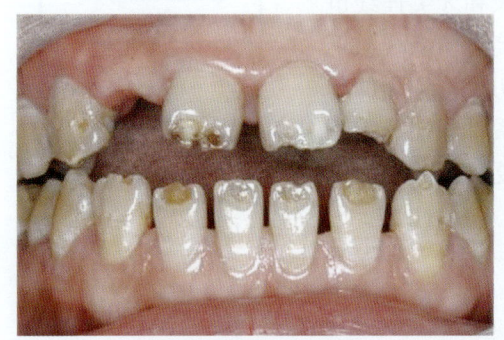

图15-7 开口呼吸致唇肌力量减弱同时有吐舌习惯，致使上颌前牙唇向移位

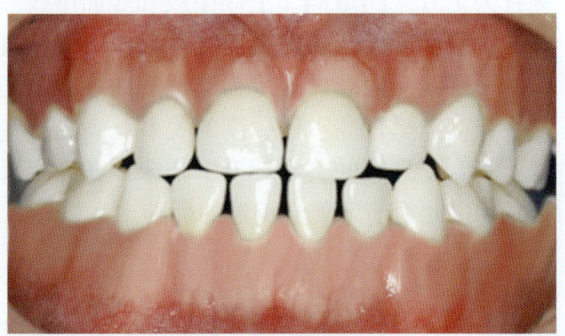

图15-8 乳牙列正面观

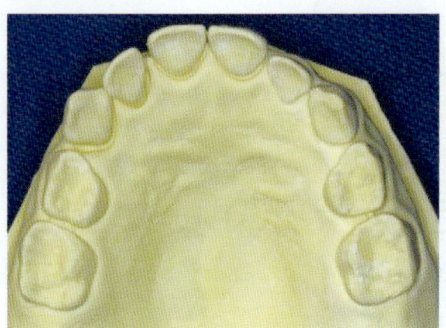
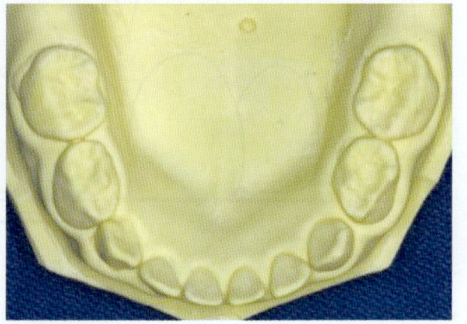

图15-9 乳牙列𬌗面观

二、牙列的生理意义

正常牙列中的牙齿呈对称分布，牙与牙之间紧密相邻连续排列。牙列的这种排列方式具有重要的生理意义：① 在咀嚼运动中相互支持、分散咀嚼压力，有利于牙的稳固，提高咀嚼功能；② 避免食物嵌塞对牙周组织的创伤；③ 理想的牙列中每颗牙都处在最佳位置，牙列外形整齐、规则，可以衬托唇、颊，使面形丰满；④ 牙列内侧的空间与舌的外形一致，便于容纳舌和利于舌的运动；⑤ 牙在牙列中的位置偏差会影响发音和言语，尤其是前牙影响较大。因此牙列异常可对咀嚼、发音和面部美观有不同程度的影响。例如，牙列缺损或牙列缺失，除了咀嚼和发音功能受到严重影响，还可造成唇颊软组织缺乏支撑而塌陷，呈衰老面形。

第二节 牙排列的倾斜规律
Rules of Tooth Inclination

牙在牙槽骨中的位置不尽相同，仔细观察可以看到，所有的牙都各自按照不同的近远中向和唇（颊）舌向倾斜度排列在牙弓中，有的较直立，有的有一定的倾斜度。牙齿倾斜排列的意义有：

① 牙齿倾斜方向适应于咀嚼运动产生的主要力的方向，使咀嚼压力可以沿牙长轴方向传导，保护和维持牙周组织的健康；② 牙齿倾斜可使上下颌牙接触广泛和紧密，增大咀嚼时上下牙接触面积，提高咀嚼效能；③ 牙齿倾斜排列有利于支撑唇、颊组织，保持面形，同时避免咬伤唇、颊和舌。

一、牙体长轴近远中向的倾斜

1. 从额状面观察 可发现前牙长轴以与面部中线的不同交角有所倾斜（图15-10a）。

（1）上颌中切牙较直立或牙冠略向近中倾斜，牙长轴向远中与中线相交成一锐角，约5°~10°。上颌侧切牙牙冠向近中倾斜，牙长轴与中线相交所成的角度大于中切牙。上颌尖牙牙冠向近中倾斜，牙长轴与中线相交所成的角度大于中切牙但略小于侧切牙。即牙长轴和中线的夹角在侧切牙、尖牙、中切牙上依次减小（侧切牙＞尖牙＞中切牙）。

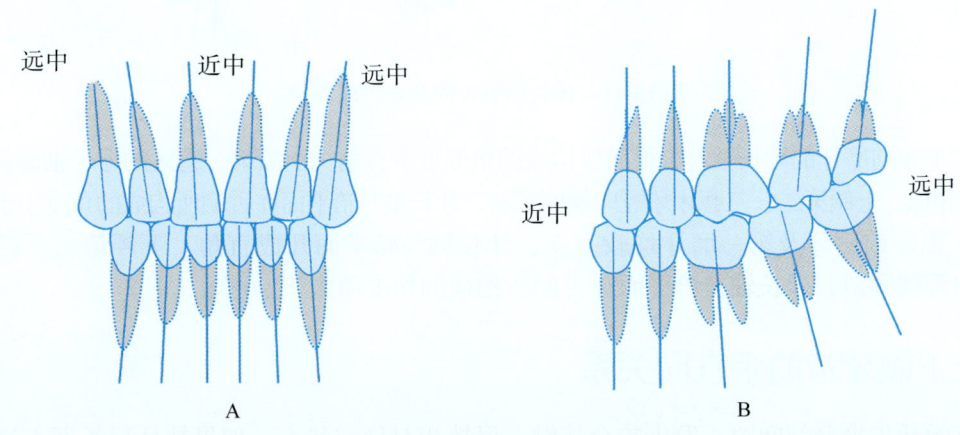

图15-10 上下颌牙长轴的近远中向倾斜情况

（2）下颌中切牙的牙长轴与中线所成的角度很小，侧切牙稍大于切牙，而尖牙则大于前两者（尖牙＞侧切牙＞中切牙）。

2. 从矢状面观察 前磨牙和磨牙与𬌗平面的垂线有不同交角（图15-10b）。

（1）上颌前磨牙的牙长轴基本直立，与𬌗平面的垂线接近平行，第一磨牙的长轴略向近中倾斜，第二、三磨牙长轴逐渐加大向近中倾斜。

（2）下颌前磨牙及第一磨牙的牙长轴与𬌗平面的垂线几近平行，而第二、三磨牙的牙长轴依次逐渐加大向近中倾斜。

二、牙体长轴唇（颊）舌向倾斜情况

以牙长轴与𬌗平面（或水平面）的交角及牙冠倾斜的方向描述牙的唇（颊）舌向倾斜情况。

1. 从矢状面观察 上下颌前牙牙冠向唇侧倾斜（图15-11a）。

（1）上颌切牙牙冠向唇侧倾斜的程度较大，牙长轴与𬌗平面相交所构成的舌向角为锐角，中切牙长轴和𬌗平面的夹角约为57°（图15-11a）。上颌中切牙唇面切线和𬌗平面所构成的角度约为85°。上颌尖牙牙冠向唇侧倾斜的程度很小，牙长轴与𬌗平面相交几成直角。因此其牙颈部显得突出。

（2）下颌切牙牙冠微向唇侧倾斜，但不如上颌者显著。下颌尖牙较直立，牙长轴与𬌗平面几成直角。

（3）上下颌中切牙的长轴相交，夹角约为140°。

2. 从额状面观察 上颌后牙牙冠向颊侧倾斜，下颌后牙牙冠向舌侧倾斜（图15-11b）。各个牙齿的倾斜情况如下：

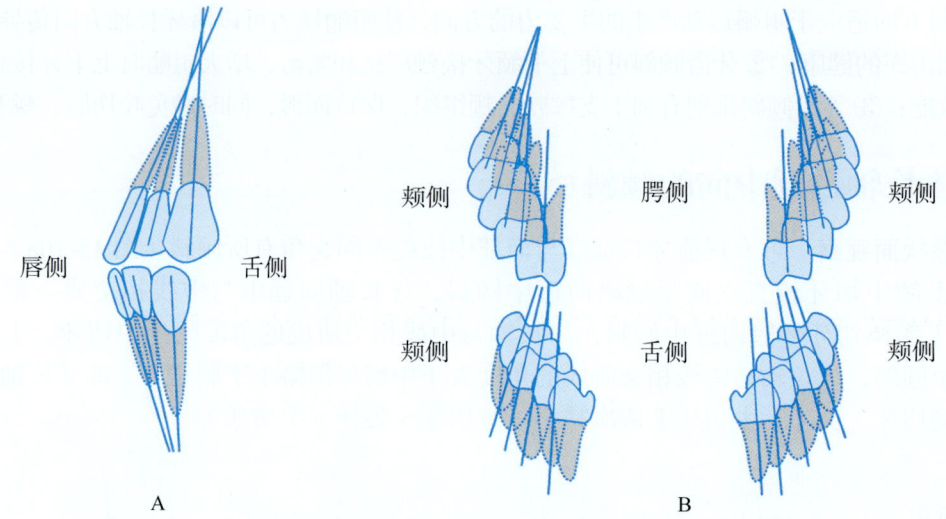

图 15-11　牙长轴唇舌向及颊舌向倾斜

（1）上颌前磨牙的牙长轴与𬌗平面所构成的角度近乎直角。上颌第一磨牙的牙长轴倾斜情况与前磨牙者相似。上颌第二、三磨牙牙冠向颊侧倾斜，牙长轴与𬌗平面在舌侧所构成的角度小于 90°。

（2）下颌前磨牙及第一磨牙均较直立，牙长轴与𬌗平面几成直角。下颌第二、三磨牙牙冠则略向舌侧倾斜，牙长轴与𬌗平面在舌侧所构成的角度略大于 90°。

三、上下颌牙齿的垂直向关系

上下颌牙齿平分颌间隙，发生咬合接触，保持相对稳定状态。如果缺牙后长期不修复或保持间隙，则易造成邻牙倾倒，对颌牙过长。

第三节　𬌗曲线与𬌗平面
Occlusal Curves and Occlusal Plane

口腔生理学中"𬌗"与"颌"发音相同，容易混淆。𬌗（occlusion）是我国口腔医学前辈根据英文的定义所造的口腔医学专用新字，指在静态状态时上下颌牙齿的接触关系（参见第十六章）。"颌"是指上颌骨（maxillary）和下颌骨（mandible）整体。咬合（articulation or bite）指在下颌功能运动中上下颌牙齿的接触（参见第十六章）。

一、𬌗平面与纵𬌗曲线

牙列内所有牙齿的切缘与咬合面连续而成的一个虚拟面是曲面。由前牙切缘和后牙的咬合面形成的平均曲线被称作𬌗曲线（occlusal curve）。由于牙齿按照不同角度在近远中向和颊舌向倾斜以及以不同垂直向位置排列，从矢状面观察牙列呈现的纵向𬌗曲线叫纵𬌗曲线（sagittal curve of occlusion）；由正面观察呈现的横向𬌗曲线叫横𬌗曲线（transverse curve of occlusion）。

上颌的纵𬌗曲线可分为前后两段（图 15-12）。

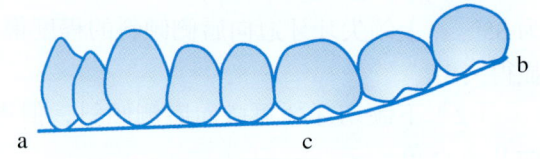

图 15-12　𬌗平面
a-b 线代表上颌纵𬌗曲线；a-c 线代表修复学𬌗平面；c-b 曲线代表补偿曲线

前段由切牙的切缘、尖牙的牙尖、前磨牙的颊尖、第一磨牙的近中颊尖顶（或远中颊尖顶）的连线所构成，形平直。两侧相连所形成的平面，一般称为𬌗平面。后段由第一磨牙近中颊尖顶（或远中颊尖顶）到最后磨牙颊尖顶的连线所构成，形略突向上后方倾斜，称为上颌的补偿曲线（compensate curve）（图15-13）。

下颌的纵𬌗曲线连接下颌切牙的切缘、尖牙的牙尖、前磨牙的颊尖、磨牙的近远中颊尖，构成一条相对平滑的曲线。下颌的纵𬌗曲线又称Spee曲线（Spee curve）（图15-13），略呈凹形。前牙切缘几在同一平面上，自尖牙的牙尖向后经前磨牙的颊尖到第一磨牙的远中颊尖逐渐降低，再向后经过第二、三磨牙颊尖又行上升。下颌纵𬌗曲线与上颌者相吻合。

𬌗平面的几种概念：

（1）根据国际修复学术语词汇表（The glossary of prosthodontic terms），𬌗平面是由前牙的切缘与后牙的𬌗面建立的平均平面。在一般个体不是一个真正的平面，而是代表每个𬌗面曲率的平均数（planar mean of curvature）。

（2）在解剖学研究中，常以下颌牙列为基准定义𬌗平面：从下颌中切牙的近中邻接触点到双侧最后一个磨牙远中颊尖顶所构成的假想平面，称其为解剖学𬌗平面（图15-14）。解剖学𬌗平面有利于研究和记录下颌运动以及下颌骨和下牙列相对于上颌骨和上牙列的位置关系。

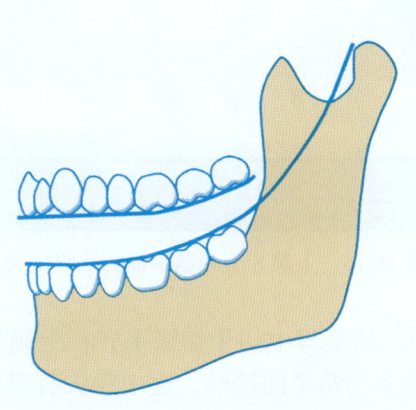

图 15-13　上颌和下颌的纵𬌗曲线

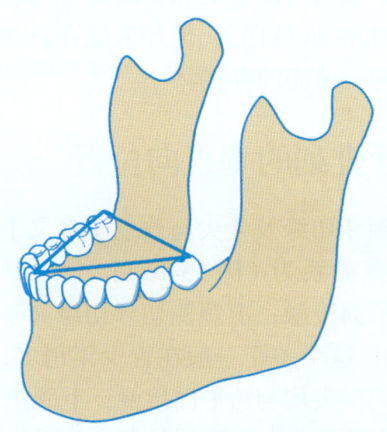

图 15-14　解剖学𬌗平面

（3）在修复学中，𬌗平面是由上颌中切牙的近中切角（或近中邻接点）到双侧第一磨牙的近中颊尖顶所构成的假想平面。这一平面与瞳孔连线和鼻翼耳屏线平行，基本上平分颌间距离。在全口义齿修复中，常常用蜡堤来表示人工牙的位置，而蜡堤的顶端平面形成𬌗平面用以指导人工牙的排列。

（4）在正畸学投影测量分析中，𬌗平面在头颅侧位X线影像上又有两种确定方法：一种确定为第一恒磨牙的咬合面中点与上下中切牙间的中点连线；另一种称为自然或功能的𬌗平面，由平均后牙接触点而得，常使用第一恒磨牙或第一乳磨牙和第一前磨牙的接触点，这种方法形成的𬌗平面不使用切牙的任何标志点。

二、横𬌗曲线

从正面观，下颌磨牙长轴向舌侧倾斜使下颌磨牙的舌尖位置低于颊尖，连接左右侧同名磨牙的颊、舌尖，可以画出一条下凹的横向曲线，称为横𬌗曲线（transverse curve of occlusion），或称为Wilson曲线（图15-15）。第三磨牙的Wilson曲线比第一磨牙的曲度更大。而上颌磨牙则略倾向颊侧，连接左右侧同名磨牙的颊、舌尖可以画出一条下凸的横𬌗曲线。上下颌的横𬌗曲线相互一致。

无论是纵𬌗曲线还是横𬌗曲线，如果上下颌者彼此相互吻合，可以促使在咀嚼运动过程中

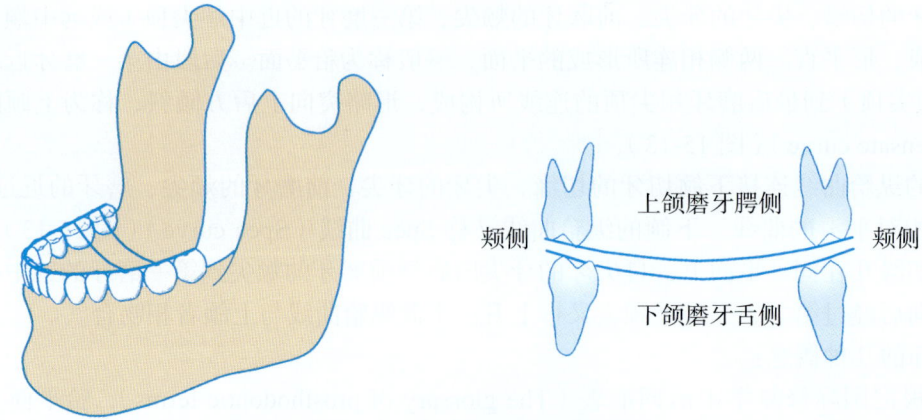

图 15-15　上下颌的横𬌗曲线

两侧牙齿及前后牙齿保持接触平衡。曾经认为 Spee 曲线和 Wilson 曲线在三维空间中是有联系的，以致所有的牙尖和切嵴都排列在一个球面上（Monson 球面），但却未能在自然牙列中证明出这一球面的存在。

三、牙排列的垂直向位置

上颌牙切缘及牙尖与修复学意义上的𬌗平面的位置关系为（图 15-16）：上颌中切牙切缘与𬌗平面接触；上颌侧切牙切缘高于𬌗平面

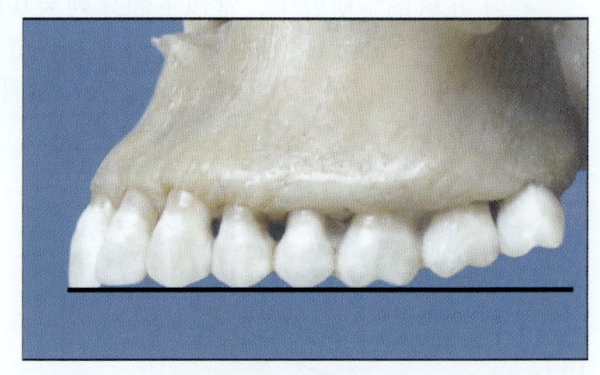

图 15-16　上颌牙尖和𬌗平面的垂直向关系

约 1 mm，这个差距一般在青少年稍多，成年以后变少，甚至与中切牙切缘平齐；上颌尖牙和前磨牙的颊尖均与𬌗平面接触；上颌第一磨牙的近中颊尖与𬌗平面接触，远中颊尖有时接触𬌗平面。上颌第二、三磨牙的颊尖和舌尖依次高于𬌗平面，其距离逐渐增加。

四、牙尖高度

牙尖高度（height of tooth cusp）是指后牙牙尖顶到𬌗面窝底的垂直距离（图 15-17）。以𬌗平面为准，对各个后牙的牙尖三维测量结果表明，上颌前磨牙颊尖的高度高于舌尖的高度；上颌磨牙中除第一磨牙远中颊尖的高度略高于远中舌尖外，均为舌尖高于同名颊尖；上颌前磨牙颊尖高于磨牙颊尖。下颌牙颊尖的高度高于同名舌尖，下颌磨牙舌尖的高度高于前磨牙舌尖。上下颌后牙牙尖高度在左右侧无明显差异。

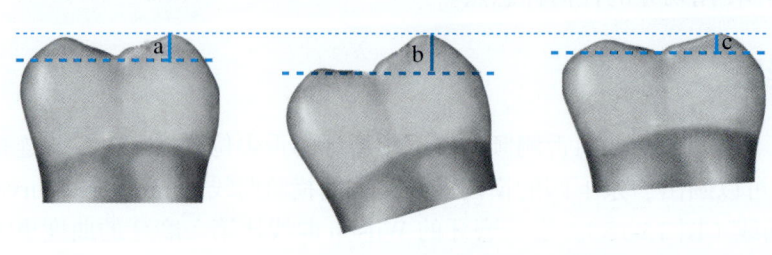

┄┄ 𬌗平面　╌╌ 通过窝底的水平面

图 15-17　牙尖高度

牙尖高度与咀嚼功能有关，高的牙尖较低的牙尖对食物的穿刺、撕裂及研磨更为有效。当牙齿磨耗严重时，牙尖高度降低，失去锋利的外形，牙齿咀嚼食物的效率降低。而且由于牙尖高度降低，咬合垂直距离降低，影响颞下颌关节结构稳定及咀嚼肌功能收缩的初始长度。

第四节　牙列与下颌骨的关系
Relationship Between Dentition and Mandible

国外学者通过对牙列与上、下颌骨之间几何关系的分析研究，产生了下述几个关系和学说：

一、Balkwill 角

从髁突中心至下颌中切牙近中切角连线与𬌗平面所构成的交角称 Balkwill 角，平均 26° 左右（图 15-18）。

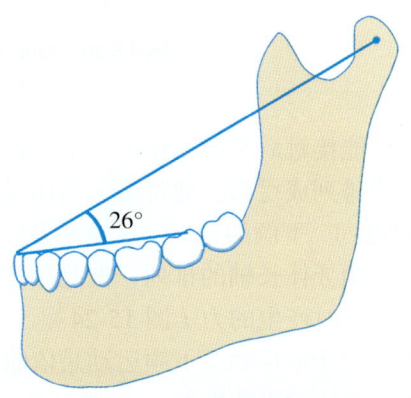

图 15-18　Balkwill 角（Balkwill angle）

二、Bonwill 等边三角形

Bonwill 首先论述下颌符合等边三角形（图 15-19）。此三角形的角在前方，由两侧髁突中心点及下颌中切牙的近中接触点（切点）形成，边长约为 10.16 cm。Bonwill 认为大多数人符合这一测量数据，但一些解剖学家有不同见解。因为个体差异，未必都为 10.16 cm，但多数人的下颌形状接近等边三角形。后人的研究发现，多数人此三角形是等腰三角形，左右两侧对称，而髁突间距有大有小，与选择测量的对象有关。因此，Bonwill 等边三角形（Bonwill equilateral triangle）理论的突出意义在于下颌的两侧对称性。口颌系统两侧对称，牙列居中，咀嚼肌和颞下颌关节对称分布于两侧，是下颌协调运动的基础。

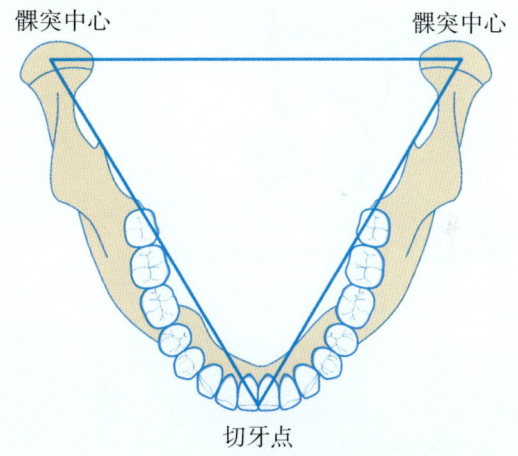

图 15-19　Bonwill 等边三角形

三、Monson 球面学说

Monson 的研究发现，下颌牙弓𬌗曲线与以眉间点为中心、10.16 cm 为半径所划出的球面的一部分相吻合（图 15-20）。另有研究证明下颌牙弓𬌗面一般符合这一现象，但是有个体差异，可小于 10.16 cm 或大于此数。而也有研究认为自然牙列上难以建立这一球面关系。

四、牙𬌗曲线的分析

无论是组成牙的各面，还是牙的排列都有一定的曲度，它们在下颌运动中表现在：
1. 牙齿的切缘与面均由圆突的曲面所构成（图 15-21），例如，牙尖的四面、嵴的两面、窝的四周、沟的两侧都是突曲面。因此，当上下颌牙齿咬合时，是突面与突面的接触。
2. Spee 曲线和 Wilson 曲线形成的曲面，在上下牙弓闭合时，牙齿的𬌗面并不能同时全部

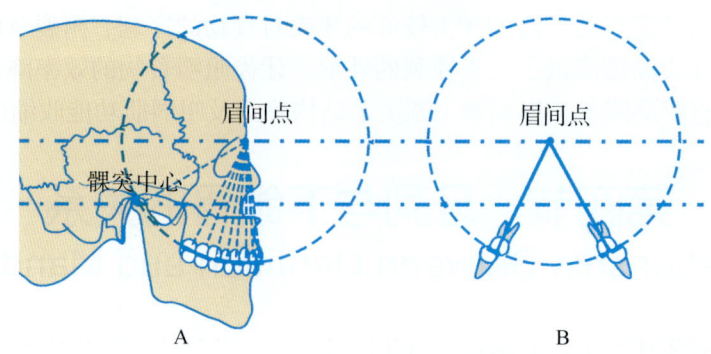

图 15-20　Monson 球面学说（Monson sphere）
A. 矢状面；B. 额状面

接触，而仅能接触后牙的工作尖（上牙舌尖及下牙颊尖）（图 15-22）与下颌前牙的切缘。

3. 牙齿排列成弓形，如将颊尖与切缘相连，中央窝相连，舌尖相连，分别构成三条平滑曲线（图 15-23）。下颌的运动，无论是开闭口运动、侧方运动及前伸运动都是依曲道进行。

4. 上下颌牙体长轴的排列，彼此相互接近，这些轴不是直向的，而是存在着曲度，可以较好地传导闭颌时产生的力（图 15-24）。

以上说明牙齿接触及下颌运动是依曲面行使功能。这有利于咬合关系的稳定、咀嚼功能的提高及支持组织健康的维护。

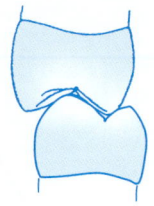

图 15-21　上下颌牙齿以曲面相接触

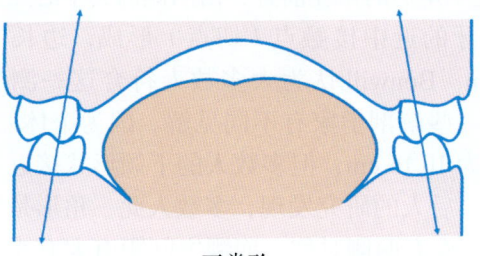

图 15-22　工作尖接触，负载力沿长轴传递

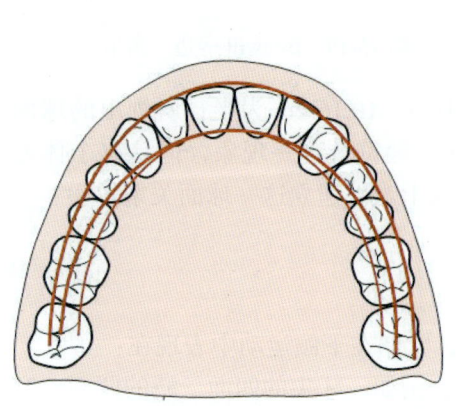

图 15-23　牙齿相连形成三条平滑曲线

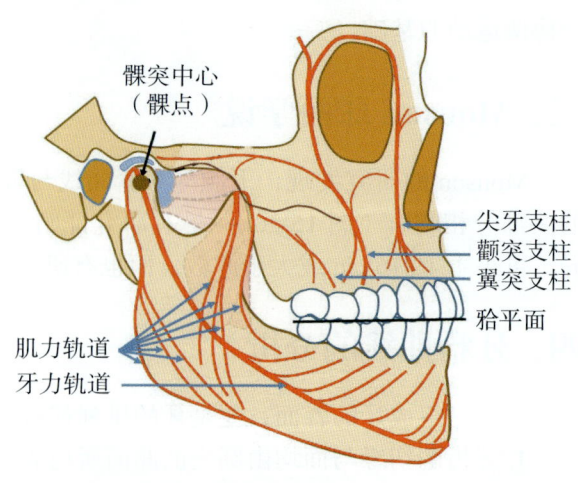

图 15-24　下颌骨的牙力轨道和肌力轨道及颌面骨的支柱结构

第五节 颅𬌗关系与参考平面
Occluso-Cranial Relation and Reference Planes

利用标准化的头影测量 X 线片评价牙列和咬合与其他颅部结构的关系时，通过记录平均值的方法引入标志点的概念，用以评价颅面部的生长发育类型、比较个体之间的变异程度。在这种 X 线片上描画出轮廓后可以对特定结构之间的固有位置关系进行分析（图 15-25）。具体的分析方法会在正畸教科书中详细讲述，本章只讨论一些常见的、和𬌗学课程有关的关系。

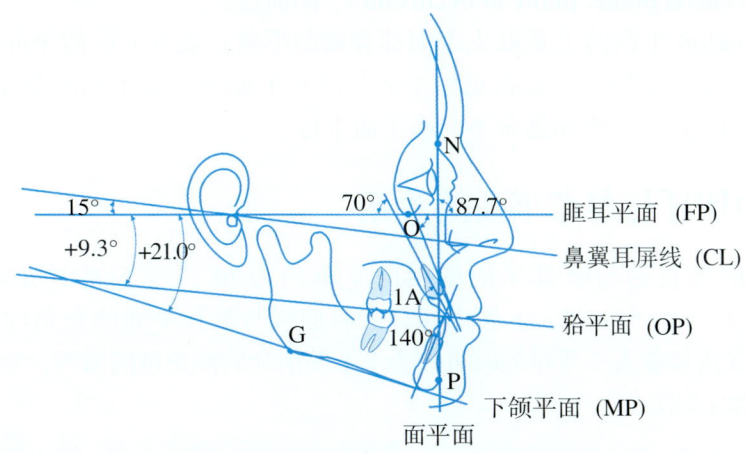

图 15-25 颌面部参考平面和有关角度

一、颌面部解剖标志

面部重要的标志点有瞳孔、眼外眦、鼻翼、耳屏、口角、人中等（图 15-26）。利用头部侧面定位 X 线影像学检查，分析牙、颌骨和颅骨的关系时常用鼻根点、颏前点等。

图 15-26 常用面部标志点

二、参考平面

参考平面见图 15-25。

1. 眶耳平面（Frankfort plane） 由眶下缘最低点到外耳孔上缘连成的平面称眶耳平面。当人端坐、头直立时，此平面与水平面平行。此平面可用作牙列、咬合及牙列相对运动时的对照基准平面，是口腔医学的重要参考平面。

2. 鼻翼耳屏线（Comper's line, ala-tragus line） 从鼻翼的中点至耳屏中点的连线，与殆平面近乎平行。鼻翼耳屏线与眶耳平面的交角约为 15°。

3. 下颌平面（mandibular plane） 由下颌骨下缘的切线组成。与 Frankfort 平面成角的平均值是 21.0°（范围：17°~28°）。这个关系经常被用作正畸学辅助诊断的方法，因为它有助于评价面部骨骼前部和后部的相对高度。

4. 面平面（facial plane） 通过鼻根点（鼻骨和额骨交界点）和颏前点（下颌骨中线上最前端的一点）。与 Frankfort 平面成角的平均值是 87.7°（范围：82°~95°）。这个角度用来评价颏部的后缩或前突。面平面还可以用来参考比较切牙和牙槽突的前后向位置关系。

5. 殆平面（occlusal plane, plane of occlusion） 同前述。

殆平面与 Frankfort 平面的关系取决于面部骨骼的形状：短方形脸的平面间近于平行，而窄长脸者平面间的交角比较大。据报道殆平面与眶耳平面交角的平均值是 15°，也有报道为 9.3°。因此当头部直立时，殆平面通常不与水平面平行。

三、上下颌中切牙与参考平面的关系

上颌中切牙的牙长轴与眶耳平面的唇向交角约为 70°，与下颌中切牙的牙长轴交角（interincisal angle, IA）约为 140°。上颌中切牙的唇面线与眶耳平面的交角约为 80°（见图 15-25）。这些角度在义齿修复人工牙排列时可作为上下颌前牙唇倾角度的参考，也用以指导牙齿正畸时决定前牙长轴的参数。

第六节　面部结构的协调关系
Harmony of Facial Structure

面部的协调关系表现为以下几个方面：

一、面部三等分

正常人面部可分为三部分：由鼻底到颏点为下部，由鼻底到鼻根点（或眼外眦到口角）为中部，由鼻根点（或眼角）到发际为上部（图 15-27）。通过测量可以得出这三部分一般是协调的，但距离并不一定相等（表 15-1）。

面部三部分（facial trisection）距离的对比关系为：A = C 占 17.7%，A < C 占 61.3%，A > C 占 21.0%。B = C 占 17.2%，B < C 占 30.9%，B > C 占 51.9%。

图 15-27 面部三等分

表 15-1 1400 例正常人（19~40 岁）面部三部分距离的测量结果（mm）

距离	均值（标准差）	息止殆间隙
正中殆位时鼻底到颏底的距离（A）	71.9（10.8）	2.4
下颌姿势位时鼻底到颏底的距离（B）	74.3（11.2）	2.4
眼外眦到口角的距离（C）	73.8（9.2）	2.4

（引自王毓英. 口腔颌面解剖生理标志的研究. 中华口腔医学杂志，1963，49: 233-238.）

二、面部左右对称性

以眉间点、鼻尖及颏点的连线作为中线,可看出面部左右是相互对称的。如分居左右的眼、耳、牙齿及为中线所均分的口鼻等。

三、唇齿关系

唇部丰满适度,不显突出、凹陷。唇能自然闭合。

1. 当下颌放松在姿势位时,上颌切牙切缘位于平齐唇缘到唇下约 1 mm,下颌前牙切缘与唇平齐。微笑时,上唇下暴露上颌切牙的切缘 1~5 mm(根据性别和年龄有所不同,女性平均 3.4 mm,男性平均 1.91 mm,年轻人 3.37 mm,老年人 1.26 mm)。大笑时暴露上颌中切牙冠长的 2/3。如大笑时甚至微笑时上前牙完全暴露同时暴露牙龈组织超过 3 mm,则影响美观,称为露龈笑。

2. 上牙切缘连线呈向下的曲线并与下唇干湿线协调,切缘轮廓保持在下唇唇红缘以内(图 15-28)。这个特点在口腔修复中常被用来确定上颌中切牙切缘的位置,包括唇舌向的位置和切缘长度。

3. 口角对着上颌尖牙的远中部分或第一双尖牙的近中部分,维持良好的口唇丰满度。在全口义齿修复中口角线之间的距离被用以确定上颌弓前段的宽度,作为选择人工牙尺寸的参考。

4. 发 S 音时上下牙列不接触,有 1 mm 的间隙;发 F 音时上颌中切牙切缘接触下唇的干湿线。发 E 音时年轻人上颌切牙占据上下唇间距离的 80%,老年人占 50%。发音法也是辅助确认上中切牙位置、正确的咬合垂直距离的有效方法。

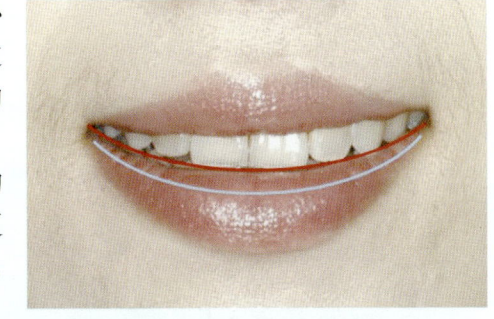

图 15-28　上颌切缘和唇缘的关系

四、牙形、牙弓形与面形的关系

牙形、牙弓形与面形三者通常是相互协调的(图 15-29),即在个体发育中形态表现一致。面部发育较宽者,两条颊线(髁突到下颌角外侧面连线)接近平行,其颌骨亦可能较宽,牙弓亦较宽,面部即方圆形。面部发育较窄者,两条颊线自上而下明显内聚,其颌骨亦可能较窄,

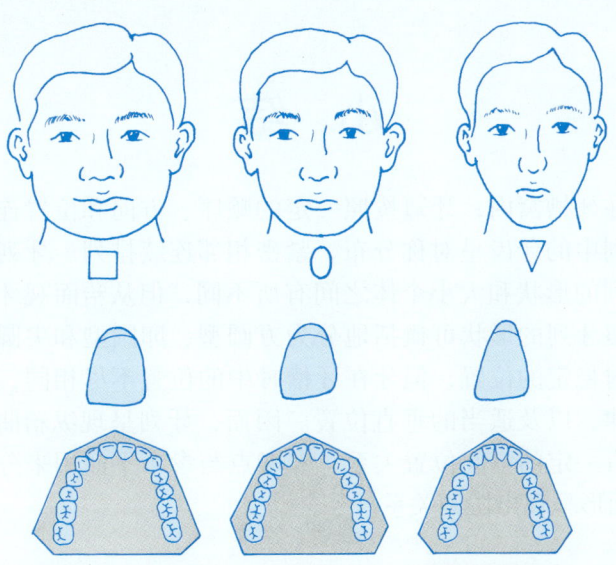

图 15-29　牙弓形状、中切牙形状和面形相协调一致

牙弓亦较窄，面部即尖圆形。卵圆形介于两者之间。较宽的牙弓适宜于较宽的牙齿排列，较窄的牙弓则适宜于较窄的牙齿排列。理想的形态是牙齿与牙弓统一于方圆形、卵圆形或尖圆形的面形。

上颌中切牙的大小及唇面形态和牙弓形态及面形也往往呈协调状态。

多数个体牙列的外形与颜面的外形相互协调，这时面部显得自然美观。但也常可见到不协调的表现，如面形呈椭圆形而牙弓为方圆形，则牙齿显得突出不美观或口角处隆起。牙列形状和上中切牙的唇面形态也往往一致，例如面形是方圆形人的上中切牙也往往是方圆形。

五、面部形态与颅部关系

面颌的发育又与颅部在发育上相协调，颅部宽者，面颌也往往宽大，反之也相同。人类根据种族不同，面部侧面观多属于直面型、中凸面型和中凹面型（图15-30）。

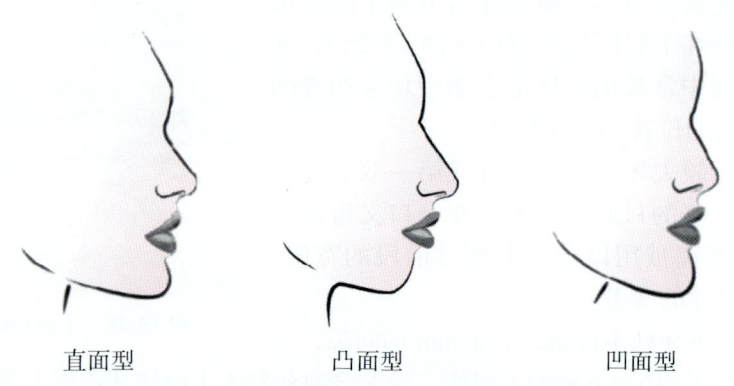

直面型　　　凸面型　　　凹面型

图15-30　不同种族人的常见面部侧面轮廓

面形是和颅骨、颌骨、牙弓、牙形协调统一的结果。但是，也存在变异。有些报道提出了颅、面、颌、牙弓、牙形发育不统一的问题，如具有尖圆的面形而牙弓较宽。机体的形状是统一性与变异性相互作用的结果，在每个个体上所表现的统一性与变异性程度不同。因此在某些个体或部分之间可看到较高的统一性，而在另一些个体或部分之间，则统一性较低，甚至完全缺乏统一。一些学者曾对此问题进行了研究，认为统一性是演化的趋势，变异性乃是个体的特点。

小　结

牙齿的牙根生长在牙槽窝内，牙冠按照一定的顺序、方向和位置连续排列成弓形，称为牙弓或牙列。正常牙列中的牙齿呈对称分布、紧密相邻连续排列。牙列的这种排列方式具有重要的生理意义。牙列的形状和大小个体之间有所不同，但从𬌗面观牙列形状比较整齐、规则，略似抛物线形。恒牙列的形状可概括地分为方圆型、卵圆型和尖圆型三种基本类型。牙在牙弓内处于一个相对稳定的位置，但牙在牙槽骨中的位置不尽相同，有一定的近远中向和唇（颊）舌向倾斜规律，以及适当的垂直位置。因而，牙列呈现纵𬌗曲线和横𬌗曲线。牙列与颌骨、颅骨之间具有一定的空间位置关系，参考点与参考平面用来分析这种位置关系。多数人牙形、牙弓形与面形呈现出协调关系。

（谢秋菲　姜　婷）

Definition and Terminology

Balkwill 角（Balkwill angle）：The Balkwill angle is the angle formed by the imaginary plane of the Bonwill triangle and the imaginary plane (the occlusal plane) described by the incisors and the distobuccal cusps of the mandibular second molars, with a mean value of 26°.

Bonwill 的等边三角形（Bonwill equilateral triangle）：A 4-inch equilateral triangle bounded by lines connecting the contact points of the mandibular central incisor's incisal edge to each condyle (usually its midpoint) and from one condyle to the other. It is the basis for Bonwill's theory of occlusion.

鼻翼耳屏线（Comper's line, ala-tragus line）：A line running from the inferior border of the ala of the nose to some defined point on the tragus of the ear, usually considered to be the tip of the tragus. It is frequently used, with a third point on the opposing tragus, for the purpose of establishing the ala tragus plane. Ideally, the ala-tragus plane is considered to be parallel to the occlusal plane. The occlusal plane is at an angle of approximately 15 degrees relative to the Frankfort horizontal plane, when viewed in the midsagittal plane.

Wilson 曲线（Curve of Wilson）：In the theory that occlusion should be spherical, the curvature of the cusps as projected on the frontal plane expressed in both arches; the curve in the lower arch being concave and the one in the upper arch being convex. The curvature in the lower arch is affected by an equal lingual inclination of the right and left molars so that the tip points of the corresponding cross-aligned cusps can be placed into the circumferences of a circle. The transverse cuspal curvature of the upper teeth is affected by the equal buccal inclinations of their long axes.

眶耳平面（Frankfort plane）：1: for a plane established by the lowest point in the margin of the right or left bony orbit and the highest point in the margin of the right or left bony auditory meatus. 2: a horizontal plane represented in profile by a line between the lowest point on the margin of the orbit to the highest point on the margin of the auditory meatus; called also auriculo-orbital plane, eye-ear plane, Frankfort horizontal (FH), Frankfort horizontal line.

牙弓长度（Length of dentition）：The length of a line segment within the median plane perpendicular to and extending from the line connecting the first premolars to the most labial point on the anterior arch, usually to the point between the maxillary central incisors.

中性区（Neutral zone）：The potential space between the lips and cheeks on one side and the tongue on the other; that area or position where the forces between the tongue and cheeks or lips are equal.

𬌗平面（Occlusal plane, Plane of occlusion）：1: the average plane established by the incisal and occlusal surfaces of the teeth. Generally, it is not a plane but represents the planar mean of the curvature of these surfaces. 2: the surface of wax occlusion rims contoured to guide in the arrangement of denture teeth 3: a flat metallic plate used in arranging denture teeth.

纵𬌗曲线（Sagittal curve of occlusion）：The sagittal curve of occlusion in the upper arch can be divided into two parts. The anterior part begins with maxillary incisal ridge and following the cusp tips of the maxillary canine and the premolar teeth, ending with the mesiobuccal cusps of the maxillary first molars. The posterior part is compensating curve, which is the anteroposterior curvature (in the median plane) and the mediolateral curvature (in the frontal plane) in the alignment of the occluding surfaces and incisal edges of artificial teeth that are used to develop balanced occlusion. The sagittal curve of occlusion in the lower arch is also called curve of Spee.

牙列形状（Shape of dentition）：The shape of the dentition vary between individuals. The maxillary arch generally takes the form of a half ellipse, whereas the mandibular arch resembles a parabola. Ideally, the teeth of each arch are symmetrically distributed around the median (mid-sagittal) plane. In this way the dentition can be divided into four quadrants with eight teeth in each: two incisors, one canine, two premolars, and three molars.

第十六章　殆

Occlusion

第一节　殆与口颌系统
Occlusion and Stomatognathic System

一、殆与咬合

殆（occlusion）是指下颌在静止状态时上下颌牙的接触关系，如牙尖交错殆、前伸殆等。咬合（articulation）属于功能运动状态，是指在下颌功能运动中上下颌牙的接触。目前，殆与咬合在临床上和文献上大都通用。

二、口颌系统

各国学者经过多年的研究，对殆的影响有了深入的认识，提出了口颌系统（stomatognathic system）的概念（有的称之为咀嚼系统 masticatory system 或颅颌系统 craniomandibular system），即将咀嚼器官及其有关组织，如颅面诸骨、舌骨、颈椎骨、肩胛骨、胸骨、锁骨等与联系其间的肌肉、韧带、牙齿、颞下颌关节，以及血管、淋巴、腺体及各种结缔组织等，看作是由中枢神经系统反射性地紧密联系在一起的一个功能整体。在这个系统中，任何部分出现功能与形态的改变，都会导致其他部分产生适应性的改变，从而出现连锁反应。由于各种因素如：遗传、个体发育、外界因素等的影响，使上下颌牙齿形成各种殆接触关系，因此行使功能时相应地产生不同的应力分布。在神经系统反射作用下，咀嚼系统往往根据特定的殆接触状态，形成特定的功能运动形式，即个体的下颌运动型。另一方面，长期频繁的功能运动，也改变着殆接触状态。

由于口颌系统作用的存在，殆的影响是广泛的。殆异常除了直接作用于牙支持组织，引起创伤外，口颌系统的其他一些病症，如颞下颌关节紊乱病、磨牙症以及头、颈、肩部疼痛等，也可能源于殆的问题。因此，通过调殆或改建使神经肌肉功能恢复正常，常可解除这些部位的病症。但须注意，错误的殆处理（修复、正畸、调殆以及涉及殆面的充填等）也可造成医源性的病痛。殆的问题可从两方面考虑：一是殆本身，表现在咀嚼系统各部分的功能关系上；二是个体对殆的反应，即咀嚼系统的功能紊乱可以发生在有明显的殆障碍及一般适应能力的个体，或者在有轻度的殆障碍及适应能力较差的个体。在进行临床治疗时，应做到口颌系统各部分都达到协调，即颞下颌关节各部分功能间的协调、咀嚼诸肌的功能协调、殆的协调，以及它们三者之间的协调。

第二节　牙尖交错𬌗
Intercuspal Occlusion

牙尖交错𬌗（intercuspal occlusion, ICO）是指上下颌牙牙尖相互交错咬合，达到最广泛、最紧密的接触关系（图 16-1）。当口颌面部形态两侧对称、上下牙列排列正常，牙尖交错𬌗时下颌的位置对于颅骨处于正中。人群中部分人牙尖交错𬌗时下颌处于正中，但有的人下颌略偏左或略偏右不在正中，这种偏向可能造成下颌运动不协调，是口颌系统功能紊乱的原因之一。牙尖交错𬌗是牙对牙的关系，因此牙的缺失、磨耗可以改变牙尖交错𬌗。

正常牙尖交错𬌗有以下解剖特征。

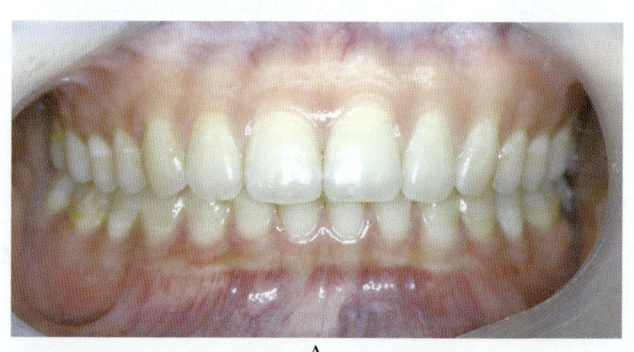

A

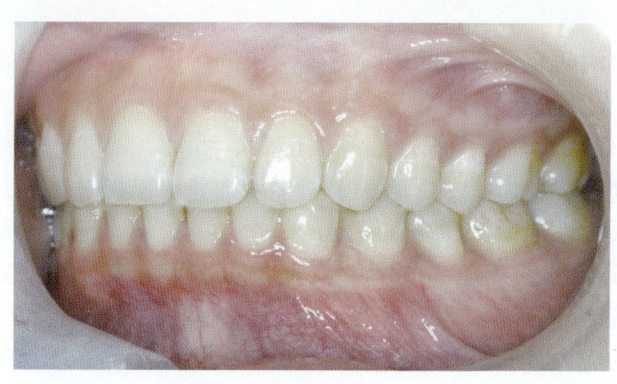

B

图 16-1　牙尖交错𬌗
A. 正面观；**B.** 侧面观

一、上下颌牙齿尖窝相对的交错咬合

当牙尖交错咬合，上下牙列的关系为正中时：上下牙列中线对正，并与上唇系带和人中一致；除下颌中切牙与上颌第三磨牙外，都保持着一个牙与对颌相对的两个牙的接触关系，以及与前后两个邻牙的接触关系（图 16-2）。交错咬合的意义在于它可使接触面积最大，有利于咀嚼；可使力分散，避免个别牙齿负担过重；即使有个别牙齿缺失，也不致使对𬌗牙完全失去咬合与咀嚼功能，因而邻近缺隙的牙和对𬌗牙在短时间内不至于发生移位现象。

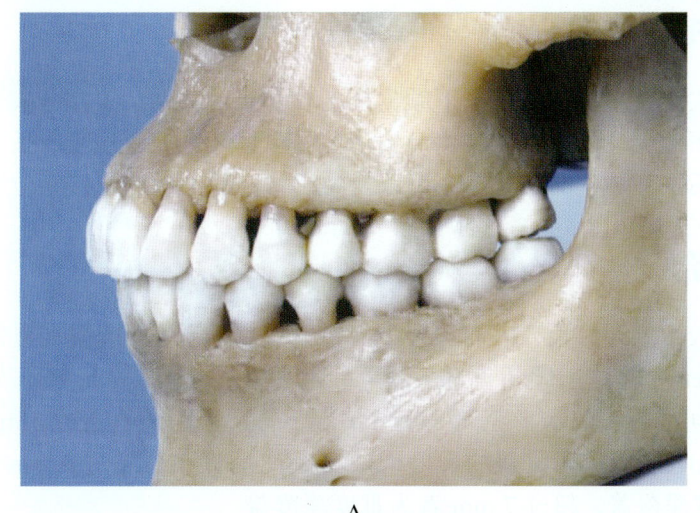

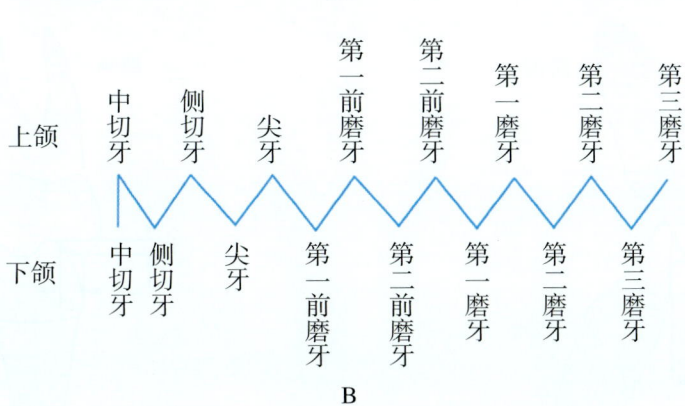

图 16-2 上下颌牙尖窝相对的交错咬合
A. 牙尖交错𬌗侧面观；B. 示意图

二、上下第一磨牙的咬合接触关系

在牙弓内第一恒磨牙是最早萌出、建𬌗的恒牙，其余恒牙在其前后萌出相继建𬌗，因此上下第一恒磨牙咬合关系的建立影响到全牙列的关系，是𬌗的关键。第一恒磨牙在第二乳磨牙远中萌出，不替代任何乳牙，不易发生错位萌出。第一恒磨牙牙根多、粗大，萌出后位置比较稳定，并且是发挥咀嚼功能最重要的牙齿。所以，第一恒磨牙常用以作为判断牙尖交错𬌗的指标。

当上下牙弓的关系正常，上颌第一磨牙的近中颊尖正对着下颌第一恒磨牙的颊沟；上颌第一磨牙的近中舌尖咬合在下颌第一磨牙的中央窝内，通常称为中性𬌗，或 Angle Ⅰ 类𬌗（图 16-3）。如果上颌第一磨牙的近中颊尖咬合在下颌第一磨牙颊沟的近中，则称为远中错𬌗，或 Angle Ⅱ 类错𬌗；反之，如上颌第一磨牙的近中颊尖咬合在下颌第一磨牙颊沟的远中，则称为近中错𬌗，或 Angle Ⅲ 类错𬌗。

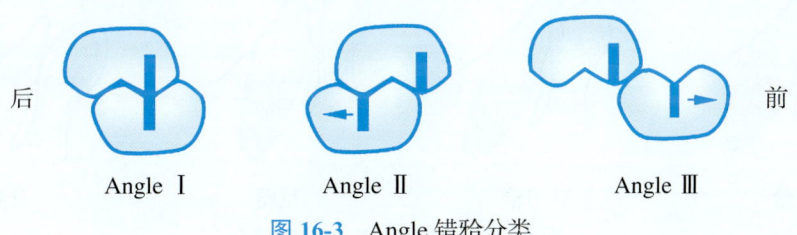

图 16-3 Angle 错𬌗分类

三、上下尖牙相对关系

另一个判断牙尖交错𬌗的标志是上下颌尖牙的咬合接触关系。正常牙尖交错𬌗，上颌尖牙的近中牙尖嵴对着下颌尖牙的远中牙尖嵴。尖牙虽是单根牙，但牙根粗、长，比较稳定，常常是口腔内保留到最后的牙，它的咬合关系可以反映出一定的上下前牙接触位置关系。

四、覆盖与覆𬌗

由于上颌牙弓较下颌牙弓大，因而在牙尖交错𬌗时上下颌牙弓间呈现覆盖与覆𬌗关系。

1. 覆盖（overjet） 是指上颌牙盖过下颌牙的水平距离（图 16-4a, b）。如在前牙，即指上颌切牙切缘到下颌切牙唇面的水平距离。正常情况下，覆盖距离不超过 3 mm，超过 3 mm 者称为深覆盖（deep overjet）。深覆盖的程度取决于距离的大小，超过 3 mm 者为 I 度深覆盖，超过 5 mm 者为 II 度深覆盖，超过 7 mm 者为 III 度深覆盖。

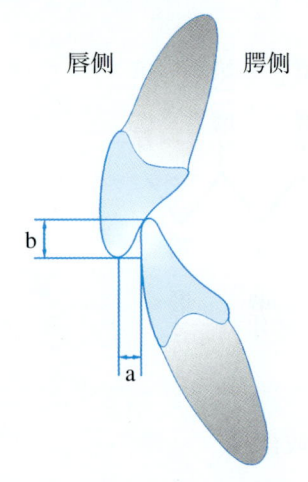

图 16-4A　前牙覆盖 a 与覆𬌗 b

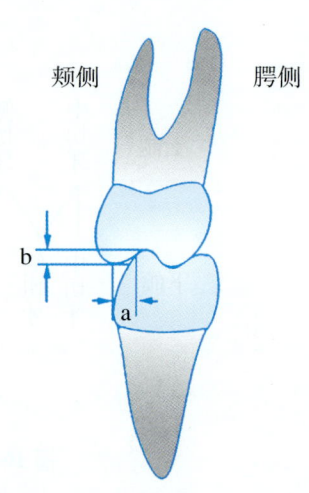

图 16-4B　后牙覆盖 a 与覆𬌗 b

2. 覆𬌗（overbite） 是指上颌牙盖过下颌牙的垂直距离，一般是 1~3 mm。在前牙，如盖过的部分不超过切牙唇面切 1/3 者，称为正常覆𬌗。超过者，称为深覆𬌗（deep overbite）。其程度依下颌切牙切缘咬在上颌切牙舌面的部位而定，如咬在切 1/3 以内者，为正常覆𬌗；咬在中 1/3 以内者，称为 I 度深覆𬌗；咬在颈 1/3 以内者，称为 II 度深覆𬌗；咬在颈 1/3 以上者，称为 III 度深覆𬌗。

有时由于发育异常，牙尖交错𬌗时，下颌切牙切缘突出于上颌切牙的唇侧，或下颌后牙突出于上颌后牙的颊侧，呈现反覆盖现象，称为反𬌗（cross bite）（图 16-5）；若上下颌切牙彼此

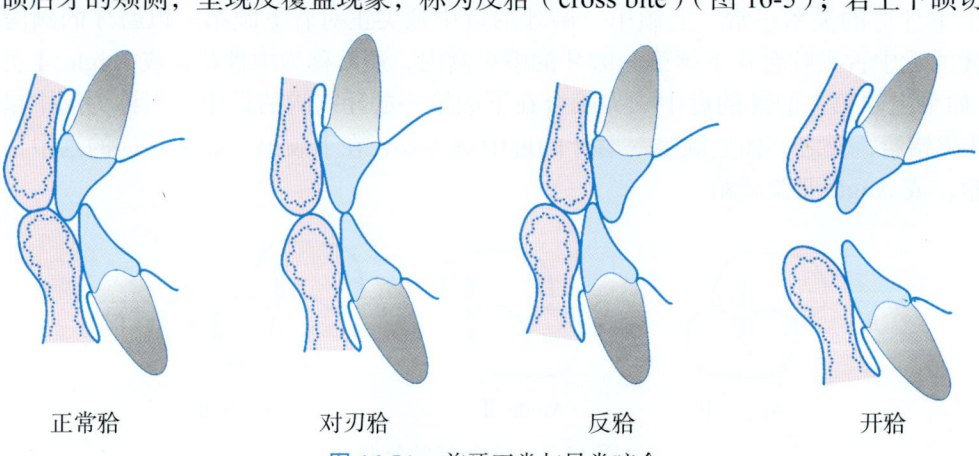

正常𬌗　　　对刃𬌗　　　反𬌗　　　开𬌗

图 16-5A　前牙正常与异常咬合

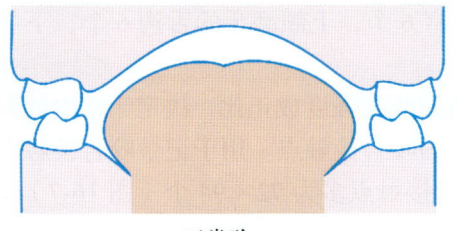
正常𬌗

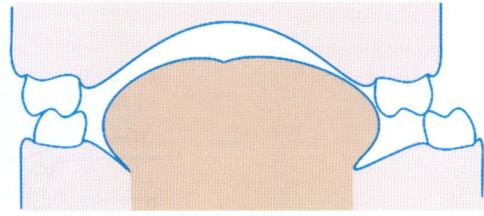
反𬌗

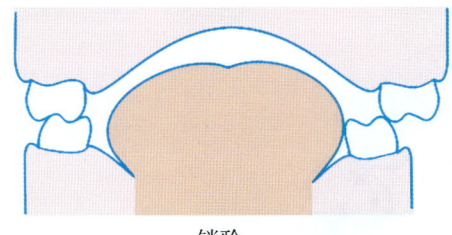
锁𬌗

反锁𬌗

图 16-5B　后牙正常与异常咬合（左侧牙）

切缘相对，或以颊尖相对，则称为对刃𬌗（edge to edge bite）；若上下牙列部分前牙甚至后牙均不接触、无覆𬌗，存在垂直向间隙，称为开𬌗（open bite）。牙尖交错𬌗时，上颌后牙的舌尖咬在下颌后牙颊尖的颊侧为锁𬌗；下颌后牙的舌尖咬在上颌后牙颊尖的颊侧为反锁𬌗。

3. 切道（incisal path）与切道斜度（inclination of incisal path）　切道是指在咀嚼过程中，下颌前伸到上下切牙切缘相对后，在切咬食物返回牙尖交错位过程中，下颌切牙切缘所走的路径。切道斜度是指切道与眶耳平面的交角（亦可依与𬌗平面的交角为准），斜度大小为上下颌前牙间覆盖与覆𬌗程度所影响。一般说来，切道斜度的大小与覆盖成反变关系，与覆𬌗成正变关系（图 16-6）。由于上颌切牙的舌面和下颌切牙的切嵴对下颌前伸具有引导作用，称为切导（incisal guidance）。

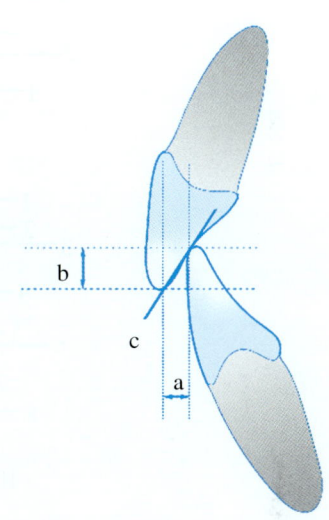

图 16-6　切道 c 与切道斜度

4. 覆盖和覆𬌗的生理意义

（1）上牙弓大于下牙弓形成一定程度的覆盖和覆𬌗，便于在下颌进行咀嚼运动时，仍保持上下牙齿接触关系，从而有利于提高咀嚼效能。

（2）上牙弓的切缘与颊尖覆盖着下牙弓的切缘与颊尖，使唇颊侧的软组织得到保护，不致咬伤。同时在牙弓的舌侧，由于下颌牙的舌尖反覆盖着上颌牙的舌尖，又可保护舌边缘不被咬伤。

（3）覆𬌗及覆盖对下颌前伸运动有影响。切牙覆𬌗的加深会使切道斜度增加，从而下颌在前伸时候会增加向下运动幅度。而切牙的覆盖增加则切道斜度会减小。

五、上下颌牙齿的咬合接触

1. 咬合接触点　根据 Hellman 的观察计数，在牙尖交错𬌗时接触关系正常，则可能有 138 个接触点区。分布在上颌切牙与尖牙的舌面 6 个，下颌切牙与尖牙的唇面 6 个，上颌前磨牙与磨牙颊尖的三角嵴 16 个，下颌前磨牙与磨牙舌尖的三角嵴 16 个，上颌前磨牙与磨牙的颊外展隙 8 个，下颌前磨牙与磨牙的舌外展隙（包括尖牙与第一前磨牙的舌外展隙）10 个，上颌前磨牙与磨牙的舌尖顶 16 个，下颌前磨牙与磨牙的颊尖顶 16 个，前磨牙的远中窝 8 个，磨牙的中央窝12个，下颌磨牙的近中窝6个，上颌磨牙的远中窝6个，上颌磨牙的舌沟6个，下颌磨牙的颊沟6个。

牙尖交错咬合接触的紧密程度、接触点的多少与颌肌的收缩强度成正比，决定于𬌗力的大小。用力咬合与上下颌仅轻微接触相比，可以记录到更多的咬合接触点。用于记录咬合接触点的咬合记录材料同样会影响结果。国内外报告28颗牙咬合接触点多为72~94个（图16-7）。

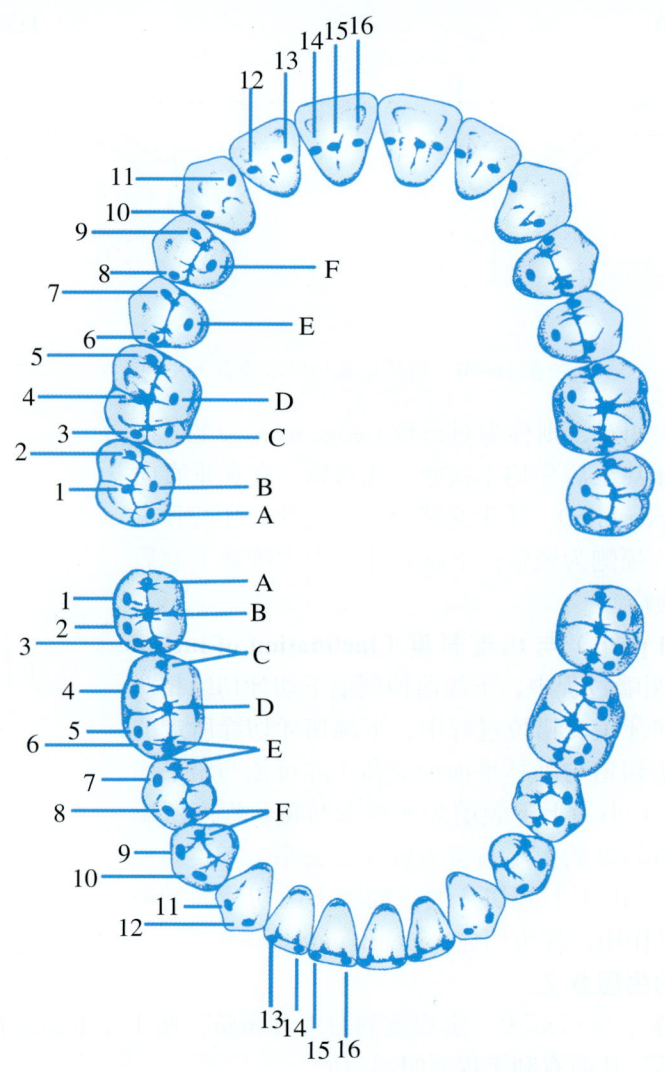

图 16-7 牙尖交错𬌗时上下牙咬合接触关系
下颌牙𬌗面数字1~10代表后牙颊尖与上颌牙𬌗面对应数字的窝和边缘嵴相接触。
上颌的A~F代表上颌后牙的舌尖与下牙𬌗面的对应数字的窝和边缘嵴相接触。
下颌前牙11~16代表前牙切嵴与牙尖嵴与上颌前牙舌面对应数字的舌窝和边缘嵴相接触

2. 𬌗面形态和接触关系 上下颌牙𬌗面间的对位接触关系按接触的部位可分为：尖与窝、尖与沟、尖与嵴的对位接触关系（图16-8）。未磨耗牙齿𬌗面的尖、嵴、沟、窝，都是圆钝面构成，在功能状态下与对𬌗牙呈多点接触，或者是小的面式接触，点的直径多小于1 mm，分布在上下牙弓。随着不断地行使功能，𬌗面发生了磨耗，圆钝的结构变平，接触也多变成了平的面对面的接触。因此，磨耗的天然牙列多呈现面与面的接触。常见的情况是上颌舌尖和下颌颊尖的磨耗速度大于其他牙尖。

3. 支持尖与非支持尖 在牙尖交错𬌗时，牙列双侧的上颌舌（腭）尖与下颌的颊尖同时发生最大范围的接触。由于这些牙尖接触是颌间垂直距离的主要支撑，所以将它们称为支持尖（supporting cusps）或者正中支持尖（centric holding cusps）。一般说来，所有的后牙支持尖都咬

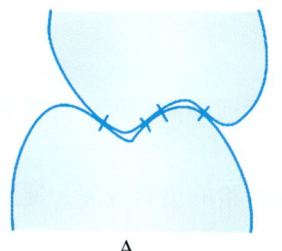
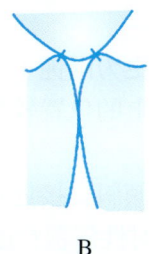
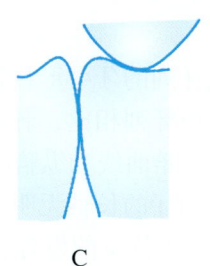

图 16-8　上下颌牙𬌗面间的对位接触关系
A.尖与窝多点接触；B.尖与嵴接触；C.尖与窝一点接触

合于边缘嵴上，除了下颌磨牙的远中颊尖和上颌磨牙的近中舌尖，它们则咬合于对𬌗牙的中央窝（图 16-9）。除了下颌尖牙，所有的下颌前牙都咬合于上颌前牙的舌斜面，这种接触方式不能有效地支持垂直距离和承担牙尖交错𬌗时的𬌗力。因此牙尖交错𬌗时，前牙的咬合接触较轻。

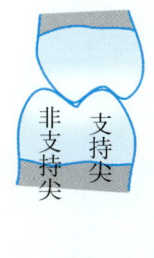
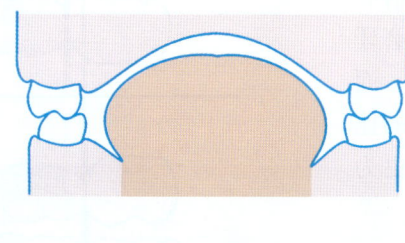
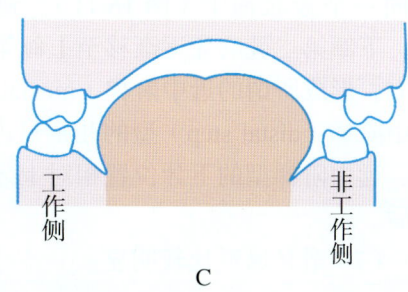

图 16-9　A.支持尖与非支持尖；B.牙尖交错𬌗；C.工作侧与非工作侧

上颌颊尖和下颌舌尖在牙尖交错𬌗时对支持颌间的垂直距离没有作用，因此称为非支持尖（nonsupporting cusps）。在侧方运动时，工作侧这些牙尖会发生咬合接触；由于它们可能会影响或者"引导"这一运动，所以有时称为引导尖（guiding cusps）。

经典𬌗接触关系有助于维持牙尖交错𬌗的稳定。由于牙会伸长、旋转或者在牙弓中移位进入新的位置，支持尖的缺如可以导致𬌗不稳定。但是，实际上即使没有理想的牙尖关系仍然可以维持𬌗的稳定性。这是因为自然牙列牙尖交错接触点比理论上的理想的要少得多。例如，与理想的咬合关系不一致的轻微错𬌗畸形也可能达到足够的咬合接触来维持牙尖交错𬌗的咬合平衡。

在日常的口腔功能活动中，如咀嚼和吞咽中，上下牙列𬌗接触最多的位置是牙尖交错𬌗。正常的牙尖交错𬌗，上下牙列接触最广泛、最紧密，使整个牙列和牙周组织受力均匀，有利于组织健康和发挥功能，所以牙尖交错𬌗是一个最基本和最重要的𬌗关系。牙尖交错𬌗属牙对牙的关系，因此不稳定，在人的一生中会有变化。牙尖交错𬌗会因牙本身的改变，如𬌗面磨耗、牙及其支持组织的疾病、牙位的改变以及牙的缺失等发生适应性改变。这些改变有的属生理性的，如生理性的𬌗面及邻面接触点区的磨耗；有的属于病理性的，如因牙的疾患或缺失所导致的咬合妥协型。

第三节　乳牙期与替牙期牙尖交错𬌗的特征
Features of Intercuspal Occlusion of Deciduous Dentitions and Mixed Dentitions

一、乳牙𬌗

乳牙𬌗（deciduous occlusion）约在 2 岁半建立，一直到 6 岁恒牙萌出之前属于乳牙𬌗，有以下特征：

（1）乳牙列的牙弓形状较恒牙列更为圆钝（见图 15-9）。

（2）与恒牙列相比，乳牙在颌骨上的位置较为直立，无近远中向斜度，亦无颊舌向斜度。

（3）无横𬌗曲线和纵𬌗曲线。

（4）乳切牙的长轴无明显唇舌向倾斜，接近垂直，使乳牙𬌗的覆𬌗较深，覆盖较小。到乳牙后期，随着下颌支的发育，这种暂时性深覆𬌗逐渐减小。

（5）在4~6岁之间，颌骨生长使乳牙列中形成了小间隙，为恒牙萌出创造了条件。在切牙区和尖牙区出现间隙，最大的间隙出现在上颌乳尖牙的近中、下颌乳尖牙的远中，此间隙称灵长类间隙（图 16-10）。

（6）大部分儿童中，上下第二乳磨牙的远中面处于同一平面，称为平齐末端（flush terminal plane），即上下第二乳磨牙的远中面在同一个冠状面上（图 16-11）。到乳牙𬌗后期，下颌第二乳磨牙逐渐移至上颌第二乳磨牙前方，形成所谓的近中阶梯（mesial step）。而远中阶梯（distal step）型的儿童只占很少的比例。远中阶梯型的下牙位置相对上牙来说更为靠后。

（7）乳牙磨耗比较明显。

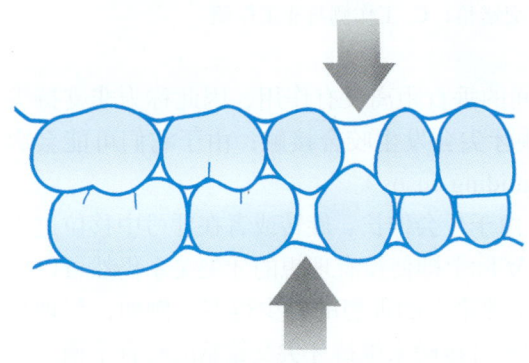

图 16-10　灵长类间隙（仿 Mohl et al.）

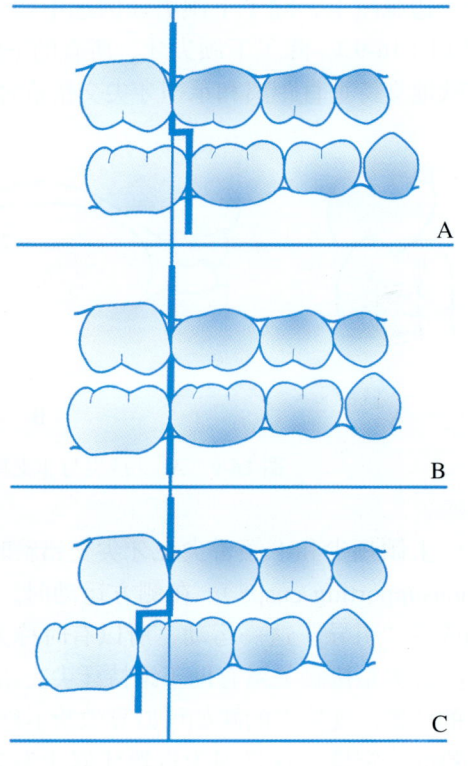

图 16-11　乳牙列的近远中阶梯
A. 近中阶梯；B. 平齐末端；C. 远中阶梯（仿 Mohl et al.）

二、替牙期牙尖交错𬌗的特征

替牙期又称混合牙列（mixed dentitions）期。约6岁时，第一恒磨牙萌出，又有下颌第一乳中切牙脱落，即为替牙期开始，直至12岁左右，乳牙全部为恒牙所替换，替牙期结束。在替牙期，常有以下暂时性错𬌗的表现：

（1）恒切牙在萌出初期，上颌左右中切牙之间常有间隙，随着侧切牙及尖牙的萌出，间隙逐渐消失，中切牙位置转为正常。

（2）在乳切牙初萌时，上唇系带常暂时位于两中切牙之间，随着面部和颌骨的发育，牙根的生长，上唇系带可逐渐退缩至正常位置。因此，在乳牙𬌗期及替牙𬌗期，上唇系带的位置低，并可观察一段时间，如不能退缩至正常位置，则会妨碍上颌恒中切牙间间隙的闭合，则需要处理。

（3）上颌侧切牙萌出期间，表现出根部向近中、冠部向远中倾斜，这是因为尖牙的牙胚挤压着侧切牙的牙根所致，待尖牙萌出，侧切牙的根部不再受挤压，同时牙槽骨又有所增长，侧切牙的牙体长轴逐渐转为正常。

（4）乳恒牙混合期，常出现牙列拥挤现象，随着颌骨的长大，乳牙被恒牙替换，恒牙列逐渐排齐，牙弓呈规则形态。如在颌骨发育完全之后，牙列仍是拥挤的，即属异常。

（5）在建𬌗初期，上下颌第一恒磨牙的关系常为远中𬌗（见图16-11C），第二乳磨牙脱落后，下颌第一恒磨牙逐渐向近中移动，成为中性𬌗（上下颌第一恒磨牙正常关系）。

（6）前牙可有暂时性深覆𬌗现象，随着恒牙的继续萌出，以及颌骨的生长，前牙的深覆𬌗可逐渐成为正常覆𬌗。

在乳牙期和替牙期，上下颌牙的关系常有暂时性错𬌗的表现，在各发育阶段表现不同。随着颌骨的发育长大，此类错𬌗随着发育可自行调整，成为正常𬌗。由于在替牙期，牙的替换与面部颌骨的生长发育相交织的变化较大。因此，临床医师必须细心观察分析，慎重诊断，正确区别暂时性错𬌗与真性错𬌗。

三、𬌗的发育过程

第一恒磨牙萌出之后紧贴于第二乳磨牙的远中面。如果乳磨牙是近中阶梯型，那么恒磨牙萌出之后基本上就可以建立中性𬌗的关系。另一种情况是乳磨牙的末端是平齐型，那么第一恒磨牙萌出后的位置为尖对尖（图16-11B）。恒磨牙的中性关系是：下颌磨牙的位置较上颌偏近中约一个牙尖的宽度，这种关系可以通过以下几种机制建立：

（1）灵长间隙的关闭。第一恒磨牙的萌出对乳磨牙直接地施加了向前的力。在这个压力的作用下，利用的灵长间隙，使下颌乳磨牙近中移位，关闭下颌乳尖牙远中的灵长间隙。

（2）利用乳磨牙脱落形成的剩余间隙。下颌乳磨牙和前磨牙的近远中宽度差至少比上颌的大1mm（图16-12）。乳磨牙脱落后下颌恒磨牙近中移位的距离比上颌的要大。

（3）下颌骨的生长量大于上颌骨。出生的时候，下颌骨不如上颌骨发育得完善。出生后下颌骨的生长必须要追上上颌骨。下颌骨生长量较多并且快速生长期结束的时间比上颌骨晚。由于下颌骨生长量多，可以使下颌牙齿比上颌的更靠前，引起了其关系的轻微改变。

第二乳磨牙呈远中阶梯型者发育为中性𬌗的可能性不大。第二乳磨牙的远中阶梯意味着恒磨牙萌出后将形成远中𬌗（图16-11C）。一旦建立了这样的𬌗关系，自动调整为中性𬌗的概率将很小。在大部分的病例中，锁结的牙尖阻碍了远中关系调整为中性关系。在第一恒磨牙萌出后形成尖对尖关系的儿童中，大约有75%的病例调整为中性𬌗，而其余的最终形成了远

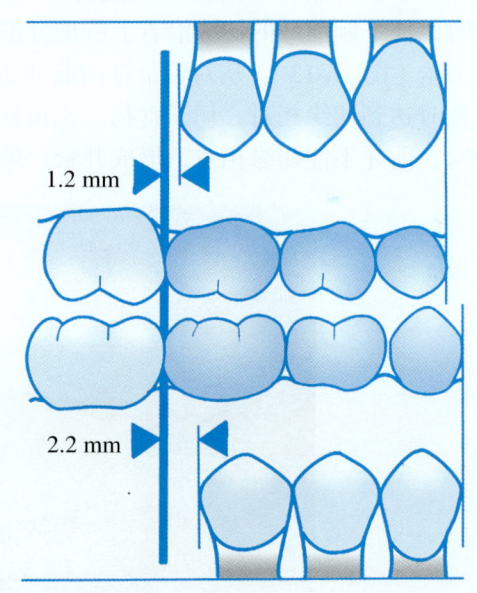

图16-12 乳磨牙脱落在上下牙弓产生的可调整空间
（仿 Mohl et al. A Textbook of Occlusion. 1988）

中𬌗。远中𬌗的形成可能是由于颌骨的生长方向不同或局部的因素，如上下颌第二乳磨牙脱落顺序的异常所致。因此，第一恒磨牙的关系对于决定其他恒磨牙的关系有至关重要的作用。另一个对其后萌出牙齿关系起重要作用的牙齿是第一前磨牙。

牙齿刚萌出的时候经常是尖对尖或者末端对末端的关系，在随后的萌出过程中，牙尖斜面的引导作用使之形成正常牙尖交错的咬合关系。对于萌出后形成末端对末端关系的牙齿有选择

地稍加调磨可以将牙齿的生长引导进入正常𬌗的方向。而不进行这些调整可能会导致数对牙齿的近远中或颊舌向位置异常。

由于出生后下颌骨的生长量较上颌骨大，意味着在生长过程中覆盖会不断减小。在出生后的前 6 个月，覆盖的减小比较显著。虽然由儿童期到青春期覆盖持续地减小，但是由乳牙列向混合牙列过渡的阶段会有暂时的增大。例如，在 Bjork（1953）的纵向抽样调查中，男生覆盖的平均值由 12 岁的 4.1 mm 降至 20 岁的 3.4 mm，覆𬌗也相应地由 2.6 mm 降至 2.1 mm。

儿童后退接触位与牙尖交错位之间的距离大约是 1 mm，平均的变化范围是 0～2 mm，这个值完全与成人相同。在儿童的乳牙列也是如此。大部分混合牙列的儿童，侧方滑动运动时工作侧多个牙齿接触，同时非工作侧也有接触，这一现象也可见于年轻成人。儿童与成人的工作侧接触方式是不同的。在上颌恒尖牙建𬌗之前，工作侧的接触最常见的是在第一恒磨牙；而在此后则接触是在尖牙。非工作侧的接触一般见于最后方萌出的牙齿，也就是，随着牙列的发育，接触的位置由第一恒磨牙转移到第三恒磨牙。

第四节　前伸𬌗与侧𬌗
Protrusive Occlusion and Lateral Occlusion

一、前伸𬌗

当下颌由牙尖交错位依切导向前、下运动的过程中，上下牙列间的咬合关系皆为前伸𬌗（protrusive occlusion）关系。在前伸咬合的过程中，最重要和最易重复的是对刃𬌗。在临床确定时，使下颌前牙的切缘沿着上颌前牙的舌面向前下方滑行，达到上下切牙的切缘相对时即为对刃𬌗（图 16-13）。从对刃𬌗直向前伸达到最大前伸𬌗。对刃𬌗是一个重要的关系，前牙切咬食物时达到切缘相对，切断食物。义齿修复时需注意建立下颌前伸时的对刃关系。如果下颌前伸时，前牙不能切缘相对，形成开𬌗，患者将出现切咬食物困难。

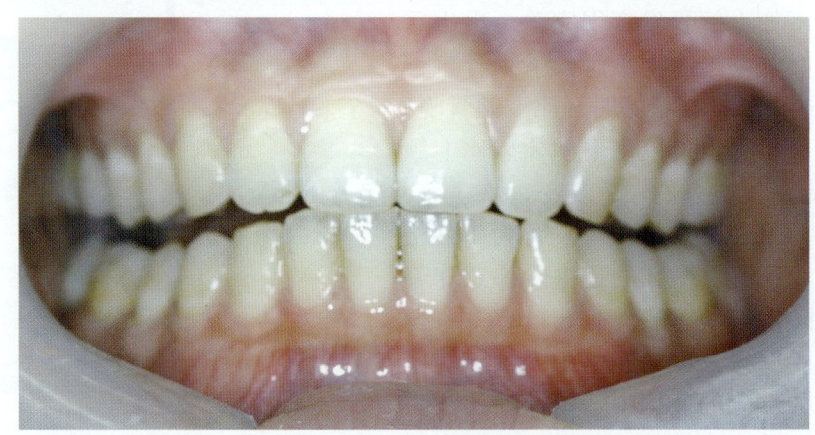

图 16-13　前伸𬌗

自然牙列对刃𬌗的特点是，当前牙切缘相对时，后牙无接触。但是有些个体由于牙列的生理性磨耗，可以由早期的对刃𬌗后牙无接触，逐渐变为对刃后牙有接触（无早接触），形成了平衡𬌗。

二、侧𬌗

下颌向一侧运动，该侧（工作侧）上下牙外侧牙尖相接触，对侧牙不接触，为侧𬌗（lateral

occlusion）。正常的自然牙列工作侧咬合接触有两种类型：尖牙保护𬌗（图 16-14）和组牙功能𬌗（图 16-15）。年轻人多为尖牙保护𬌗，而组牙功能𬌗多见于年长者。随着年龄的增长和牙的磨耗，尖牙保护𬌗可以变为组牙功能𬌗。

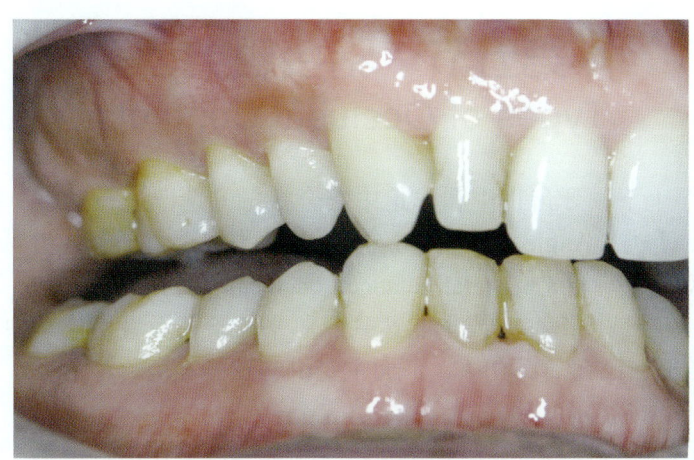

图 16-14 尖牙保护𬌗

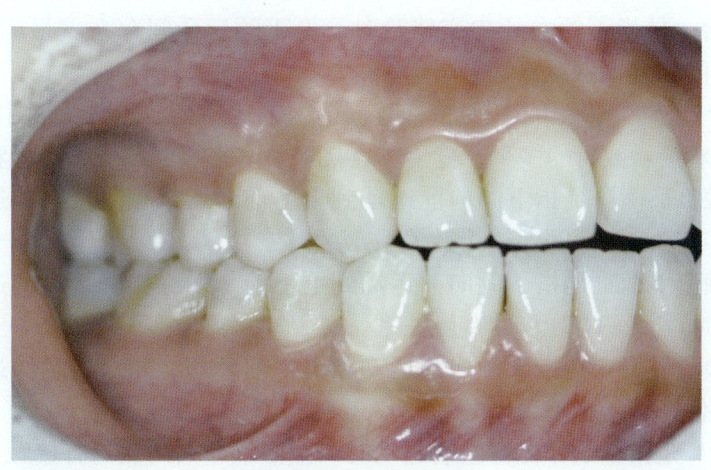

图 16-15 组牙功能𬌗

尖牙或后牙的覆𬌗及覆盖影响下颌的侧方运动。例如：尖牙保护𬌗时尖牙的覆𬌗与覆盖形成的尖牙导的斜度影响下颌向侧方和向下运动的幅度。覆𬌗的加深会使尖牙导增加，从而下颌在侧方运动的时候会更向下。而尖牙的覆盖增加则会产生相反的效果，也就是尖牙导会减小。相同的概念也适用于组牙功能𬌗，后牙导引导下颌的侧方运动。

1. 尖牙保护𬌗（canine protected occlusion） 特点是在侧方咬合运动时，以尖牙作支撑，对其他牙齿起到保护作用（图 16-14）。在前伸咬合运动时，上下颌前牙切缘相对接触，后牙不接触；侧方咬合运动时，工作侧只有尖牙保持接触，非工作侧牙齿不接触。RCP 与 ICO 协调（CRO 与 CO 协调）。尖牙作支撑的有利条件是：① 具有适合作为制导的舌面窝，可导致𬌗力趋于轴向；② 根长且粗大、支持力强；③ 位居牙弓前部，在咀嚼时构成Ⅲ类杠杆，能抵御较大的咀嚼力；④ 牙周韧带感受器丰富，对刺激敏感，能及时做出调整反应。

2. 组牙功能𬌗（group function occlusion） 特点是在侧方咬合运动时，工作侧的上下尖牙和一对或一对以上的后牙保持同时接触，或者工作侧上下后牙均保持接触；非工作侧上下颌后牙不接触。组牙功能𬌗以成组的牙齿行使功能（图 16-15），不是像尖牙保护𬌗那样仅以尖牙作支撑。优点是以成组牙行使功能，使𬌗力分散，减轻个别牙的负荷，从而使牙齿免于遭受创伤。

组牙功能𬌗：在前伸咬合运动时，上下颌前牙切缘相对接触，后牙不接触；在侧方咬合运动时，工作侧上下颌后牙均保持接触，非工作侧上下颌后牙不接触。RCP 与 ICO 协调（CRO 与 CO 协调）。

第五节　𬌗接触类型
Types of Occlusal Contacts

这种分型是按照上下颌牙齿正中和非正中咬合接触的情况进行分类。单纯根据牙尖交错𬌗情况可分为 Angle Ⅰ类、Angle Ⅱ类和 Angle Ⅲ类。当根据上下颌牙齿正中和非正中咬合接触分型时，可分为双侧平衡𬌗（bilateral balanced occlusion）与单侧平衡𬌗（unilateral balanced occlusion）。单侧平衡𬌗是指不存在或未能达到双侧平衡𬌗关系者，这其中有尖牙保护𬌗和组牙功能𬌗。这两种𬌗型，已在前面介绍，下面主要讲解双侧平衡𬌗。

一、双侧平衡𬌗

根据颌位的不同，双侧平衡𬌗可分为正中平衡𬌗、前伸平衡𬌗与侧方平衡𬌗。

1. 正中平衡𬌗　是指下颌在牙尖交错𬌗时，上下颌后牙间存在着最广泛的、均匀的点、线、面接触，前牙间轻轻接触或不接触。

2. 前伸平衡𬌗　是指下颌由正中位依切导向前、下运动至前牙切缘相对时，后牙保持𬌗接触关系。依后牙间𬌗接触数目的多少，分为三点接触、多点接触与完善接触𬌗平衡。

（1）三点接触𬌗平衡：是指下颌向前运动到上下前牙切缘相对接触的过程中，上下颌牙列两侧后牙区第二或第三磨牙间保持接触关系。

（2）多点接触𬌗平衡：是指下颌向前运动到上下前牙切缘相对接触的过程中，上下颌牙列两侧后牙区保持着多于一对牙齿的接触关系。

（3）完善接触𬌗平衡：是指下颌向前运动到上下前牙切缘相对接触的过程中，上下颌牙列各个相对牙齿均保持着接触关系。

3. 侧方平衡𬌗　是指下颌作侧方咀嚼运动时，上下颌牙列两侧均有接触关系。依照非工作侧牙齿接触数目的多少，也分为三点接触、多点接触及完善接触平衡。

（1）三点接触𬌗平衡：是指下颌在侧方运动过程中，上下颌牙齿在工作侧（咀嚼侧）相对各牙的牙尖工作斜面（上颌后牙牙尖的舌斜面，下颌后牙牙尖的颊斜面）均保持接触，在非工作侧仅有个别磨牙保持接触。

（2）多点接触𬌗平衡：是指下颌在侧方运动过程中，上下颌牙齿在工作侧相对各牙的牙尖工作斜面均保持接触，而在非工作侧有多数后牙保持接触。

（3）完善接触𬌗平衡：是指下颌在侧方运动过程中，上下颌牙齿在工作侧与非工作侧相对各牙牙尖的工作斜面均保持接触。

二、咀嚼运动中的平衡𬌗

对于自然牙列咀嚼运动中的𬌗平衡问题，学术界很长时间未能取得一致意见。有的学者认为下颌骨为单弓形，参与两侧颞下颌关节的构成，如果没有平衡𬌗，则在咀嚼时，颞下颌关节将承受所产生的扭力，从而可引起关节的不适或病变；在前伸咬合运动时失掉后牙支持，亦可造成切牙负担过重，引起创伤。因此平衡𬌗是必要的，没有平衡𬌗则可形成创伤力。但另一些学者，特别是近年来研究颞下颌关节功能障碍者认为平衡𬌗是不必要的。在正中只要𬌗接触良好，咬合时能达到单侧平衡𬌗，即在侧方咬合运动时，工作侧能接触均匀无碍，非工作侧（平衡侧）牙齿不接触；在前伸咬合运动时，前牙成组牙接触，后牙不接触，就可保持良好的咀嚼功能，维护牙齿及其支持组织与口颌系统的健康。在临床中，单侧平衡𬌗多见于年轻的、磨耗少的牙列，而双侧平衡𬌗可见于磨耗重的牙列。从临床实践中对上述两种论点还难以作出结论，而达成共识的是咀嚼运动中的早接触，特别是平衡侧早接触，对口颌系统的危害。在全口义齿修复时，平衡𬌗的建立对咀嚼运动中保持义齿的稳定和固位至关重要，因此要求达到前伸平衡𬌗和侧方平衡𬌗。

第六节　按功能情况的𬌗分类
Classification of Occlusion Based on Function

一、理想𬌗

理想𬌗（optimal occlusion，theoretically ideal occlusion）为𬌗的形态美观，生理功能正常，牙齿、牙周及口颌系统健康。理想𬌗也称为最适𬌗。

二、生理𬌗

健康的未经过治疗的牙列，正中咬合时双侧后牙广泛接触，前伸时前牙接触，后牙不接触，侧向时工作侧接触，非工作侧不接触，各向运动无干扰存在，关节和肌肉功能均正常，这种咬合称生理𬌗（physiologic occlusion）或适宜𬌗。生理𬌗可有咬合异常因素存在，但能为个体所适应，一般不应做预防性处理。

三、病理𬌗

有异常因素存在，并且引起了口颌系统功能紊乱或疾病的咬合，称为病理𬌗（pathologic occlusion）。这种𬌗的形态有可能正常，但功能不正常，仍属于病理𬌗。

小　结

正常牙尖交错𬌗（正中𬌗）表现为，上下牙列中线对正，除了最后一个磨牙及下颌中切牙每个牙都与对颌两个牙对应接触，第一磨牙为中性关系，上颌尖牙的牙尖顶对着下颌尖牙的远中唇斜面和唇侧远中缘，前牙与后牙覆𬌗、覆盖关系正常。牙尖交错𬌗是牙对牙的关系，因此牙的缺失、磨耗可以改变牙尖交错𬌗。乳牙弓形状较恒牙列更为圆钝，无纵、横𬌗曲线，覆𬌗较深，覆盖较小。颌骨生长使乳牙列中形成了小间隙，为恒牙萌出创造了条件。上下第二乳磨牙的远中面有三种关系：平齐末端、近中阶梯或远中阶梯。

非正中𬌗关系主要有前伸𬌗与侧𬌗。前伸𬌗咬合的过程中，最重要的是对刃𬌗。正常牙列工作侧咬合接触有两种类型：尖牙保护𬌗与组牙功能𬌗。根据上下颌牙齿正中和非正中咬合接触的情况可以将其分为双侧平衡𬌗与单侧平衡𬌗。按功能情况又可以分为：理想𬌗、生理𬌗和病理𬌗。

由于咀嚼系统的存在，𬌗的影响是广泛的。𬌗的问题除了作用于牙周组织，而且通过神经反射的作用可以影响有关肌肉、颞下颌关节等结构的功能，严重者可导致结构的改变。

（谢秋菲　张　磊）

Definition and Terminology

殆（Occlusion）: The static relationship between the incising or masticating surfaces of the maxillary or mandibular teeth.

咬合（Articulation）: In dentistry, the static and dynamic contact relationship between the occlusal surfaces of the teeth during function.

牙尖交错殆（Intercuspal occlusion or maximal intercuspal position）: The complete intercuspation of the opposing teeth independent of condylar position, sometimes referred to as the best fit of the teeth regardless of the condylar position—called also maximal intercuspation—comp CENTRIC OCCLUSION.

覆盖（Overjet or horizontal overlap）: The projection of the maxillary anterior and/or posterior teeth beyond their protagonists in a horizontal direction when the mandible is in centric occlusion (horizontal overlap). The anterior guidance will be greatly influenced by the relative amount of overbite and overjet. For example, much overbite and little overjet of the maxillary incisors relative to the mandibular incisors will result in a great deal of incisal guidance, and vice versa.

覆殆（Overbite or vertical overlap）: The distance teeth lap over their antagonists as measured vertically; especially the distance the maxillary incisal edges extend below those of the mandibular teeth. It may also be used to describe the vertical relations of opposing cusps 2: the vertical relationship of the incisal edges of the maxillary incisors to the mandibular incisors when the teeth are in maximum intercuspation.

切导（Incisal guidance）: The influence of the contacting surfaces of the mandibular and maxillary anterior teeth on mandibular movements 2: the influences of the contacting surfaces of the guide pin and guide table on articulator movements.

切导斜度（Incisal guide angle）: Anatomically, the angle formed by the intersection of the plane of occlusion and a line within the sagittal plane determined by the incisal edges of the maxillary and mandibular central incisors when the teeth are in maximum intercuspation 2: on an articulator, that angle formed, in the sagittal plane, between the plane of reference and the slope of the anterior guide table, as viewed in the sagittal plane.

支持尖（Supporting cusps）: Those cusps or incisal edges of teeth that contact in and support maximum intercuspation. Usually facial cusps of the mandibular posterior teeth, the maxillary palatal cusps, and the incisal edges of the mandibular anterior teeth.

尖牙保护殆（Canine protected occlusion）: A form of mutually protected articulation in which the vertical and horizontal overlap of the canine teeth disengage the posterior teeth in the excursive movements of the mandible.

组牙功能殆（Group function occlusion）: Multiple contact relations between the maxillary and mandibular teeth in lateral movements on the working side whereby simultaneous contact of several teeth acts as a group to distribute occlusal forces.

A modification of the mutually protected occlusion in which the canines and one or more adjacent pairs of posterior teeth on the working side are in simultaneous occlusal contact during lateral excursion of the mandible.

双侧平衡殆（Bilateral balanced occlusion）: The bilateral, simultaneous anterior and posterior occlusal contact of teeth in centric and excentric positions.

An occlusion in which balanced and equal contacts are maintained throughout the entire arch during all excursions of the mandible. In the pure form, a balanced occlusion implies simultaneous occlusal contact on both working and nonworking sides during lateral excursion (cross-arch balance), occlusal contact between opposing buccal cusps and opposing lingual cusps on the working side during lateral excursion (cross-tooth balance), and simultaneous occlusal contact of anterior and posterior teeth during protrusion (protrusive balance). This concept, or modifications thereof, are usually reserved for complete denture prosthodontics.

理想𬌗 (optimal occlusion, theoretically ideal occlusion): A preconceived theoretical concept of occlusal structural and functional relationships that includes idealized principles and characteristics that an occlusion should have. It does not represent the norm in a statistical sense and only occasionally represents the occlusal characteristics of any given individual. The concept is used as a series of idealized parameters against which variations may be compared.

生理𬌗 (Physiologic occlusion): Occlusion in harmony with the functions of the masticatory system.

This concept refers to an occlusion, usually adult, that deviates in one or more ways from the theoretically ideal, yet is well adapted to that particular environment, is esthetically satisfactory to the patient, and has no pathological manifestations or dysfunctional problems. It represents a state of harmony and does not require therapeutic intervention.

病理𬌗 (Pathologic occlusion or pathogenic occlusion): An occlusal relationship capable of producing pathologic changes in the stomatognathic system.

This concept involves the presence of signs or symptoms of pathology, dysfunction, or inadequate adaptation of one or more components of the masticatory system that can be attributed to faulty structural relationships or to mandibular functional activity; thus, therapy may be indicated.

第十七章 颌 位

Mandibular Positions

颌位是指下颌相对于上颌或下颌相对于颅骨的位置。上颌和颅骨是相对固定的，而下颌可以上下、左右、前后运动，因此，下颌相对上颌或颅骨有许多位置，但是基本的、有重要临床意义的颌位是牙尖交错位、下颌后退接触位、下颌姿势位、肌接触位。下颌对上颌稳定的、可重复的位置关系是正中关系。

第一节 牙尖交错位
Intercuspal Position

牙尖交错位（intercuspal position, ICP）是下颌重要的功能位，是经过长期的生长、发育、适应所形成的颌位，而且是由牙所决定的下颌向上运动的边缘位。当双侧嚼肌、颞肌、翼内肌收缩，下颌由𬌗斜面引导到达这一位置。口腔的咀嚼、吞咽等功能活动均与牙尖交错位密切相关。一般咀嚼循环的终点是牙尖交错位，大多数个体吞咽时下颌位于牙尖交错位。牙尖交错位正常，双侧咀嚼肌活动协调、有力，保证口腔功能的顺利完成，并且可防止下颌运动过程中可能产生的创伤。在一定时期内，牙尖交错位相对稳定，临床可以重复确定。因此，牙尖交错位是口腔检查、诊断和治疗的基准位。

一、牙尖交错位定义

牙尖交错𬌗时下颌相对上颌或下颌相对颅骨的位置，称为牙尖交错位。当口颌面部形态两侧对称、上下牙列排列正常，牙尖交错𬌗时下颌的位置相对于颅骨处于正中，这时牙尖交错位又称作正中𬌗位（centric occlusion position, COP）。牙尖交错位是以牙尖交错𬌗为前提。当牙尖交错𬌗出现变化（如牙齿缺失、磨耗），牙尖交错位则随之改变，丧失了牙尖交错𬌗即丧失牙尖交错位。因此牙尖交错位又称为牙位，在人的一生中是不稳定的。

二、牙尖交错位的特征

1. 牙尖交错位时上下牙列的咬合关系 见牙尖交错𬌗的特征（第十六章第二节）。

2. 牙尖交错位时咀嚼肌活动 双侧的升、降颌肌肉协调活动，维持下颌的牙尖交错位。在具有正常的牙尖交错𬌗（正中𬌗）的个体，双侧肌肉活动是对称和有力的。当牙尖交错𬌗异常，如错𬌗畸形，位于牙尖交错位时下颌偏向一侧，这时两侧咀嚼肌活动不一致，偏向的一侧嚼肌的活动可能大于另一侧。

3. 牙尖交错位时颞下颌关节 正常情况下，髁突基本位于下颌窝的中央，关节的前、上、后间隙基本相等。髁突的关节前斜面、关节盘中间带、关节结节后斜面三者密切接触，关节内压力正常。双侧髁突位置对称，不偏向某一侧。

第二节　正中关系位与后退接触位
Centric Relation Position and Retruded Contact Position

一、正中关系位与后退接触位

1. 正中关系（centric relation，CR）　是指下颌髁突位于关节窝的上-前位，下颌可以做单纯的转动，是生理性上下颌关系。在这一位置，关节盘位于髁突与关节窝之间，髁突前斜面对着关节盘最薄且无血管部分，盘突复合体在前上方对着关节结节后斜面；下颌适居正中，在适当的面部距离（垂直距离）时，下颌骨对上颌骨的位置关系；髁突在这一位置又称为正中关系位（centric relation position，CRP）。这个位置关系的特点是：①与是否有牙无关，是生理性的上下颌关系，是一个可重复的有临床意义的参考位；②是一个功能性的后边缘位。如果迫使下颌从这个位置再向后，则会由于附着在下颌的有关肌肉受拉，髁突后方的软组织受压而感到不适；③始于这个生理性位置，下颌可以做垂直、侧方或前伸运动。在正中关系下，下颌依髁突为轴可做 18～25 mm（切点测量）的铰链开闭口运动，称为正中关系范围。下颌（切点）在闭合过程中所经过的路线，称为正中关系弧（centric relation arch，CRA）。在正中关系时最大铰链开口度为正中关系界（centric relation border），如下颌继续向下运动，超过这一开口度，髁突则出现滑动，下颌对上颌为非正中关系。

2. 后退接触位（retruded contact position，RCP）　指下颌从牙尖交错位向后向下移动少许（0.5～1 mm），此时后牙牙尖斜面仅少量接触，前牙脱离接触，髁突位于功能性最后位，从这一位置下颌可以做侧向运动，即为下颌的后退接触位。后退接触位的生理意义是，吞咽和咀嚼硬物时下颌常达到此位，因此后退接触位是下颌功能位置之一；后退接触位属于韧带控制位，重复性好，与牙尖交错位有稳定的关系，可以作为牙尖交错位的参考位。

下颌处在正中关系时，向上闭合达到最初的咬合接触关系称为正中关系𬌗（centric relation occlusion，CRO），此时的𬌗接触发生在上下颌的磨牙区，上下前牙区不接触，髁突处于正中关系位。一般认为，正中关系𬌗与后退接触位对应的颌位是同一位置，从这一位置下颌可以做侧向运动。但也有的学者认为，下颌后退接触位可能是一个比正中关系位更后退的位置。

按照经典的𬌗学理论，在正中关系范围内，尽管下颌可以作一定范围（由后退接触位的切点位置至正中关系界的切点位置）的开闭运动，而髁突在原位只有转动无滑动，因此髁突的某一点相对于上颌（或颅骨）的位置关系没有改变。后退接触位则是指下颌处在正中关系时，下牙列与上牙列有咬合接触。

由于髁突的后方是双板区、脂肪组织和腺体，因此在外力作用时髁突可以后移，超出生理性位置的范围，压迫上述组织，所以，按照传统的推下颌向后的方法难以准确重复确定正中关系位。而髁突在其上前方通过关节盘的后带和中间带与关节窝顶和关节结节后斜面可以达到稳定的接触。因此近年来学者们认为稳定的、可重复的正中关系是当髁突和关节盘在最上、最前位（也有称之最中和最上位）时，下颌对上颌的一个位置关系。这个位置在解剖学上难以确定，但是临床上当下颌能够以一个固定的末端轴转动时（≤25mm），可以确定。这一位置在没有疼痛和 TMJ 紊乱的患者可以确定。咀嚼系统功能紊乱时可能记录不到这一位置。

3. 双手引导法（bimanual manipulation）　双手引导法是确定正中关系和正中关系𬌗的一

种常用方法，一般情况下其可重复性好，可靠性高，而且可以与其他方法结合使用。患者靠在牙椅上倾斜30°～45°，放松精神、放松全身肌肉，注视1米以外的物体并且经鼻缓缓呼吸。医生的双手置于患者颏部下方，拇指放在下颌前牙和牙龈处，其余四指分别位于两侧下颌骨下缘。嘱患者轻微张口（1～2cm），在双手的作用下，轻轻地移动下颌骨，使双侧髁突在没有肌肉作用的情况下接触关节结节后斜面，确定正中关系。然后，在患者完全放松的状态下，缓缓地移动下颌骨向上，当上牙接触到位于下前牙的拇指时，将拇指下移，直至上下颌牙齿在正中关系下接触，达到正中关系𬌗。临床中也可使用"单手引导法"，其指导原则与双手引导法是相同的：医生的右手置于患者颏部下方，示指和中指分别位于下颌骨两侧，拇指放在下颌前牙和牙龈处（注意不要压到下唇），其余操作要点与双手引导法相同。

注视患者的眼睛，用缓和沉稳的声音与之交谈，以及使用催眠诱导技术可以帮助患者放松。如果通过这种方法不能使患者的下颌放松，可以戴用𬌗垫2～3周，以达到完全放松的状态，这样就可以记录到准确的正中关系。

二、后退接触位与牙尖交错位的关系

后退接触位与牙尖交错位这两个位置间的关系，可分为协调的与非协调的两种情况（正中关系𬌗与牙尖交错𬌗的关系）。

1. 协调关系　有两种情况：一是指两者为同一位置，有8%的人从牙尖交错位不能向后退，后退接触位与牙尖交错位为同一位；二是由后退接触位能自如地直向前滑动到牙尖交错位（如有偏斜不应超过0.5 mm），其滑动距离多在0.5～1.0 mm，这一距离称为长正中（long centric）或正中自如（freedom of centric）。人群中两位者占92%。协调关系属生理性关系，此类占10%～30%。乳牙𬌗和幼年𬌗以一位占多数，而成年人多为两位。

2. 非协调关系　即下颌不能自如地由后退接触位直向前滑动到牙尖交错位（下颌牙不能自如地由正中关系𬌗直向前滑到牙尖交错𬌗），往往在滑动中发生偏斜，这属于功能障碍性关系。非协调关系常成为颞下颌关节紊乱病的潜在因素。

两个位置间的距离可随年龄、牙齿的生理性磨耗的增加而逐渐增加，并可能使两个位置由不协调变为协调关系。在咀嚼时的闭合运动，支点在上后方，这样即可推动牙齿向前，同时又由于邻面接触点的磨耗，牙齿亦逐渐向近中移动，久而久之，就会使两者间的距离逐渐增加，干扰性的𬌗接触（早接触）就可能逐渐消除，而趋于协调。

如后退接触位滑动到牙尖交错位出现较明显的偏斜，多由后退接触位时两侧后牙牙尖斜面不协调、接触滑动不平衡，存在咬合干扰造成。颞下颌关节病患者，可能不能诱导出后退接触位，同一位的比例增高，但是这种同一位是由于颞下颌关节结构功能异常所致。由牙尖交错位向后退的距离过大也是颞下颌关节结构功能异常的一种表现。

三、正中关系位和后退接触位的生理意义

研究显示，咀嚼硬物和吞咽时下颌经常达到后退接触位，后退接触位是一个功能位。牙尖交错位与后退接触位之间的距离，为牙尖交错𬌗留有缓冲的余地，当𬌗力较大时可以通过下颌的后退缓冲𬌗力，是一种生物力学的保护机制。

正中关系位是由韧带和其他组织结构确定的髁突位，重复性较好，并且当全口牙缺失或多数牙缺失时，丧失了牙尖交错位、丧失了天然牙的咬合接触，此时髁突的正中关系位仍存在。在临床义齿修复时可以确定下颌的正中关系位，在此基础上根据适当的垂直距离，建立义齿的牙尖交错𬌗。

临床研究发现，颞下颌关节病和磨牙症的患者，正中关系𬌗与牙尖交错𬌗不协调，存在𬌗

干扰的较多,或者下颌后退时单侧后牙接触的比例高。所以检查正中关系𬌗与牙尖交错𬌗协调与否,是发现颞下颌关节病和磨牙症𬌗因素、进行𬌗治疗的重要步骤。

第三节 下颌姿势位
Mandibular Postural Position

一、下颌姿势位定义

下颌姿势位(mandibular postural position, MPP)(也曾称为息止颌位、下颌休息位)是指,当个体端坐、头直立位时,不咀嚼、不吞咽、不说话的时候,下颌处于休息状态,上下牙弓自然分开不接触,下颌所处的位置(图 17-1)。当下颌处于姿势位时,上下牙弓之间保持前大后小的楔形间隙,称之为息止𬌗间隙(interocclusal distance in postural position),也称为自由间隙(freeway space)。

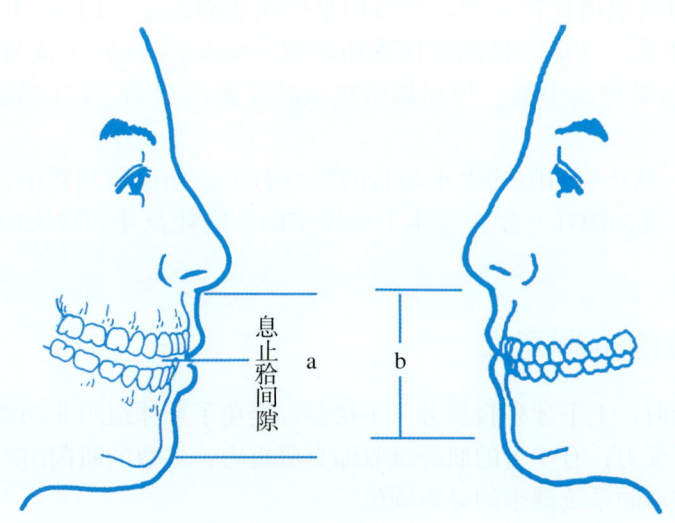

图 17-1 下颌姿势位与息止𬌗间隙的测量方法(a、b)

二、下颌姿势位的形成机制与特点

下颌姿势位多被认为是个体端坐、头直立位时,由升降下颌诸肌的张力平衡所产生。下颌由于重力的作用下垂,因而牵拉升颌肌的肌纤维,刺激升颌肌内的肌梭,引起肌紧张反射。升颌肌处在最小的收缩状态以克服重力保持下颌在一个平衡位置。另外,牙周组织、颞下颌关节与关节韧带中的本体感受器对升颌肌的神经反射调节,以及软组织的弹性与黏滞性,对下颌姿势位的保持也起一定的作用。

下颌姿势位不是一个稳定的位置,是可变的。如躯体直立头向前倾斜,𬌗间隙就减小;头向后倾,则结果相反。用肌电图及下颌运动测量仪研究表明,严格地说,下颌姿势位不是一个位置,而是一个微小的范围,在上下方向约 0.5 mm,前后方向约 0.3 mm。

三、垂直距离与息止𬌗间隙

垂直距离是指(下颌在姿势位或牙尖交错位时)面下三分之一的高度,在临床上常以鼻底到颏点的距离表示。休息垂直距离（rest vertical dimension or vertical dimension of rest）是指下颌在姿势位时面部垂直距离。𬌗垂直距离（occlusal vertical dimension or vertical dimension of occlusion）是指当下颌在牙尖交错位时的垂直距离。按照惯例，当单独使用术语垂直距离时，一般是指𬌗垂直距离。

下颌位于姿势位时，上下牙弓间的息止𬌗间隙在上下切牙的𬌗间隙为 2～4 mm，表现为上下切牙切缘间的距离比覆𬌗小 2～4 mm。临床上确定息止𬌗间隙的大小是根据休息位垂直距离与𬌗垂直距离之差来计算（见图 17-1）。当姿势位相对固定时，任何𬌗垂直距离的增加都会减小息止𬌗间隙，反之亦然。

对垂直距离的特点临床论述很多。早期有的学者（Bridle，1942）认为下颌在姿势位时，面部与头部的关系在人的一生中是稳定不变的，即使牙齿缺失多年，该距离亦不致受到很大影响。Tallgren（1957）指出由于牙齿不断萌出及牙槽骨的生长，在牙尖交错𬌗时的面部距离随着年龄增加而增加。Schweitzer（1951）及 Sharry（1972）认为息止𬌗间隙大小个体间不同，范围 1～9 mm，以 2 mm 代表是不适宜的。牙齿𬌗面磨耗、牙列缺损或缺失、肌肉间失衡，均可导致骨间关系改变，息止𬌗间隙亦发生改变。Trimmer（1978）谈到牙尖交错𬌗时的垂直距离在一定时期内保持不变，但可因某些疾病而改变。Lloyd（1965）认为垂直距离不是恒定的，受年龄、疾病、情绪等因素所影响。Nairn（1976）认为影响下颌姿势位时垂直距离的因素有高级神经中枢、牙周韧带机械感受器的活动、口腔黏膜及颞下颌关节感受器的活动等。

临床研究表明，息止𬌗间隙的大小与𬌗的类型有关，如深覆𬌗者的息止𬌗间隙常较小。但就个体本身而言，此间隙在一生中基本上是恒定的。磨耗及牙列缺失的患者，垂直距离往往减低。

四、下颌姿势位的生理意义

下颌位于姿势位时，上下牙列自然分开不接触，避免了牙体组织非功能性磨损，同时牙周组织和颞下颌关节不受力；有少量的肌纤维收缩克服重力，多数的肌肉组织可以放松休息，所以下颌姿势位是维护口颌系统健康的必需颌位。

由于下颌姿势位是由肌张力和下颌骨重力的平衡而维持的颌位，因此影响到肌肉紧张度和下颌重量的因素都可影响到下颌的姿势位。各种原因引起的咀嚼肌肌紧张，可以导致紧咬牙（clenching teeth）或磨牙症（bruxism）。患者在非功能状态（睡眠、非咀嚼和吞咽时）仍然有上下牙的咬合，致使牙体组织的严重磨耗、牙周组织和颞颌关节的负荷加重，造成口颌系统不同程度的损害。

下颌姿势位不以上下颌牙的咬合为存在条件，当牙列缺失行全口义齿修复时，临床上利用下颌姿势位作为恢复义齿牙尖交错位的参考颌位。如果牙列缺失、牙列缺损失去𬌗支持后，下颌常选定一新的姿势位，上下颌间距离一般会变小。在临床应用时需注意判断垂直距离的适合度。下牙列缺失和剩余牙槽嵴的严重吸收也可致头部姿势位、下颌姿势位的改变。

下颌姿势位时垂直距离在颌面整形（矫形修复、正畸及外科整形等）中很重要，处理不当，会影响面容、发音、进食，甚至造成支持组织的疼痛、损伤、骨质吸收以及颞下颌关节功能紊乱病与头、面部疼痛等。一般说来，在正确的垂直距离情况下，面部比例协调，颌面部诸肌的张力适度，表情自然，能发挥最大的咀嚼功能。

第四节 肌接触位
Muscular Contact Position

当头直立，通过主动肌肉收缩上提下颌达到初始的𬌗接触时下颌的位置为肌接触位（muscular contact position, MCP），也称为肌位。在无症状的个体，肌接触位通常是与牙尖交错位一致，即肌位与牙位协调一致。当头直立时，通过在牙尖交错位时准确和重复的轻叩齿，可以证实这一致性。如果在闭合过程中遇到干扰，不能直接到达牙尖交错𬌗，则为肌位与牙位不调，𬌗便是不稳定的。

第五节 前伸𬌗颌位与侧𬌗颌位
Mandibular Positions of Protrusive and Lateral Occlusions

下颌除了上述的基本颌位外，重要的还有前伸𬌗颌位和侧𬌗颌位。这两个颌位时，下颌对上颌的位置属于非正中关系。上下颌骨在正中关系以外的位置关系称为非正中关系，包括前伸关系、侧方关系、大开口关系等。非正中𬌗关系则是指上下牙弓在牙尖交错𬌗及正中关系𬌗以外的牙齿咬合关系，如前伸𬌗、侧𬌗等。

一、前伸𬌗颌位

下颌在保持上下牙接触时向前运动，运动过程中下颌所有的位置均称为前伸𬌗颌位。例如，下颌向前运动到上下切牙切缘相对形成对刃𬌗时，下颌的位置称为对刃𬌗颌位；当下颌前伸至最前位置时，称为最大前伸𬌗颌位。前伸𬌗颌位有许多，这是两个最易重复的前伸𬌗颌位，对刃𬌗位又是咀嚼中切咬食物的功能性颌位。

二、侧𬌗颌位

下颌在保持一侧上下牙接触时向该侧运动，运动过程中下颌所有的位置均称为侧𬌗颌位。侧𬌗颌位有许多，易重复和临床重要的侧𬌗颌位是尖对尖颌位和最大侧𬌗颌位。当下颌向一侧运动，达到该侧上下同名牙牙尖相对（颊尖对颊尖）的位置时，称为尖对尖颌位。尖对尖颌位是后牙咬合的重要功能性颌位。尖牙保护𬌗的个体在尖对尖颌位时只有上下尖牙牙尖接触；组牙功能𬌗的个体侧有尖牙和后牙，或多对后牙颊尖对颊尖的接触。当保持上下牙咬合接触的同时下颌侧向运动，达到最大侧方运动的位置为最大侧𬌗颌位。

小 结

本章介绍了下颌基本的、在临床有重要意义的关系和位置，即正中关系、牙尖交错位、下颌后退接触位、下颌姿势位、肌接触位。牙尖交错位是牙尖交错𬌗时下颌相对上颌或下颌相对颅骨的位置。当下颌适居正中，下颌髁突处于关节窝的最上、最前位，在适当的面部距离（垂直距离）时，下颌骨对上颌骨的位置关系是正中关系。髁突在关节窝的最上、最前位时，髁突对上颌的位置称为正中关系位。下颌处在正中关系时，闭合达到最初的𬌗接触时称为正中关系𬌗，此时下颌位置也称为后退接触位。下颌姿势位是指，当个体端坐、头直立位时，不咀嚼、不吞咽、不说话的时候，下颌处于休息状态，上下牙弓自然分开不接触，下颌所处的位置。当头直立，通过主动肌肉收缩上提下颌达到初始的𬌗接触时下颌的位置为肌接触位。牙尖交错位、下颌后退接触位、下颌姿势位和肌接触位的正常关系是：

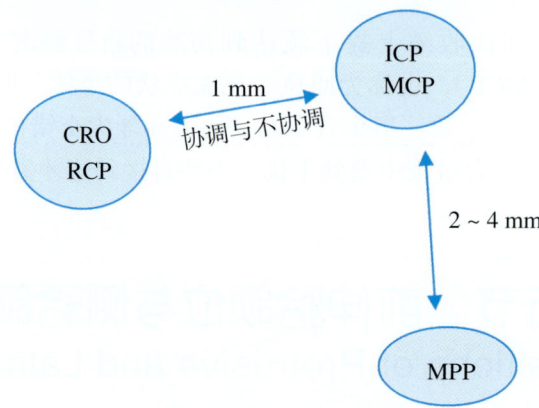

另一种情况是 8% 的个体中 CRO（RCP）与 ICP 为同一位。

临床上计算休息位垂直距离与𬌗垂直距离之差确定息止𬌗间隙的大小。上下颌骨在正中关系以外的位置关系称为非正中关系，包括前伸关系、侧方关系等。对刃颌位和尖对尖颌位是下颌的功能性颌位。

（谢秋菲　张　磊）

Definition and Terminology

牙尖交错位（Intercuspal position）：The position of the mandible when the relationship of opposing occlusal surfaces provides for maximum planned contact and/or intercuspation. Because this is a tooth-determined position, sufficient teeth must be present for the mandible to be placed in this position (acquired occlusion, habitual occlusion, convenience occlusion, centric occlusion).

Maximal intercuspal position. The complete intercuspation of the opposing teeth independent of condylar position, sometimes referred to as the best fit of the teeth regardless of the condylar position——called also maximal intercusption.

正中关系（Centric relation）：

1. The maxillomandibular relationship in which the condyles articulate with the thinnest avascular portion of their respective disks with the complex in the anterior-superior position against the shapes of the articular eminencies. This position is independent of tooth contact. This position is clinically discernible when the mandible is directed superiorly and anteriorly. It is restricted to a purely rotary movement about the transverse horizontal axis.

2. The most retruded physiologic relation of the mandible to the maxillae to and from which the individual can make lateral movements. It is a condition that can exist at various degrees of jaw separation. It occurs around the terminal hinge axis.

3. The relation of the mandible to the maxillae when the condyles are in the uppermost and rearmost position in the glenoid fossae. This position may not be able to be recorded in the presence of dysfunction of the masticatory system.

4. A clinically determined position of the mandible placing both condyles into their anterior uppermost position. This can be determined in patients without pain or derangement in the TMJ (Ramsfjord).

后退接触位（Retruded contact position）：

1. The position of the mandible determined when the mandible is in centric relation, and in which closure is made to initial occlusal contact.

2. That guided occlusal relationship occurring at the most retruded position of the condyles in the joint cavities. A position that may be more retruded than the centric relation position.

下颌姿势位（Mandibular postural position）：

1. The "resting" position of the mandible when an individual is sitting or standing in an upright position, as determined by the muscles and other tissues that attach to the mandible (rest position, "physiologic" rest position, postural position, clinical rest position). It should be noted that postural rest position is not a position of minimal muscle activity but requires a small amount of elevator muscle contraction to maintain the mandible in this position. Electromyographic (EMG) rest positions implies minimal muscle activity. The mandible is usually several millimeters more "open" in this position than in postural rest position.

2. The mandibular position assumed when the head is in an upright position and the involved muscles, particularly the elevator and depressor groups, are in equilibrium in tonic contraction, and the condyles are in a neutral, unstrained position.

3. The position assumed by the mandible when the attached muscles are in a state of tonic equilibrium. The position is usually noted when the head is held upright.

4. The postural position of the mandible when an individual is resting comfortably in an upright position and the associated muscles are in a state of minimal contractual activity.

息止𬌗间隙（Interocclusal distance）：

1. The distance, commonly 2 to 4 mm, between the occluding surfaces of the maxillary and mandibular teeth when the mandible is in postural rest position; the difference between occlusal vertical dimension and rest vertical dimension (freeway space, interocclusal gap or space). Thus, assuming a relatively fixed postural rest position, any increase in occlusal vertical dimension would diminish the amount of interocclusal distance, and vice versa.

2. The distance between the occluding surfaces of the maxillary and mandibular teeth when the mandible is in a specified position.

休息垂直距离（Rest vertical dimension）：

1. The vertical dimension of the face when the mandible is in postural rest position.

2. The distance between two selected points measured when the mandible is in the physiologic rest position.

𬌗垂直距离（Occlusal vertical dimension or vertical dimension of occlusion）：

1. The vertical dimension of the face as determined by a midline vertical measurement of the face between two arbitrary points above and below the mouth when the mandible is in centric occlusion. By convention, when the term vertical dimension is used alone it is usually taken to mean occlusal vertical dimension (vertical dimension of occlusion).

2. The distance measured between two points when the occluding members are in contact.

肌接触位（Muscular contact position）：The position of the mandible when it has been raised by voluntary muscular effort to initial occlusal contact with the head erect. In an asymptomatic individual the muscular contact position will ordinarily be consistent with the intercuspal position. One may demonstrate this consistency by noting the ability to accurately and repeatedly tap the teeth directly into the intercuspal position when the head is erect.

参考文献

[1] Sumiya Hobo（保母须弥也）. Oral Rehabilitaion. 医齿药出版株式会社, 1968.
[2] Brand RW & Isselhard DE. Anatomy of Oralfacial Structures. 3rd Edition The C.V. Mosby Company. St. Louis. 1986.
[3] Ash MM, Ramfjord S. Occlusion. 4th Edition W.B. Saunders Company: Philodelphia 1995.
[4] Mohl ND; Zarb GA. A Textbook of Occlusion. Chicago: Quintessence Publishing Co., 1988.
[5] 皮昕. 口腔解剖生理学. 5版. 北京：人民卫生出版社, 2003.
[6] 王毓英. 口腔生理学与𬌗学. 北京：中华医学会, 1989.
[7] The academy of prosthodontics. The glossary of prosthodontic terms. The journal of prosthetic dentistry. 2005.

第四篇 口腔功能

Oral Functions

第四章 口腔功能

Oral Function

第十八章　下颌运动

Mandibular Movements

口腔具有咀嚼（mastication）、吞咽（swallowing）、言语（speech）和感觉（sensation）等功能，这些功能是人类生存和社会活动必不可少的。口腔在实现上述功能（感觉功能除外）时，必须有下颌的运动，由此发生颌位关系和𬌗接触的变化。口腔是人体的一个重要器官，具有显著的生理意义。

下颌是人体运动最频繁的部位之一，下颌运动是在神经系统的支配下，通过下颌的肌肉、颞下颌关节与𬌗的协同作用产生的，因此下颌运动与口颌系统的健康状况密切相关。从18世纪起就有学者（Monro 等，1773）通过尸体解剖了解下颌运动情况，此后相继提出了一些建立在解剖学知识和几何学推理基础上的下颌运动模式学说（如 Bonwill 三角学说、Monson 球面学说等）。Luce 在 1889 年首先利用照相方法实测到下颌运动的轨迹。此后，研究下颌运动的技术不断发展，对下颌运动的特征和规律的认识也不断深化。

知识链接：下颌运动的特征和规律

第一节　下颌运动的神经传导通路
Neural Pathways of Mandibular Movements

支配下颌运动的神经传导路径可分为传入路径、中枢控制和传出路径。

一、下颌运动的感觉传入路径

感觉信息传导的神经通路，从外周刺激源到大脑皮质的躯体感觉区，一般由三级神经元组成。在口颌系统，来自舌、唇、口腔黏膜与口周围组织的感受器接受的浅感觉，经三叉神经半月神经节（gasserian ganglion）（一级神经元）、三叉神经感觉核（脑桥核和脊束核）（二级神经元）、对侧丘脑外侧核（三级神经元），最后投射到中央后回下部（图 18-1）。

牙周膜中本体感觉冲动向中枢的传递途径有两条，其一是通过半月神经节（也称为三叉神经节）投射到三叉神经脑桥核（又称三叉神经感觉主核）；另一投射到三叉神经中脑核，在这两个核团换元后，再向丘脑传递，直至皮质感觉区，形成被人意识到的感觉。但有证据表明，在上述两个感觉通路上的核团与三叉神经运动核之间存在侧支联系，从而能形成单突触反射来调节咀嚼肌的活动，迅速地、下意识地对咀嚼系统功能进行控制。

二、下颌运动的传出路径

中枢神经系统直接控制运动神经元，这些神经元可由皮质有意识的主观信号激活；也可由脑干的中枢模式发生器发出的节律信号激活；或者由支配咀嚼系统的本体感觉或痛觉传入神经

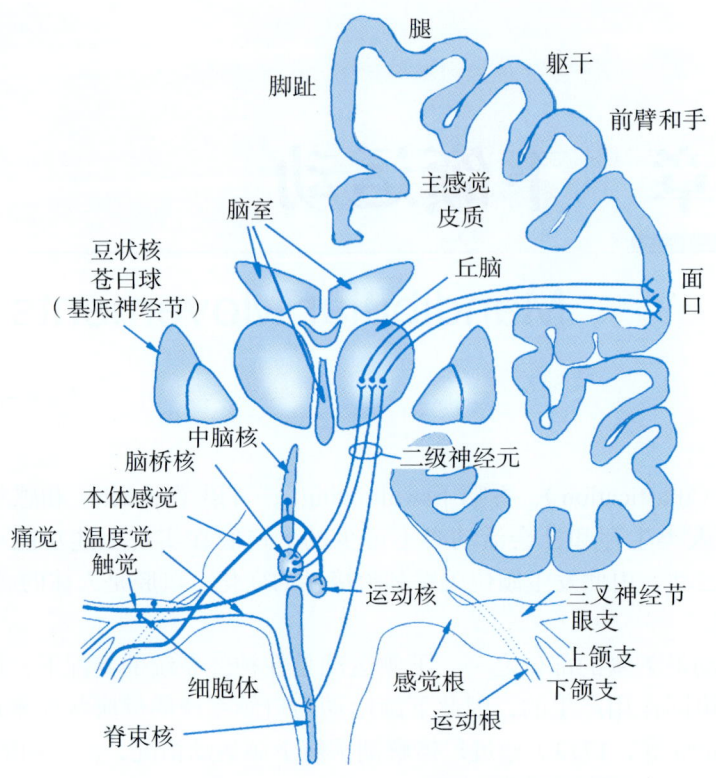

图 18-1 三叉神经感觉传导通路

触觉、温度觉和痛觉的主要传入神经元的细胞体位于三叉神经节；
本体感觉神经元的细胞体位于三叉神经中脑核。痛觉和温度觉的主要传入神经元与二级神经元
在脊束核发生突触，触觉和部分本体感觉则在三叉神经脑桥核与二级神经元发生突触。
本体感觉神经元与三叉神经运动核的神经元相突触，形成反射弧

元的反射信号激活。其传出路径为：由中央前回下部的巨型锥体细胞和其他锥体细胞的轴突组成皮质脑干束，经内囊膝部、中脑、脑桥终止于两侧的三叉神经运动核。由三叉神经运动核细胞的轴突组成三叉神经运动纤维布于咀嚼肌。三叉神经运动核尚接受来自三叉神经中脑核的纤维（图 18-2）。下颌运动的协调受锥体外系纹状体的苍白球和小脑的影响（图 18-3）。

通过皮质与三叉神经联系（corticotrigeminal connection）以及与脑干的联系，皮质对控制咀嚼肌的活动起重要作用，这些结构关系启动并结束中枢模式发生器的活动。

小脑（cerebellum）与口腔行为的关系尚未获得很好的研究证实。一些研究显示三叉神经的感觉信息传入小脑，可能在引导下颌由不同的开口位到达牙尖交错位时起重要的作用。牙尖交错位的改变，如正畸的牙齿移动，或者𬌗间装置的使用，可能需要小脑的适应。

三、下颌反射活动

神经反射（nervous reflex）是在中枢神经系统的参与下，机体对内外环境刺激所作的规律性应答反应。反射弧（reflex arc）包括五部分，感受器（sensor or receptor）、传入神经纤维（afferent fiber）、中枢神经系统（central nervous system）、传出神经纤维（efferent fiber）和效应器（effector）。感受器使刺激能量转变为冲动，沿传入神经元到达后神经根或颅内相应的部位，在中枢神经系统经过处理，再将冲动由传出神经元传送到所支配的骨骼肌。虽然信息到达高级中枢，但反射不受意识控制。反射活动可以是单突触或多突触反射。当传入神经元的兴奋冲动直接刺激传出神经元，即在中枢只经过一次突触传递的反射称为单突触反射。当传入神经元的冲动刺激一个或多个中间神经元并依次刺激传出神经纤维，发生的反射活动为多突触反射。

第十八章　下颌运动

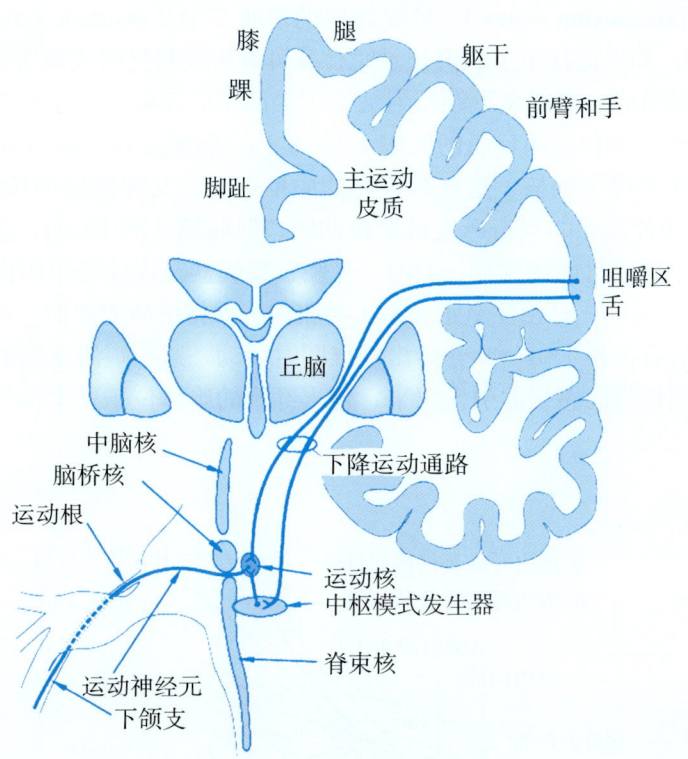

图 18-2　三叉神经运动传导通路
从主要运动皮质投射到三叉神经运动核的三叉皮质运动神经元活动，产生随意运动。
所有的三叉神经运动神经元，通过三叉神经下颌支配各自的肌纤维。皮质延髓神经元
从主要运动皮质投射到位于延髓的中枢模式发生器，中央模式发生器能够产生复杂的定时信号
以激活和抑制运动神经元池，产生咀嚼运动

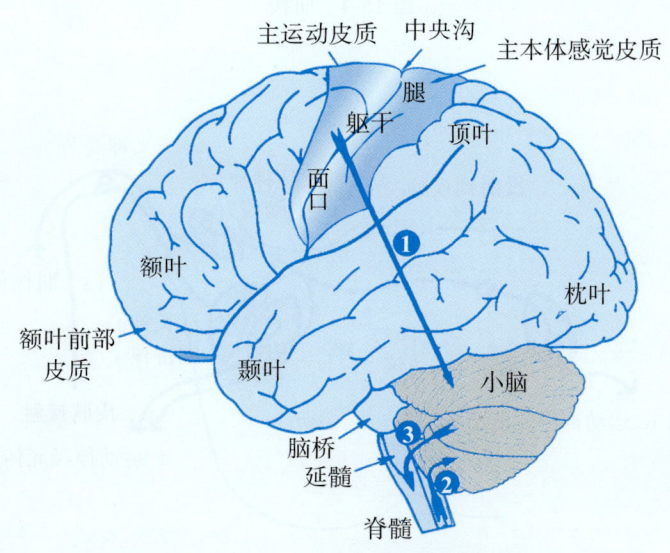

图 18-3　小脑的运动控制
在小脑，从皮质（箭头 1）接收到的有意运动与从周围
（箭头 2）接收到的实际运动的感觉信息报告进行比较。
当有意运动和实际运动不匹配的时候，小脑产生矫正的反馈信号到下级运动系统（箭头 3）

1. 闭颌反射（jaw-closing reflex） 是提颌肌的牵张反射（myotatic reflex），又称为颌跳反射（jaw-jerk reflex），如果选择单个肌肉记录时，又可称为咬肌反射或颞肌反射。其反射弧由两个神经元和一个突触组成，可能是下颌反射活动中最简单的反射弧。这种单突触反射的潜伏期很短，只有 6 ms。感受器包括闭口肌的肌梭（图 18-4）。肌梭受到牵拉时放电，Ia 传入纤维活动，兴奋传导至三叉神经中脑核，这些神经元的中枢突与三叉神经运动核的 α 运动神经元形成突触联系，α 运动神经元的兴奋产生被牵拉的闭口肌收缩（图 18-5）。这个反射通常由突然敲击颏部引发出来，因而可能使牙周、TMJ、骨膜、黏膜甚至皮肤等组织内的感受器活化（图 18-6）。这种突然相位运动（时相性牵张反射）与肌肉为保持下颌姿势产生的紧张收缩（紧张性牵张反射）不同，后者依赖于 α 和 γ 传出纤维同时活动。这种短潜伏期的下颌闭口肌的活动也可以通过刺激牙周韧带的感受器引发出来，传入纤维的胞体位于三叉神经中脑核，但多数是在半月神经节。

图 18-4 肌梭

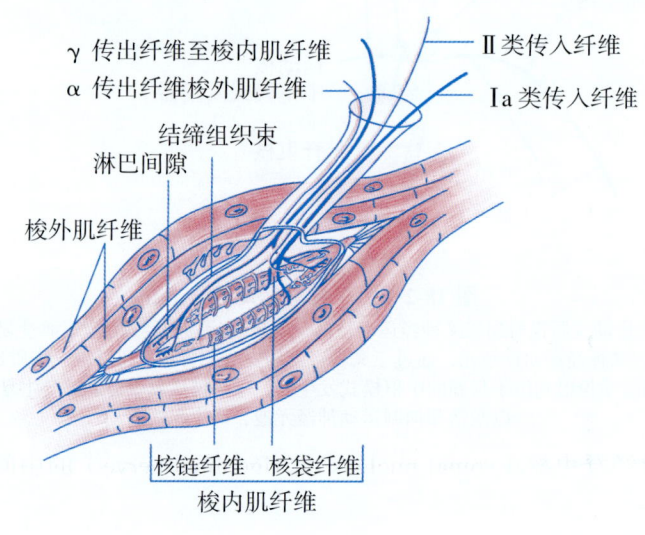

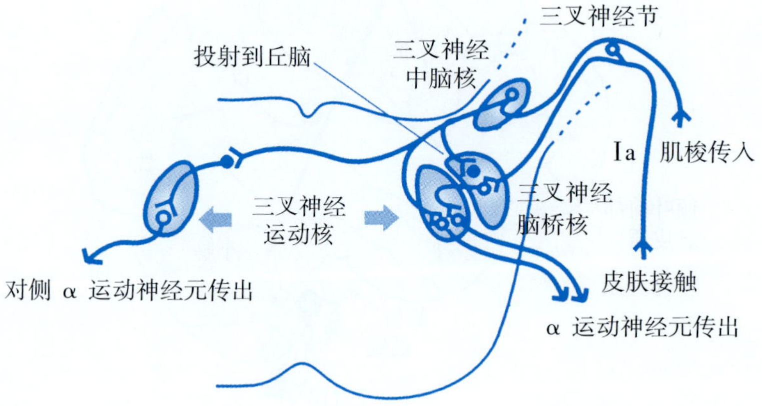

图 18-5 下颌开口与闭口反射的神经传导通路

初级传入神经元位于三叉神经节和中脑核。感觉的主要传入神经元（位于牙周韧带的机械感受器）在三叉神经脑桥核，与二级三叉丘脑神经元发生突触。这种本体感受神经元的侧支直接或由中间神经元投射到对侧和同侧运动神经元，实现双侧运动神经元参加反射活动。由此，单侧的感觉神经元兴奋能够激活双侧运动神经元

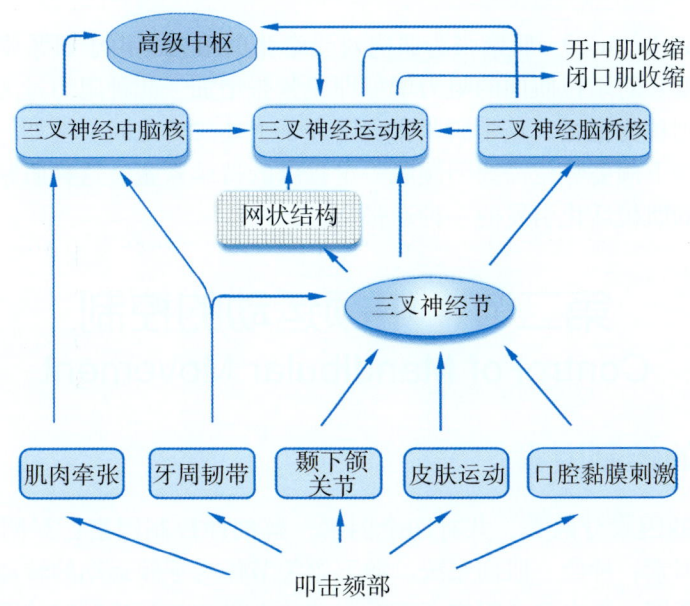

图 18-6 下颌反射活动

叩击颏部激活了几种感受器，不但引起肌肉收缩，引起闭颌动作，而且传导至高级中枢通过传出通路影响运动神经元，主要是抑制运动神经元活动。当颞下颌关节、口腔黏膜等受到刺激时，通过三叉神经节到三叉神经脊束核，通过 α 传出纤维支配开口肌收缩

2. 开颌反射（jaw-opening reflex） 反射弧涉及两个或更多的突触。刺激 TMJ、牙周、口腔黏膜和面部皮肤的多种感受器，通过三叉神经传入到脑桥，传出纤维由 α 运动神经元组成，支配二腹肌、翼外肌下头和其他开口肌（见图 18-5）。当 TMJ、牙齿和口腔黏膜的感受器受刺激时，位于三叉神经脊束核（spinal nucleus of trigeminal nerve）的中间神经元兴奋；当舌、咽、喉的感受器受到刺激时，兴奋的中间神经元位于孤束核（solitary tract nucleus）。这种颅面反射是胎儿最先表现出的反射活动，被认为是一种保护性反射，类似肢体的屈缩反射（flexion withdraw reflex）。

3. 下颌卸载反射（jaw-unloading reflex） 是一种保护性反射。咀嚼时，如果牙齿突然咬到坚硬物，牙齿和牙周组织遇到有害刺激，下颌会反射性迅速下降，使牙齿脱离有害刺激的物体，称之为伤害反射（nociceptive reflex）。它还可以防止牙齿突然咬碎硬物造成上下颌牙齿相互有力的撞击。生活中最常见的是用牙咬碎硬果壳，果壳突然破碎的时候上下牙分离，牙齿不会撞击到一起。这是由于提颌肌活动的突然降低和降颌肌活动升高。所涉及的感受器和中间神经元尚未确定。

上面两种保护性动作产生的机制是：有关的感受器兴奋，信息经传入神经纤维送到三叉神经运动核的中间神经元，发生兴奋和抑制两种反应。传入冲动刺激抑制性神经元，其传出的信息使提颌肌的活动迅速受到抑制，以防止牙齿继续咬硬物；同时兴奋性中间神经元也受到刺激，传出的兴奋使降颌肌收缩，两个肌群协调活动完成所需的运动反应，牙齿脱离潜在的危害。

4. 水平颌反射（horizontal jaw reflexes） 指的是下颌向外侧或水平方向运动的反射，可以视为开颌反射的一种变异。当牙尖交错𬌗发生咬合障碍时，下颌水平移位，避免牙尖冲突。这一反射涉及侧方接触以及牙导（dental guidance）对下颌运动的影响，还可能与由于肌功能的变化引起结构改变的疾病（如某些错𬌗及 TMD）有关，其临床意义很重要。由于翼外肌体积小、不易接近，对水平颌反射的研究较少。尚未弄清其神经机制。涉及的感受器多位于牙和牙周膜。

知识链接：肌紧张的生理机制

5. 肌紧张（muscle tone） 肌紧张为肌肉对受牵张的阻力。由于肌紧张的存在，触摸骨骼肌感到其有一定硬度。对牵拉肌肉的阻力增加即肌紧张增加。此种阻力过大，为肌肉过度紧张或痉挛，阻力过小则称为弛缓，正常肌紧张程度介于上述二者之间。例如，由于重力的作用使下颌向下，为了维持下颌姿势位需要闭颌肌一定程度的持续紧张。这种肌紧张是由单突触反射产生，由闭颌肌中的肌梭活化引发的一种牵张反射。

第二节 下颌运动的控制
Control of Mandibular Movement

一、下颌运动的控制因素

控制下颌运动的因素分两类，共有四个因素。解剖性控制因素：双侧颞下颌关节和咬合接触；生理性控制因素：神经、肌肉系统。颞下颌关节作为下颌运动的转动和滑动轴，机械地限定了下颌的运动范围。咬合关系限定了下颌运动的上界和有牙接触时的下颌运动的轨迹。神经肌肉活动是下颌运动行使功能（如咀嚼、吞咽、言语、歌唱等）不可缺少的。控制因素中的双侧颞下颌关节是相对固定的，不易改变；而咬合接触能够修改，甚至重建。通过修改𬌗面形态，可以改变牙的受力情况，从而改变牙周韧带的应力分布，进而改变本体感受器的传入信号，间接地调节神经、肌肉的反应。例如，某人牙的𬌗面已磨耗成平面，牙尖斜度很小，咀嚼末期往往呈水平向运动，结果牙支持组织的受力就比垂直向咀嚼受力小。具有这种类型𬌗面的人，其神经系统就会发出水平向运动的指令，通过咀嚼肌活动来调节下颌运动方式。反之，当𬌗面牙尖斜度大时，在咀嚼末期，如作水平向运动，就会形成创伤性的侧向力，在这种情况下，神经肌肉就会调节下颌运动成范围狭小的垂直向杵臼式咀嚼运动。

二、个体下颌运动型

𬌗面形态决定着牙支持组织受力的方向，支持组织的本体感受器受到应力的刺激，传到神经中枢，经过信息整合作用，通过传出神经支配相关的肌肉活动，形成对个体消耗能量少、避免疼痛与不适、能发挥最大效能的个体下颌运动型（individual pattern of mandibular movement）。牙周韧带的本体感觉只是口颌系统传入信息的一部分，从肌肉、肌腱、筋膜、韧带、颞下颌关节等处传入的信息也参与形成个体下颌运动型的过程。

在上述过程中，从各个牙齿的牙周韧带及口颌系统其他部分的本体感觉传入神经中枢，经过综合比较，来自口颌系统本体感受器的信号，由于其强度不同，有些在神经肌肉系统中出现反应，也有些不出现反应。中枢神经系统整合的最终结果是，确定一个对现有咬合状况危害作用最小、最适当的下颌运动型。这是口颌系统保护性反射的结果。例如，一侧有牙缺失或牙承受力减小时，该侧运动被抑制，而主要用对侧咀嚼，这样便形成偏侧咀嚼运动。当牙齿或其支持组织支持力减小时，也会导致开口度减小，闭合速度变慢。口腔医生可以通过调整𬌗面形态、修复缺失牙等治疗方法，解除对某种运动方式的限制。

𬌗程序（occlusal program，𬌗对神经肌肉功能程序的影响）的形成始于乳牙萌出，是一个长期适应的过程。乳牙萌出后，婴儿开始探索上下颌牙齿接触所需要的下颌位置，并开始牙齿咬合接触运动。最初运动是不协调的，在功能位，随着更多的牙齿萌出，通过牙周韧带和颞下颌关节本体感觉以及舌与黏膜触觉，逐渐诱导形成个体特定的下颌运动型。在生理情况下，𬌗形态的改变极为缓慢，神经肌肉的功能和颞下颌关节形态的改变与𬌗的改变完全能达到协调一致。但在某些异常情况，𬌗形态改变较快（如不良修复体、充填体），或者𬌗形态改变较大（缺隙两侧邻牙的倾斜和对𬌗牙的过长），神经肌肉和颞下颌关节就不一定能与之适应协调一致，从而产生潜在的或临床的病态。

在下颌运动的控制因素中，双侧颞下颌关节通常无法直接改变；𬌗可在一定范围内进行调整，通过神经肌肉系统的反应，可以达到改变的目的。

第三节　下颌运动的形式及运动范围
Patterns and Regions of Mandibular Movements

一、下颌运动的形式

下颌运动的形式极为复杂，通常将运动归纳为开闭口运动、前后运动及侧方运动。

1. 开口运动（opening movement）　指从牙尖交错位作开口的动作。正常情况下，双侧髁突在开口时作对称的运动，下颌开口垂直向下，无偏斜。从分析的角度，可将开口运动分为三种。

（1）小开口运动：指从切缘计算约 15 mm 开口度的运动。此时髁突围绕水平横轴旋转，关节盘静止不移动，又称为铰链运动。

（2）大张口运动：指非用力的自然大张口运动，上下切缘之间约为 37～45 mm 开口度。开口超过一定限度时，髁突带动关节盘沿关节结节的后斜面向前下方滑动。在盘突复合体滑行过程中，髁突继续向前方旋转，关节盘则稍向后方旋转。因此大张口运动是同时发生在关节上下腔，同时有旋转和平移相结合的复杂运动。

（3）最大张口运动：指在用力状态下的最大极限张口运动，如在打哈欠时的下颌运动就是最大张口运动。此时翼外肌下头处于紧张状态，二腹肌出现强烈收缩，牵引下颌向下后方增大开口度至极限。在最后阶段，髁突仍是只作旋转不作滑动，运动只发生在关节下腔。颞下颌韧带、蝶下颌韧带和茎突下颌韧带起到限制髁突过度移动的作用。

2. 闭口运动（closing movement）　指下颌循开口运动路径向相反方向回到牙尖交错位的运动。

3. 前伸运动（protrusive movement）　指下颌向前的运动，通常是指下颌从牙尖交错位微张口，下前牙沿上牙舌面滑动至切牙切缘相对的对刃位置。此时双侧髁突偕关节盘同步协调地沿关节结节后斜面向前下方滑动，运动主要表现在关节上腔。该运动在正常情况下应为双侧关节的对称运动。

4. 后退运动（retruding movement）　指下颌循前伸运动路径作相反方向运动。髁突和关节盘沿关节结节后斜面向后上方滑动。正常情况下，从牙齿紧密嵌合的牙尖交错位时后退，髁突尚有少量后退余地，并在上下牙列间形成后退接触位。

5. 侧方运动（lateral movement）　指下颌从牙尖交错位向一侧滑动，通常指不脱离上下牙之间的接触，至上下尖牙牙尖顶相对的位置。向左侧运动时为左侧方运动，其左侧髁突为工作侧关节突，而右侧髁突为非工作侧关节突；向右侧运动时为右侧方运动，右侧为工作侧（working side），左侧为非工作侧（non working side）。侧方运动属不对称运动，两侧髁突的运动有很大差异，工作侧髁突以旋转为主，非工作侧髁突以滑动为主。

（1）工作侧髁突的运动：下颌从牙尖交错位起向侧方运动时，工作侧髁突的运动状况被描述为沿着三个轴所进行的旋转（即围绕水平横轴进行的向前下旋转，围绕前后纵轴进行的向内旋转，围绕垂直轴进行的向上后旋转——均以髁突外极为准）。但更精确的观察发现，工作侧的髁突运动也有一定程度的位移，这种工作侧髁突的向外移动称 Bennett 运动（Bennett movement）。Bennett 运动个体差异大，其可能的方向为向外侧方，直向外或略偏上、下、前、后，其范围在一个顶部锥度约为 60°的圆锥形空间范围内。此圆锥在前后方向是不对称的，略向后倾斜。圆锥的高度（即向外移动的距离）约为 3mm（图 18-7）。这些描述是对群体观察得到的运动规律，对单个个体而言，工作侧髁突的运动在上述范围内，个体差异大，具有个体特征。

（2）非工作侧髁突的运动：从牙尖交错位向侧方运动时，非工作侧的髁突向前、内、下方的滑行，受到工作侧髁突侧向位移的影响，非工作侧髁突的滑行路线多不是一条直线，表现出一定的曲线特征。

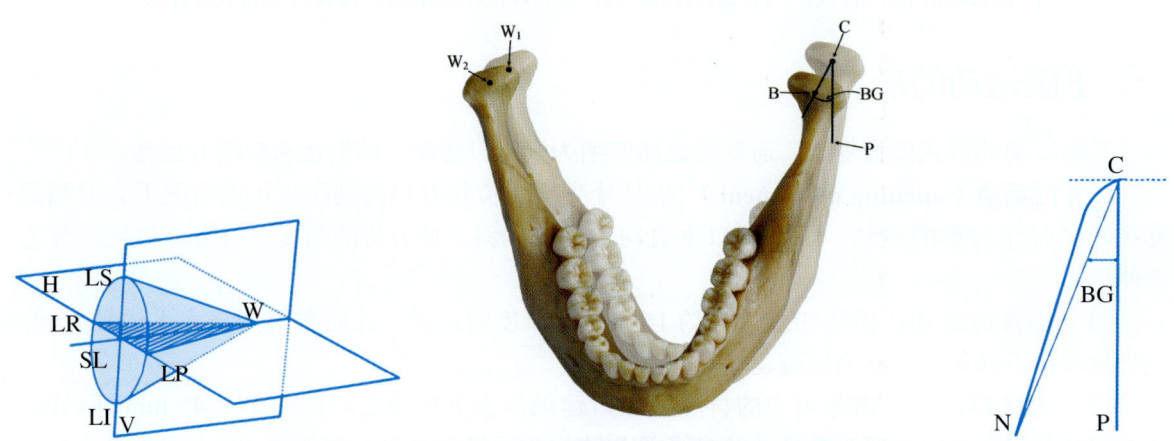

图 18-7　下颌向右侧方运动时髁突在水平面和矢状面上的投影
下颌向右侧方运动时，工作侧髁突可在以 W 为顶点直向外的最大限度约 3 mm、
60°圆锥体范围内作任何方向的运动，如左图所示：SL 直向外，LP 前外，LR 后外，LS 上外，LI 下外，
H 水平面，V 矢状面。左侧非工作侧髁突可由 C 运动到 N，CN 与矢状面的交角为 Bennett 角（BG）。
CN 曲线为非工作侧髁突运动的轨迹。髁突向前运动为 CP

二、下颌运动的范围

1. 边缘运动（border movement）　指下颌向各个方向所可能作的最大限度运动，代表了颞下颌关节、肌肉、韧带等组织结构在下颌运动方面的功能潜力。一般认为，下颌可以向侧方运动约 10 mm，开口约 50～60 mm，前伸约 9 mm，后退约 1 mm。日常生活中的咀嚼、语言等功能运动，均包含在边缘运动轨迹的范围内。边缘运动轨迹虽有个体差异，但在同一个体具有高度的可重复性。临床上利用边缘运动轨迹的对称性、稳定性、流畅性和范围大小等特点，作为判断颞下颌关节功能状态的指标。

2. 习惯性开闭运动　又名"叩齿运动"（tapping movement），为一种无意识的反射性开闭运动。下颌通过这一运动回到肌肉和颞下颌关节张力最小的位置，这个位置可以作为恢复上下颌关系的依据。从水平面看，该位置位于边缘运动的后界前 0.5～1 mm 范围内。测定时应注意使患者精神放松，头位姿势自然，开口度大小和开闭速度适中。在严格控制上述因素的前提下，习惯性开闭口能相当准确地闭合于牙尖交错位（或正中𬌗位）。

3. 功能运动（functional movement）　下颌功能运动包括咀嚼、吞咽及语言等活动，此处仅叙述咀嚼运动。咀嚼运动是人类赖以生存的最重要的下颌功能运动。咀嚼运动轨迹存在个体差异，与个体的咀嚼习惯、牙列形态和牙齿𬌗面形态有关。即使同一个体，由于咀嚼不同性质、不同数量的食物以及咀嚼的不同阶段，其轨迹的形态均有差异。咀嚼运动位于边缘运动的范围内，依食物大小决定其开口的范围，前后左右的运动范围，以上下牙列𬌗面间自由滑动为界。

第四节 下颌运动的记录
Recordings of Mandibular Movements

一、下颌运动记录的标志点和观测面

为了准确地观测和描述下颌运动和使记录资料具有普遍的可比性，需要规定标志点和观测角度。

1. 标志点（landmarks） 通常在下颌前端（切点 incisor point）和双侧髁突部位（髁点 condylar point）观测下颌运动。前部标志点-切点有明确的解剖形态，容易标记。它们距离下颌旋转轴较远，运动幅度大，利于观察，而且选点的差异对观测结果的影响也较小。在双侧髁突观测髁点的运动轨迹有重要的临床意义，但由于髁突位于体表深部，其形态也有很大的个体差异，难于准确定位。以往的做法是：先确定铰链轴点，认为铰链轴（hinge axis）是下颌旋转运动的轴，是可以重复确定的。但铰链轴点不是一个解剖标志，它可以用复杂的运动面弓装置在受测者头部，在作特定下颌运动的过程中测出，涉及的因素多而且不易精确地测定。大量的研究证明，定点的差异会对观测结果产生明显影响。

也有学者观测磨牙点的运动轨迹，但由于磨牙距离面颊部软组织近，定点时易受干扰，其轨迹形态介乎于切点和髁点的形态之间。

2. 观测面 按解剖学惯例，从额面（也称为冠状面 frontal plane）、矢状面（sagittal plane）、水平面（horizontal plane）观察下颌运动（图18-8）。通常把眶耳平面（Frankfort plane）作为基准水平面。但临床上为了方便，常用另一些标志来构成基准水平面，如𬌗平面、鼻翼耳屏线（Comper's line）等。这些平面相互之间不平行，但据统计存在一定的对应关系（图18-9）。矢状面和额状面以基准水平面为准，构成相互垂直的三维直角坐标系。

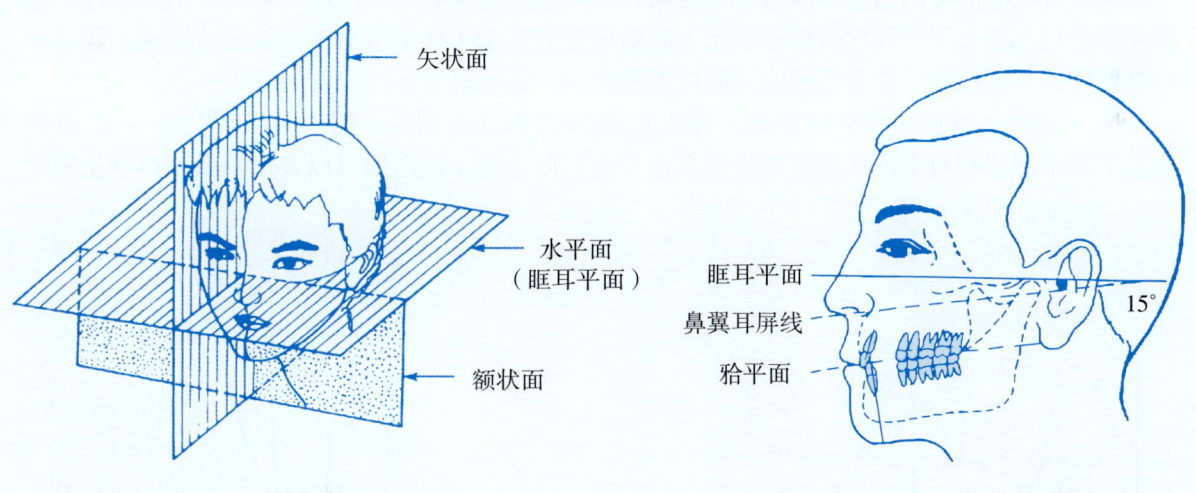

图18-8 颅面三维坐标系　　图18-9 眶耳平面、鼻翼耳屏线与𬌗平面

二、下颌运动记录方法

下颌运动记录方法的研究经历了400多年的发展历程，由最初的解剖学方法、普通照相法、机械描记仪到X线方法、磁共振成像以及电子测量方法。电子测量方法是利用各种传感器系统，将信号源固定在下颌，将接收器固定于头颅部，下颌运动时，固定于下颌的信号源连续发出信号，固定于头颅部的接收器接收信号，最终将接收的信号转换为电信号和数字信号，

知识链接：下颌运动记录研究的发展过程

在各种电子仪器上显示下颌的运动轨迹。它消除了由于描记针和描记板之间的接触造成对下颌三维空间运动的制约，描记结果更接近生理状态。近年随着计算机技术的发展，这些设备多与计算机结合，并有相应的软件，使仪器的灵敏度和精确度提高，兼有存储、图形叠加等功能，使观察更直观，信息更丰富。近 30 年来，电子测量类仪器推出了多种产品，主要包括：电子描记仪、光电技术描记仪、磁电技术描记仪和超声波技术描记仪等。

目前，随着数字技术的发展及其在口腔医学中的应用，数字化测量方法已是常用的下颌运动记录方法，具有操作相对简便、显示直观、提供的信息量大等优点。目前国际上用来实时跟踪、记录、可视化和分析下颌三维运动的记录系统有多种。临床上应用的仪器多采用超声波定位原理，计算机技术参与测量及记录过程，可做到三维六自由度的测量，将下颌运动视为刚体运动，可以推算出下颌任意点的运动轨迹。由于该类设备的出现，也使我们可以观察髁突点的运动轨迹。有的仪器应用光学原理来追踪位于颌面部的追踪球，以观察分析下颌的运动，通过图像实时显示下颌运动情况。

第五节　下颌运动轨迹
Traces of Mandibular Movements

一、切点的运动轨迹

作为解剖标志，切点是指两下中切牙近中切角间的一点。由于切点处于下颌前端，便于观察和确定标记点。在定点时，可根据𬌗关系、唇的活动、测量装置的构造等稍加变动，对测量结果不会造成明显的影响。

1. 切点的边缘性运动轨迹　边缘性运动（border movement）指下颌向各个方向所可能做的最大限度运动，代表了颞下颌关节、肌肉、韧带等组织结构在下颌运动方面的功能潜力。当下颌向所有可能的方向做了多次边缘性运动，则切点的运动轨迹将形成一尖向下的菱形体，其顶部较平坦，是上下牙列保持接触状态下向前后左右运动（接触滑动）的轨迹所构成，随着开口度增加，下颌作前后左右运动的可能性不断减少，直至最大开口位置时成为一点。

（1）边缘运动的正中矢状剖面：即人们熟知的 Posselt 图形（图 18-10，图 18-11）。该图代表下颌中切牙相对上颌牙所作的最大垂直及前后向运动。此图形可以表达一系列口腔生理学

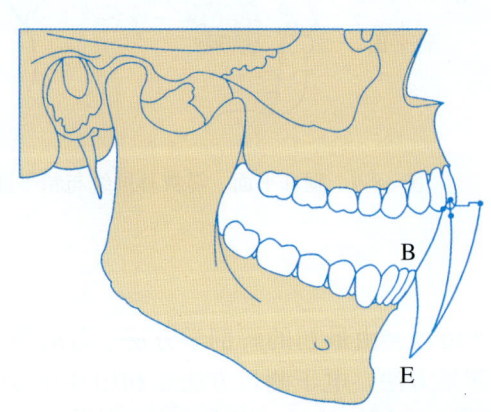

图 18-10　下颌边缘运动中切点轨迹在矢状面上的投影
B　正中关系界，E　最大张口位

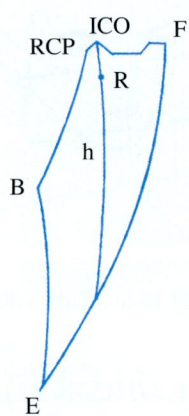

图 18-11　Posselt 图形
RCP　下颌后退接触位，ICO　牙尖交错𬌗，F　最前伸位，R　下颌姿势位，E　最大张口位，h　习惯性开闭运动轨迹，B　正中关系界
RCP→B→E　边缘运动的后缘，RCP→ICO→F　边缘运动的上缘，F→E　边缘运动的前缘

的重要概念。

图 18-11 中 ICO 为牙尖交错𬌗，为上下颌牙尖最大面积地相互交错的咬合。Rugh 将其定义为最多的牙齿在最好的尖凹交错关系接触的位置。牙尖交错𬌗是咀嚼循环的末端，也是多数人吞咽时上下牙牙尖交错咬合的位置。这是由牙齿决定的下颌边缘位置，是长期伴随生长发育、功能适应而形成的。通过修复和正畸手段改变了牙齿形态和位置后有可能改变这个位置。

从牙尖交错𬌗下颌后退，牙齿轻轻接触，前牙通常分开，切点轨迹向下后，到达 RCP。RCP 为后退接触位，又称正中关系𬌗位，在此位置时，双侧髁突处于正中关系位，是生理性后位；解剖关系是髁突位于关节窝的最上最前位；下颌骨相对上颌骨居正中；上下颌牙齿保持接触，一般在磨牙区牙尖斜面有少量接触。后退接触位表明下颌的后方功能范围，有牙列个体可以通过关节、肌肉本体感受器的"记忆"而重复地获得，因此正中关系𬌗位是进行口腔治疗的最重要的颌位关系。该位的限制因素是关节韧带和关节盘的后缘。已证实 ICO 和 RCP 在大多数人为两个不同的位置，正常人中两位者约为 92%。RCP 一般处于 ICO 之后方，水平距离约为 1 mm 以内。当 ICO 与 RCP 两位时，但由正中关系的接触位能直向前伸约 1 mm 到 ICO，并在此前伸过程中无阻碍，即有长正中（long centric）。

从 RCP 至 B 之间的一段弧线认为是当髁突处于正中关系位并依铰链轴原地旋转，下颌作小开口运动时的切点轨迹。从 B 点向下，髁突不但转动且出现滑动，实测到的运动轨迹图上 B 点的转折一般不像 Posselt 图形所表现的那样鲜明，但都能分辨出运动的两个不同阶段。E 表示最大开口点，正常情况下的开口幅度约为 48.0±15.5 mm。从牙尖交错𬌗直向前到最大前伸位 F。该运动决定于牙齿的形态。典型的运动是下颌切牙向前下滑动，与上颌切牙舌面接触，下颌切牙运动的角度受切牙覆𬌗覆盖的影响。多数情况下后牙脱离接触。正常情况下前伸距离约为 10.5±4.5 mm，下颌运动幅度过大过小都是不正常的表现，临床上称为运动过度和运动受限。

从最大开口位闭合到 ICO，期间 R 为下颌姿势位，称其为习惯闭合路。由于习惯闭合路不是边缘运动，因此受头部姿势和体位的影响。

从边缘运动的矢状面看，在边缘运动的不同阶段受不同因素的影响。从 ICO 到 RCP 到 B 是边缘运动的后缘，受关节韧带的影响。从 RCP 到 ICO 到 F 是边缘运动的上缘，受牙齿形态的影响。

（2）边缘运动的水平剖面呈四边形（图 18-12），此四边形后方的两边构成哥特式弓（Gothic arch）。Gisy 1900 年记录的哥特式弓是从水平面记录的。哥特式弓划线的顶点 RCP 即后退接触位，在临床上可用哥特式弓描记法获取下颌 RCP。牙尖交错𬌗通常在 RCP 位前 1 mm。图中的 L 和 R 分别为左、右两侧侧方边缘运动轨迹顶点，在正常情况下，双侧的边缘运动基本上应是对称的。F 为边缘性前伸运动的顶点，从理论上讲 F 点应在 RCP 的正前方，但从实际测量到的轨迹上看，有半数以上的受测者作最大前伸运动时切点偏离中线。

（3）边缘运动的额状剖面呈盾状，在正常情况下应双侧对称。实测正常人的结果表明 70% 的图像是对称的（图 18-13），部分人最大限度开口时切点偏

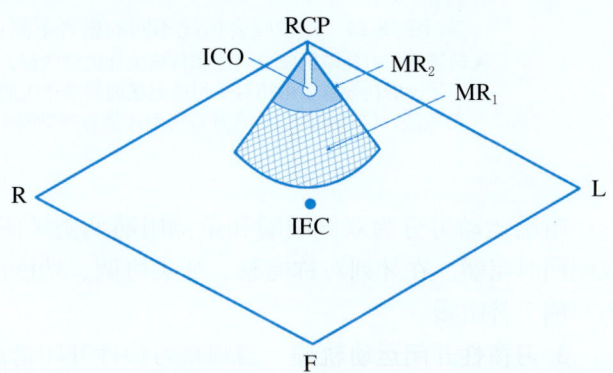

图 18-12 下颌边缘运动及咀嚼运动中切点轨迹在水平面上的投影

RCP 下颌后退接触位，L、R 左右侧方运动最大限度，ICO 牙尖交错𬌗，MR_1 咀嚼运动初期，MR_2 咀嚼运动后期，IEC 切牙对刃位，F 最大前伸位

离中线。与矢状面相同，下颌运动最顶端的限制因素是牙齿，因此额状面的上界受牙齿解剖形态、咬合类型及牙齿磨耗程度的影响。牙齿严重磨耗者，运动轨迹的上界相对平缓（图18-14）。垂直开口和从侧移位的开口轨迹则受关节韧带和肌肉功能的影响，个体差异很大。

一般认为个体的下颌边缘运动具有可重复性。一些口腔医师用边缘运动轨迹作为判断下颌功能状况的指征。

2. 咀嚼运动轨迹 咀嚼运动的冠状面切点轨迹似泪滴水形态，但存在个体差异。即使在同一个体，由于咀嚼不同性质、不同数量的食物及咀嚼的不同阶段，其轨迹的形态均有差异。图18-12从水平面显示了咀嚼运动时下颌运动范围：ICO为牙尖交错𬌗，IEC（incisal edge contact）为切牙对刃位，MR_1为咀嚼运动初期下颌活动的范围，MR_2为咀嚼活动后期的下颌活动范围。

图 18-13 下颌边缘运动切点在额状面上的投影
ICO 牙尖交错𬌗，L、R 左右侧方运动最大限度，E 边缘运动的最下缘

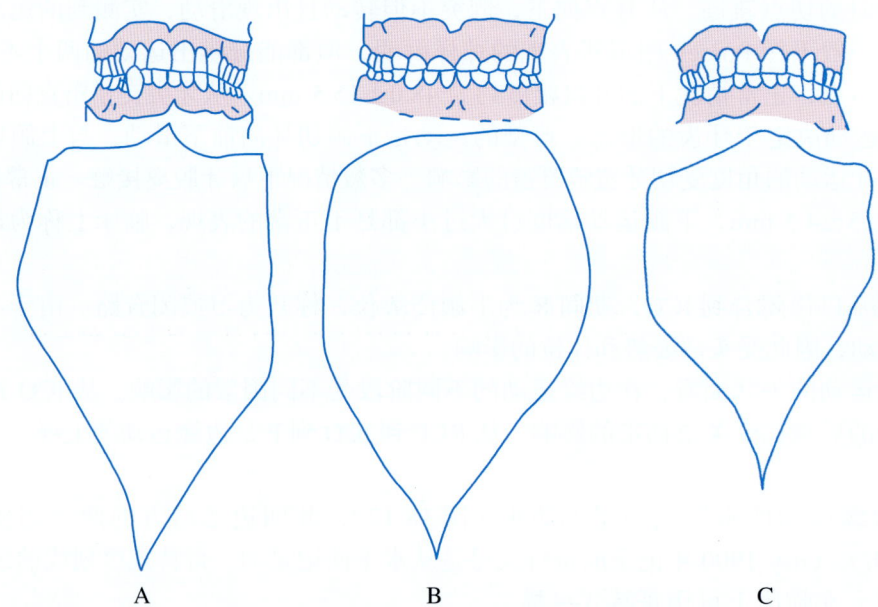

图 18-14 三位咬合情况不同的患者下颌边缘运动轨迹在额状面上的投影
A 轨迹有相对陡峭的咬合轨迹和特殊的牙尖交错位；B 轨迹是磨牙症患者的，有明显的牙齿磨耗。牙齿磨耗导致了由相对平坦的冠状面运动产生的相对平的咬合轨迹；C 轨迹是一个较正常的轨迹，尽管如此，垂直开口运动还是有些受限（Adapted from Gibbs and Lundeen, 1982）

咀嚼运动可分为双侧咀嚼和单侧咀嚼两类（图18-15）。双侧咀嚼又分为双侧交替咀嚼及双侧同时咀嚼。在牙列对称完整、牙尖协调、功能潜力相等及咬合运动无障碍的情况下，应多为双侧交替咀嚼。

3. 习惯性开闭运动轨迹 当观察习惯性开闭运动切点在矢状面的轨迹时，可见开口较小时的轨迹呈椭圆形（图18-16），开口路径位于闭口路径的前方，当开口较大再闭口时，整个切点轨迹呈"8"字形，闭口路径的始段位于开口路径的前方，然后与开口路径交叉，末段又位于开口路径的后方。

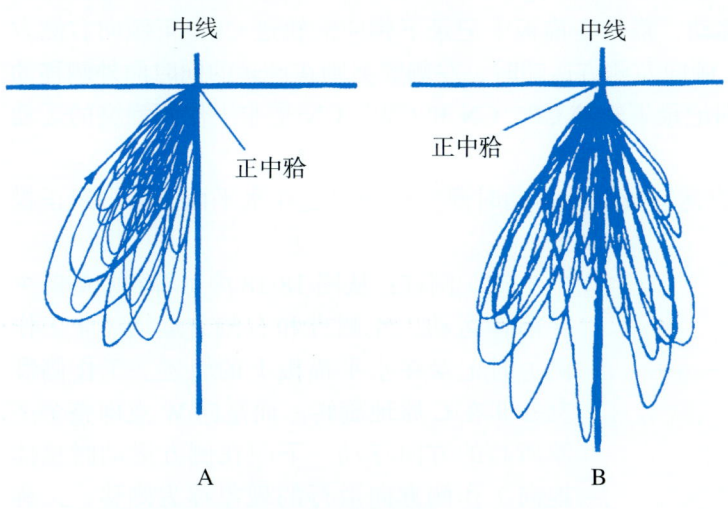
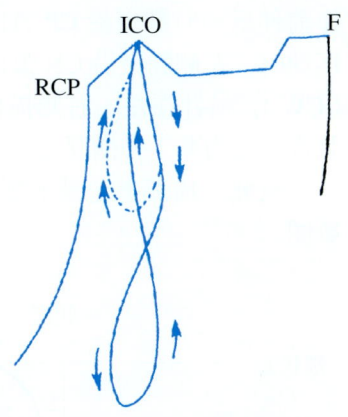

图 18-15 咀嚼运动的类型（冠状面上的投影）
A．单侧咀嚼运动；B．双侧咀嚼运动

图 18-16 下颌习惯性开闭运动中切点在矢状面上的投影
RCP 下颌后退接触位，ICO 牙尖交错𬌗，F 最前伸位
-------- 为开口较小时的轨迹
———— 为开口较大时的轨迹

二、髁点的运动轨迹

对于髁点运动轨迹的描述绝大多数来自于采用机械描记仪测定的结果。而机械描记仪的发明及使用建立在 McCollum B.B. 铰链轴学说基础上。

（一）铰链轴学说

人们曾直觉地把颞下颌关节看作一个铰链关节，认为下颌可以关节髁突为轴旋转而进行开闭动作。随着对下颌运动的研究不断深入，人们认识到颞下颌关节的运动是由在关节上腔发生的滑行和关节下腔发生的旋转合成的。髁突的旋转轴称为铰链轴，是一种假想轴，它没有任何解剖特征，需通过反复调整运动面弓的描针寻找它的具体位置。据 McCollum 于 1921 年报告，通过对受测者的下颌运动进行诱导以及反复调整描针的位置，最后能达到描针在下颌开闭时原地旋转的状态。这证明下颌是可以作铰链开闭运动。这种运动所需要的条件是：切点不离开正中矢状面，双侧髁突处在关节凹的生理后位，开闭运动的幅度不超过一定限度。

图 18-17 为用描记仪绘出髁点运动轨迹。

知识链接：调节描针及铰链轴的临床意义

1. 髁点运动轨迹在水平面的投影

（1）髁道在水平面的投影（图 18-18）：用针动式描记仪记录髁突运动轨迹的水平面投影（描板水平放置）下颌处于正中关系位时，针尖停留在描板上的 C 点，为避免下颌运动中牙尖斜面的导引作用，用一口内正中支撑螺栓将上下牙列稍稍分开，这样描记仪划出的轨迹记录就排除了𬌗因素的影响。反映出颞下颌关节解剖生理特点。从图 18-18 中可看到，下颌

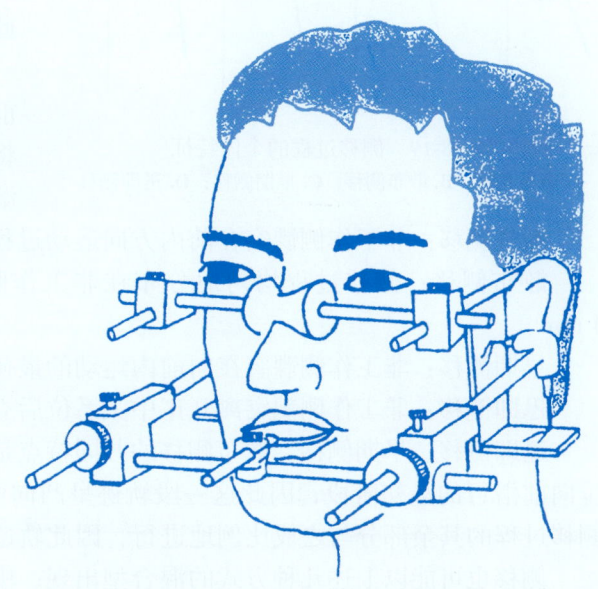

图 18-17 用双板双针式面弓描记仪记录髁突在下颌运动中的运动轨迹

作前伸运动时髁突沿 CP 直向前方移动，描针在描板上记录下相应的轨迹 CP；下颌向右侧方运动时，左侧髁突沿 CN 弧滑行；下颌向左侧方运动时，左侧髁突则在旋转的同时向外侧移动（CW），描针在左、右侧描板上分别记录下轨迹 CP、CN 和 CW。CN 是非工作侧髁突的运动轨迹，称为非工作侧髁道。

至此，描板上记录下颌双侧侧方运动及前伸运动时髁突运动轨迹在水平面上的一组正投影图。

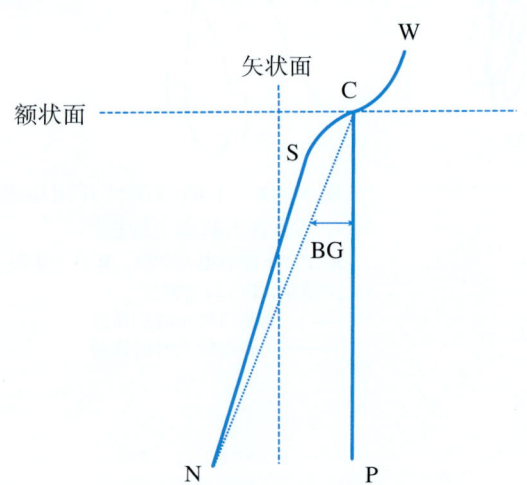

图 18-18　髁突运动轨迹水平面观
C：髁突，P：髁突前伸位，CP：前伸髁道，
CN：非工作侧髁道，CW：工作侧髁突向后、外运动的轨迹
BG：CN 通过 C 点矢状面的交角为 Bennett 角

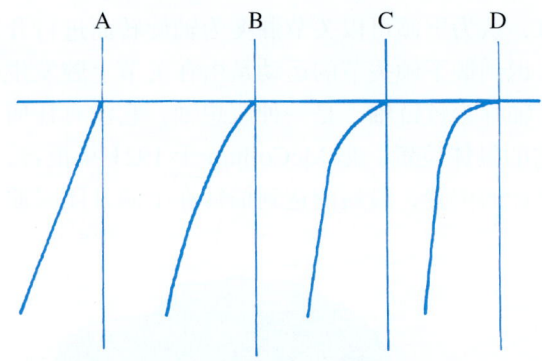

图 18-19　侧移过程的个体特征
A. 渐进侧移；B. 散布侧移；C. 早期侧移；D. 迅即侧移

（2）侧移：从图 18-18 中可看到左侧髁突在前伸运动、左侧方和右侧方运动（非工作侧）时记录在水平描板上的轨迹。工作侧髁突并非在 C 原地旋转，而是向 W 点即整个下颌所趋的方向移动。下颌在侧方运动时整体地向工作侧方向滑行的现象称为侧移，又称 Bennett 运动。侧移在水平面轨迹投影图上，工作侧表现出 CW 一段，非工作侧表现出 CN（右侧方运动）一段弧线上。非工作侧髁突从正中关系位 C 向 N 滑行时并非沿一条直线，而是在开始时（CS）有一定程度地向中线方向偏移，这与工作侧髁突向外侧方移动的一段（CW）有对应关系。下颌侧移大部分发生于从正中位（C）至描针到达 S 点的一段之中，而后非工作侧的描针从 S 滑向 N，这说明侧移并不总是与非工作侧髁突的滑行成比例地、逐渐地发生，而是在非工作侧髁突刚刚离开正中关系位时，侧移的大部分过程即已完成。通过资料统计得知，侧移大部分发生于非工作侧髁突从正中关系位侧移（向前、下、内的运动）的向前方移动的最初 4 mm 一段中，此时侧移的比例和绝对值都比较大。

Guichet 根据非工作侧髁突在水平面上向前内方运动最初的 4 mm 中侧移发生的比例，将它们分为迅即侧移、早期侧移、散布侧移和渐进侧移四种类型（图 18-19）。

渐进侧移：非工作侧髁突在前内方向运动过程中成比例地、逐渐地发生侧移。

散布侧移：侧移过程均匀地分布在非工作侧髁突从正中关系位向前内滑行的最初 2~4 mm。

早期侧移：非工作侧髁突在向前内运动的最初 2~4 mm 便已基本完成了侧移过程。

迅即侧移：非工作侧髁突离开正中关系位后立即出现的，基本是直向中线方向的侧移。

迅即侧移、早期侧移、散布侧移的共同特点是侧移大部分出现于非工作侧髁突从正中关系位向前滑行的最初阶段，因此这一段轨迹呈凸向中线方向的弧线。而当髁突继续滑向前方时，侧移过程的其余部分与之成比例地进行，因此轨迹基本呈向前向内的直线。

侧移也可能以上述几种方式的混合型出现，由迅即、散布、渐进混合而成的侧移方式。

侧移幅度的大小表现出工作侧髁突关节囊、韧带的紧张度。当非工作侧翼外肌开始收缩将该侧髁突拉向中线方向时，工作侧髁突在关节囊紧张度所允许的范围内移向外侧方，随后便稳定在此位置上或仅有很小量的继续外移，在非工作侧髁突向前内方滑行时充当支点。据统计，大部分正常人具有散布侧移特征，约 1/5 的正常人具有早期侧移特征，其他类型的侧移方式出现得较少。关系良好的成年人一般侧移幅度较小。在𬌗干扰诱发磨牙症的情况下，颞下颌关节受到超量负荷，关节囊受牵张。一侧出现过大的侧移表明关节囊松弛，应考虑可能是致病原因，检查时往往发现在侧移偏大的一侧有明显的咬合干扰现象。

侧移的量一般不超过 3mm，多在 2mm 以内，侧移过程基本完成后的非工作侧髁道近于一条直线。非工作侧髁突运动轨迹在水平面上与矢状面的交角称非工作侧侧方髁道斜度，又称 Bennett 角（Bennett angle）（图 18-18），一般不大于 20°。

工作侧髁突沿工作侧髁道（图 18-7、图 18-18）向外侧移动时，不一定沿连接左右髁突的水平轴直向外方，而是偏前或偏后地沿着一条倾斜的轨迹移动。工作侧髁道斜度由工作侧髁道在水平面上的投影与额面之间形成的斜向前或斜向后的交角表示。这一角度偏前可至 15°，偏后可至 40°，多数受测者的工作侧髁道向后倾斜。

侧移的幅度和特征有个体差异，设计𬌗架时应考虑到这一因素，以便在𬌗架上重现个体的下颌运动。

2. 髁点运动轨迹的矢状面观

（1）矢状髁道：髁道并不单纯取决于颞下颌关节结节后斜面骨壁的形态，而是由关节凹、关节盘、髁突顶面的形状，关节囊和韧带的紧张度及弹性，下颌运动肌群的收缩牵引，𬌗的接触状况等因素的相互作用而决定的。前伸髁道在矢状面上的投影（图 18-20）通常呈向下弯曲的弧，向前下方倾斜。前伸髁道与水平基准面的交角称为前伸髁道斜度。

（2）非工作侧髁道：立体地看，当下颌作侧方运动时的非工作侧髁道是从前伸髁道的内侧（近中线侧）通过，而且在绝大多数情况下向前下方的倾斜角度更大。从矢状面投影上看（图 18-20），非工作侧髁道在前伸

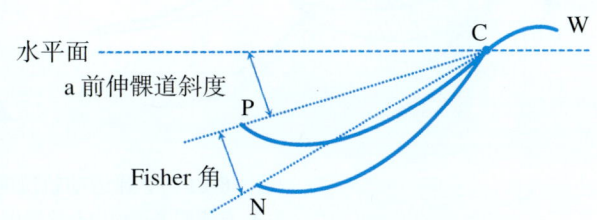

图 18-20　非工作侧髁道和 Fisher 角
CP：前伸髁道；CN：非工作侧髁道；CW：工作侧髁突运动轨迹

髁道的下方，二者之间的夹角称为 Fisher 角（Fisher angle）。当非工作侧髁道倾斜度大于前伸髁道倾斜角度（即从矢状面看前者居于后者下方）的 Fisher 角称为正角度，反之称为负角度。正常人的 Fisher 角是正角度，据统计约为 2.7°～±2.77°。如非工作侧髁道在矢状面记录上出现于前伸髁道之上方（负的 Fisher 角）或二者之间有交叉，表明关节盘的运动存在障碍。据小林报告，单侧颞下颌关节病变的患者中，有 42.1% 在患侧记录到负的 Fisher 角，8.8% 在非患侧出现负的 Fisher 角。

（3）工作侧髁道：图 18-20 中 CW 是工作侧髁突的运动轨迹，称为工作侧髁道。从矢状面观察工作侧髁突，可发现它在侧方运动过程中移近观察者。若髁突移动方向与铰链轴完全一致，则看不出它有矢状面移位。但在多数情况下，工作侧髁突在向外移位的同时还伴有向上、向下、向前或后的移位（以铰链轴为准）。

3. 髁点运动轨迹的额面观　取得髁突运动的水平面和矢状面记录后，就已经掌握了髁突三维运动轨迹的数据，并可以用这些数据组合额面轨迹投影。在临床上常用的描记仪一般只设矢状和水平两组描记针、板，不作额面轨迹记录。如设额面针、板记录到额面轨迹投影，则可以清楚地看到工作侧髁突的侧移是偏上还是偏下，这对于分析𬌗面形态与关节功能是否协调很有帮助。

（二）运动中心（kinematic center）的观点

不少研究者认为，下颌运动几乎不存在单纯的铰链运动，髁突运动是既有转动又有滑动的

知识链接：髁道的变化

复合运动。髁突上不同参考点的转动成分不同，导致不同的参考点均有不同的运动轨迹。因此研究髁突运动轨迹的方法，由于不同的测试者、不同的测试方法，得到不同的髁突运动轨迹图形；或者同一仪器、同一测试者、不同时间进行测试，也会造成髁突运动轨迹的改变，从而影响对髁突运动轨迹认识的一致性和对患者颞下颌关节功能状况的判断。

1968年，Kohno提出髁突运动中心或运动轴（kinematic center or kinematic axis of condyle）的概念。他分别为10个受试者记录了每个受试者下颌髁突上的多个邻近点在矢状面的运动轨迹，包括大张口运动及前伸运动，发现每个点都有一定的垂直向宽度，他把宽度最小的点，也就是矢状面上运动轨迹变化最小的点叫做运动轴点（运动中心KP）（图18-21a）。他认为运动轴的轨迹很窄，是因为在下颌各种运动中，这个点几乎仅沿着关节凹滑动，它的轨迹与下颌运动中的转动无关，是下颌滑行的转动轴。也就是说，运动轴是下颌运动中受转动成分影响最小的髁突运动参考点。但由于Kohno采用的方法非常复杂，别人几乎无法重复。

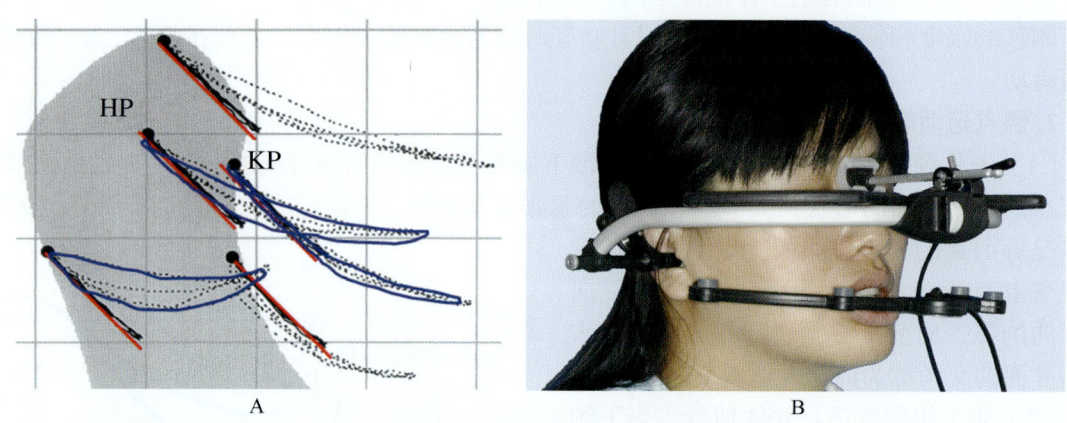

图 18-21　下颌运动轨迹测试及数字化分析记录
A. 右侧髁突运动中心轨迹图；B. 系统测试下颌运动
KP：运动中心轨迹，开闭口（黑色）与前伸（蓝色）运动轨迹重合较好；HP：铰链轴轨

直到20世纪90年代，随着各种三维六自由度髁突运动轨迹描记仪的研制成功和应用，以及计算机技术的进步，下颌运动中心轨迹的研究才有了较大的进步。Proeschel等、Yatabe等分别利用计算机编程将多点下颌运动轨迹重新分析，根据矢状面大张口及前伸运动轨迹重叠宽度最小原则确定下颌运动中心，并分析该中心的轨迹。目前比较一致的观点是，运动中心就像一个滑动着的旋转轴，开闭口时其运动轨迹形态与关节凹的轮廓相一致，可看作是沿关节凹滑动的盘突复合体的中心，其个体轨迹稳定，受其他因素影响小，最能代表髁突的运动。目前采用超声波技术开发的下颌运动轨迹描记系统（图18-21）已能直接显示和利用下颌髁突运动中心的运动轨迹。

我国侯振刚、冯海兰等2000年在已有三维六自由度下颌运动轨迹描记仪（MT-1602）获得下颌运动轨迹原始数据基础上，自行编写计算机程序，建立了下颌髁突运动中心轨迹显示分析系统。通过对30名健康志愿者的髁突运动轨迹研究，发现运动中心轨迹较铰链轴点轨迹形态稳定，左右对称，没有假性异常特征出现，再次说明了采用运动中心轨迹在分析髁突运动轨迹中的作用。

知识链接：髁突运动研究中存在的问题

三、对磨牙标志点运动轨迹的研究

磨牙是行使咀嚼功能的主要区域，观察其运动轨迹时，标志点选在第一磨牙近中颊尖，这个标志点无法直接观察到，为此Gibbs等在1973年研制了一种能够记录并用模型模拟重现下

颌三维运动的系统，用以间接地观察磨牙的运动情况。据研究报告，在磨牙标志点轨迹中看到：边缘性运动轨迹和咀嚼运动轨迹在闭口末常出现重合，表明有频繁的𬌗接触发生。从矢状面，工作侧磨牙的闭口轨迹呈向前的弯曲，非工作侧磨牙的闭口轨迹则呈向后的弯曲，从额面看，开口轨迹常处于闭口轨迹的近中侧，轨迹形态与咀嚼的食物性状有关，食物越坚韧，闭口运动轨迹就越倾向后方和侧方（图 18-22）。

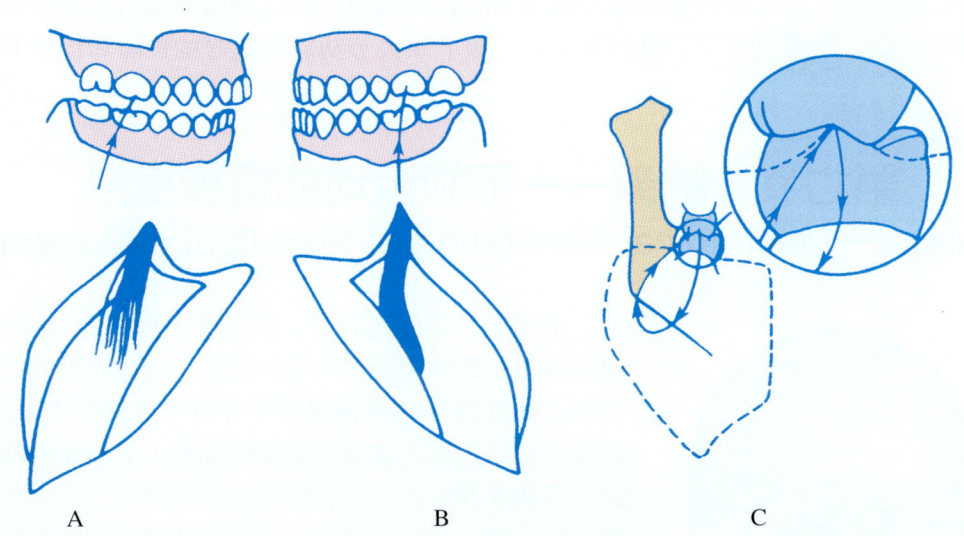

图 18-22 磨牙运动轨迹
A. 工作侧矢状面观；B. 非工作侧矢状面观；C. 工作侧冠状面观

第六节　研究下颌运动的意义
Importance of Study on Mandibular Movements

下颌是人体运动最频繁的部位之一，它在运动中完成咀嚼、吞咽、言语、表情等重要功能。具有唯一的双侧联动关节，运动具有一定的规律性。从临床角度看，分析研究下颌运动的规律有以下意义：

1. 认识下颌运动规律，做到使𬌗的形态与运动相协调　对牙列形态的任何改变（包括正畸、外科手术、调𬌗等治疗处置造成的牙齿排列和咬合关系的改变；银汞充填、冠、嵌体、桥、局部义齿、总义齿等修复体造成的𬌗关系改变）都必须考虑到下颌运动的因素。由患者的颅颌面形态为基础，在漫长生活过程中形成的运动习惯型作为一种神经-肌肉的"记忆"，往往在解剖结构已发生改变后的一段时期中继续存在。例如，重度深覆𬌗的患者已习惯于铰链开闭式的咀嚼方式，其下颌运动中缺乏侧方运动的成分。对这类患者作修复时应设计有尖牙，以利于提高穿刺切割效率，减小基牙、承托区黏膜等支持组织的负担。反之，一些患者的前牙为浅覆𬌗或对刃𬌗，后牙牙尖均已磨平，表明其咀嚼运动多为研磨方式，侧方运动多。制作修复体时如设计牙尖过高，则将在下颌功能运动过程中产生过大的侧向分力，损害牙齿支持组织的健康。因此必须考虑到下颌运动型所产生的影响，掌握每一个体下颌运动的特征，以免在治疗过程中造成医源性疾病。

2. 研究下颌运动规律有助于改进𬌗架　𬌗架是一种修复治疗中普遍使用的、模拟人体上下颌结构和功能的器械。𬌗架的基本构造和功能是基于对人体下颌运动规律的认识。下颌运动的一般规律可用于设计制作𬌗架和评价𬌗架的使用。随着对下颌运动规律认识的深入，𬌗架由简单𬌗架、半可调𬌗架、全可调𬌗架，发展到今天的数字𬌗架和虚拟𬌗架。

3. 下颌运动可作为判断疗效的依据　下颌运动中出现的某些异常现象，可看作是口颌系统某些疾病的指征，经过治疗后再观察下颌运动并与术前比较，可作为判断疗效的客观依据。

4. 研究下颌运动有助于认识人体运动的控制机制　由于迄今对人体运动（包括下颌运动）的控制机制了解甚少，我们还无法解释，何以在一些情况下𬌗关系存在明显异常的人并未出现病变，在另一些情况下，𬌗关系中仅出现很小的干扰即诱发了功能紊乱以至器质性病变。下颌运动的研究无疑有助于认识人体运动的控制机制，在这方面取得的进展对某些口颌系统疾病如创伤、咀嚼肌痉挛、肌筋膜疼痛、颞下颌关节功能紊乱等的预防和治疗有一定临床意义。

第七节　𬌗架——下颌运动的机械模拟
Articulator—Mechanical Simulating of Mandibular Movements

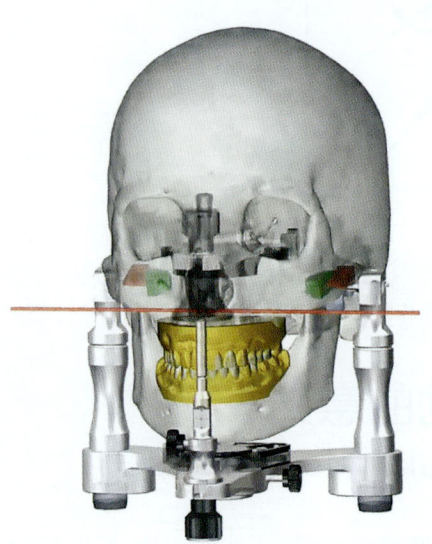

图 18-23　模拟人体咀嚼器官和运动特征的机械装置——𬌗架

由于上下颌牙列的动、静态咬合关系在口内观察的局限以及口腔医学中许多疾病的诊断、治疗和设计需要牙列模型，体外进行的咬合观察和分析可以突破视野的限制，从牙列的后部及舌侧等多个角度观察上下颌牙齿的接触情况，有些涉及大范围咬合改变的口腔修复、正颌外科、正畸治疗等对咬合和下颌运动进行体外模拟有助于形成更符合患者个体功能特征的治疗方案，因此需要一种机械装置在体外模拟人体口颌系统的结构和下颌运动功能，这种机械装置被称为𬌗架（articulator）（图 18-23）。

一、𬌗架的发明与改进

𬌗架的发明和改进过程是由人们对下颌运动（特别是发生咬合接触的下颌运动）规律不断深入认识和临床应用需求推动的结果。𬌗架起源于口腔修复领域。由于口腔修复体大多以间接法工艺制作，𬌗架在技工室中成为一种不可缺少的工具。此外，人们观察、测量到咀嚼系统的一些基本解剖功能特点和下颌生理运动特征都很快被应用于𬌗架结构设计上，以此不断提高𬌗架在体外模拟各种下颌动作的准确程度。

下颌的开闭动作曾被看做一种铰链旋转运动。最早（迄今也是最基本的）的𬌗架出现于 1805 年，由 Gariot 制成。其构造包括"上颌体"和"下颌体"以及横轴，上、下颌体相互围绕水平横轴旋转。如 Bonwill 提出下颌等边三角形学说一直被应用于𬌗架设计的形状和尺寸，他还基于观察的下颌的前伸运动，首次在𬌗架上设置了双侧平行且水平向前的前伸髁导结构。其后人们发现下颌前伸运动并非水平向前，而是向前下方倾斜，𬌗架的设计也作了相应的改动。Bennett 提出侧移（side shift）学说，认为下颌做侧方运动时并非单纯以工作侧髁突为轴进行旋转，而是有一定程度的向工作侧方向整体移动，此种移动的方向、距离、时相等都具有个体特征。Bennett 的学说也在𬌗架结构设计中得到体现。McCollum 提出实测下颌铰链轴位置的方法，发明了称为"颌描记仪（gnathograph）"的口外描记装置，能精确地测定并转移个体的即时铰链轴位置，提高了𬌗架重现颌位关系和下颌运动的精度。在此基础上，Mccollum 发明了称为 Gnathoscoop 的全可调𬌗架。Stuart 对 Gnathoscoop 𬌗架的髁导结构做了重要改良，将以往的髁球-沟槽（slot）构造改为髁球-盒（box）构造，能更方便地重现髁道的曲线特征。

随着计算机技术在口腔医学中应用逐渐深入，数字化手段用于下颌动作采集、分析；机械𬌗架数字化构建不断发展，产生了许多新的𬌗架形式和产品。数字技术发展可以使上下颌骨、牙列等复杂曲面形态进行分层次静态构建，结合不规则的任意下颌动作的数字化采集可以在计算机中形成动态可视化数学模型，但是受制于数字化流程和精度，相关的研究还需进一步深入，在临床实践中还需结合实物𬌗架进行更为准确的验证。

二、𬌗架的结构组成、基本要求和分类

完整的𬌗架系统包括面弓及𬌗架本体两部分，面弓主要是测定下颌铰链轴位置和决定上颌模型在𬌗架中的位置，𬌗架本体主要用来固定上下颌模型在𬌗架中的位置并模拟上下牙列在正中和非正中状态下的咬合接触。

与𬌗架相关的面弓有两种。第一种是运动面弓（kinematic face bow），又称为下颌髁突运动描记仪（pantograph），其由固定在下颌前牙的𬌗叉（与双侧耳旁描记针相连）及固定在上颌耳旁（带水平或垂直描记板）及鼻梁部的弓体组成（见图18-17）。一般可以通过旁人手法辅助或患者自主做反复的下颌张闭口运动，通过不断地试错才能确定患者在该时间及该测试条件下的下颌运动铰链轴点，并把此时上颌与测得的铰链轴位置和上下颌位置关系转移到对应𬌗架上，以实现人体实测下颌运动铰链轴与𬌗架横轴的重合，体现𬌗架与人体口颌系统的运动等效性。

第二种面弓是经验面弓（arbitrary face-bow），因这种面弓借双侧外耳道固定，所以又称为"耳弓"。这种面弓是运动面弓的简化，由于运动面弓结构复杂，测试过程比较费时，并要求患者高度配合才能测得铰链轴点，因此各种品牌的𬌗架系统，为简化操作，根据自身𬌗架结构特点，设定一体表位置为经验铰链轴点（一般位于同侧眼外眦与耳屏中点连线上，距耳屏中点 1 cm 再垂直向上 3 mm），以此为依据设定面弓与上颌牙列的位置关系。经验面弓一般包括能固定在双侧外耳道与鼻梁部的弓体（有些品牌𬌗架另带眶下点指针等辅助装置）和𬌗叉（通过咬合记录与上颌牙列相连）及万向关节等机械结构便于调整与弓体相连。

𬌗架包括上下颌体及𬌗架控制结构。上下颌体的机械构造模拟上下颌骨，在其上有架环等结构能固定上下颌模型，以模拟上下颌骨上的上下颌牙列，𬌗架上下颌体的后部左右两侧各有髁导结构模拟双侧颞下颌关节的运动，在其前部有切导针及切导盘可以模拟上下颌前牙对下颌运动的引导作用。

传统机械𬌗架的结构发展已基本成熟，其核心设计理念一个是静态构造尺度上依据 Bonwill 三角、Monson 球面学说，依据人体测量数据，构建合适尺度的机械结构，如𬌗架髁球之间的距离一般为 110 mm，在𬌗架中部设立平分𬌗架空间的平均𬌗平面等；另一个是铰链轴理论，机械𬌗架有一个横贯左右双侧髁球的横轴，依据传统的机械颌学理论，必须是人体的轴（下颌处于正中关系的铰链轴）与𬌗架横轴重合才能实现，𬌗架上模型和口内上下颌牙列之间在正中和非正中咬合接触的动态等效。

纵观历史上发明的数以百计的𬌗架，其构造及设计思路各式各样，在不同程度上实现了对下颌运动的模拟。分析不同𬌗架的作用，有如下基本特点：

（1）能稳定、准确地重现下颌对上颌的静态位置关系（牙尖交错𬌗或正中关系𬌗）。

（2）可以转移、重现铰链轴与上下颌的位置关系。

（3）能重现大部分下颌对上颌的各种非正中咬合接触。

根据𬌗架髁导结构的不同，𬌗架可以分为 Condylar 型𬌗架（no-Arcon）和 Arcon 型𬌗架。

稍加注意和比较即可发现，较早期的𬌗架往往将起到髁导作用的髁槽置于下颌体部位，髁球则位于𬌗架的上颌体。这种构造与人体的颞下颌关节恰相反，被称为 Condylar（简称"C"）型𬌗架。反之将髁导置于上颌体者被称为 Arcon（简称"A"）型𬌗架（图18-24）。分析表明，"C"型𬌗架在利用𬌗架开闭改变上下颌牙列的咬合垂直距离时，先前已确定的前伸髁导斜度

会发生一些变化，因而不如"A"型殆架合理。也有不少人认为两种殆架的实际应用效果没有显著差别。但是，在近年新开发的殆架中，"A"型髁导构造确有增多的趋势。

根据殆架对下颌运动的模拟程度，可将殆架分为简单殆架、半可调殆架和全可调殆架。

（1）简单殆架能满足重现牙尖交错殆这一项要求。除了仅能模拟开闭运动外，有些简单殆架还具有固定平均值的前伸髁导和侧向髁导，称为平均值殆架。

（2）半可调殆架一般配备有经验面弓，能将患者经验铰链轴位转移到殆架，可将前伸和侧方髁道斜度转移到殆架。能重现个体的正中关系和铰链开闭口，也能部分模拟个体下颌运动特征。

（3）全可调殆架配备有运动面弓，髁突间距可调节，能调节迅即侧移，有形成曲线髁导的可能并且双侧髁导可独立调节。上述结构使全可调殆架能最大限度地模拟个体下颌运动特征。但是近年来计算机在下颌运动分析中的介入，通过下颌运动参数的换算及殆架结构的针对性设计，出现了部分髁突间距固定、不借助运动面弓确定铰链轴点的全可调殆架，其髁导、切导数据直接来自下颌运动轨迹分析。

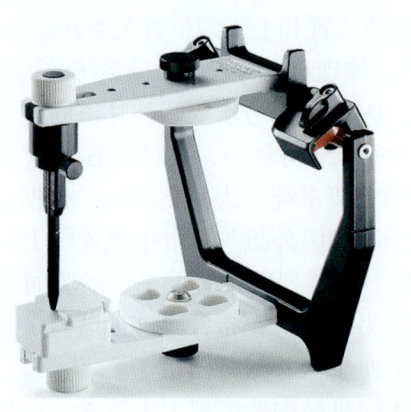 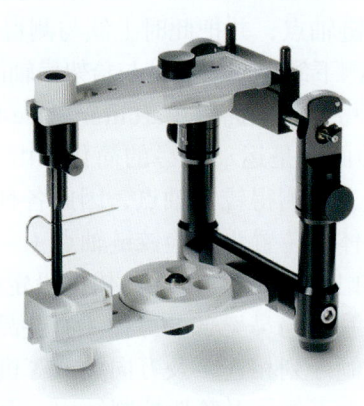

a　　　　　　　　　　　　　　b

图 18-24　两种类型殆架
a. A 型殆架；b. C 型殆架

三、殆架在口腔医学中的应用

口颌系统的多种重要功能与上下颌牙列位置及咬合关系高度相关，口腔医学中许多疾病的治疗涉及颌骨、牙列及咬合关系的修复与调整，但口腔颌面部由于受局部解剖条件、空间位置等的限制，在口腔内直接观察、分析及治疗设计有很多局限，此外口腔修复体的制作绝大多数是口外间接法制作，因此，殆架作为一种可体外实现上下颌牙列动静态接触模拟的工具，在口腔医学的临床治疗中有独特的价值，在口腔修复科、正畸科、正颌外科等相关学科都广泛使用殆架用于疾病的诊断分析、治疗设计、修复体制作及治疗效果的长期跟踪观察。

殆架还被应用于口腔医学教学，以便于学生理解掌握颞下颌关节的运动特征和咬合接触规律。从患者口腔中很难直接观察到牙齿舌尖的接触情况，而在殆架上的石膏牙列模型则能很容易地做到这一点。殆架作为一种模拟工具，在口腔医学的临床前期教学中也可用来训练医学生在石膏模型上进行模拟操作。

四、殆架的进展与趋势

随着对颞下颌关节及下颌运动研究深入，传统机械殆架产生、定型年代的殆学理念已逐渐被修正和改进，比如铰链轴记录、分析及其临床意义饱受争议；以正中关系位作为判断颞下颌关节功能正常与否、天然牙列咬合正常与否和修复体建𬌗起始点的唯一标准逐渐不被认可，但是𬌗架作为一种辅助临床治疗等的工具仍有其存在价值，目前尚无其他手段替代。只是在临床应用中对铰链轴记录、转移，对正中关系状态的要求已在临床工作中较少采用。𬌗架应用更多是从利用现有𬌗架结构入手，利用只要三点才能确定物体在空间位置的物理常识，通过设定𬌗架功能部位（双侧髁导和切导）的参数来实现体外重复上下颌牙列的相对位置关系。

多年来，已有数以百计的𬌗架设计方案见诸报道和被应用于临床。这些𬌗架作为一种机械的共同点是有一水平横轴，上颌体与下颌体间的相对运动体现为此横轴的旋转和滑动。迄今的研究表明，人体的铰链轴（或运动轴）只是暂时地存在于特定的下颌运动中，在绝大多数情况下，下颌是做六自由度的旋转和滑动的混合运动，其中的旋转成分是绕着三个位置不断移动的基轴（水平、垂直和前后）进行的。可见，仅具有水平横轴构造的𬌗架只能近似模拟下颌运动，通过机械构造模拟这种下颌运动特征，需要由计算机控制六组步进或伺服电机才可能精确重现。近年来，随着电子和计算机技术的飞速发展，也出现了用电子仪器测定下颌运动参数，再由计算机控制牙列的数学模型重现运动和接触状态的装置。𬌗架一个可能的发展前景是上下颌牙列位置和功能运动的"数字化"模拟，不再具有实体的机械构造，而是体现为软件程序的形式。个体的下颌运动参数将直接用来指导CAD/CAM系统设计和制作修复体𬌗面形态，使修复体与人的口腔功能更加协调。

𬌗架研究的主要进展是围绕上下颌牙列、下颌运动的体外全过程和高精度模拟进行，对在一般临床使用的𬌗架来说，𬌗架和面弓的稳定、精确、易用性是最重要的方面，基于数字化模拟等技术对下颌运动模式的体外模拟是𬌗架发展的主要趋势。

小 结

本章描述了下颌运动的神经调节、形式和范围、记录轨迹以及𬌗架对下颌运动的模拟等。对口腔功能之一下颌运动进行了较为详尽的介绍。其中部分内容是对前人研究结果的总结，以及目前基本达到共识的观点，还有待于科学研究的深入加以证实。

（谢秋菲　张　豪　张　磊）

Definition and Terminology

下颌卸载反射（Jaw-unloading reflex）：The jaw-unloading reflex is a protective reflex in that it prevents the teeth from crashing together forcibly when a hard substance held between the teeth breaks suddenly. The most common, everyday example is cracking nuts between the teeth. The receptors and interneurons involved have not yet been identified.

肌紧张（Muscle tone）：The stretch reflex myotatic reflex caused when the muscle is pulled persistently and slowly, show as the muscle contract slightly without obvious action.

侧方运动［Lateral movement or Bennett movement（laterotrusion）］：The bodily lateral movement or lateral shift of the mandible toward the working side that occurs during lateral excursion（Bennett shift, side shift of the mandible）. Thus, as the mandible is moved into left lateral excursion, in addition to rotation of the condyle on the（left）working side and translation of the（right）nonworking side condyle, the mandible（and therefore both condyles）will shift bodily to the left by a small amount in most individuals.

殆架（Articulator）：A mechanical instrument that represents the temporomandibular joint and jaw, to which maxillary and mandibular casts may be attached to simulate some or all mandibular movements.

经验面弓（Arbitrary Face-bow）：A caliper-like instrument used to record the spatial relationship of the maxillary arch to some anatomic reference point or points and then transfer this relationship to an articulator; it orients the dental cast in the same relationship to the opening axis of the articulator. Customarily the anatomic references one selected anterior point which is not the mandibular condyles transverse horizontal axis.

运动面弓（Kinematic facebow）：A facebow with adjustable caliper ends used to locate the transverse horizontal axis of the mandible.

第十九章　咀　嚼

Mastication

咀嚼是口颌系统最重要的功能。咀嚼运动（masticatory movement）是在神经系统的支配下，通过咀嚼肌的收缩与舒张，使颞下颌关节、颌骨、牙齿及牙周组织产生节律性运动，同时有唇、颊、舌活动的参与。

咀嚼运动对机体有多种作用：① 咀嚼食物是消化过程的第一步。食物进入口腔，经过上下牙对食物咀嚼，将大块的食物切割磨碎，与唾液混合形成食团，便于吞咽。② 粉碎的食物表面积增加，利于消化酶有效地活动，并且使食物中的物质易溶解到唾液中刺激味觉感受器。③ 食物的刺激能反射性地使唾液分泌。在进食的过程中，唾液不但能滑润食物便于咀嚼，而且其中的酶（特别是淀粉酶）能对食物进行部分消化。④ 食物的刺激还能使胃肠道消化腺的分泌及蠕动增加，为接纳食物做好准备。⑤ 咀嚼食物可以对牙齿和牙龈起摩擦和按摩作用。食物被咬穿后，从牙冠表面滑过，随后与牙龈接触，这一过程可清洁牙齿和按摩牙龈。⑥ 咀嚼时牙齿有轻微的动度，能调节进出牙槽骨和牙髓的血液循环。⑦ 咀嚼肌的功能性收缩，给予牙列、颌、面、颅底的组织以功能性刺激，促进和维持殆、颌、面的正常生长发育。

第一节　咀嚼的发育与学习
Development and Learning of Mastication

子宫内的胎儿已具有下颌与舌的运动，虽然大多数哺乳类动物在出生早期就能进行咀嚼运动，但多数新生哺乳动物靠吮吸（suckling）进食。吮吸活动型逐渐转变为咀嚼运动型，控制转变的机制尚不清楚，可能受到多因素的影响，与解剖和神经结构的成熟有关。有两种理论：一种理论认为咀嚼是吮吸的改进和扩展，另一种则认为咀嚼的发育独立于吮吸。

知识链接：吮吸与咀嚼的关系

第二节　咀嚼的神经控制
Neurological Control of Mastication

脑干的运动和感觉神经核在咀嚼控制中起关键作用。咀嚼运动的基本节律起源于脑干的神经模式发生器（neural pattern generator），而到达脑干神经核的感觉传入影响咀嚼序列的形式，较高级的大脑中枢也影响脑干的咀嚼协调系统（brain stem masticatory coordinating system），从而控制咀嚼活动。这三个相互联系的系统是：脑干模式发生器、到达脑干发生器的感觉传入、高级中枢对模式发生器的影响。

一、咀嚼运动的发生

1. 中枢模式发生器（central pattern generator）理论 提出脑干是进行咀嚼的基本中枢。1923 年 Bremer 的实验显示，刺激大脑半球或刺激口腔局部组织都可以引发出咀嚼运动，他认为存在一个脑干中枢可以产生协调的咀嚼运动，这一中枢可被激活，并且可以接受周围神经传入信息的调节。20 世纪 70 年代，Dellow 和 Lund 等人通过进一步研究，完善和扩展了 Bermer 的思想，提出脑干存在咀嚼活动的节律/模式发生器，就像脑干的其他模式发生器，如负责呼吸和吞咽活动的模式发生器。动物实验证明，将脑干与高级中枢分离，咀嚼与吞咽仍能进行。在无任何口腔感觉传入的情况下（如无肌肉活动或来自肌肉、关节、牙周或黏膜的合成感觉反馈），咀嚼的基本节律运动仍然存在。事实说明咀嚼的基本节律运动型是由脑干模式发生器产生。它不但能被高级中枢下行的冲动驱动，也可由周围感觉传入冲动激活（图 19-1）。

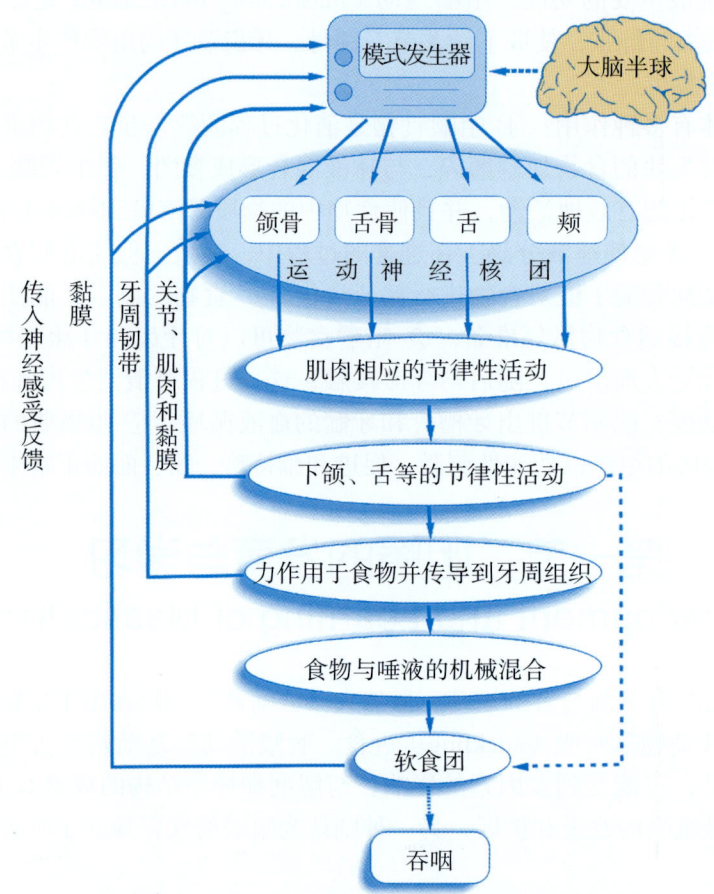

图 19-1 咀嚼活动的中枢神经系统控制模式图

中枢模式发生器对咀嚼的控制分为两个过程：一是产生咀嚼周期节律；二是激活脉冲发生器（burst generators）。控制节律的神经元位于延髓中部的网状结构（medial medullary reticular formation）；脉冲发生器位于与三叉神经运动核交界处的三叉神经上核（supratrigeminal nuclei），是一组控制运动神经元活动和抑制的启动神经元（promoter neuron cells）。开口脉冲发生器和闭口脉冲发生器交替活动，控制升、降颌肌的收缩，产生开闭口的交替活动。闭口时，可能由于控制开口的肌肉较控制闭口的肌肉弱得多，开口运动神经元不受到抑制。同时，中枢模式发生器还能轮流驱动颅面部的其他运动神经核团，如运动舌骨、运动舌和运动面颊的神经核团，产生不同的咀嚼运动。当排除了中枢和周围传入，发生器产生的下颌运动型是非常规律的，代表了基本的咀嚼运动型。

2. 反射理论（reflex theory） 对咀嚼运动的最早解释是以条件反射为基础的神经肌肉活动，认为外周输入的变化通过神经反射控制节律性开闭口，结果产生周期性咀嚼运动。1917年 Sherrington 提出的反射理论是基于去脑的动物实验所展示的口内刺激引起张口反射。下颌张口反射与闭口反射一同维持咀嚼运动。在去大脑的动物模型上，当食团刺激牙周、牙龈和硬腭等处的感受器，引起开颌反射，开颌运动牵拉升颌肌，刺激其肌梭而引起闭颌反射，使上下牙列咬合，咀嚼食团，咬合力及食物接触给予牙周及口腔机械性刺激，又一次引起开颌反射。开颌反射与闭颌反射交替发生、重复进行，产生周期性咀嚼运动。

二、高级中枢的影响

电刺激皮质运动区外侧部产生下颌和舌的重复运动。虽然皮质与三叉神经运动神经元之间的联系不是直接的，但是电刺激感觉运动皮质会出现咀嚼运动神经元兴奋、潜伏期缩短，开口运动神经元易化，闭口运动神经元兴奋性降低。动物的皮质咀嚼区切除可导致严重的进食困难，但经过细心照顾，它们最终可以恢复随意咀嚼运动的能力。这些实验说明，皮质咀嚼区的作用是发动咀嚼，不是进行咀嚼运动最基本的中枢结构。

靠近皮质咀嚼区的电刺激引出舌和其他口面运动。由于在咀嚼过程中舌和下颌运动必须协调，提示除了咀嚼的发动，皮质咀嚼区协调咀嚼涉及到的不同肌肉系统的活动，并且根据口面部感觉反馈调整它们的活动。

三、咀嚼运动的反馈控制

由于进入口内食物的大小、类型和质地以及在口内位置的变化，咀嚼活动还受到精细的调节，引发不同的咀嚼型（chewing pattern）。这种控制需要大量的感觉信息传送到咀嚼中枢模式发生器，来调节肌肉的收缩力和方向，以获得高的咀嚼效率。所以，正常咀嚼活动时，不仅有高级脑中枢的输入，还有来自周围大量的感觉传入，模式发生器的基本活动被修改，产生了所见到的咀嚼运动类型。咀嚼的反馈控制是多感觉信息和多感觉途径的，少数几种感受器功能丧失，不会导致反馈控制明显障碍。

参加反馈控制的感受器包括：

1. 肌梭 牙齿在咀嚼过程中由于接触的食物硬度不同，而受到持续的阻力变化，这一反射可以调节肌肉活动。肌梭初级传入电位频率与开口程度有关；在咀嚼循环开口时相的初期和末期，均有活动电位短时爆发。

2. 牙周膜感受器 在咀嚼中，当遇到较硬的食物或牙齿受到过大突然殆力时，牙周膜感受器信息传入可以调整咬合力并修正有关下颌动作。研究牙周膜机械感受器传入纤维的活动显示，当咀嚼牙齿接触时，快适应机械感受器（rapidly adapting mechanoreceptors）被激活，运动电位爆发；而慢适应机械感受器是在牙齿接触食物时激活，殆力增加时，活动频率增加。

3. 颞下颌关节感受器 髁突运动、关节囊形变的时候可以激活机械感受器。这一机制可以防止咀嚼过程中张口过大，关节脱位。

4. 口周机械感受器 在咀嚼运动中口周机械感受器为咀嚼运动的反馈控制提供了重要的本体感觉信息（proprioceptive information）。研究显示，在一个咀嚼循环中口周机械感受器有两次活动爆发：一次是在开口时，另一次是在闭口时。机械感受器的活动在反转点处活动最小，这表明口周组织的牵张可刺激感受器。

5. 高尔基腱器官 目前研究尚少，一般认为其参与感受咀嚼过程中力的大小。

第三节 咀嚼运动的过程
Process of Mastication

一、前牙切割运动

切割功能主要通过下颌前伸咬合实现。开始时，下颌从牙尖交错位或姿势位向下前方伸出，继则上升，使上下前牙咬住食物，用力切割。在穿透食物后，下切牙的切缘顺沿上切牙舌面的方向回到牙尖交错𬌗（下颌回到牙尖交错位）。全程以牙尖交错位为始终点，是为前牙咀嚼运动的一周（图19-2）。下颌由切牙对刃位滑到牙尖交错位的运动（由对刃𬌗滑到牙尖交错𬌗），是发挥功能的阶段。在此运动中的前伸过程是准备阶段。前牙咀嚼运动的范围约1~2 mm，但这取决于前牙覆盖与覆𬌗的程度。一般深覆盖者前伸距离大，深覆𬌗者下颌向下运动距离大；反之则小。

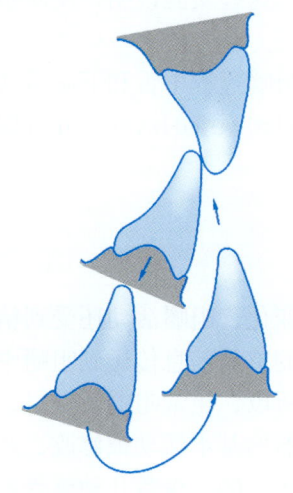

图19-2 前牙切割运动

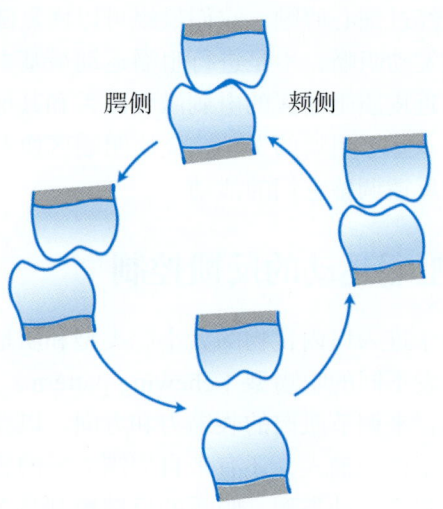

图19-3 后牙的𬌗运循环

二、后牙压碎和磨细运动

后牙捣碎和磨细食物，分别由前磨牙和磨牙执行。开始时，上下牙弓由牙尖交错𬌗分开。分开后下牙弓随下颌向一侧运动到上下牙颊尖相对位即行向上，使上下牙的颊尖相对咬合，而后下牙颊尖的颊斜面即依上牙颊尖的舌斜面滑行，返回牙尖交错𬌗。在返回过程中，为食物的性质所影响，如韧性强者，则下牙颊尖舌斜面往往需要从中央窝依上牙舌尖颊斜面向舌侧再滑行约至其一半，甚至反复数次，此时磨细作用最大，牙齿受力亦最大。食物碎断之后，上下牙即行分开，重复上述咀嚼运动，如此周而复始，称为后牙的𬌗运循环（图19-3）。在此循环中，从上下牙颊尖相对到颊舌尖分开这一过程才是真正的咀嚼运动，其余为准备动作。其运动范围约2~4 mm，此运动距离受后牙牙尖斜度的影响。在正常的咀嚼过程中，捣碎和磨细往往是综合进行，通过牙齿对食物的压挤、穿刺及研磨，使之粉碎。捣碎运动以下颌的上下运动为主，而磨细食物则下颌侧方运动的幅度较大。咀嚼一侧称为工作侧，对侧称为非工作侧。

在实际咀嚼食物时，前牙切割食物与后牙嚼碎食物是连续、重复的过程。前牙切咬下的食物由舌、颊、唇运送到后牙反复的捣碎和磨细，直至形成食团吞咽入胃，然后又开始下一次切咬和多次捣碎磨细的过程。

第四节 咀嚼周期
Chewing Cycle

咀嚼运动是复杂的综合性运动，但下颌运动有其一定的程序性和重复性，此种程序性和重复性称为咀嚼周期（chewing cycle）。咀嚼周期具有形态和时间的变化特征。每个周期运动有一定的途径，并由几个时相组成，可利用下颌运动轨迹描记仪记录个体咀嚼时下颌运动的轨迹图形。咀嚼食物时，下颌每一开合即代表一个咀嚼击（chewing stroke）。

一、正常咀嚼轨迹图形与时间变化

成人的典型咀嚼轨迹图形在冠状面呈滴泪状（teardrop shape）。正常时咀嚼的最大垂直和侧方运动约为边缘垂直和侧方运动的一半。咀嚼时，下颌运动轨迹图形有时间和形态的变化，个体的咀嚼型是相对一致的，受到食物的性质、食团的形状及大小、殆型的变化（或者牙齿数目）、个体的健康状态、饥饿情况与咀嚼习惯的影响。一般的咀嚼速度是 70～80 次 / 分。图 19-4 为一个咀嚼周期正常轨迹图形和运动时间分配，其特征有：

（1）轨迹图具有似滴泪水的形态，开口相靠中线，闭口相偏侧方。
（2）自牙尖交错位的开口时相，运动速度较快。
（3）近最大开口位时运动速度缓慢，但闭口运动始，速度复又加快。
（4）闭口运动将近咬合接触时，运动速度缓慢，近牙尖交错殆时运动速度急速减缓，在 0.1 秒内自每秒数厘米降至每秒零厘米。咀嚼运动的速度在整个开口和闭口运动之间、左侧方和右侧方运动之间，大体上差别不大。

一个咀嚼周期所需时间平均为 0.875 秒，牙齿接触的时间平均为 0.2 秒。咀嚼周期的时间分配比例约为：开口相 35.3%，食块保持 11.8%，咀嚼相 33.8%，咬合接触相 1.4%，食物粉碎相 11.8%，牙尖交错位 5.9%。

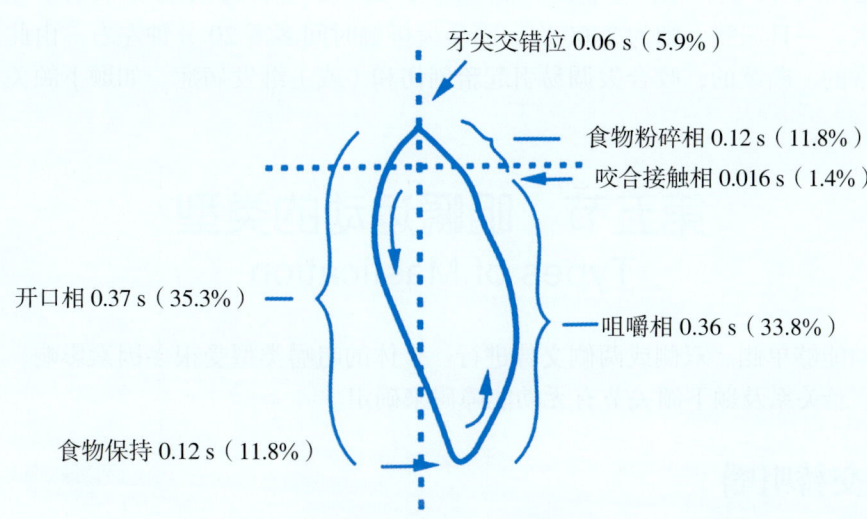

图 19-4　正常咀嚼周期各相

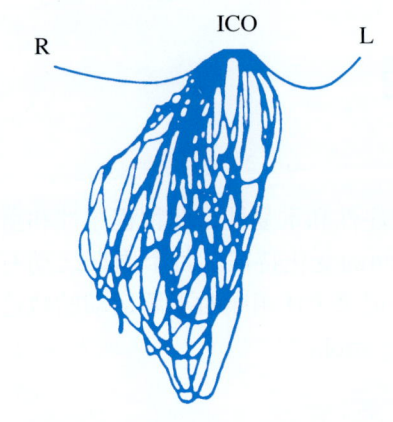

图 19-5 显示边缘运动与多个咀嚼周期

知识链接：乳牙列儿童与全口义齿患者的下颌运动特征

从图 19-5 中可以看到闭口运动常常与牙尖交错位附近的边缘运动一致。下颌闭合至牙尖交错位时，引导进入牙尖交错位的牙齿之间时常发生滑动接触（gliding contact），牙齿间常有薄层食团（bolus）。当侧方运动较大时，滑动接触也较大。当咀嚼硬韧性食物时，滑动较大。闭颌轨迹与开颌轨迹间角度总是小于或等于牙尖斜面角（angle formed by the cuspal inclines）。一般开颌过程的牙齿接触滑动少。

吞咽前咀嚼次数个体间不同，如果有急事需尽快吃完，咀嚼次数可以改变。咀嚼频率（下颌运动速度）、咀嚼力和咀嚼击间隔也可个体改变。

二、咀嚼和吞咽过程中的牙接触

根据 X 线影像证明，咀嚼时牙齿发生接触较少，但在吞咽时则多有接触。用遥测系统（置于嵌体中的无线电传感器）测量证明，在咀嚼一般食物时，上下牙列于牙尖交错𬌗与侧𬌗时均发生有规律的接触。在咀嚼循环中，牙在牙尖交错𬌗发生接触时间的多少与咀嚼食物所需的力量及食物块的大小有关。随食物块逐渐变小，在牙尖交错𬌗与侧𬌗的接触频率亦增加。咀嚼时最常发生牙接触的位置是牙尖交错位，在正中关系位者很少。Paineijer 等谈到 681 次接触中，有 583 次是在牙尖交错位，而在正中关系位者仅有 15 次，其余皆接近牙尖交错位。

吞咽时𬌗接触发生在下颌位于牙尖交错位，或者非常接近牙尖交错位。Hickely 等报告，吞咽时仅在牙尖交错位发生牙的接触，且持续时间长。咀嚼吞咽食物时，牙接触比咀嚼时频繁，且持续时间长。咀嚼时牙尖交错𬌗的接触是短暂的（0.1~0.15 秒），而在吞咽时𬌗接触则长（0.29~0.30 秒）。静止时𬌗接触的时间约为一个咀嚼周期的 1/5（0.2 秒），如包括滑动在内，则为 2/5（0.4 秒）。

根据 Glickman（1972）的报告，计算咀嚼、咀嚼吞咽、白天吞咽唾液、睡眠时吞咽唾液，24 小时内牙齿发生接触的时间为 17.5 分。以咀嚼定量试物时产生吞咽反射为准，咀嚼较软脆食物时，需 20 秒，30 次；韧性食物时，需 30 秒，40 次。这样每次用饭时间以 10 分钟计，约需咀嚼 800 次。一日三餐，则为 2400 次，而牙齿接触时间多需 20 分钟左右。由此看来，牙齿的受力是经常的、断续的，咬合失调易引起𬌗创伤和（或）继发病症，如颞下颌关节病、磨牙症或紧咬牙。

第五节 咀嚼运动的类型
Types of Mastication

咀嚼运动能够单侧、双侧或两侧交替进行。个体的咀嚼类型受很多因素影响，不能仅根据牙列的完整、𬌗关系及颞下颌关节有无功能障碍来确定。

一、双侧交替咀嚼

双侧咀嚼运动多为多向、两侧交替的咀嚼运动，其中有主次之分。这对全部牙齿支持组织起到功能刺激，对𬌗的稳定及牙齿的自洁作用都是有利的。研究证明，当牙列两侧牙尖协调、功能潜力相似、咀嚼运动无障碍时，多为双侧交替的咀嚼运动，即规律地将食团由一侧换到另一侧咀嚼，此类约占 78%。

二、单侧及前伸咀嚼

习惯性的单侧或前伸咀嚼运动，常是对𬌗障碍适应的结果。以软食为主的人或由于正常𬌗型为牙齿、牙周异常所干扰者，多属此类。这是不正常的咀嚼运动，此类约占 12%。

患者常常在侧方用牙接触多的一侧咀嚼。这一侧也可能是咀嚼效率高的一侧。目前认为喜爱单侧咀嚼与偏爱侧肌梭敏感性增高有关。单侧咀嚼运动亦可因颞下颌关节功能紊乱引起，假如牙齿情况允许，患者常用颞下颌关节疼痛侧咀嚼。因咀嚼时，非工作侧髁突滑动幅度大且受力大，这也是咀嚼肌对关节的一种保护性机制。

1985 年 Christensen 和 Radue 提出咀嚼惯用侧的概念，即咀嚼运动经常或主要在牙列的一侧进行。有研究表明，大多数健康的成年人（45%～78%）都有咀嚼惯用侧，并且报道使用惯用侧可产生最大的咀嚼效率。

三、双侧（同时性）咀嚼

这一类型的咀嚼运动，往往出现在咀嚼食物的末期，即吞咽之前。Posselt 报告约有 10% 的健康个体，Wietorin 报道约有 20% 的健康个体，属此类型。有些患者亦双侧同时咀嚼，全口义齿患者更常用这种咀嚼方式。

第六节　咀嚼运动中的生物力学
Biomechanics in Mastication

咀嚼系统行使功能时，有很大的作用力加于牙周支持组织、颅颌骨骼和颞下颌关节。在一些情况下，这种作用力对咀嚼系统有生理性刺激作用，促进该系统的生长发育和生理性改建。而在另一些情况下，这种作用力却能对咀嚼系统构成病理性的创伤破坏作用。不同的作用效果一方面取决于个体的解剖学、组织学形态特点，另一方面取决于个体咀嚼方式、咀嚼力大小等功能特点。应用物理学中的力学基本原理，结合生物学特点，对咀嚼系统中形态学因素与功能因素之间的平衡等问题进行分析，有助于口腔医师进行临床诊断与治疗。

一、咀嚼运动的生物杠杆作用

1. 切割运动中生物力学杠杆作用　在切割运动中，前牙切咬的食物为重点（weight），颞下颌关节为支点（fulcrum），升下颌肌群以咬肌和颞肌为主要动力点（force application point），形成第Ⅲ类杠杆（图 19-6）。这类杠杆阻力臂长于动力臂，机械效能较低，但前牙所承受的𬌗力较小，有利于维护狭小的单根前牙和其牙周组织的健康。

2. 后牙𬌗运循环中生物力学杠杆作用　在后牙𬌗运循环中，同侧的升颌肌群以咬肌与翼内肌收缩为力点，工作侧研磨食物处为重点，非工作侧髁突虽向工作侧移动，但仍为翼外肌、颞肌、舌骨上下肌群所稳定，作为支点，构成第Ⅱ类杠杆（图 19-7）。此时动

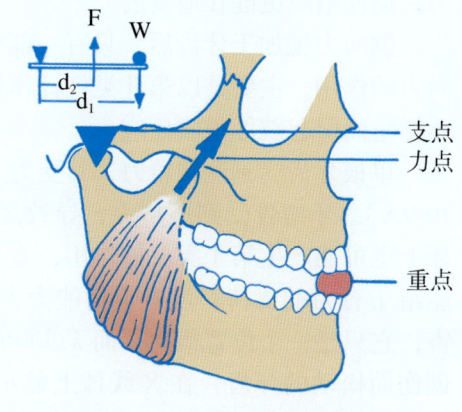

图 19-6　咀嚼运动的第Ⅲ类杠杆
F：力点；W：重点；d_1：阻力臂；d_2：动力臂

力臂长于阻力臂，可使机械效能增加。在研磨食物的后阶段，下颌接近牙尖交错位时，则同时存在第Ⅱ类与第Ⅲ类杠杆作用（图19-8）。在此运动中，工作侧咬肌、颞肌、翼内肌皆用较大力量参与，而翼外肌则起着平衡作用，它控制髁突使其不致向后上猛力冲撞，以免关节受损。

3. 𬌗干扰的生物力学杠杆作用 由于咬合不协调可导致牙和（或）颞下颌关节发生创伤。用杠杆原理分析，可将下颌视为杠杆，肌肉产生动力，牙和颞下颌关节作为支点或阻力点，其具体作用取决于𬌗关系及𬌗干扰点的位置。早接触可在𬌗关系中形成一个支点，并通过杠杆的机械效益将肌力放大，这种力趋向于使髁突从关节窝中移位，并对牙齿形成侧向负荷，其致病性要比轴向力大得多。

知识链接：侧方𬌗干扰形成的病理杠杆

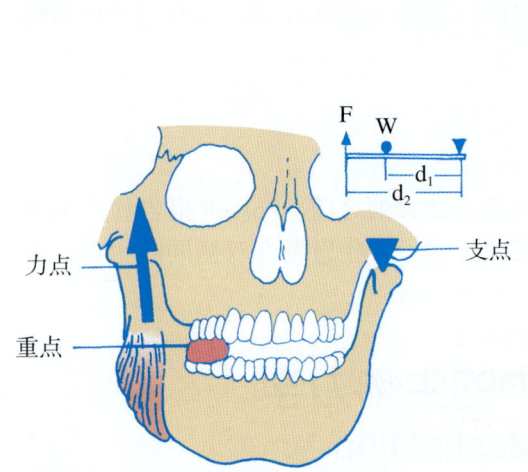

图 19-7　咀嚼运动的第Ⅱ类杠杆
F：力点；W：重点；d_1：阻力臂；d_2：动力臂

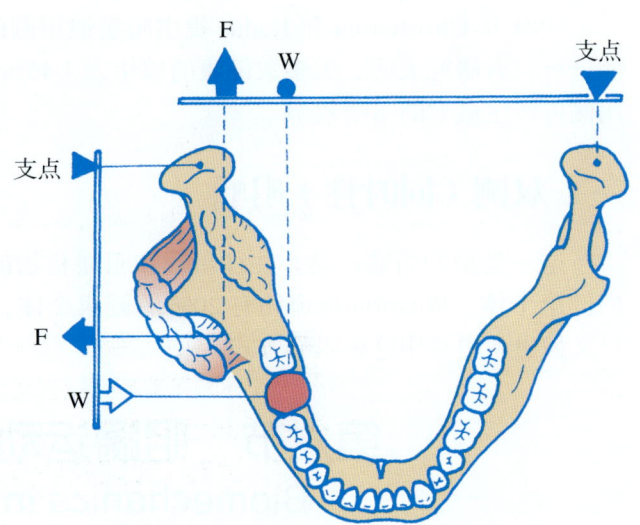

图 19-8　咀嚼运动的第Ⅱ与Ⅲ类杠杆作用
F：力点；W：重点

二、咀嚼中牙齿的受力分析

咀嚼肌群收缩所产生的𬌗力（biting force），通过牙体的传导，到达牙根周围的支持组织。在传导的过程中，由于牙尖斜面的作用，将𬌗力分解成轴向力（axial stress）和侧向力（lateral stress）。轴向力受到了强大的牙槽斜纤维的对抗，纤维束将其压挤性质的𬌗力转化为牵拉性的力。牙周组织因受到拉力，激发了其生理活性，促进了组织的代偿性改建，以适应所受的压力，促使组织更健壮地发展。

侧向力施加于牙齿后，只有一部分牙槽横纤维的越隔纤维承受，其他纤维束松散无力。侧向力的作用，主要是以第Ⅱ类杠杆作用的方式，作用到牙槽骨上，在病理情况下这往往因压迫牙槽嵴而引起破坏吸收反应。

单根牙齿受到侧向𬌗力，其受力方式为第Ⅱ类杠杆，即以根中部为重点、根端为支点（图19-9A），牙槽骨受到压挤，导致牙周膜和牙槽骨的损害，引起组织的坏死或吸收。在单根牙上也可能产生第Ⅰ类杠杆作用，支点位于牙槽窝深度的中部，但因支点周围的牙槽斜纤维不能给予有力的支持，没有负荷能力，它不能产生真实的杠杆效应，因而也不会造成实际的损害，它只是一个位置概念，而无实际的临床意义。第Ⅱ类杠杆作用是造成损害的根源。一个因创伤而松动的牙齿，在X线像上显示清晰的牙槽骨楔形破坏，或一侧牙周膜增宽。但在根尖部没有明显的第Ⅰ类杠杆相应位置的损害反应。

图 19-9B 显示双根牙齿近远中向的侧方受力，是以旋转力为主加上一部分第Ⅱ类杠杆作

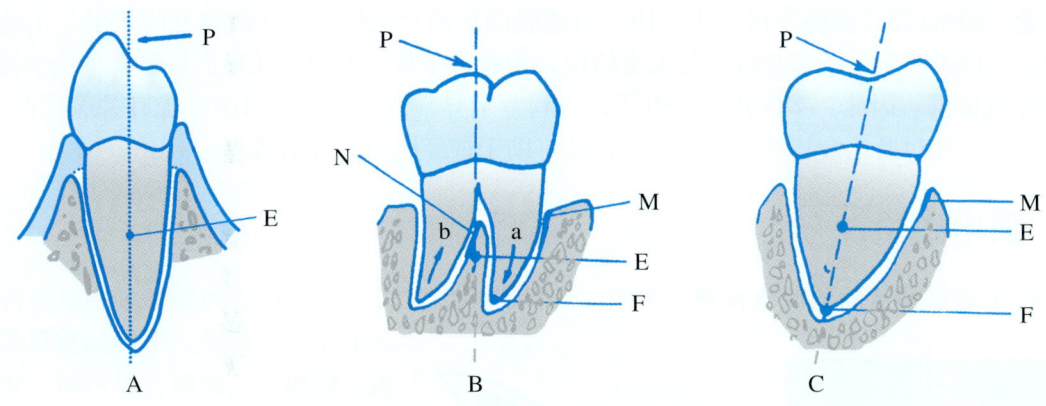

图 19-9　单根和多根牙受侧向力时的受力分析

A. 单根牙受到侧向力时，产生以中心 E 为轴心的旋转力。**B.** 双根牙受到近远中向力时，侧向力 P 作用于粭面，产生以中心 E 为轴心的旋转力，其中 a 根产生根向轴向力，b 根产生冠向轴向力；同时产生以 F 为支点的 II 类杠杆力，引起 M 点和 N 点的骨损害。**C.** 双根牙受到颊舌侧向力时，引起同单根牙相同的作

用。旋转的中心点在根分歧骨嵴处。当牙受到侧向压力后，产生以 E 点为中心的转动，在 a 根形成朝根方的轴向力，在 b 根形成朝冠方的轴向力。这种转动在牙槽骨的 M 点产生较大的挤压骨嵴力量，引起该部骨质的破坏吸收。同时在 b 根一侧的 N 点位置也发生压迫吸收，但程度较轻。双根牙颊舌向侧方受力的情况与单根牙相同。可见无论在单根牙或多根牙，造成牙周破坏的外力主要是侧向力，牙周组织结构不适于耐受水平向力。

第七节　咀嚼运动中的肌肉活动
Muscular Activity in Mastication

肌电描记法（electromyography）是用来研究肌肉和神经生物电活动的方法，能反映出神经肌肉系统的功能状态和一定的形态学变化。肌肉兴奋时产生生物电活动，通过电极导入肌电图仪（图 19-10），肌电信号放大后，在示波屏上或记录纸上描记的图像称为肌电图（electromyogram, EMG）。肌肉运动是受神经系统的支配，肌电图所表现的不仅是该肌肉本身的兴奋活动，同时也反映出支配该肌肉下位运动神经元的活动，而且也反映中枢神经系统（包括上位运动神经元）对肌肉协调活动的控制。所以，肌电图不仅能检查和记录整块肌肉或其组成——运动单位动作电位的变化，而且对研究和诊断神经、肌肉系统的生理和病理情况均具有重要意义。1949 年 Moyers 利用肌电图仪检查了正常人和错𬌗畸形患者的颌面部肌肉活动。迄今为止，肌电图在口腔科学领域内的应用非常广泛。EMG 检查方法有：下颌肌群活动、静息期、运动单位电位、运动神经传导检查等，可以对肌电图的波幅、时限、电位相数等进行测定，还可以进行积分和频谱分析，使肌电图的测量更加

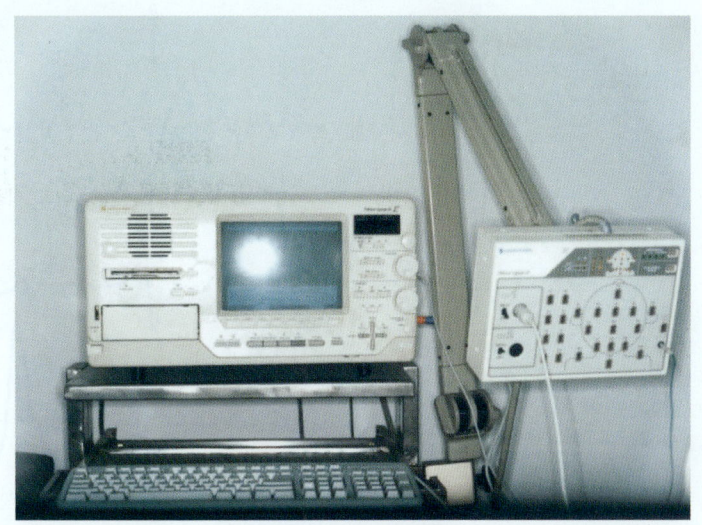

图 19-10　肌电图仪

定量化。EMG 在口腔医学研究中应用于咀嚼肌的生理功能检查，义齿修复的效果、正畸效果的判断；协助测定下颌姿势位、牙尖交错位，为咬合干扰、下颌运动异常和咀嚼肌痉挛等诊断提供客观依据。因此，掌握正常肌电图，以利鉴别异常肌电图，对口颌系统有关疾病的检查、诊断、病因探讨及治疗均具有实用意义，并有助于神经肌肉系统的研究。

一、肌电图检查方法

1. 下颌肌群活动的肌电检查 下颌运动具有多种方式，每一种运动都是多块肌肉协调活动的结果。因此，下颌运动肌群（颞肌、咬肌、二腹肌、翼内肌、翼外肌等）的活动需要使用多导肌电图机显示两侧肌群协调活动。对颞肌、咬肌、二腹肌前腹可用表面电极（图 19-11），翼外肌、翼内肌位置较深需用针电极经皮肤插到肌肉内（图 19-11）。检测内容一般有：下颌姿势位，牙尖交错位最大用力咬合，开闭颌，侧方、前伸、后退运动，以及咀嚼和吞咽运动。

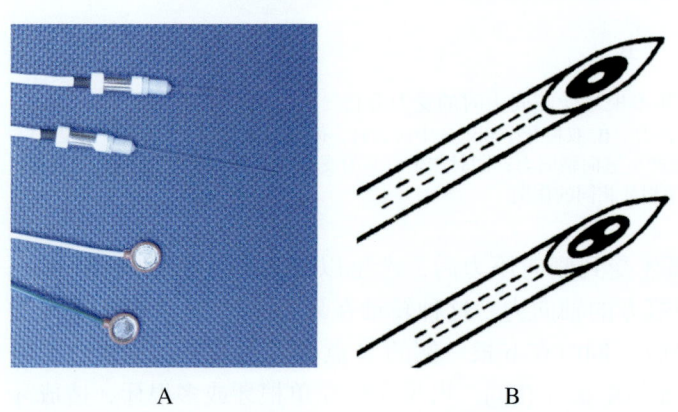

图 19-11　**A.** 针电极与表面电极；**B.** Φ 0.6 mm 同心针电极（上）和双极针电极（下）

2. 静息期（silent period）检查 下颌作各种运动牙齿发生接触时，或者咬紧牙齿叩击颏部，或对口腔组织刺激后，均可在升下颌肌群肌电图中表现出肌电活动暂停，称为静息期（图 19-12）；从叩击信号出现到静息期开始的一段时间为潜伏期（latency），是感觉和运动神经兴奋的过程；从静息期结束到肌肉活动达到原水平为低活动期（duration of depressed activity）。静息期是一种复杂的牵张反射，与肌梭、高尔基腱器官、牙周膜感受器等有关，它是一种保护性反射。在咬肌、颞肌、翼外肌、翼内肌均可记录。

3. 运动单位电位检查 骨骼肌的运动单位电位检查常用同心针电极，外径为 0.5～0.6 mm，主极斜面积为 0.07 mm^2（见图 19-11），电极垂直于肌纤维走行进针。为求得运动单位标准指标，在一块肌肉内最少应测 20 个不同的电位。对一块肌肉通过移动针的方向和深度进行探查。

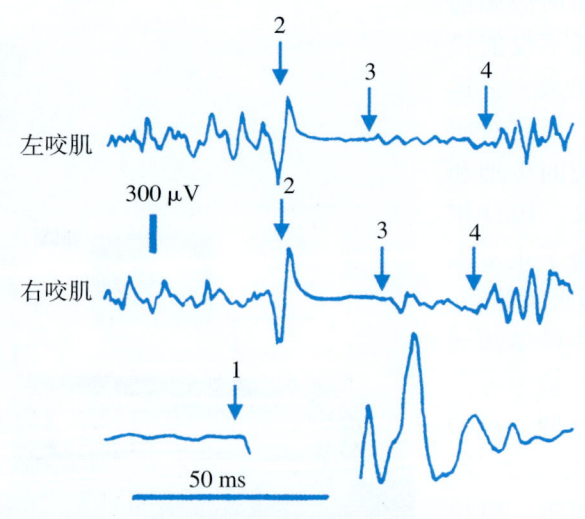

图 19-12　咬肌静息期
1 大力咬合时叩击颏部刺激，1～2 水平距离为潜伏期（L），2～3 静息期（SP），3～4 低活动期（DA）

检查项目有插入电位，自发电活动，小力收缩时电位时限、波幅、多相波百分比，用最大力收缩时电位模式、波幅等。

骨骼肌在松弛状态时，肌电图表现为一条直的扫描线，称为电静息，表明电极下的肌纤维无活动。肌肉在用轻力收缩时，可记录到来自运动单位的电位，它是一个运动神经元所支配肌纤维的总和电位。在一块肌肉中能记录到不同时限、不同波幅和不同形状的电位（图19-13）。这些差异一方面是由于运动单位神经支配比率彼此不同造成的，另外也取决于电极位置与受检运动单位的关系。国外临床神经生理实验室对20名0~80岁健康人的颞肌和咬肌测得的运动单位电位平均时限分别是5.6~8.9 ms和5.1~8.4 ms。时限随着年龄增加有增大趋势，在0~18岁比较明显。在人体发育过程中，终板区之间距离增大可以导致时限延长。我们检测了20~51岁31名健康人咬肌和30名健康人翼外肌下头的运动单位电位，得出咬肌平均时限为6.8±0.5 ms。翼外肌下头为6.9±0.5 ms。平均时限在性别之间和左右侧之间差异都无显著性。

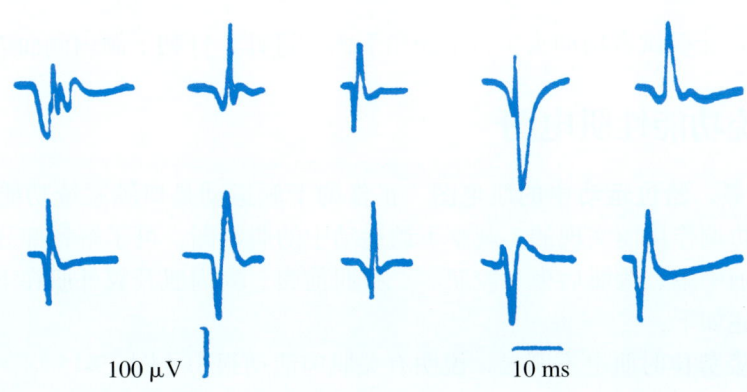

图 19-13　运动单位电位

肌肉产生的力量与放电频率和参加活动的运动单位数目有关。随着用力的增加，放电的运动单位增多，图形由单纯型、混合型到最大力时的干扰型（图19-14）。干扰型的波幅和各运动单位电位的波幅一样，在健康人因肌肉不同变化很大。

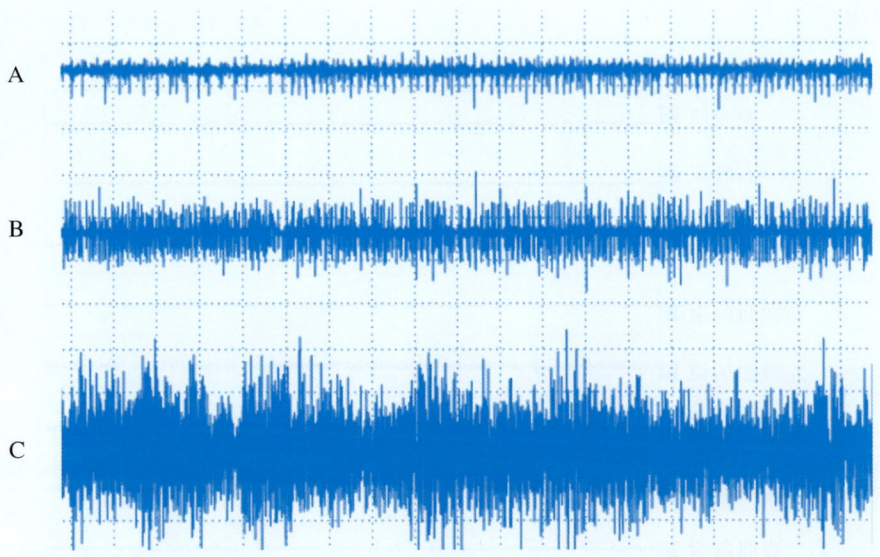

图 19-14　正常肌肉不同用力收缩时的肌电图（单位：0.5 mV/div，500 ms/div）
A. 轻用力的单纯型；B. 中等用力的混合型；C. 重用力的干扰型

4. 电极的安放位置 翼外肌和翼内肌采用针电极，其他肌肉采用表面电极。表面电极可以安放在肌肉用力收缩时最膨起处，也可以按照下述标准位置安放。

（1）颞肌前、中束：在眶耳平面上，由外耳孔上缘向前约 5.5 cm 处，垂直向上约 6 cm，在正中咬合时肌收缩较明显。

（2）颞肌后束：在外耳的正上方约 1.5 cm 处，电极按肌纤维走行水平向放置。

（3）咬肌：在眶耳平面上，由外耳孔上缘向前约 3.5 cm 处，垂直向下约 4.5 cm。在牙尖交错位咬合时，肌收缩较明显，相当于咬肌浅层区。

（4）二腹肌前腹：在下颌骨下缘近中线处。此肌定位较难，在不同程度上受下颌舌骨肌及颏舌骨肌所影响。

（5）翼外肌上头及翼外肌下头：翼外肌下头在颧弓下 1.5 cm，乙状切迹中心区进针直向内触及翼外板，然后退出 0.5 mm。翼外肌上头在其下头进针点上方 3～5 mm 处向上前方进针 30 mm，没有骨性标志。翼外肌进针时，让受试者稍张口（切牙区分离 1 cm 左右）较易进针。

（6）翼内肌：让受试者稍仰头，自下颌角下内方进针，针朝下颌内侧面进入约 20 mm。

二、咀嚼系统功能性肌电图

1. 下颌各种颌、𬌗位运动中的肌电图 正常的下颌运动是口颌系统功能的动力，是通过有关的神经肌肉协调作用而实现的。观察下颌运动中的肌电图，可了解各部分神经肌肉作用的特点。现就颞肌前中束、颞肌后束、咬肌、二腹肌前腹、翼内肌及翼外肌在下颌各种𬌗、颌位运动中的作用概述如下：

（1）下颌在姿势位时肌电不明显，说明有关肌肉活动很小（图 19-15）。

（2）在牙尖交错位用力咬合时，颞肌前中束、咬肌及翼内肌活动明显，有密集和高波幅电位波形，呈干扰型。颞肌前中束、咬肌活动大致相同并为同期。颞肌后束及二腹肌活动较小（图 19-16）。

（3）下颌侧方运动时，工作侧颞肌前中束和后束，以及二腹肌前腹均有明显电活动（图 19-17A）。工作侧翼外肌下头有少量电活动，非工作侧翼外肌下头活动明显（图 19-17B）。非工作侧二腹肌前腹活动水平与工作侧相似。形成侧方咬合时，工作侧颞肌前中束、咬肌及翼内肌均有明显电活动。

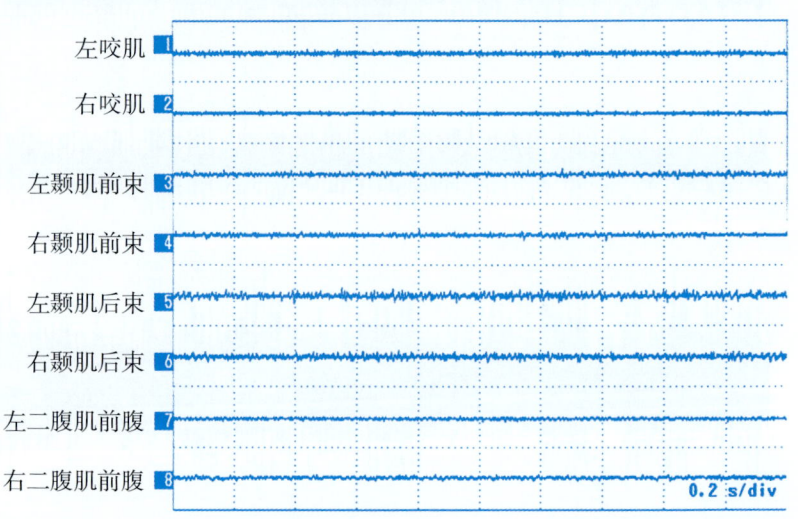

图 19-15 下颌姿势位时肌电图（50 μv/div）

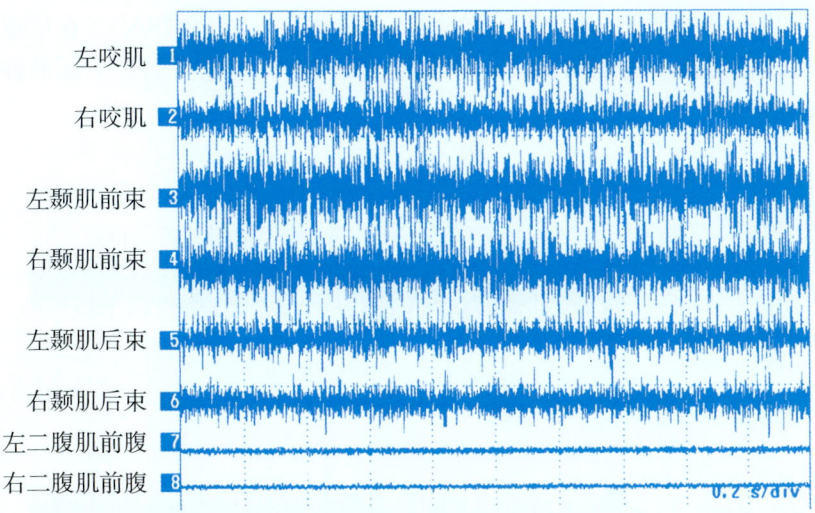

图 19-16 牙尖交错位用力咬合时肌电图（1000 μv/div）

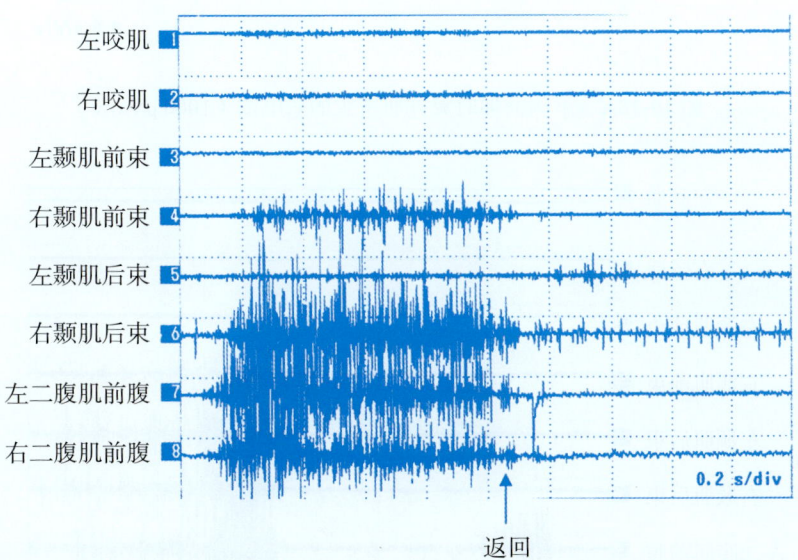

图 19-17A 下颌右侧方运动的肌电图（200 μv/div）
下颌向右侧方运动，而后返回到牙尖交错位的咬肌、颞肌、二腹肌肌电图表现

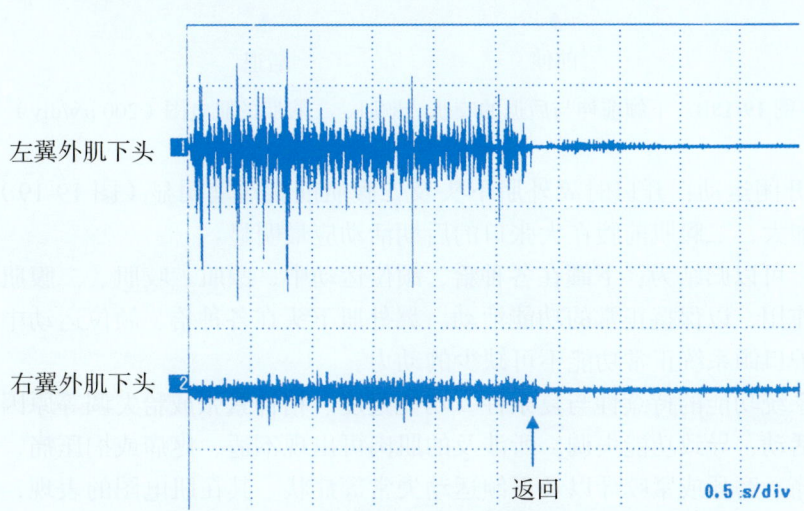

图 19-17B 下颌右侧方运动的翼外肌肌电图表现（500 μv/div）
下颌右侧方运动，而后返回到牙尖交错位的翼外肌肌电图表现

（4）下颌前后运动：下颌前伸时，翼外肌活动最明显（图19-18A）。在后退到后退接触位时，颞肌后束活动较明显（图19-18B），翼外肌下头也有少量电活动。下颌前伸与后退时二腹肌前腹均有活动。

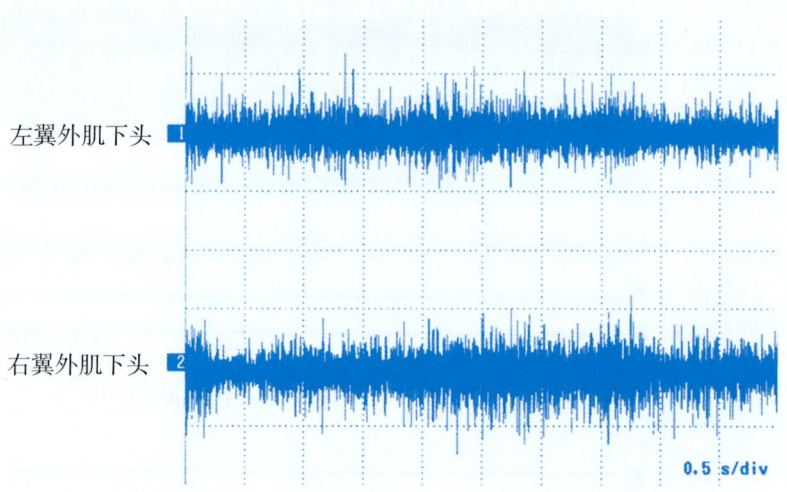

图19-18A　下颌前伸时翼外肌下头的肌电图（1000 μv/div）

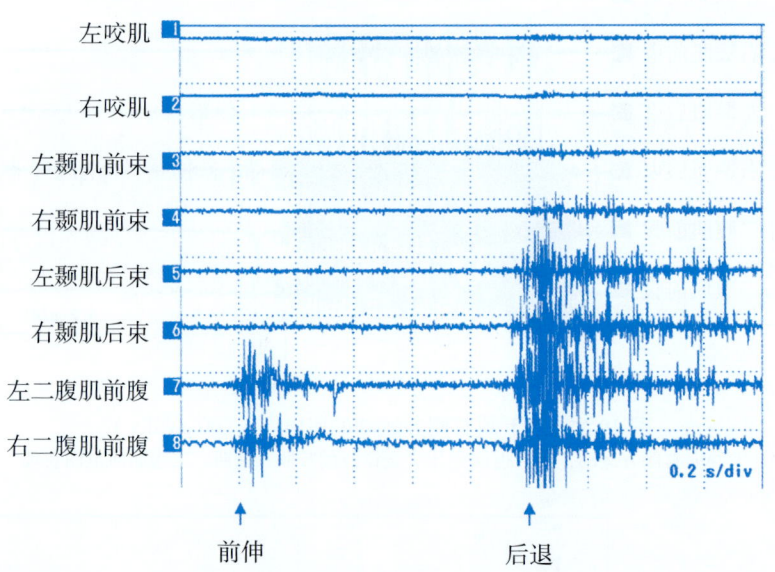

图19-18B　下颌前伸与后退的咬肌、颞肌、二腹肌的肌电图（200 μv/div）

（5）下颌开闭运动：开口时翼外肌下头及二腹肌前腹活动明显（图19-19），其活动度随张口度增加而加大，二腹肌前腹在大张口的后期活动应最明显。

综上所述，可以归结为：下颌在各种𬌗、颌位运动中，颞肌、咬肌、二腹肌及翼外肌各自发挥着不同的作用，以保持正常的功能活动。翼外肌下头在各种𬌗、颌位运动中，几乎都积极参与，它是维护口颌系统正常功能不可缺少的动力。

由于口颌系统功能的持续性与复杂性，功能过度、精神紧张或𬌗失调等原因，都将影响正常的神经肌肉活动，导致功能失调。所涉及的肌肉可出现不适、疼痛或扪压痛，还可出现颞下颌关节痛、头痛、磨牙或紧咬牙以及下颌运动失常等症状。其在肌电图的表现，亦会有各式各样的异常现象。

2. 咀嚼活动的肌电图　咀嚼运动表现为下颌节律性运动，是下颌三个基本运动（开闭、前

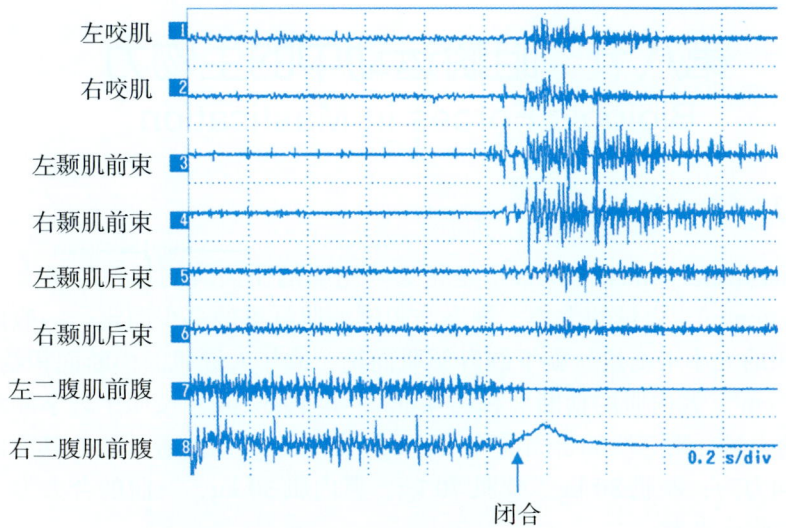

图 19-19　下颌开闭口运动的肌电图（1000 μv/div）

伸后退、侧方运动）的综合性运动。参与活动的肌肉有颞肌、咬肌、翼内肌、翼外肌、二腹肌等。在不同咀嚼时相，有不同的肌肉发挥作用。咀嚼时的咀嚼肌活动显著，以 1/3 秒的时限交替收缩。升颌肌在闭口时，上提下颌并且产生穿透和研磨食团所需要的力量。颞肌前束、咬肌和翼内肌活动水平常常达到最大用力的水平。在多数个体中，肌肉活动超过他们最大用力水平的 50%。

正常咀嚼活动（图 19-20）与异常咀嚼活动肌电图的区别：

（1）正常咀嚼肌 EMG 的放电期与静息期分期明显；异常 EMG 分期不明显，且有静息期的小波幅的爆发放电。

（2）正常咀嚼肌 EMG 的规则性和周期性保持时间长（数十秒）；异常的 EMG 则不能保持一定的时间。

（3）正常咀嚼肌 EMG 无论在牙尖交错𬌗和侧𬌗做咀嚼负荷测试时，左右两侧同名咀嚼肌电活动协调。异常者则不协调，甚至一侧咀嚼肌表现为放电增强或减弱，甚或迅速减弱而至电活动消失。

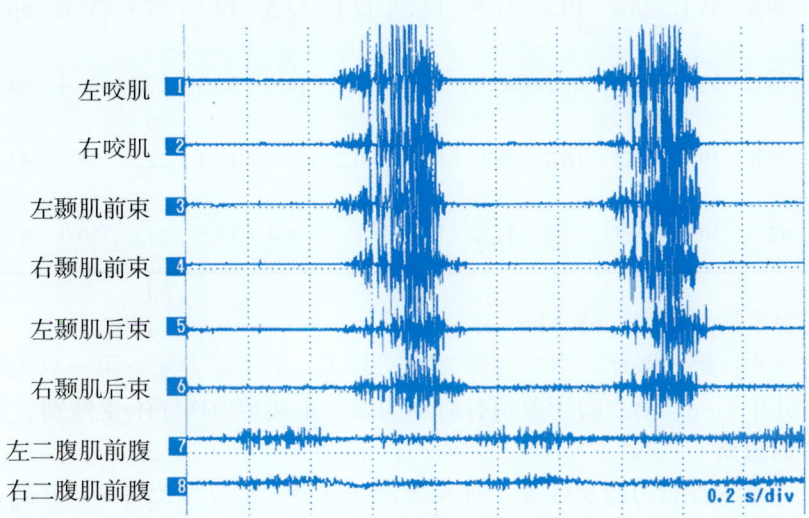

图 19-20　正常咀嚼运动的肌电图（1000 μv/div）

第八节 咀嚼运动中的生物力
Biologic Forces in Mastication

一、咀嚼肌力

咀嚼肌力（masticatory muscle force）是指参与咀嚼的肌肉所能发挥的最大力量，也称咀嚼力（masticatory force）。力量的大小，视参与咀嚼的肌纤维的多少而定。一般以肌肉在生理状态下的横断面积的大小来衡量。就下颌升颌肌而论，成年人颞肌的横断面积约 8 cm^2，咬肌的横断面积约 7.5 cm^2，翼内肌的横断面积约 4 cm^2，共 19.5 cm^2。按照生理学测定法，每平方厘米具有 10 kg 的力量，则三肌的合力应为 195 kg。根据肌纤维附着部位与其方向的不同，它们所产生的垂直向力为：颞肌 80 kg，咬肌 70 kg，翼内肌 30 kg，三肌的合力为 180 kg。这些是理论数据，仅供临床参考。

二、𬌗力

𬌗力（biting force or occlusal force）是指上下牙咬合时，牙周组织所承受之力。在咀嚼时，咀嚼肌收缩力量若超过牙周膜的耐受阈，则产生痛觉，通过反射而减少升颌肌群收缩力量，肌肉仅发挥部分的力量，并未用其全力。这种牙齿所承受的实际咀嚼力量，临床上称为咀嚼压力，亦称𬌗力。𬌗力的大小因人而异，同是一人，也依其年龄、健康情况及牙周膜的耐受阈大小而有所不同。𬌗力的情况是反映牙颌系统及全身健康状态的一个有力指征。因此，对口颌系统某些疾患的诊断、治疗和正畸效果，可通过𬌗力的增减而有所了解。

1. 正常人的最大𬌗力

1963 年王毓英应用应变电阻仪对 462 例 19~40 岁正常男女的𬌗力进行了测量，最大𬌗力均数见表 19-1。

表 19-1 462 例 19~40 岁正常男女各牙最大力均数（kg）

	右								左							
	8	7	6	5	4	3	2	1	1	2	3	4	5	6	7	8
男上	45.5	48.2	49.4	35.1	26.8	19.3	11.5	12.2	12.1	11.5	19.7	27.3	35.0	50.4	46.3	45.8
男下	47.4	48.3	48.3	36.7	28.0	21.5	13.8	13.0	13.2	11.6	20.8	29.0	36.4	48.0	47.9	46.7
女上	33.7	41.9	42.4	30.4	22.2	16.7	9.7	10.3	10.2	9.9	16.1	22.2	29.7	42.6	40.4	35.7
女下	35.2	41.9	42.3	30.9	24.7	17.7	11.6	11.4	11.4	11.4	17.5	24.8	30.9	41.3	42.3	36.2

正常人的𬌗力平均为 22.4~68.3 kg。

𬌗力大小顺序为：第一磨牙＞第二磨牙＞第三磨牙＞第二双尖牙＞第一双尖牙＞尖牙＞中切牙＞侧切牙，其中第一、第二磨牙差别有时不明显。上述𬌗力次序不受性别、年龄的影响。

2. 影响𬌗力的因素

（1）性别：一般男性𬌗力较女性大。有人报告女性最大𬌗力为 35.8~44.9 kg，男性最大𬌗力为 53.6~64.4 kg。

（2）年龄：最大𬌗力随年龄增加直到青春期。有报道，6~7 岁时平均𬌗力为 25 kg，

7~17 岁间每年平均增加 2.3 kg，平均达到 55 kg 为止。

（3）咀嚼习惯：对𬌗力有很大影响。例如爱斯基摩人，因习惯食用坚硬食物，其平均𬌗力为 136.4 kg，最大者为 176.4 kg。咀嚼侧较非咀嚼侧的𬌗力为大。吃韧性食物时，咀嚼明显发生在第一磨牙和第二前磨牙区。

（4）𬌗力线的方向：因为轴向力可使几乎全部牙周膜纤维都参与承担力量，而侧向力则集中作用于局限区域的牙周膜纤维，故牙齿承受轴向𬌗力较侧向𬌗力为大。例如下颌切牙的𬌗力较上颌相应牙的𬌗力大，因上切牙多向唇侧倾斜，故在咬测时，受舌向力影响，𬌗力较小；下切牙较直立，因而受力多为轴向，故能承担较大的𬌗力。

（5）张口的距离：有人认为𬌗力在正中咬合时为最大值。有实验指出，10~18 岁时，最大𬌗力发生在上下牙相距 18~20 mm 处。颌间距离过大过小，皆可影响𬌗力，使之下降。

在无牙颌修复时，恢复面部下 1/3 的适当高度非常重要。这不仅有助于恢复面容，而且有利于𬌗力的发挥。实验证明，如鼻底到颏下点的距离，由 117 mm 增至 125 mm，则𬌗力可由 13.6 kg 增加到 20.9 kg。但这种增加并非有一定的规律而成正比关系。𬌗力最大点为该患者在正确的垂直距离时的牙尖交错位。

（6）其他：𬌗力的大小与面部骨骼有关。肌电图研究显示强大的咬肌和颞肌前束的肌力与较大的面后部高度、平坦的下颌平面及较小的下颌角均相关。具有较大咬合力的人下颌角较小。上下颌偏斜的人则不能像上下颌骨相对平行的人那样产生较大的𬌗力。参与测量的牙数与所示𬌗力的大小有关，多数牙齿同时参加比单个牙的𬌗力大，但不等于各牙齿𬌗力的总和。

三、最大𬌗力与牙周潜力

1. 最大𬌗力（maximal biting force） 是指牙周膜的最大耐受力。有人曾用传导麻醉法消除牙周组织的疼痛反射，以测𬌗力。结果，测得正常𬌗力为 35 kg 的人在局麻下，𬌗力能增加到 60 kg。也有人报告，当龈组织浸润麻醉后，牙所能担负的侧向力较正常者多一倍，轴向力增加 30%；若用传导麻醉，则轴向力增加 50%~70%。

2. 牙周潜力（periodontal potential） 是指在咀嚼各种食物时，并不需要很大的𬌗力，而牙齿及牙周支持组织，尚有很大的潜力。实验表明，一般日常食物所需要的咀嚼压力为 3~30 kg。由此可以推知，肌肉、牙及其支持组织，尚有相当大的储备力量。这种储备力量的多少，有赖于牙及其支持组织的健康状况，这在临床上称为牙周潜力或牙周储备力。牙周潜力的存在是牙缺失后义齿修复的基础。发挥基牙的牙周潜力，担负义齿人工牙所受到的𬌗力。

实验的条件与食物在口内的咀嚼情况是有所不同的。例如在实验时为机械压力，而不是咀嚼压力；食物的分裂或粉碎是在金属模型上，而不是在真牙列间，没有侧方运动；此外，也没有唾液的浸软作用。有人实验发现，干面包皮需咀嚼压力 80~120 kg 始可嚼碎，但经唾液作用半分钟后，则只用 2.2 kg 即可嚼碎。由上可见，影响实验结果的因素是很多的，但在口内咀嚼所需的力量总比在口外者小。

目前国内外多使用计算机辅助的咬合检测仪器，主要有 T-Scan 数字咬合分析系统（图 19-21）和 Dental Prescale 系统（图 19-22A）。T-Scan 的传感片由聚酯薄膜覆盖的压敏油墨栅格制成，厚度为 68~100 μm。在𬌗力的作用下，导线受压接触，产生电流回路，通过计算机分析能够显示各个接触点、每牙𬌗力的相对比值和𬌗力中心的位置，但一般不能精确测出𬌗力值和接触面积。T-Scan 系统的突出特点是可以动态记录显示𬌗接触发生的时间顺序，可较为确切地查出早接触点，计算出达到最大𬌗力所需要的时间和侧方运动𬌗分离的时间。Dental Prescale 系统是用一种厚度 98 μm、对压力敏感的咬合膜（图 19-22B），置于上下牙列间咬合后，受压处变色。颜色浓度与压强对应，通过专用扫描仪（Occluzer Graph 705W）采集图像及计算机分析，得出𬌗接触点的数目、位置，各点的面积，𬌗力大小，以及全牙列的𬌗力分布中心和平衡情况（图19-22C）。可测压强范围根据咬合膜的型号有 3~15 MPa（30H）和 5~120 MPa（50H）两种。

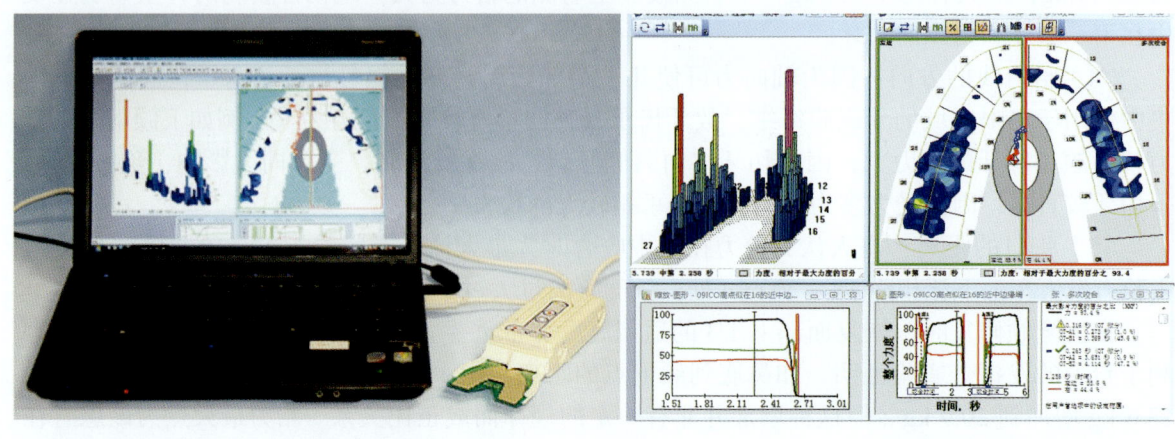

图 19-21　T-Scan Ⅲ 数字咬合分析系统

A. T-Scan Ⅲ 数字咬合分析仪；**B.** 𬌗接触分布图、𬌗力百分比（上排左、右图），𬌗力大小变化的时间曲线（下排图），𬌗力中心（上排右图中心的红宝石标志）

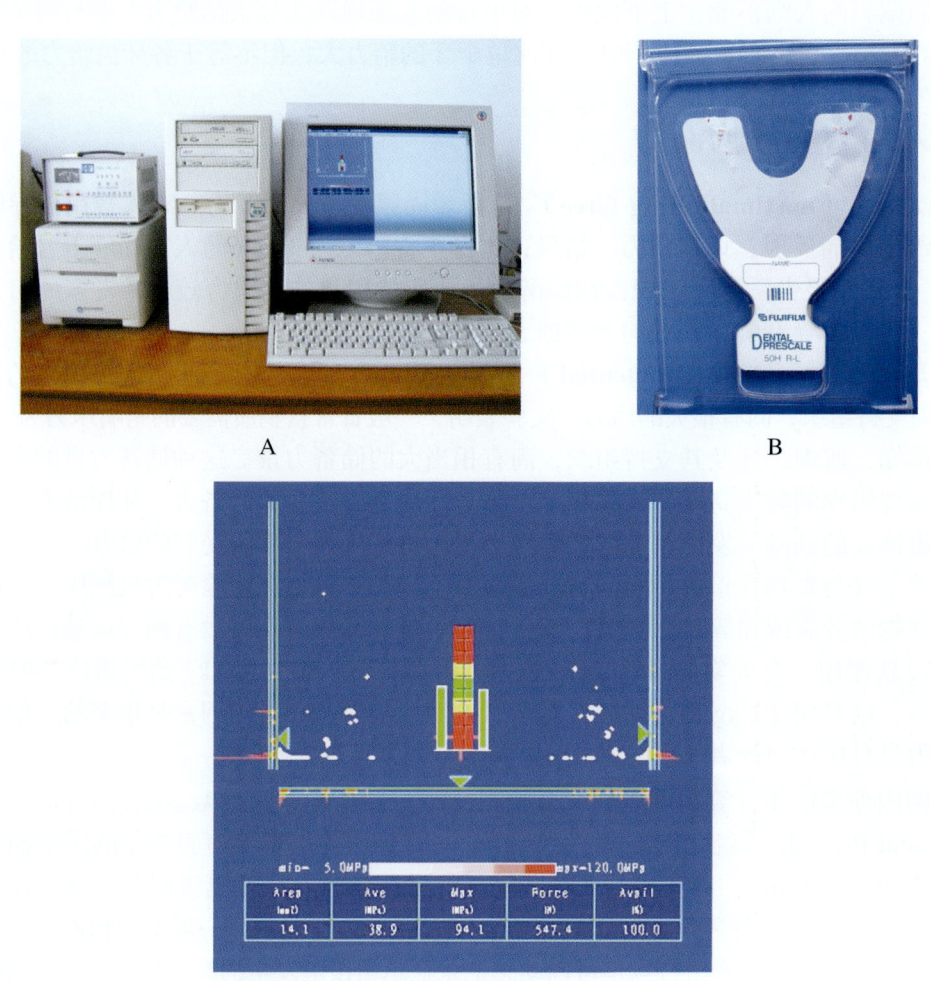

图 19-22　Dental Prescale 系统

A. 采集图像的专用扫描仪和计算机分析显示；**B.** 咬合膜；**C.** 显示𬌗接触点的数目、位置、各点的面积，力大小，以及全牙列的𬌗力分布中心和平衡情况

第九节 咀嚼效率
Masticatory Efficiency

咀嚼的主要功能之一为粉碎食物，使其能被吞咽和消化。机体在一定时间内，对定量食物嚼细的程度，称为咀嚼效率。咀嚼效率是咀嚼作用的实际效果，也是衡量咀嚼能力大小的一个重要生理指标。但是具有等效的咀嚼效率的个体间，食物磨碎的程度有相当大的差异。有的人把食物研磨得很细，而有的人喜欢食物嚼到能够吞咽即可。

一、测定咀嚼效率的方法

1. 吸光度法　1987年宋兆俊等提出了吸光度法测定咀嚼效能的方法：采用光栅分光光度计，以可见光对咀嚼后的试物（如花生米）悬浊液进行测定。咀嚼效能高者，试物咀嚼得细，悬浊度高，测得的吸光度读数大，反之则小。其测定步骤如下：每次给受试者5g炒花生米，咀嚼30秒后吐在盛器内并漱净口内咀嚼物残渣，用水将吐出的咀嚼物稀释到1000 ml，经充分搅拌1分钟，静置2分钟以后，采样放入722型光栅分光光度计，在光谱波长590 nm处测定其吸光度值。此方法简便、准确，全过程仅需10分钟。日本的增田元三郎还设计了一种以ATP颗粒剂为试物的ATP-G紫外吸光度咀嚼效能测定法，测得的精确度较高。

2. 比色法（Gume's法）　1983年瑞典学者Gume提出，将明胶经甲醛硬化处理制备成一定体积的试块，这种试块破碎后成颗粒状，不发生粘连，对生物染料具有特殊的吸附作用。将咀嚼后的明胶放入苋菜红溶液中，由于明胶对染色液的吸附，溶液的浓度降低。明胶被嚼得越碎，表面积越大，吸附的苋菜红越多，溶液的浓度也就越低。通过对溶液浓度的测定，即可确定咀嚼效能的大小。

1986年张健选用硬度值为7 kg/cm^2的明胶，检查了80名（男女各40名）13~20岁正常青少年，得出咀嚼效能的总体均数是335.2~424.3 cm^2，并与错𬌗组相比较，组间差异有极显著性（$\alpha = 0.01$）。

有的学者认为比色法只能反映咀嚼物总的破碎程度，而不能估计出颗粒大小的情况。

也有研究表明Gume's法测定咀嚼效能具有精度高、可靠性强等优点，但临床操作较复杂，环境和测试条件要求较高，而筛分称重法仍不失为一种简便易行的方法。

3. 混合法　将两种颜色的测试物（如胶姆糖和口香糖）咀嚼，通过评价测试物的混合程度来评估咀嚼效率，可以用仪器分析或者用软件处理。1995年Liedberg和Öwall介绍了咀嚼两种不同颜色的口香糖检测混合能力（colour-mixing test），用以判断咀嚼效率的方法。Speksnijder和van der Bilt进一步研究证实，这种颜色混合的能力与粉碎食物的检测有高度相关性，可用来评价咀嚼效率。实验证明这类方法比传统的筛分称重法适用范围更广，测试物不会被唾液溶解，可以减小测试材料的损耗所导致的误差。

4. 筛分称重法　测定的方法是计算在单位时间内嚼碎一定量食物所做工作的百分率。其方法是给被试者花生米4 g，咀嚼20秒，然后全部吐在盛器内，并漱净口内咀嚼物残渣，过筛（筛孔径为2.0 mm），将未过筛的残渣烤干，若称其重量为0.7 g，试物咀嚼效率按公式计算为：

$$\frac{总量-余量}{总量} \times 100\% = \frac{4-0.7}{4} \times 100\% = 82.5\%$$

测定时如考虑到烘干的咀嚼残渣与试物干燥程度的差异，则乘以干燥系数a，计算结果更为准确。a为咀嚼试物烘干后重量与其鲜重的比值。注意要将咀嚼残渣与计算干燥系数的咀嚼试物一同烤干。

$$\frac{a \times 咀嚼前总量 - 剩余量}{a \times 咀嚼前总量} \times 100\%$$

二、影响咀嚼效率的因素

1. 缺牙的位置 前牙缺失对咀嚼效率的影响小于后牙缺失。有学者将前磨牙作为一个𬌗单位数，磨牙为两个𬌗单位数。当两侧后牙对称存在，𬌗单位数大于 4 时，咀嚼效率无明显减少；𬌗单位数小于 4 时，咀嚼效率快速降低；当不对称分布、𬌗单位数小于 6 时，则出现咀嚼效率低。

2. 牙齿的功能性接触面积 在咀嚼系统功能正常的情况下，上下颌牙齿的功能性接触面积可以代表牙齿分裂或咀嚼食物的潜在能力，接触面积越大，咀嚼效率越高。第一磨牙提供功能性接触面积为 36.7%，第二磨牙为 27.9%，第三磨牙为 15.4%，第二前磨牙为 12.9%，第一前磨牙为 8.11%。若𬌗关系异常，牙齿的大小、形状、数目、排列等不正常，解剖的完整性（尖、窝、沟、嵴等）被破坏，或牙齿缺失等均可减少接触面积，导致咀嚼效率降低。

年龄大的男性常比年轻的男性咀嚼效率高。这可能是由于牙齿有一定的磨耗后接触面积增加。

3. 牙周组织 由于局部或全身的疾病或某些原因，使牙周组织受损，导致牙周组织耐受力下降，使𬌗力减小，从而使咀嚼效率降低。

4. 颞下颌关节疾患 颞下颌关节弹响、锁结，关节和（或）咀嚼肌疼痛，下颌运动受限，都会不同程度影响咀嚼运动，导致咀嚼功能不能充分发挥，使咀嚼效率降低。

5. 口腔内软硬组织缺损、炎症、外伤后遗症等均可影响咀嚼效率。

6. 全身的健康状态 患系统性疾病、老年体弱者均可引起肌肉的退行性改变，从而影响咀嚼效率。

7. 其他因素 过度疲劳、精神紧张和不良咀嚼习惯等，也可影响咀嚼效率。

咀嚼效率实际上是咀嚼过程中各种相关因素作用的综合体现。咀嚼效率的高低不仅代表咀嚼功能的大小，也为口腔、颌面部某些疾患的诊断提供线索，而且可用来评定口腔修复治疗的效果，为制订治疗计划提供依据。

咀嚼效率随着牙齿缺失而降低，一般使用全口义齿的个体咀嚼效率较低。当牙齿缺失后，没有及时修复，则咀嚼效率降低。当𬌗接触面积降低时，患者并不是通过增加咀嚼时间来补偿，而是吞咽较大块的食物。对戴用义齿和多数牙缺失的患者，他／她们可能尽量避免咀嚼坚韧的食物。食用韧性大的食物，患者会感到咀嚼困难或者不适。但是这种择食会造成营养不良。塑料牙𬌗面的沟嵴会改善咀嚼的效果。合适、稳定、边缘伸展正确的全口义齿才能获得好的咀嚼效率。一般情况，戴义齿的患者需要一定时间适应义齿，改善咀嚼活动。

第十节　咀嚼时牙的动度与牙齿磨耗
Tooth Movement in Mastication and Tooth Attrition

一、咀嚼时牙的动度

牙齿通过牙周韧带被悬挂在牙槽窝内，咀嚼时牙齿具有轻微的垂直向和水平向生理动度，除非大力咀嚼，一般不易感知。在健康的条件下，牙齿受到 500 g 力的作用时，在水平方向切牙的动度是 0.1～0.12 mm，尖牙 0.05～0.09 mm，前磨牙 0.08～0.1 mm，磨牙 0.04～0.08 mm。牙齿动度可以用德国生产的牙动度仪 Periotest 来测定，这是一种测量牙周膜对一定大小叩击力反应的电仪器。用仪器测量松动度重复性好，较为客观。受到比较大的咬合力时，𬌗力会被传导到骨组织，从而导致牙槽突的微小形变。𬌗力也会经邻接触传到邻牙上。牙周膜具有各向异性黏弹性组织的特性。

研究表明，后牙受到长轴方向的压力（19.6 N）后，需要大约1分钟的时间才能恢复，恢复的过程是非线性的。近期研究表明，后牙受力恢复短期是弹性反应，1分钟后只能恢复82%；长期是黏性反应，30分钟后又恢复6%。这说明在咀嚼后牙齿动度降低，牙的位置被压向更接近根尖的部位。

牙齿这种轻微动度，使其能承担突如其来的压力，避免或减轻意外的损伤。此外，牙齿的轻微动度，对出入牙髓的血液循环有调节作用。

二、磨耗与磨损

1. 磨耗（attrition） 是指在咀嚼过程中，由于牙面与牙面之间，或牙面与食物之间的摩擦，使牙齿硬组织缓慢地、渐进性消耗的生理现象。牙齿的磨耗随年龄的增长而逐渐明显，多发生在牙齿的𬌗面、切嵴及邻面。前伸咬合时，上下颌前牙对刃后，下颌前牙切嵴即沿上颌前牙舌面向后上滑行回归至牙尖交错𬌗，故下颌前牙切嵴磨耗较多。侧方咬合时，由于上颌磨牙的舌尖及下颌磨牙的颊尖，无论在工作侧或非工作侧均有接触，所以上述牙尖磨耗较多。咀嚼时，各牙均有其生理动度，故相邻牙齿的接触点因相互摩擦产生邻面磨耗。

2. 磨损（abrasion） 一般指牙齿表面与外物机械性摩擦而产生的牙体组织损耗。如刷牙引起的前后牙唇、颊面的非生理性损耗，嗑瓜子造成的上下中切牙切缘的楔形缺损。

三、磨耗的生理意义

牙列均衡的、渐进性的生理磨耗有以下生理意义：

（1）在上下颌牙建𬌗的初期，尚未形成平衡的全面接触，可出现早接触点。这种早接触点可通过磨耗而消除，从而建立广泛的𬌗接触。

（2）牙周组织对外力的抵抗力随着年龄的增长而逐渐减弱。磨耗使牙尖高度降低、𬌗面的嵴磨平，𬌗力线与牙体长轴趋向于接近平行，可减少咀嚼时牙周组织所受的侧向压力，使牙尖形态与牙周组织功能相适应。这有利于牙周组织发挥其最大的抗力，使其不致负担过重。𬌗面的尖、嵴因磨耗而有不同程度的消失，咀嚼效能随之减低，咀嚼力必然有代偿性的加强。

（3）牙周组织可以发生老年性退缩，以致牙根部分暴露，出现临床牙冠增长。这等于加长了牙齿在牙槽外的杠杆力臂，使𬌗力的力矩增加，因而加重了牙周组织的负担，有可能造成牙周创伤。牙冠磨耗可减少临床牙冠的长度，保持根冠比例协调，从而不致因杠杆作用而使牙周组织负担过重。

（4）由于牙齿存在生理性动度，在咀嚼中牙齿受力产生邻面磨耗。全牙列邻面持续地磨耗，可代偿牙弓连续地向前移动，使前牙不致因后牙的推动而拥挤。

四、过度磨耗的后果

当牙齿过快、过多或不均匀的磨耗时，不仅使牙体形态改变，而且牙弓的𬌗关系也受到影响，以致形成各种病理状态。牙齿的磨耗程度与食物的性质、牙体组织的结构、咀嚼习惯和咀嚼力的强弱有关。

1. 𬌗面重度磨耗引起的问题

（1）在后牙牙尖磨耗的同时，前牙切缘亦发生磨耗。故后牙牙尖磨低时，前牙磨耗重、覆𬌗减小，至后牙牙尖磨平时，前牙覆𬌗即行消失。伴随磨耗的发展，下牙弓逐渐向前移位，致使前牙成对刃殆，后牙向近中移动。这种情况常见于咀嚼运动范围比较广泛的患者。

（2）随着后牙殆面的磨耗，前牙切缘并无相应的磨耗而前牙舌侧严重磨耗，结果在前牙间形成重度的深覆殆。由于下前牙切缘沿上前牙舌面向后滑行，致使髁突后移，颞下颌关节受到创伤。

（3）由于侧方运动幅度较小，或咀嚼运动受限，而造成颊舌尖的磨耗程度不均。一般支持尖（如上后牙的舌尖及下后牙的颊尖）磨耗较多，结果形成与正常横殆曲线相反的反横殆曲线（图19-23）。由于上后牙颊尖及下后牙舌尖过于突出，咀嚼时易为侧向力所撞击，而引起牙冠纵裂及牙周组织的创伤，故临床应及时予以调殆。

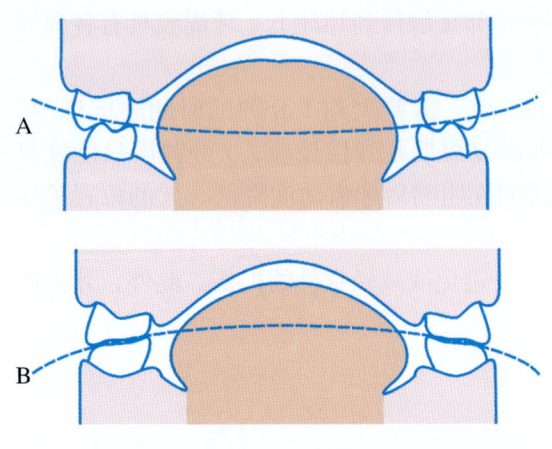

图 19-23　后牙重度磨耗形成的反横殆曲线
A.正常横殆曲线；B.磨耗后的反横殆曲线

2. 邻面磨耗引起的殆问题

（1）咀嚼过程中，由于各个牙齿的生理性动度，产生了邻面磨耗。邻面接触点被磨成小平面，失去正常的接触关系，容易造成食物嵌塞、邻面龋及牙周病。

（2）全牙列持续的邻面磨耗与后牙的向前推动不相适应，前牙（尤其下前牙）就会出现拥挤现象。

五、磨耗的评价

牙齿磨耗程度的评价方法主要分为定性评价与定量测量。定性评价方法国际上尚未统一，利用指数分级来记录牙的磨耗程度。这些指标有的以磨耗面的大小与面积来确定；有的以牙釉质、牙本质的磨耗、暴露的程度来确定。定量测量方法可以采用立体显微镜观察测量、立体照相测量、三维数字分析等，这些方法更适于研究工作。下面介绍两种磨耗分级方法（表19-2、表19-3）。

表 19-2　临床常用的殆面磨耗分级

等级	临床磨耗情况
0	牙釉质无磨耗，殆面/切缘形态完整
1	牙尖部牙釉质出现磨耗，牙本质未暴露
2	牙尖部牙釉质消失，牙本质出现磨耗
3	牙尖全部磨耗，继发性牙本质暴露，殆面失去原形，成光滑平面
4	继发性牙本质磨耗，髓腔暴露，但为继发性牙本质所充满，牙活力减低或消失

表 19-3　Ordinal scale 磨耗指数

等级	临床磨耗情况
0	牙釉质无磨耗面；殆面/切端形态完整
1	牙釉质可见明显的磨耗面；殆面/切端形态发生改变
2	牙本质发生磨耗；殆面/切端形态发生改变，牙尖高度降低
3	牙本质发生 > 2 mm^2 磨耗，殆面/切端形态局部或整体完全丧失，高度降低

Ordinal scale 磨耗指数主要是以牙体硬组织垂直向丧失的量来评价磨耗等级。此法简单易行，但仅适合口内检查，在模型上不易准确辨认。Ordinal scale 磨耗指数更适用于快速磨耗者。

第十一节 舌、唇、颊和腭在咀嚼运动中的作用
Roles of Tongue, Lip, Cheek and Palate in Mastication

一、舌的作用

在咀嚼活动中，舌的形状多变，动作复杂，作用亦非常重要。咀嚼中舌的主要作用有：

1. 传送食物 包括从舌侧推送并保持食物在上下牙列间，以便对其切割、捣碎和磨细。将食物从牙弓的一个部位转送至另一个部位，以便全牙弓得以均匀使用，避免造成局部负担过重。

2. 搅拌食物 舌使嚼碎的食物与唾液混合，形成食团以利吞咽与消化。

3. 选择食物和辨认异物 舌和口腔后部的感觉末梢，能选择咀嚼完善的食团，以备吞咽；同时也能选择食团中有待咀嚼的部分以便进一步咀嚼。这种选择可在咽和食管上段继续进行，因该处肌肉为随意肌，在吞咽1~2秒后，如感觉食团未被充分咀嚼，仍可将其吐出，辨认食物中有无可致创伤的物质。

4. 压挤食物 舌背前2/3黏膜粗糙，咀嚼时可将食物压于硬腭表面或牙弓舌面之间，帮助压碎。这种作用对于无牙患者更为显著。

5. 清洁作用 清除食物残渣，保持口腔清洁。

二、唇、颊、腭的作用

1. 唇在咀嚼中的作用主要有：
（1）唇有丰富的感受器，对温度和触压敏感，可防止不适宜的食物进入口腔。
（2）唇推送并保持食物在上下牙列间，以便对其切割。唇帮助转运食物。
（3）上下唇闭合可防止食物或饮料从口腔溢出。

2. 颊在咀嚼中的作用 当颊松弛时，口腔前庭内可容纳更多已经初步咀嚼的食物；颊部收缩，可将其推送至上下牙列间进行咀嚼。

3. 腭在咀嚼中的作用 除与舌共同压挤食物外，硬腭的触觉甚为敏感，能辨别食物粗糙的程度。

第十二节 咀嚼对𬌗、颌、面生长发育的影响
Effects of Mastication on Occlusal and Maxillofacial Developments

正常的咀嚼能够刺激𬌗、颌、面的正常发育，其作用大致如下：

1. 咀嚼能磨耗建𬌗初期少数牙的早接触，从而达到建立正常的𬌗关系。

2. 咀嚼肌大部分附丽于上、下颌骨，因此，咀嚼运动对颌骨结构及发育均有一定的功能性刺激。

（1）强而有力的咀嚼肌附丽于下颌骨，因而下颌骨比上颌骨发育粗壮。下颌角由于咀嚼肌的牵引，向后下突起，其角度由婴儿的钝角至成年逐渐变小。

（2）上、下颌骨为了适应咀嚼力，上颌骨有尖牙支柱、颧突支柱和翼突支柱与颅底相连。各支柱间有骨嵴，以增强结构。三个支柱与对侧形成眶弓、鼻骨弓、颌弓等，加强对咀嚼压力

的承受，且各窦腔能将力量加以缓冲和分散，如上颌窦可缓冲此种力。

（3）牙槽骨内骨小梁排列方向和外力作用相协调形成了牙力轨道和肌力轨道，能耐受外力和咀嚼作用相适应。

（4）颌骨表层因咀嚼肌的附丽，使骨密质坚厚，肌肉附丽处突起成嵴，如内斜嵴、外斜嵴等。

3.咀嚼肌的功能性收缩，给予牙列、颌、面、颅底的组织以功能性刺激，促进其血液和淋巴循环，增强代谢，使颅、颌、面正常发育。

对原始人的𬌗、颌、面观察发现，他们的颌骨粗大，牙排列整齐，错𬌗与龋病少，分析这些现象与原始人的食物粗糙、硬韧，需要强大的咀嚼功能有关。现代人，由于食物加工精细，无需较大的咬合力，使咀嚼功能逐渐减弱，出现颌骨退化。但是，牙齿的退化较颌骨退化慢，因而出现牙量与骨量不调，错𬌗及龋病增加。现代人中习惯单侧咀嚼者，其惯用侧一般发育较另一侧好。这些都说明咀嚼对𬌗、颌、面的生长发育中起着重要作用。因此，要增强咀嚼功能，刺激𬌗、颌、面的正常发育，婴幼儿乳牙萌出后应给予富有纤维的、粗糙和耐嚼的食物咀嚼；儿童时期，也应予以粗糙食物为好。

第十三节　咀嚼对脑功能的影响
Effects of Mastication on Brain Function

咀嚼是重要的口颌系统功能，咀嚼系统的精细调控依赖于高级中枢的作用，同时又对高级中枢功能如记忆、认知有重要影响。利用脑血流图对正常人进行研究发现，咀嚼时大脑血流量增加、流速加快、某些脑区血氧水平增高；功能性磁共振以及正电子发射计算机断层研究显示，正常人的咀嚼运动增加可以影响内分泌和自主压力调节反馈，增加海马和前额叶皮质神经元电活动，从而使认知功能增强。对缺牙患者的研究显示，修复缺失牙齿恢复咀嚼功能后脑功能增强，神经元功能改善，特别是与认知相关的脑区激活。也有学者发现，与正常小鼠相比，长期磨牙缺失小鼠其迷宫错误率明显增高，海马神经元密度降低，提示认知功能障碍；恢复磨牙功能后的小鼠迷宫错误率较低，且海马神经元密度增高，与人类的研究结果相符。由于高级中枢结构复杂，研究困难，这一部分内容还需要大量深入的研究，但是可以肯定的是，恢复患者咀嚼功能对改善脑功能具有重要意义。

小　结

婴儿通过学习获得咀嚼功能。咀嚼的基本节律运动型由位于脑干的中枢模式发生器产生。中枢模式发生器驱动有关的运动神经核活动，产生节律的咀嚼运动，而皮质的高级中枢活动能发动咀嚼运动，并且调节咀嚼运动的协调性。口周、口内、肌肉的感觉传入与模式发生器和运动核联系，形成感觉反馈调节咀嚼运动。因此，咀嚼的最终形式是，脑干的咀嚼中枢模式发生器受高级中枢的影响与周围感觉反馈作用的结果。

咀嚼食物时，前牙切咬的食物由舌、颊、唇运送到后牙反复的捣碎和磨细，直至形成食团吞咽入胃，然后又开始下一次切咬和多次的捣碎磨细的过程。咀嚼运动是复杂的综合性运动，但下颌运动有其一定的程序和重复性。这种咀嚼周期具有形态和时间变化的特征。一个咀嚼循环通常分为四个时相。第一时相是下颌向下慢运动；接着为快速开口相；下一个是下颌向上快速闭口相，最后时相是慢速闭口，压碎食物。开口时，降颌肌活动明显，升颌肌不活动。升颌肌活动始于闭口初。当上下牙开始交错接触时，升颌肌活动慢慢增强。在压碎食物一侧，升颌肌活动较对侧升颌肌大。咀嚼时肌电图放电期与静息期分期明显，规则性和周期性持续时间长。咀嚼运动能够单侧、双侧或两侧交替进行。

正常的前牙切咬和后牙磨细食物的过程，食物、咀嚼肌力和颞下颌关节形成了生物杠杆，作用的结果有利于牙、牙周组织、颞下颌关节的健康，并产生较高的机械效能。咀嚼肌收缩产生的咀嚼肌力受到牙周膜本体感受器的调节，最终形成适合的咀嚼压力（𬌗力）。衡量咀嚼能力大小的一个生理指标是咀嚼效率，可以用称重法、吸光度法和比色法测定。咀嚼中牙面与牙面之间，或牙面与食物之间的摩擦，使牙齿硬组织缓慢地、渐进性消耗。牙齿的磨耗随年龄的增长而逐渐明显，多发生在牙齿的𬌗面、切嵴、邻面和后牙工作尖。舌、唇、颊和腭在咀嚼运动中也起到重要作用。

咀嚼不仅仅是对食物机械加工，形成食团便于吞咽，而且粉碎的食物使消化酶有效的活动。食物的刺激能反射性地使唾液分泌滑润食物，而且唾液中的酶能对食物进行部分消化。食物的刺激还能使胃肠道消化腺的分泌及蠕动增加，为接纳食物做好准备。咀嚼食物还可以对牙齿和牙龈起摩擦和按摩作用。咀嚼时牙齿有轻微的动度，能调节进出牙槽骨和牙髓的血液循环。总之，咀嚼促进和维持𬌗、颌、面的正常生长发育，有利于高级神经中枢功能完善。

（谢秋菲　曹　烨）

Definition and Terminology

咀嚼（Mastication）：Mastication is defined as the process of chewing food for swallowing and digestion.

中枢模式发生器（Central pattern generator）：Central pattern generators（CPGs）are neural networks that can endogenously（i.e. without rhythmic sensory or central input）produce rhythmic patterned outputs; these networks underlie the production of most rhythmic motor patterns.

咀嚼型（Chewing pattern）：Chewing pattern is defined as the movement pattern of the mandible during a chewing cycle. It is a complex movement involving simultaneous hinge, sliding and rotary motion. It is unique to each individual and changed by extraction of teeth or restorations that alter the occlusion. Typical adult chewing pattern as represented in the frontal plane is a teardrop shape with the opening phase medial to a more lateral closing phase.

咀嚼周期（Chewing cycle）：A three dimensional representation of mandibular movement produced during the chewing of food.

咀嚼效率［Masticatory efficiency（Masticatory efficacy）］：Masticatory efficiency is defined as the ability to triturate a certain portion of food within a determined period of time and can be quantified as the individual ability to fragment natural or artificial foods.

肌电图学（Electromyography）：Electromyography（EMG）is a technique for evaluating and recording the electrical activity produced by skeletal muscles. EMG is performed using an instrument called electromyograph, to produce a record called electromyogram. An electromyograph detects the electrical potential generated by muscle cells when these cells are electrically or neurologically activated. The signals can be analyzed to detect medical abnormalities, activation level, recruitment order or to analyze the biomechanics of human or animal movement.

𬌗力（Biting force）：Biting Force is defined as the result of muscular force applied on opposing teeth; the force created by the dynamic action of the muscles during the physiologic act of mastication; the result of muscular activity applied to opposing teeth.

牙周潜力（Periodontal potential）：Periodontal potential is also known as periodontal reserve force, which points that in normal chewing movement chewing teeth together for about half the power of the periodontal tissue can support, and it is stored in the periodontal tissue with partner support ability, namely the periodontal potential.

磨耗（Attrition）：Attrition is the loss of teeth structure by mechanical forces from opposing teeth. Attrition initially affects the enamel and, if unchecked, may proceed to the underlying dentin. Once past the enamel, attrition quickly destroys the softer dentin. Erosion is a very important contributing factor to the loss of tooth substance by attrition.

磨损（Abrasion）：Abrasion is the loss of tooth structure by mechanical forces from a foreign element. If this force begins at the cementoenamel junction, then progression of tooth loss can be rapid since enamel is very thin in this region of the tooth. Once past the enamel, abrasion quickly destroys the softer dentin and cementum structures.

第二十章　吞咽与吮吸

Swallowing and Sucking

吞咽（swallowing, deglutition）是一个将食物或唾液从口腔经由食管运送到胃的典型的反射动作（reflex activity）或过程，这一复杂过程需要特定的刺激。吞咽能自主发动，但不是随意动作（voluntary activity），而属于非自主活动。吞咽动作有口、咽、喉、颌、面、颈各部的有关肌肉的共济作用，由自主、非自主性肌肉活动组成，为一系列协调肌肉收缩产生的平滑过程。

吞咽不但将食物从口内推移到胃内，而且具有重要的保护功能。在哺乳类动物，气道与食管在咽（pharynx）、喉（larynx）水平交叉。咽腔前通口腔，上通鼻腔，后通食管和喉腔，吞咽时必须关闭咽腔和鼻腔及喉腔的通道，食物或唾液才能只进入食管，不发生呛入鼻腔和气管的问题。吞咽时舌顶住上腭和前牙，封闭口腔，将食团或唾液推送入咽部，食团刺激咽部感受器开始吞咽反射。这时软腭上升，咽后壁向前突出而封闭鼻咽通道，使食物不会进入鼻腔；同时声带内收，喉头升高，并向前贴紧会厌软骨，封锁咽喉通道，防止食物进入气管。吞咽时，吞咽与呼吸的控制系统相互作用抑制了呼吸。一旦食物或液体侵犯气管，机体启动有力的反射，如咳嗽（coughing）和气哽（choking），清除气道中异物。

进食时吞咽频率最高，睡眠时最少，其他时间吞咽频率约1~2分钟一次。睡眠时，在入睡、觉醒和睡眠状态变化时最常发生吞咽。自发的吞咽可能是为了咽下口内唾液。咀嚼末期的吞咽取决于食物的细度、味道、浓度、食团的润滑程度等因素，还与个体的咀嚼习惯和饥饿程度有关。

第一节　吞咽过程
Process of Swallowing

吞咽是一个连续的动作，为便于理解，根据食团在吞咽时所经过的解剖部位，将吞咽过程分为准备期（preparatory phase）、口腔期（oral phase）、咽腔期（pharyngeal phase）、食管期（esophageal phase）。准备期与咀嚼末期（terminal phase of mastication）相接，涉及到食团的形成。在口腔期，食团从口腔被推到咽腔；在咽腔期，食团从咽腔被运送到食管；在食管期，食团由食管上口被运送到下口进入胃。为了便于描述，整个吞咽过程又分为：吞咽第一期（食团由口腔至咽），吞咽第二期（食团由咽至食管上段），吞咽第三期（食团由食管下行至胃）（图20-1）。

一、吞咽第一期

吞咽第一期：准备期和口腔期——食团由口腔至咽。

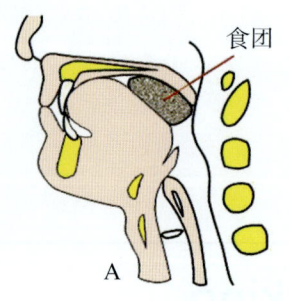 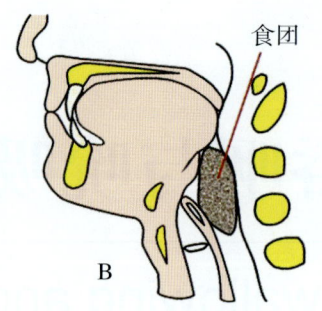 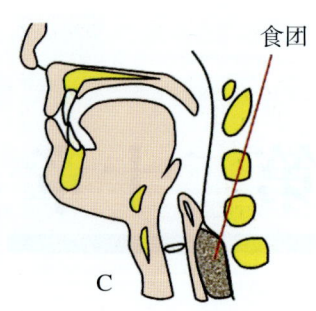

图 20-1 吞咽的过程
A. 吞咽第一期；B. 吞咽第二期；C. 吞咽第三期

这是在大脑皮质内的冲动影响下开始的系列随意动作：①由舌挑选咀嚼完善的食物形成食团，在颊肌的协助下将其置于舌背中部；②舌尖及舌背前部紧抵上颌切牙舌面及硬腭的前部，舌的两侧升高贴住两侧牙舌面和腭黏膜，同时上下牙列咬合于牙尖交错殆，上下唇紧闭；③下颌舌骨肌收缩使舌背上抬，将食团推向软腭后方，软腭向下压保证食团从口滑入咽部；④同时由于气管关闭，舌肌及咽肌松弛，使咽腔扩张形成负压，食团便从口腔被吸入咽腔。

此期可发生个体吞咽的变异。吞咽时，当食团进入咽腔时，上下牙通常咬合在一起来稳定下颌，而舌骨和喉部向上和向前运动。有些个体在吞咽时牙齿不接触，而其中一些人此时上下唇分开，舌前伸到牙齿之间形成一个周围封闭来保持食团，被称为开殆吞咽（tooth apart swallowing）。儿童吞咽时如果上下牙列不接触则属于异常吞咽，系吮吸吞咽机制残存所致，舌向前运动可产生异常压力，引起错殆。

二、吞咽第二期

吞咽第二期：咽腔期——食团由咽至食管上段。

这一期是通过一系列急速的反射动作而实现的。当食团经软腭入咽时，刺激了软腭的感受器，引起一系列肌肉的反射性收缩，结果鼻咽通路、口咽通路、咽与气管的通路被封闭，呼吸暂停，食管上口开张，于是食团从咽被挤入食管。具体活动如下：①腭帆提肌、腭帆张肌和腭垂肌收缩，软腭上提，咽后壁向前突出，封闭口咽腔与鼻咽腔的通道；②腭舌肌收缩，可使舌骨和舌根部上抬，从而关闭口腔与咽腔的通道；③声带内收，喉上升并向前紧贴会厌，封闭咽与气管的通道，此时呼吸暂停；④喉上升前移，使食管上口张开，食团就从咽腔挤入食管。食团的头部比尾部运动快，因此当通过咽腔时食团被拉长。这个过程很快，通常仅需 0.1 秒。上述肌肉的活动使食团降入食管而不会反涌入鼻咽腔、口腔和气管。

在食团由咽至食管的过程中，有几种预防食团进入气道的机制。在这个阶段呼吸受到抑制，喉和上部食管括约肌上升，缩短了食团必须通过的距离和进入气道的时间。声门固有肌（intrinsic muscles）用力接近真声带。梨状隐窝（piriform sinus）创造出侧方通道，使食团一般在喉口周围通过。正常的吞咽是在低于喉前庭的水平进行，剩余食团渣滓陷入梨状隐窝，不会被吸入。

三、吞咽第三期

吞咽第三期：食管期——食团沿食管下行至胃。

食团进入食管后，引起食管肌肉蠕动，将食团经贲门推送入胃。食管肌肉蠕动是食团刺激引起的反射动作。蠕动波在食团下端为一舒张波，上端为一收缩波，肌肉顺序的舒张和收缩波不断向下移动，食团沿食管被推行下降，蠕动波到达贲门使其松弛，食团便被挤入胃内。蠕动波周期约6~7秒一次。食团沿食管下降的速度在各段不相同，在食管上段下降速度较下段快，因为食管上段为随意肌，下段主要或全部为不随意肌。食团在食管上段时，仍可将其经咽返回口腔。在食管与胃贲门连接处以上，有一段长约4~6 cm的高压区，其内压较胃的内压高，是阻止胃内容物向食管逆流的屏障。

吞咽液体时，在重力作用下液体下行于蠕动波之前，但蠕动波到达贲门方能开放，液体才能进入胃内。食物的重量对吞咽的影响甚微。

从吞咽开始至食物到达贲门所需的时间与食物的性状和人的体位有关，液体食物约需3~4秒，糊状食物约需5秒，固体食物较慢，需6~8秒，通常不超过15秒。吞咽中的口腔期和咽腔期进行很快，持续约1.5秒（口腔期近于0.5秒；咽腔期是0.7秒）。食管期相对时间长些。身体倒置时，固体食物从口腔至胃的时间较正常者为长，而正常范围内的体位改变，对吞咽时间无明显影响。

第二节　吞咽活动的机制
Mechanism of Swallowing

吞咽是一系列连续的反射动作，食团相继刺激了软腭、咽部和食管等处的感受器，软腭（经三叉神经）、咽后壁（经舌咽神经）、会厌（经迷走神经）和高级脑中枢的传入冲动上达位于延髓（medulla oblongata）网状结构内的吞咽中枢，再向下通过三叉神经运动核、面神经核、疑核和舌下神经核，向咽、喉、食管等处发出传出冲动而引起相应的反射活动。与吞咽中枢有关的传入和传出途径见图20-2。

吞咽中枢对吞咽肌肉的收缩顺序及时间起控制作用。吞咽一旦开始，即按一定的肌肉收缩顺序完成，其他活动如咀嚼、言语和呼吸活动均暂行停止，直至吞咽完成其他活动方能继续。

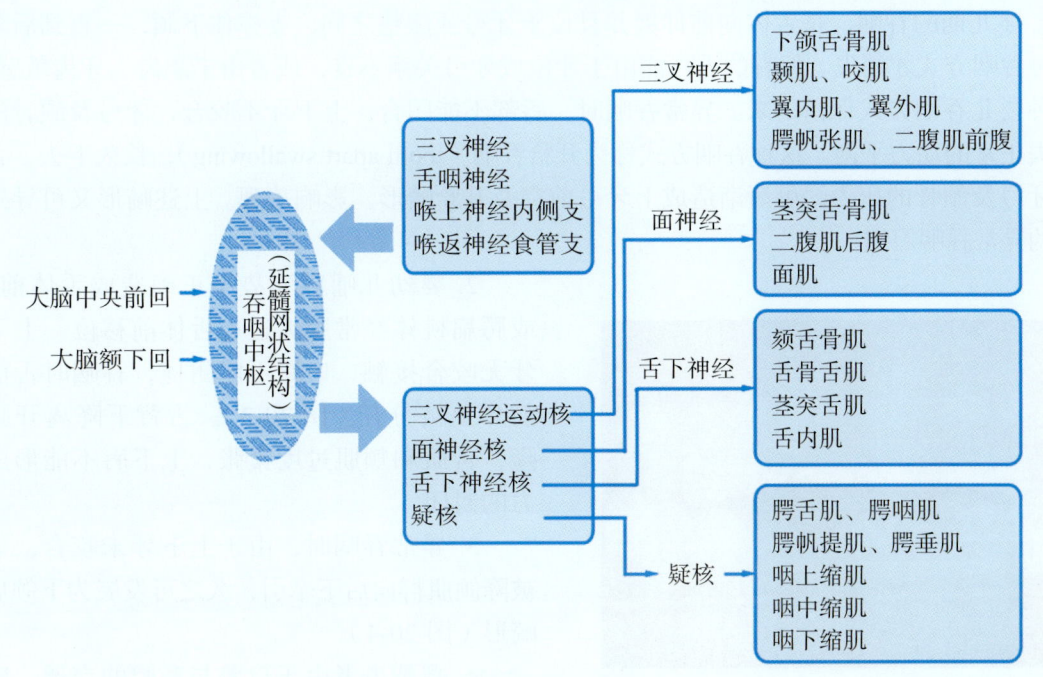

图 20-2　吞咽中枢有关的传入和传出途径

来自上消化道的感觉冲动对吞咽活动完成并不重要，损伤部分相关的运动神经群虽导致支配肌肉瘫痪，但不影响吞咽肌肉的收缩顺序。如若吞咽中枢一部分受损则对吞咽产生影响。吞咽中枢能根据传入冲动的模式，对传出冲动产生不同的影响。

第三节 吞咽对𬌗、颌、面生长发育的影响
Effects of Swallowing on Occlusal and Maxillofacial Development

吞咽除了将食物由口腔运送到胃内，还将大量分泌的唾液也送入胃，因此每天24小时要发生上千次的吞咽活动。吞咽过程中产生的力对儿童𬌗、颌、面的生长发育亦起着不可缺少的作用。

一、正常吞咽对𬌗、颌、面生长发育的作用

1. 正常吞咽时，舌体从内侧向牙弓及颌骨施加向前方和侧方的压力；同时，唇、颊肌及咽上缩肌构成的水平肌链，从外侧向牙弓及颌骨施加向后和向内的压力；其作用结果使牙弓及颌骨内外侧的生长压力趋于平衡，从而保持了颌面部的生长发育。

2. 下颌稳定是吞咽中一个重要部分。正常成人利用上下颌牙齿咬合稳定下颌的吞咽叫做躯体吞咽（somatic swallow）。吞咽时，提颌肌群收缩上提下颌将其固定于牙尖交错位，降颌肌群收缩牵引舌骨向上，这种牵引力能刺激下颌的生长发育。

3. 吞咽时，在一系列反射活动的作用下，口腔、咽腔与鼻腔的交通隔绝，口腔内产生暂时性负压，这种负压可刺激硬腭下降及向前和侧方增长，有助于口腔和鼻腔的正常发育。

二、异常吞咽对𬌗、颌、面生长发育的影响

1. 婴儿期的吞咽，是舌体向前伸展并且位于牙弓或龈垫之间，支撑住下颌，一直到后牙萌出这种吞咽方式才消失。但有的人可能由于牙位或牙弓关系不良，或者由于龋齿、牙齿敏感等，使这种婴儿吞咽方式保留下来。异常吞咽时，唇部不能闭合，上下牙不咬合，牙弓及颌骨的内外失去正常的动力平衡。这种吞咽方式称为开𬌗吞咽（tooth apart swallowing），长久下去，舌施加于牙弓及颌骨的压力，可渐渐造成上牙弓前突及开𬌗畸形，影响美观。上述畸形又可导致继发性的异常吞咽习惯。

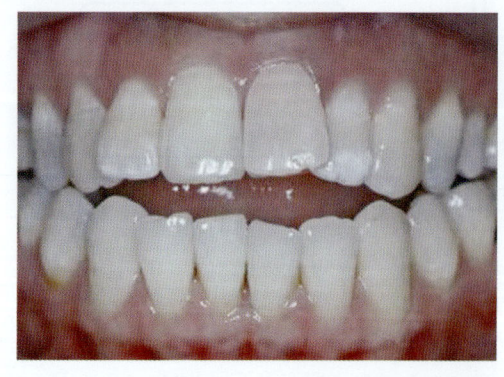

图20-3 前牙开𬌗无咬合接触，口唇无法闭拢

2. 婴幼儿哺乳姿势不正确造成舌体前移，或腭扁桃体经常肿大造成舌体前移位。上下前牙无咬合接触，口唇不能闭拢，吞咽时舌前伸前牙更被分开（图20-3）。舌背下降离开腭穹隆，舌肌和颊肌过度紧张，上下唇不能形成有力的封闭。

3. 异常吞咽时，由于上下牙未咬合，下颌被降颌肌群向后下牵引，久之可发展为下颌后缩畸形（图20-4）。

4. 腭裂患者由于口腔与鼻腔的交通，唇裂患者不能形成口唇封闭，出现动力不平衡，口

腔内都不能产生暂时性负压，影响𬌗、颌、面的正常生长发育（图20-5）。腭裂患者因此出现吞咽困难。

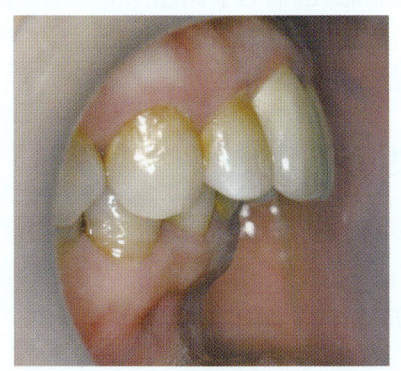

图20-4　下颌后缩畸形

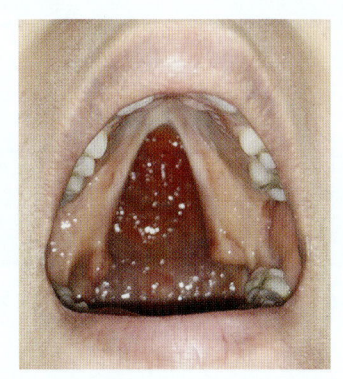

图20-5　腭裂患者口腔与鼻腔相通

吞咽时上下牙列咬合在牙尖交错𬌗，如在其他的牙尖交错闭合都是功能异常。无牙颌患者未戴义齿时，是采用婴儿吞咽方式，但在其牙列修复时要重建这种功能性下颌位。

第四节　吮　吸
Sucking

一、吮吸的概念

吮吸（sucking）是口腔内形成低于大气压的负压条件，从而使流质进入口腔的一种活动。吮吸为一反射性运动，其反射中枢在延髓。从出生时，新生儿已具备了进行吮吸所必需的神经肌肉活动机制。就像咀嚼，吮吸功能涉及与舌、面部运动相协调的、节律性的下颌上下运动和吞咽。

二、吮吸的生理过程

婴儿吮吸母乳时，首先吮吸乳头（teat）深达口腔后部直到软硬腭交界处，依靠口轮匝肌固定乳头，唇封闭乳头的周围防止空气进入口腔，舌背压向硬腭，舌根压向软腭，舌尖压住下颌前牙颈部，舌充满整个口腔。口腔内形成0.26~0.53 kPa（2~4 mmHg）的负压。然后，口底肌群将舌向后方降低，舌中央部平展，口腔内进一步形成负压而开始吮吸食物。随之更换为吸气，这时口腔内形成2.6~4.0 kPa（20~30 mmHg）的负压。吮吸中婴儿提升下颌和舌，向腭部挤压、伸长和缩短乳头，帮助乳汁排出。乳儿从乳头吸出乳汁，口腔内必须有一定负压，为5.3~8.0 kPa（40~60 mmHg）。成人的吸入（inspiratory suction）是一个类似口呼吸的过程。

新生儿的吞咽是液体吞咽，并且与吮吸有关。他们没有牙齿，无咀嚼运动，不能形成半固体食团。他们喉、咽的解剖与成人的不同。新生儿的软腭占有上咽部较大的空间，其较成人的影响更大。会厌（epiglottis）引导喉在软腭后方向上，呼吸时保持在这个位置。经过发育会厌下降，承担起成熟期吞咽的功能作用。

在吮吸过程中，负压产生在无吮吸阶段。婴儿的吮吸频率在40~90次/分，取决于奶嘴和瓶子的类型。在吮吸发生时，呼吸是连续的。鉴于新生儿的咽和喉的解剖关系，有人提出了婴儿可以不中断呼吸进行吞咽。然而当测量实际气流时发现，吮吸时吞咽总是打断气流。

唇、腭裂患儿因口内不能形成负压，而致吸入困难，引起营养障碍，又因不能正常吞咽而易使食物误入气管。

三、不良吮吸习惯

吮吸形成了习惯，在不进食时也强迫性地吮吸就形成了不良吮吸习惯，有时借用器具比如奶瓶，更多的是吮吸手指（图20-6）。

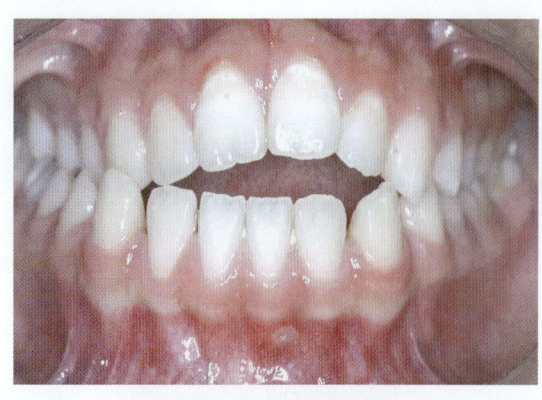

图20-6　不良"吮拇"习惯造成的前牙开𬌗

小　结

吞咽是推动食物和唾液从口腔经过食管到达胃的生理功能，是系列的复杂的反射活动。吞咽能被自主发动，但多数吞咽是非自主活动。吞咽活动可以分为准备期、口腔期、咽腔期和食管期。在口腔内形成的食团被推进到咽，然后从咽腔挤入食管，最后食团从食管运送入胃。吞咽是在吞咽中枢控制下，口、咽、喉、颌、面、颈诸肌的协调活动，此种协调失去平衡可导致𬌗、颌、面发育畸形。

吮吸为一反射性运动，是口腔内形成低于大气压的负压条件，从而使流质进入口腔的一种活动。吮吸是新生儿就已具备的生理功能。

（谢秋菲　姜　婷）

Definition and Terminology

吞咽（Swallowing or deglutition）: The process that usually involves movement of food from the mouth to the stomach via the esophagus. Coordination of muscles is needed from the tongue to the esophageal sphincter.

反射动作（Reflex activity）: The involuntary functioning or movement of any organ or body part in response to a particular stimulus. The function or action occurs immediately, without the involvement of the will or consciousness.

开𬌗吞咽（Tooth apart swallowing）: Instead of bringing the teeth of the two jaws together to provide a firm outer wall against which the tongue can act, the subject keeps them apart in the rest position and uses cheeks and lips as the outer wall. This means the tongue thrusts forward between the anterior teeth and the lips are often compressed by action of the circumoral muscles to assist in providing the rigid wall. This swallowing pattern is often seen in subjects who have or have had a habit of sucking thumbs or fingers.

吮吸（Sucking）: The act or process of drawing into the mouth, in which the partial vacuum produced inside the oral cavity through the joint action of the cheeks, lips, and tongue, draws through a narrow opening between the lips air, liquids, or any substance or object, such as a finger.

第二十一章 言 语

Speech

人类使用书写（writing）、言语（spoken oral language or speech）和手语（sign gesture language）多种方式相互交流，但最基本的交流方式是言语。言语也称为语音，通称说话，是个体间交往表达意识活动和思考过程的方式，涉及言语的产生和言语的识别。言语的产生需要发音（voice）和构音（articulation）共同完成。言语可因外伤或疾病而延缓发育，亦可由口腔部分缺损或畸形而发生障碍。

第一节 言语与语言的关系
Relationship of Speech and Language

言语与语言（language）不同，语言是人与人之间用来交流信息的一种符号化的工具，如文字和手势等，是语言种类的总称。言语是在某种情况下个人说话的活动。人类使用语言与同一语种的其他成员发生联系，如果单纯用言语联系就受到局限了。

要懂得某种言语，听、说者必须属于同一语言群体，学习了某种语言所使用的语音符号的意义。处理复杂信号系统，如书面语言（written language）的能力是人类独有的。这样人类有储存知识和经验的能力，并且直接促使了独立于基因的人种进化。人类能利用较少的词汇和基本规则，形成许多整套的原始句子。所有语言使用相似的基本规则，但有不同的声音。例如，在所有语言中句子有一定的结构，字组成词，词结合成句。因此，尽管世界上有多种语言，在语言产生的神经生理过程中，具有共同的基本遗传基础。

语言具有先天的和后天的双重特性。早期婴儿对言语识别不依赖于特殊的语言经验。因此，出生时婴儿就具有识别声音的能力。出生时，言语和语言功能重要的大脑皮质区已经发育，并且显示出成人大脑的典型不对称性。这种不对称性提示，发声的经验不是中枢神经系统言语区发育的必需条件。

第二节 发音器官
Organs of Pronunciation

人类的声道（vocal tract）是个横断面大小不一的声学管（acoustic tube），从声带（或称为声襞 vocal folds）到唇，长约 17 cm（图 21-1）。通过唇、颌、舌和软腭的位置改变，使声道断面可从零（完全闭合）至约 20 cm^2 的变化。软腭像气阀门（trap-door）样活动使声道与说话时的次级腔——鼻道（nasal tract）适时的相通。鼻腔大约长 12 cm，体积约 60 cm^3。喉和声带是主要的发生器官。声带（vocal cords）振动是发音的基础。呼吸肌（腹肌、膈肌、胸肌）收缩，使肺内空气呼出，气流通过声门，内收的声带受气流的冲击引起振动，即产生了声音。由于声带的紧张度、长度、厚度以及呼出气流的力量、声门的宽窄等发生变化而发出不同的音调。这些变化与喉软骨及其联成的活动关节有密切关系。

一、声带

声带（vocal cord）为两条弹性带，是喉黏膜覆盖声韧带肌形成。两侧声带之间的裂隙叫声门裂或声门（glottis）。声门裂是喉腔中最狭窄的部分，成年男子长约 23 mm，女子长约 17 mm。声带前端附丽于甲状软骨内面，后端附丽于杓状软骨声带突。甲状软骨可借它和环状软骨间的关节，沿水平轴旋转；杓状软骨借环杓关节沿垂直轴而旋转。前者可改变声带的长度和紧张度，后者可改变声门的宽窄度，从而调节声音的高低。

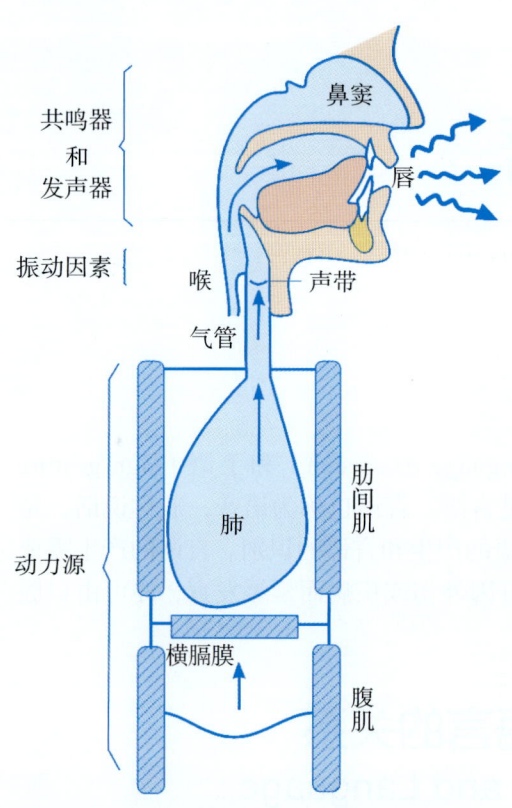

图 21-1　声道和发声的动力源、振动因素和发音器官以及共鸣腔

二、前庭襞

前庭襞（vestibular fold）或称为假声带，居声带上方，为两条与声带平行的皱襞，含有许多黏液腺，分泌黏液，以湿润声带。当吞咽时，左右假声带相对合拢关闭喉门。

三、喉肌

喉肌（laryngeal muscles）为横纹肌，肌腹小，分为喉外肌和喉内肌。喉外肌包括：提喉肌，降喉肌。喉内肌可归纳为三组，① 控制声门：环杓后肌——开大声门，环杓侧肌、杓横肌、甲杓肌和杓斜肌——缩小声门；② 控制声带：环甲肌、环杓后肌——紧张声带，甲杓外肌、甲杓内肌——松弛声带；③ 控制喉口：甲会咽肌——扩大喉口，杓横肌、杓斜肌、杓会厌肌——缩小喉口。

第三节　发音的调节机制
Regulative Mechanism of Pronunciation

一、发音与共振

1. 发音（pronunciation）　以元音为例，发音是由肺中气压上升，迫使气流过声门造成声带振动。振动中断气流，产生准周期性宽频谱脉冲（quasi-periodic broad spectrum pulses）兴奋声道。声带振动的韧带长 18 mm，声门开口变化一般在 0~20 mm^2。控制声带的喉肌又可分为张肌、外展肌、内收肌。音高（pitch）的升与降由张肌——环甲肌（circo-thyroid）和声带肌（vocalis muscles）控制。声门下方的压力变化对控制喉振动程度也很重要。通过肋间肌、腹肌和背阔肌活动，造成适当的声门下压力。

2. 共振（resonance） 某一音调的声波，通过一种介质（通常是空气）并与一物体（如空腔）相遇，如该物体的振动频率与该声波相同，则物体亦随之发生振动，此即共振（共鸣）。弱声能通过共振增强（图 21-2）。声带所发之音，要经过加工才能成为语音。加工是指，通过改变共鸣腔（如：喉腔、咽腔、口腔、鼻腔）的形态，或于共鸣腔的某些部位对气流加以阻挡，使声带发出的音波发生改变。最终的音质取决于共鸣腔的大小和形状。人类共鸣腔的形状各异，因此各人的音色各具特点。其中年龄和性别不同，其音色差异更为显著。

正常的声音须具备符合性别、年龄的音调，悦耳的音质和足够的音强。

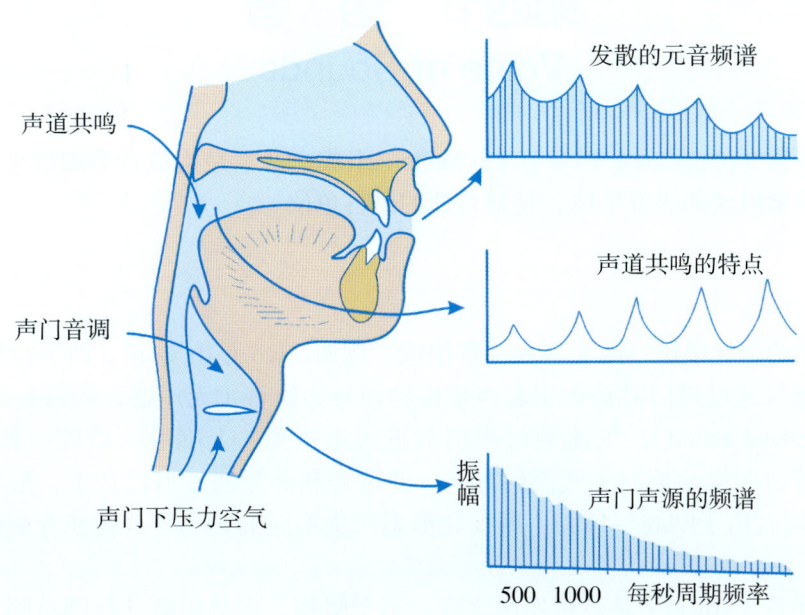

图 21-2　元音的产生
右图代表声门声源的发散频率、声道声学反应和最终发散的元音频谱

二、音调

声带的振动频率决定音调（tone）的高低，振动的频率高者音调高；反之则低。振动频率又与声带的紧张度、声带的形状、声带颤动部分的长短及声门的大小有关。声带紧张度增强，颤动部分变短，形状变薄，都可使发音升高。成年男性声带平均长约 15 mm，女性声带平均长约 11 mm，所以男音低于女音。儿童声带较短，故音调较高。青春期声带急速加长，因而发音变得突然低沉。发高音或低音时，声带的状态是不同的。发高音时，声带内缘变薄，声门裂前宽后窄，声带紧张度不一致。但在发低音时，声带内缘钝而厚，声门裂成一均匀缝隙，全声带紧张度一致。人类发出的声音，男性最低频率为 80 Hz，女性最高频率为 1024 Hz，言语的频率范围约为 100～600 Hz。

三、音质

音质（音色）（tamber）与共鸣关系较大而与声带关系较小。人的共鸣腔，如咽腔、喉腔、口腔和鼻旁窦等，各有其不同形状与特性，因此每人的音质也各具特点。同一个体又可因疾病或意识控制，致使其共鸣腔的形状与特性改变，从而使音质发生变化。共鸣腔可以通过长期训练产生一定变化。其中口腔器官的运动大部分都为随意肌控制，因此灵活性较大。

四、音强

音强（音量）（volume）由声波的振幅而定，振动频率相同的声波，振幅大者则音强大；反之则弱。振幅的大小与呼出的气流压力大小有关，如强音时呼出的气流压力可达 9806.4 Pa（1000 mmH$_2$O），中等强度气流压力约为 1372～1960 Pa（140～200 mmH$_2$O），而耳语时气流压力仅 29.4 Pa（30 mmH$_2$O）。此外，通过共鸣可以加强声音。

第四节 语 音
Voice or Sounds

语音是由音素（phoneme）和音节（syllable）组成。音素是构成音节的最小单位，音节是由一个或几个音素组成的语音单位，是最自然的语言单位。

一、音素

音素是最小的语音单位，由元音和辅音组成。例如：wǒ 是由 w 和 o 两个音素组成。

声音根据空气通过声门时是否引起声带振动而分为清音（无声音，voiceless sound）和浊音（有声音，voiced sound）。气流通过声门后进入上声道（上咽腔、口腔、鼻腔）。在上声道，由于发音器官的运动控制了气流的方向，使清音和部分浊音得以加工，形成不同的辅音（consonant）；同时由于咽腔、口腔不断变化形态产生不同的共鸣腔，使浊音成形而产生不同元音（vowel）。

1. 元音 元音（vowel）是声带发出之音，不受阻挡，不遭间断，仅随口腔、咽腔形态的变化而有改变，如汉语拼音中的 a, e, i, o, u 等。在发元音时，口腔器官的活动约有三种状况：

（1）软腭上举与向前的咽壁接触，形成腭咽闭合，封闭咽腔和鼻腔的通道，以免气流进入鼻腔。

（2）舌尖保持相对静止的状态。

（3）口腔形成不同的形状。如发"i"时，上下唇微开，上下前牙相对，舌前部略向上抬，舌保持原形而舌尖稍向前抵下前牙。发"a"时，则口张开，舌平放，使舌腭之间形成较大的空间，以便气流顺利地通过口腔。

2. 辅音 辅音（consonant）是气流出声门后，在咽腔或口腔的某些部分受到阻挡而发出的声音。其特征是音短促而间断，如汉语拼音中的 b、p、m、v 等。根据气流在口腔内受阻的部位不同，可将辅音分为 8 种（表 21-1）即齿音、舌齿音、唇齿音、双唇音、舌音、上腭音、喉音和出气音；根据发音方式，辅音又可分为 4 类，即爆发音（plosive sounds）、鼻音、舌边音和摩擦音（fricative sounds），其相互关系见表 21-1。图 21-3 显示发不同种类的辅音时，舌

表 21-1 按照气流受阻部位和发音方式的辅音分类

根据发音方式	根据气流受阻部位							
	齿音	舌齿音	唇齿音	双唇音	舌音	上腭音	喉音	出气音
爆发音		d, t		b, p			k, g	
鼻音		n		m				
舌边音					l			
摩擦音	s, z		f, v		w	r	q, x	h

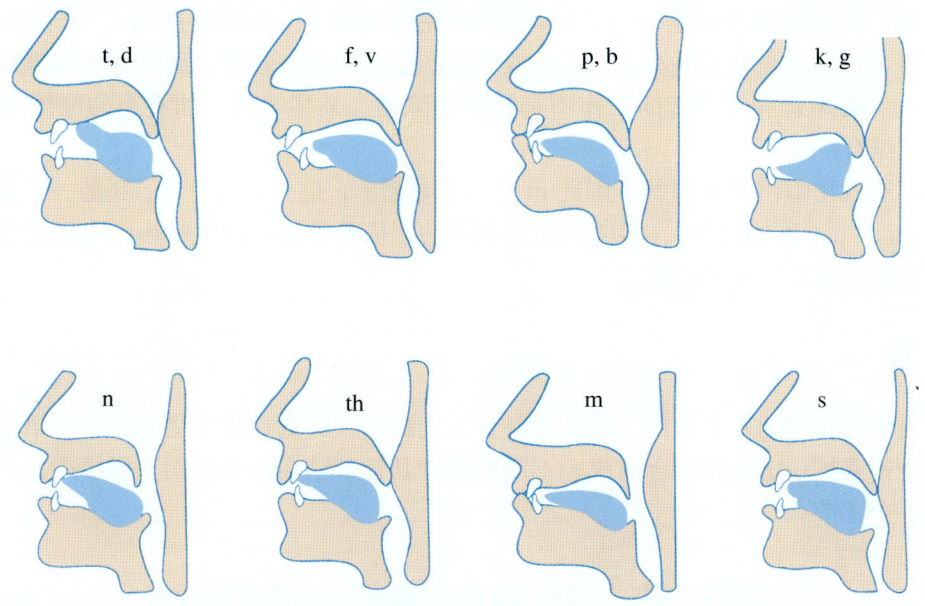

图 21-3 发不同辅音时口腔组织的位置

与口腔有关器官的接触关系，每人不同，但其基本型相同。这主要是每人所处地区不同，口腔情况不同以及说话习惯不同造成。利用墨汁涂舌，嘱试者发指定的音后，将舌与腭接触的情况，用直接照相法记录下来，为腭位图相（图 21-4）。

摩擦音和爆发音是两种基本无声的音。摩擦音，例如：s、sh、f、th，当气道的某一处被部分关闭时，受压的气体以足够高（可以产生湍流，turbulence）的速度通过缩狭部，产生了摩擦音。发摩擦辅音时，需要非常精细地调节发音器官，在错𬌗戴用义齿的病例可察觉到发这

图 21-4 发指定音时的腭位图相
蓝色指示发不同音时，舌与腭接触的区域

些音的缺陷。典型的爆发音是 p、t、k。当声道完全关闭（一般用唇或舌），在闭合后方产生气压，然后突然打开产生了爆发音。当释放气流产生尖锐的声音时，经常伴有摩擦音和送气音（aspiration）。有声音和无声音的工作不是相互排除的。某些声音，如有声的摩擦辅音 v 和 z，是两种声源结合产生。

m 由双唇发出但由鼻子出气，因此 m 是一个鼻音；p 是一个无声音，b 是一个有声音。因此在发出 mat、pat 和 bat 同时，唇的动作是相似的。依赖于读唇替代听声的人可以根据它们被使用的上下文猜出这三个字的意义。

二、音节

音节是语音结构的基本单位，是说话时自然发出的、听觉自然感受到的最小语音片段，由一个或几个音素按一定规律组合而成。不同的语言其音节结构各不相同。汉语中，一般一个汉字就表示一个音节。

第五节　语言的神经控制系统
Neural Control System of Language

一、语言控制中枢

言语属于高级神经第二信号系统活动范围，其兴奋直接来自大脑皮质，受语言中枢的支配。关于语言区域，只在人类大脑皮质中独有。语言运动中枢在左侧大脑半球额下回的后部，相当于 Brodmann 氏 44 区和 45 区的一部分，以及与语言有关的听觉性语言中枢（40 区）及视觉性语言中枢（39 区）等（图 21-5）。也有人语言运动中枢位于右侧大脑半球的相应部位。

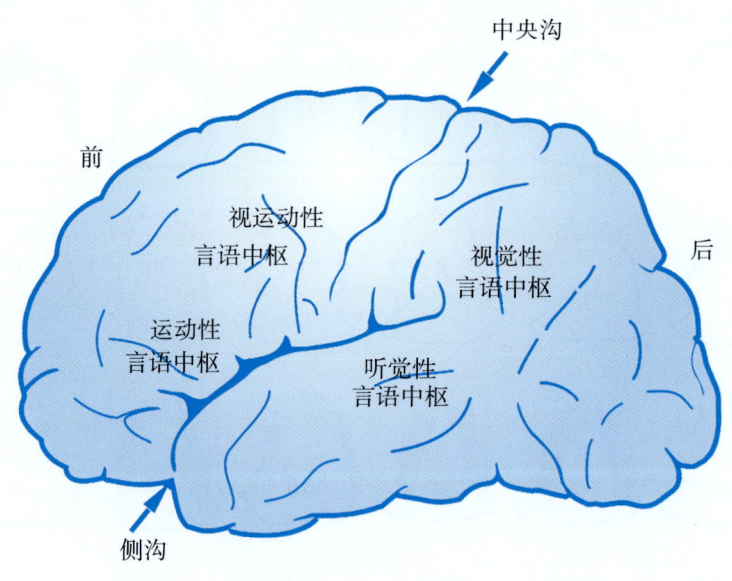

图 21-5　人大脑优势半球（左）和语言运动中枢

不同的运动中枢受损，出现各种语言障碍。① 运动性失语症（motor aphasia）：患者的发音器官和有关的唇、舌、咽喉肌肉没有问题，但患者丧失了说话能力。由于位于额下回后 1/3 处（又称 Broca 回）的运动性语言中枢（说话中枢）受损造成。② 失写症（agraphia）：患者丧失写字或绘画的能力，其他运动功能仍然保存。由于位于额中回后部的视运动性语言中枢（书写中枢）受损造成。③感觉性失语症（sensory aphasia）：患者能书写和看懂文字，听力也正常，但听不懂别人及自己说的话，严重时答非所问，用词混乱，使人无法理解。由于位于颞上回后部的听觉性语言中枢受损造成。④失读症（alexia）：视觉无障碍，其他语言功能也健全，但原来识字者却变为不能认识和理解书写的或印刷的字词、符号、字母或色彩。由于位于顶下小叶角回的视觉性语言中枢（阅读中枢）受损造成。

患有完全失语症（global aphasia）者，可同时出现上述四种语言功能障碍。不能说话和理解语言。他们不能读、写、重复或者叫出物体的名称。大脑皮质损伤面积广泛，是中脑动脉皮质分支供应的区域。

二、周围感觉信息的反馈调节

肌肉感受器和分布在口、喉、呼吸系统和面部皮肤的机械感受器的连续感觉信息反馈调节言语运动的产生。传入信息调整运动程序中某些参数（这些参数与周围状态的变化有关），对实际运动产生一套更特殊和详细的运动指令。例如，发双唇音时，如下唇提升出现紊乱，上唇和下颌就会出现补偿性调节。感觉信息不但用于纠正个体运动中的错误，而且调整言语中多个运动。

三、单侧大脑优势

人类大脑左、右半球的功能基本相同，但各有特化方面，通常与从事语言文字方面的特化功能有关的称为优势半球，即语言中枢的优势半球，多在左侧。例如，善用右手者（右利者）其语言中枢位于左半球，即优势半球，善用左手者则反之。儿童12岁以前，左侧优势尚未完全建立，此时若伤及左侧大脑半球的有关部位，尚有可能在对侧半球建立起此种优势，语言机能得以恢复。若已成年，由于左侧优势已经建立，损伤后则难以在右侧大脑半球重新建立语言机能。

四、与言语有关的神经分布

与言语有关的神经为三叉神经、面神经、迷走神经、舌下神经，各神经分布和控制动作见表21-2。

表 21-2　与言语有关的神经分布和控制的动作

解剖部位	神经支配	控制的动作
声带	迷走神经的分支——喉返神经	声门开大
口咽腔	迷走神经的分支——咽支	咽腔缩小
口腔后部	迷走神经的分支	软腭的升降
口腔中部	舌下神经的分支	舌背的升降
口腔前部	舌下神经的分支	舌尖运动
口腔前庭	面神经的分支	上、下唇运动
口腔全部空间	三叉神经的分支	下颌运动

第六节 言语与呼吸
Speech and Respiratory

由于产生言语的所有器官又具有其他功能，如与言语功能有关的唇、齿、舌和颌骨是咀嚼器官，肺、鼻腔、软腭和声襞是呼吸系统的一部分（见图21-1），因此言语要与其他功能相适应。

正常呼吸时，声门处于自然外展状态，空气通过时无振动。言语时，有规律的呼吸受到阻碍，在句末和句首，吸气迅速产生，呼气则延续在言语进行之中，肺的压力慢慢释出。在言语时，不同组肌肉按照非常精确的顺序活动。通过呼气和发声，膈肌放松；肋间肌、腹肌和背阔肌的活动，造成适当的声门下压力。呼吸可控制声音的响度，呼气的压力增加时，声音的响度亦增加。

第七节 口鼻腔的形态异常对语音的影响
Influence of Morphologic Abnormalities of Oral and Nasal Cavities on Sounds

一、口腔的形态异常对语音的影响

由于口腔不但参与发音，也是语音的共鸣器官，所以口腔形态异常对语言影响较大。在口腔各组织中，从其对言语的重要性来说，舌最重要，其次为软腭、上下唇、牙齿及硬腭。如果这些部分受到损伤或出现畸形时，言语必然遭到或多或少的影响。口腔的部分缺损或畸形、戴用义齿，对言语功能的影响归类如下：

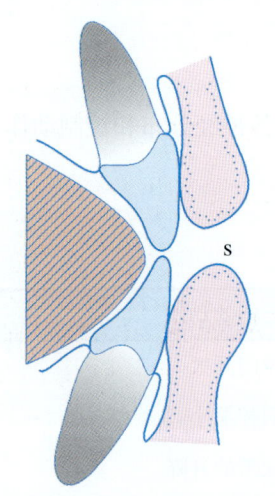

图21-6 发"s"音时唇、齿和舌的位置关系

（1）舌的缺失或畸形：如因外伤或手术致使舌的前部缺失，则发元音、辅音都受到影响。特别是辅音，如齿音（舌尖前音s, z）（图21-6）、舌齿音（舌尖中音d, t）与喉音（舌后音g, k）等，舌音（l, r）则完全消失。有大舌畸形者，则舌尖前、中、后音均受影响，在发音时则杂以"sh"音。舌系带过短影响发r, s和z音。

（2）腭裂畸形：由于腭裂使口腔、鼻腔互相交通，不能获得正常的腭咽闭合功能，致使一切语音都带有鼻音成分。

（3）唇裂或唇缺损：则双唇音改变，而夹杂有s音。

（4）下颌后缩或过小：使上颌相对的突出，而形成深覆盖与深覆𬌗，上下唇闭合困难，因而不易发出双唇音。舌常覆盖于下前牙之上，影响发音。

（5）下颌前突或过大：齿音与唇音都受影响。

（6）牙齿缺失：前牙缺失影响最大，尤其是上前牙。齿音（s, z）和唇齿音（f, v）（图21-6，图21-7）都受影响。

（7）戴修复体：改变了口内空间和结构关系，影响发音的清晰度。

如果正畸或修复治疗改变了患者的口腔形状，在某种程度上他们被迫改变自己的发声方式。个人声音发生了轻微改变，每一个声音仍在音素内，就仍在正常范围内。许多患者能利用不同的音素，直至言语正常。错𬌗治疗和软腭修补常会使言语显著改善。然而，某些患者错𬌗正畸治疗前后，可能难以发出一个或二个声音，最终个体仍会有言语缺陷。

同样，一个人在义齿修复前后，需要改变发声，才能发出同样的声音。义齿的形状决定了需要作多大的改变。义齿最常影响的是需要舌作精细的调整与声道的其他运动相协调发出的声音，如 s，r 和 th 音。由于义齿治疗造成的言语变化一般很不明显，对戴用义齿后的言语变化多数听众是可接受的，并且听不出声音的变化，或者很快习惯了这种轻微的差异。义齿治疗造成的言语变化一般会随着神经肌肉的适应而消失。因此，多数戴用义齿的人不认为有言语的缺陷。

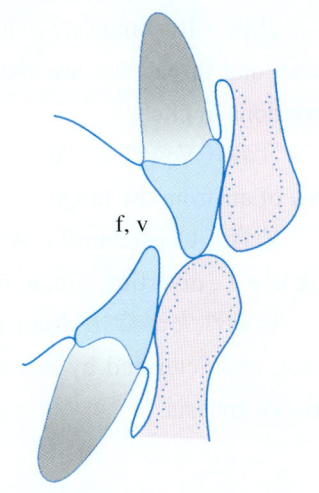

图 21-7　发 "f, v" 音时唇齿关系

二、鼻腔的形态异常对语音的影响

如果鼻咽（nasopharynx）大小改变，鼻腔共鸣则会出现改变。在正常功能中，软腭必须快速运动以获得口、鼻共鸣的平衡。升高和降低软腭造成鼻咽大小的改变。因此，对腭部神经肌肉的干扰能扰乱共鸣。口鼻共鸣缺乏可造成严重鼻音（nasal tone），在腭裂术后患者常可听到这种鼻音。类似的有，感冒或腺样体肥大（adenoidal growth）阻塞住鼻子，没有鼻腔共鸣，发出声音也有改变。

综上所述，口腔部分缺损或畸形虽可在不同程度上影响发音，但健存的组织具有的一定代偿功能。在一定条件下，通过矫治、修复和训练，可能使发音接近正常。制作局部义齿和全口义齿时，应注意唇齿和舌齿关系。初戴修复体时在一定程度上可能影响发音，但在逐渐适应后，可获得较好的效果。

小　结

呼吸肌的收缩，使肺部呼出的气体，冲击声带使其振动，发出声音，通过喉腔、咽腔、口腔、鼻旁窦等的共鸣，加强了声音，体现了不同的音色。加之舌、唇、颊、腭和牙列及下颌位置的改变，可使口腔、咽腔的形状和容积随语音的需要而改变，不同连续的语音，就构成了言语的基础。在言语活动中，舌、上下唇和下颌的位置在瞬息变化，其中舌的位置和形态改变，在言语活动中具有极为重要意义。

口腔组织的缺损与畸形，都在不同程度上影响发音，健存的组织能发挥代偿作用，故在一些情况下，经过矫治或修复再加以训练，能使发音接近正常；但修复体本身可能影响发音，故进行修复时，尽量避免妨碍发音或将妨碍减小到最低限度。

（谢秋菲　曹　烨）

Definition and Terminology

发音（Pronunciation or articulation）：The act or result of producing the sounds of speech, including articulation, stress, and intonation, often with reference to some standard of correctness or acceptability.

共振（Resonance）：The distribution of amplitudes among interrelated cavities in the head, chest, and throat that are characteristic for a particular speech sound and relatively independent of variations in pitch.

元音（Vowel）：A speech sound is produced without occluding, diverting, or obstructing the flow of air from the lungs.

辅音（Consonant）：A speech is sound produced by occluding with or without releasing（p, b; t, d; k, g）, diverting（m, n, ng）, or obstructing（f, v; s, z, etc.）the flow of air from the lungs.

运动性失语症（Motor aphasia）：A type of aphasia caused by a lesion in Broca's area of the brain, characterized by misarticulated speech and lack of grammatical morphemes; it also called Broca's aphasia.

第二十二章　唾液分泌与功能

Salivary Secretion and Functions

唾液（saliva）是口腔环境的重要组成部分，是口腔三对大唾液腺（腮腺、下颌下腺、舌下腺）和众多的小唾液腺（唇腺、颊腺、腭腺和舌腺）所分泌的混合液的总称。唾液与口腔的咀嚼、吞咽、味觉等功能有密切关系，是首先发挥作用的消化液，并且有保护牙齿、黏膜免受细菌侵害的功能。因此，唾液对整个机体具有重要作用。

第一节　唾液的性质和成分
Characteristics and Composition of Saliva

一、唾液的性质

正常的唾液是泡沫状，稍混浊，微呈乳光色的黏稠液体，比重为 1.004~1.009。唾液的 pH 在 6.0~7.9 之间，平均为 6.75，存在个体和分泌时间的差异。在无刺激状态下，如睡眠或晨起床时多呈弱酸性，餐后可呈碱性。唾液是低渗的液体，唾液渗透压通常低于血清的渗透压（300 mOsm/L），在 100~200 mOsm/L 之间。唾液分泌率增加时，渗透压增加；分泌率低时，其渗透压可低至约为 50 mOsm/L；在最大分泌率时，其渗透压可高达 300 mOsm/L。唾液相对于血清能够成为等渗，甚至是高渗的溶液。由于分泌液在流经导管时，导管上皮细胞对电解质的吸收不同，唾液中电解质成分也随分泌率的变化而异。

二、唾液的成分

唾液的主要成分是水，占 99.4%；其余的 0.6% 为固体成分，由 0.2% 无机成分和 0.4% 有机成分构成。唾液中的黏蛋白几乎均由黏液细胞分泌，使唾液具有黏稠性。浆液细胞分泌稀薄的液体，几乎不含黏蛋白，但淀粉酶的分泌是黏液腺所分泌的 4 倍。某些唾液成分来源于血浆，其他的在唾液腺里合成。

1. 无机成分　唾液中无机成分最重要的阳离子是钠离子和钾离子；主要的阴离子是氯离子和重碳酸盐离子。其他的电解质包括磷酸钙、氟化物、硫氰酸盐、硫酸镁和碘。唾液中的水和离子是从血浆转运来的。虽然唾液电解质来源于血液，但与血浆的离子浓度是不一致的。

下颌下腺分泌的唾液中所含磷酸钙盐较其他腺体分泌的唾液更为饱和，受刺激时下颌下腺唾液中所含磷酸钙盐含量达到过饱和。因而临床上，牙结石最易在下颌下腺导管开口处相应的牙面上形成（下颌前牙舌面），下颌下腺导管结石也较为常见。

2. 有机成分　唾液中的有机成分主要包括各种唾液蛋白和酶，具有不同的功能，例如酶的作用、覆盖组织表面、保护牙体组织和控制组织生长（表 22-1）。

表 22-1　唾液的有机成分（Organic components of saliva）

腺泡细胞分泌的蛋白质 （proteins of acinar cell orgin）	非腺泡细胞分泌的蛋白质 （proteins of nonacinar cell origin）
淀粉酶（amylase）	溶菌酶（lysozyme）
脂肪酶（lipase）	分泌型免疫球蛋白 A（secretory immunoglobulin A）
黏液性糖蛋白（mucous glycoproteins）	生长因子（growth factors）
富脯（氨酸糖）蛋白（proline rich glycoproteins）	调控多肽（regulatory peptides）
碱基糖蛋白（basic glycoprotein）	
酸基蛋白质（acidic protein）	
富酪（氨酸）蛋白（tyrosine rich protein）	
富组（氨酸）蛋白（histadine rich protein）	
过氧化物酶（peroxidase）	

第二节　唾液腺的分泌机制
Glandular Mechanism of Secretion

每天有大量的唾液产生，唾液腺每天分泌量为 1～1.5 L，大约是血浆总量的 1/5。腮腺和下颌下腺分泌了大约 90% 的唾液，其余为舌下腺和小涎腺分泌。在无刺激休息状态下，下颌下腺分泌率最大（0.26 ml/min），占 60%～65%；腮腺分泌（＜0.011 ml/min）占 22%～30%，舌下腺占 2%～4%；小唾液腺占 7%～8%。在进食刺激下，腮腺分泌率增加显著，＞1.01 ml/min；下颌下腺分泌率增加至 3.0 ml/min。大多数液体吞咽后被肠道吸收。

一、影响唾液成分的因素

唾液的组成受到很多因素的影响而变化很大，包括腺体的类型、时间、刺激的程度和类型。唾液分泌研究最多的是唾液分泌率对组成成分的影响。睡眠时唾液的分泌几乎是零，这时唾液的所有保护功能都消失，口腔微生物可以趁机使这些培养基发酵导致口腔疾病，因此睡前应彻底清洁口腔。

在没有任何明显刺激（如咀嚼和摄食）的情况下，测量 24 小时唾液分泌率显示，唾液腺的分泌是在基础水平或休息水平变动。这一基础分泌率可以由某些药物改变，乙酰胆碱类药物（如毛果芸香碱）可促进唾液分泌，而抗乙酰胆碱类药物（如阿托品）抑制唾液分泌。高分泌期通常与摄食及期望摄食有关。

随着分泌率的增加，唾液的组成发生变化。唾液成分的浓度在休息期和刺激期不同。随着分泌率增加，多数主要的唾液成分浓度存在非线性的改变。某些成分例如 Na^+ 的浓度随着分泌率的增加而增加，而其他离子如 K^+ 的浓度随着分泌率的增加而降低。分泌率对于唾液成分浓度的影响依研究的腺体和刺激引起分泌率的增加类型而不同。所有的腺体分泌率的增加直接受自主神经系统的调控。对副交感神经的刺激有效地提高唾液分泌率，而交感神经的活动通常影响较小。

二、唾液分泌的调节

唾液分泌通过非条件和条件反射进行调节。口腔内机械的、化学的和温度的刺激可以引起口腔黏膜、舌、牙周的神经末梢兴奋，冲动沿传入神经（舌神经、鼓索神经支、舌咽神经和迷走神经)到达中枢,再由传出神经(副交感神经和交感神经)到达唾液腺,引起分泌。反射的初级中枢在延髓,高级中枢分布于下丘脑和大脑皮质。

(一)副交感神经调节

支配唾液腺的传出神经以副交感神经为主。副交感神经的促分泌神经元(secretomotor neurons)位于泌涎核(salivatory nucleus)(图22-1),电刺激这些神经元引起唾液分泌。这些长柱形细胞群的喙端和尾端没有明确的解剖界线,但分别称为上、下泌涎核。注射神经示踪剂进入唾液腺,或用电刺激泌涎核的不同区域,可以发现下颌下腺和舌下腺由上泌涎核控制,而腮腺和舌腺(冯·艾伯纳腺)由下泌涎核控制。然而,这些神经示踪实验也说明在副交感神经元传出神经纤维与舌咽神经(glossopharyngeal nerve)和面神经的传出纤维在分布上有相当多的重叠。

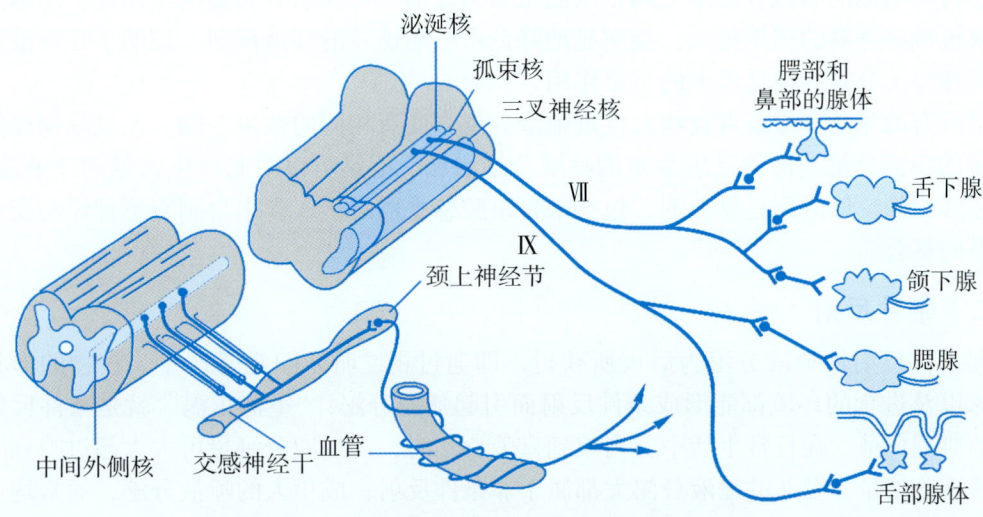

图 22-1 唾液分泌的中枢神经系统控制中心

在延髓的副交感泌涎核含有传出节前分泌运动纤维的细胞体。分泌运动纤维经由面神经(Ⅶ)和舌咽神经(Ⅸ)分布到唾液腺。这些传出纤维在周围副交感节形成突触,其节后纤维分布到唾液腺。节前交感神经元的细胞体位于脊髓胸段的中间外侧核。节前纤维分布到交感神经干的颈上神经节,在该处和节后神经元的细胞体形成突触。节后交感分泌运动纤维伴随血管分布到不同的唾液腺

泌涎核的副交感神经元具有纺锤形的细胞体和两条主要的树突。树突分支形成许多二级树突,终止于三叉神经核和孤束核(味觉)。这说明可能在感觉核和促分泌核之间存在连结,可能是唾液腺分泌的反射机制的基础(图22-1)。

刺激副交感神经可引起唾液腺分泌量多而固体成分少的唾液。副交感神经对唾液腺的作用是通过其末梢释放乙酰胆碱实现的。因此,使用乙酰胆碱或类似药物(如毛果芸香碱)能引起唾液大量的分泌,临床上可作为催唾剂;而使用抗乙酰胆碱药物(如阿托品)则能抑制唾液分泌。

(二)交感神经调控

支配唾液腺的交感神经来源于颈上神经节(superior cervical ganglion)。进入颈上神经节的节前神经纤维的胞体位于胸上段的脊髓中外侧神经核(intermediolateral nucleus)。节前纤维在脊柱旁交感神经干(paravertebral sympathetic trunk)上行到达颈上神经节,在神经节里交换神经元后,节后纤维分布到腺体血管和分泌细胞(图22-1)。支配唾液腺的交感神经受刺激时,能引起少而浓稠的唾液分泌。但交感神经与副交感神经对唾液的分泌作用并非相互拮抗,因为

同时刺激两者时，唾液分泌量大为增加，说明两者有明显的协同作用。刺激这些神经可以引起唾液分泌，分泌作用因不同的唾液腺而有不同。

三、唾液反射

（一）非条件反射

当食物放进嘴里，唾液分泌即正常发生了，唾液反射（salivary reflexes）也发生在麻醉和去大脑的动物。这种非条件反射性分泌是口腔内机械、化学和温度等感受器受到刺激的结果，尤其是对牙周韧带的机械感受器和味蕾的作用。传入冲动沿三叉神经、面神经和舌咽神经的感觉神经纤维传导，在三叉神经核和孤束核与二级神经元形成突触；传出冲动始于副交感神经泌涎核和脊髓的交感神经核，再由上述传出神经传至唾液腺，引起唾液分泌。

咀嚼时咀嚼侧的唾液分泌率更高，因此咀嚼引起的唾液反射有明显的单侧性。用麻醉剂阻断牙周膜机械感受器的感觉传入，会明显地降低由咀嚼诱发的唾液反射，说明了在唾液反射活动中三叉神经（分布到感受器）的重要作用。

不是所有的味觉刺激或者食物在促进唾液分泌方面有相同的效果。酸，尤其是枸橼酸可以诱发大量的唾液分泌。蔗糖促进少量的唾液分泌增加，但是可以引起产生大量的唾液淀粉酶。摄食时唾液腺的反射活动是复杂的，包括来自口腔感受器的传入和来自副交感神经与交感神经下行信息的整合。

（二）条件反射

引起条件反射性唾液分泌为后天所获得，即通过视、听、嗅觉等产生。食物的形状、颜色、气味以及进食的环境都能形成条件反射而引起唾液分泌，"望梅止渴"就是条件反射性唾液分泌的典型例证。在日常生活中，当嗅到喜爱食物时，其唾液分泌量可大大超过嗅到厌恶食物时的唾液分泌量。婴儿的唾液分泌大都属于非条件反射；成年人的唾液分泌，通常均包括条件反射和非条件反射。

四、唾液分泌的影响因素

唾液的分泌量不稳定，变化很大，常因情绪、气候、年龄的不同而异。如精神恐惧、心理紧张，则抑制分泌。冬季分泌量较多而夏季较少，因其分泌量与全身水代谢有一定关系，如出汗多，唾液分泌量就少。此外，如食物、药物、疾病及中枢神经活动等都可影响唾液的分泌。当尝到或嗅到酸味时能引起大量的唾液分泌，常多达 5 ml/min 或为基础分泌率的 8~20 倍。

第三节　唾液的作用
Functions of Saliva

唾液成分复杂，具有多方面的功能，主要如下：

1. 保护和润滑作用（lubrication and protection） 唾液的黏蛋白吸附至口腔黏膜表面形成一层薄的渗透性屏障，保护黏膜表面的完整性，对抗组织脱水，阻止外源性刺激物进入黏膜内。这类黏蛋白牢固地附着在牙齿表面，成为获得性膜（acquired pellicle）的重要组分。获得性膜，可修复和保护釉质表面，为釉质提供有选择的渗透性，影响特异口腔微生物对牙面的附着。黏蛋白在咀嚼、吞咽、言语等活动中起润滑作用，使其顺利进行。口腔干燥症（xerostomia）的患者，常有吞咽固体食物的困难。

研究表明，获得性膜也是菌斑微生物的营养底物，某些类型的细菌黏附于获得性膜上形成牙菌斑。因此龋齿的发生与唾液的成分有关。

2. 消化作用（digestion） 唾液淀粉酶是唾液中浓度最高的有机成分，主要由腮腺产生，属 α 淀粉酶。唾液淀粉酶能在 pH 3.8～9.4 之间发挥作用，最适宜 pH 为 5.6～6.4。虽然暴露于胃酸会使酶活性丧失，但唾液淀粉酶在食团里面受到保护，即使在胃里酶仍然有活性。

舌腺（lingual salivary gland，或称为冯·艾伯纳腺 von Ebner's glands）分泌的唾液脂肪酶（salivary lipase）对于消化可能具有显著的作用。舌脂肪酶的作用是脂肪消化的第一步，酶在胃部 pH 情况下仍然有活性。当胰腺分泌的脂肪酶很低的时候，舌脂肪酶尤为重要。因为在新生或未成熟的动物，或患有胰腺疾病的情况下，舌脂肪酶成为唯一的消化性脂肪酶的来源。

3. 溶媒作用（solvent action） 有味的溶液，如果汁、卤汤，可以直接刺激味蕾。固体食物不能直接有效地刺激味蕾，而是在咀嚼过程中，溶解于唾液才能弥散刺激味蕾兴奋。

4. 清洁作用（cleaning action） 唾液分泌和吞咽形成的唾液流，能机械性地冲洗口腔黏膜和牙齿，可冲除附着其上的食物碎屑及细菌，因而具有清洁作用。有的系统性疾病患者服用某些药物，唾液分泌量显著减少又未注意口腔卫生，口内牙齿表面集聚大量的食物碎屑及细菌，可在短时间内出现多数牙同时龋坏。

5. 杀菌和抗菌作用（antibacterial action） 唾液中溶菌酶（lysozyme）能水解细菌细胞壁上黏多糖或黏多肽某些成分，使细胞膜变脆易破裂，有抗菌作用。唾液含有的乳铁蛋白（lactoferrin）能抑制生长过程中需铁的微生物。唾液过氧化物酶-硫氰酸盐抗菌系统主要对需氧菌作用，也能抑制某些厌氧菌生长。唾液中的过氧化物酶在过氧化氢存在的条件下，能产生强氧化性的中间产物，抑制细菌增殖。此系统能抑制临床上常见的乳杆菌、链球菌和放线菌。唾液中含有分泌型免疫球蛋白 A（SIgA）能干预微生物对口腔表面的附着。

此外，唾液中含变酶（mutase）能使某些病原菌成为非病原菌；唾液小体具有吞噬作用。唾液中淀粉酶也具有防御作用，它破坏淋球菌细胞壁上的多糖，是唾液中活跃的淋球菌抑制剂。

6. 稀释和缓冲作用（buffering action） 一旦刺激性强的物质进入口腔，唾液反射性分泌增多，以稀释其浓度；或缓冲过冷过热的刺激，以保护口腔组织。唾液对细菌作用于食物产生的酸有重要的缓冲作用。唾液很多成分具有缓冲作用，帮助其控制口腔 pH 值，其中最重要的是碳酸氢盐（重碳酸盐）（bicarbonate）。

7. 黏附与固位作用（adhesion and retention） 唾液具有黏着力，在咀嚼过程中通过舌的搅拌，与嚼碎的食物混合，将食物颗粒黏成食团，便于吞咽。全口义齿基托组织面与黏膜紧密贴合，其间有一薄层唾液。黏膜与唾液、唾液与基托组织面间产生附着力，唾液分子之间产生黏着力，从而使全口义齿获得固位。

8. 缩短凝血时间（shortening clotting time） 当血液与唾液混合后，凝血时间变短，其缩短程度与二者混合比例有关。血液与唾液之比为 1∶2 时，凝血时间缩短最多。

9. 排泄作用（excretion） 由于唾液中的一些成分来源于血液，所以血液中的异常或过量成分，常可通过唾液排出。如过量的汞、铅等重金属元素，碘也是主要从唾液排出。糖尿病患者血液中过多的葡萄糖和肾功能减低患者少尿时的部分尿素，也可由唾液中排出。循环血液中的感染物质也可在腺体无病变时进入唾液，特别是病毒，如乙肝病毒，可通过唾液传染。

10. 其他作用 近年来发现了唾液腺的其他功能：唾液腺含有和可能分泌大量的生理活性物质，例如神经生长因子（nerve growth factor）、血管活性肽（vasoactive peptides）和调节性肽（regulatory peptides）。下颌下腺分泌唾液腺激素，腮腺分泌腮腺素，除具有维持下颌下腺与腮腺的正常分泌活动外，还具有调节钙的代谢，促进骨和牙齿硬组织的发育等作用。由于上述诸多作用，不少学者认为唾液腺不仅是外分泌腺，而且也是内分泌腺。

第四节　增龄对唾液分泌的影响
Effects of Aging on Salivary Secretion

增龄是否造成唾液分泌减少仍存在争议。老年人口干、吞咽困难和牙齿丧失的患病率较高，这种情况与唾液功能改变密切相关。以往的几项研究认为随年龄的增加唾液分泌减少。近来采取严格控制的横断面临床研究，测得人类腮腺和下颌下腺分泌功能，在健康的老年个体中唾液分泌没有显著的减少。组织学研究显示随着年龄的增长，唾液腺实质逐渐由脂肪性结缔组织替代。这种变化可能造成无刺激唾液分泌率中等程度的减少，但是否功能性或刺激唾液分泌率随年龄增长而降低尚需进一步研究。另一方面，老年人较青年人多患病，并且用药多。老年人多发病——口腔干燥症主要由这些因素引起，而不是年龄增长。正常无刺激唾液分泌率是 0.38 ± 0.21 ml/min。损害的唾液分泌或口腔干燥症无刺激唾液分泌率可小于 0.12 ml/min。在无刺激唾液分泌总量中 70% 来自下颌下腺，16% 来自腮腺，6% 来自舌下腺，8% 来自黏膜腺体。正常刺激唾液分泌率是 4.3 ± 2.1 ml/min，口腔干燥症的刺激唾液分泌率小于 0.60 ml/min。在刺激唾液分泌总量中 50%~60% 来自腮腺。

小　结

唾液是口腔环境的重要组分，是口腔三对大唾液腺（腮腺、颌下腺、舌下腺）和众多的小唾液腺（唇腺、颊腺、腭腺和舌腺）所分泌的混合液的总称。唾液的主要成分是水，只有 0.6% 为固体成分。许多唾液成分来源于血浆，但是其他成分在腺体里合成。每天有大量的唾液产生，唾液腺分泌约 1~1.5 L。摄食时唾液分泌多，餐后可呈碱性；餐间分泌少；睡眠时分泌率最低，睡眠或晨起床时唾液多呈弱酸性。唾液成分随分泌率改变，有些成分的浓度增加，有些降低。

唾液分泌由自主神经系统控制，通过非条件和条件反射进行调节。口腔内机械的、化学的和温度的刺激可以引起口腔黏膜、舌、牙周的神经末梢兴奋，冲动沿传入神经（舌神经、鼓索神经支、舌咽神经和迷走神经）到达中枢，再由传出神经（副交感神经和交感神经）到达唾液腺，引起分泌。反射的初级中枢在延髓，高级中枢分布于下丘脑和大脑皮质。刺激副交感神经可引起唾液腺分泌量多而固体成分少的唾液。支配唾液腺的交感神经受刺激时，能引起少而浓稠的唾液分泌。两者有明显的协同作用。

唾液具有重要的生理功能。在咀嚼过程中，磨碎的食物形成食团，唾液起着实质性作用；而且食物中的物质溶解于唾液中，被转运送到味觉感受器，刺激味觉感受器兴奋。在吞咽和言语过程中唾液起到润滑剂的作用。唾液淀粉酶是一种与淀粉和糖原（glycogen）降解的最初阶段有关的消化性酶。由舌腺分泌的唾液腺脂肪酶可能在脂肪消化方面有意义。唾液其他的重要功能是具有清洁和抗微生物作用，对细菌作用于食物产生的酸有重要的缓冲作用。唾液分泌的减少能造成口内 pH 值降低，从而导致牙冠的酸蚀甚至全部溶解。因此，唾液的一个重要功能是保护牙齿和颊黏膜免受细菌的侵害。唾液腺不仅是外分泌腺，而且也是内分泌腺，具有调节钙的代谢、促进骨和牙齿硬组织的发育等作用。老年人口干、吞咽困难和牙齿丧失的患病率较高，这种情况与唾液分泌和功能的改变密切相关。

（谢秋菲　曹　烨）

Definition and Terminology

唾液（Saliva）：Saliva is a watery substance located in the mouths of organisms, secreted by the salivary glands. Human saliva is 99.5% water, while the other 0.5% consists of electrolytes, mucus, glycoproteins, enzymes, and antibacterial compounds such as secretory IgA and lysozyme.

唾液反射（Salivary reflexes）：The secretion of saliva is regulated by reflexes involving the autonomic nervous system. The reflex pathways are unilateral, since stimulation of one side of the mouth induces only ipsilateral salivation. The act of chewing and the sensation of taste initiate action potentials in various sensory receptors. The masticatory-salivary reflex involves sensory inputs mainly from the mechanical receptors in the mouth. The gustatory-salivary reflex utilizes sensory signals from taste-activated chemoreceptors in the taste buds within the lingual papillae and in the tonsillar region, the epiglottis, the pharyngeal wall and oesophagus.

淀粉酶（Salivary amylase）：Salivary amylase is an enzyme that hydrolyses alpha bonds of large, alpha-linked polysaccharides, such as starch and glycogen, yielding glucose and maltose. It is the major form of amylase found in humans and other mammals. Amylase is found in saliva and breaks starch into maltose and dextrin. This form of amylase is also called "ptyalin". It will break large, insoluble starch molecules into soluble starches（amylodextrin, erythrodextrin, and achrodextrin）producing successively smaller starches and ultimately maltose.

溶菌酶（Lysozyme）：Lysozymes, also known as muramidase or N-acetylmuramide glycanhydrolase, are glycoside hydrolases. These are enzymes（EC 3.2.1.17）that damage bacterial cell walls by catalyzing hydrolysis of 1,4-beta-linkages between N-acetylmuramic acid and N-acetyl-D-glucosamine residues in a peptidoglycan and between N-acetyl-D-glucosamine residues in chitodextrins. Lysozyme is abundant in a number of secretions, such as tears, saliva, human milk, and mucus. Lysozyme in saliva is secreted by duct cells and ductal proteins decrease in concentration upon increased saliva flow.

第二十三章 感觉功能

Sensory Functions

感觉功能是通过刺激作用于感受器而实现的，其结构基础是神经系统。感受器是一种特殊的结构，它能感受到体内外环境变化的刺激，将各种不同的刺激能量转化为神经冲动，经传入神经传到中枢系统引起感觉。根据感受器所在部位不同而分为外感受器和内感受器，前者位于身体表面，感受外界环境变化的刺激；后者位于身体内部感受体内环境变化的刺激。根据接受刺激的性质不同又可分为机械性、化学性、温度和光的感受器等。

口腔是人体多种感觉较为集中的部位，除具有躯体感觉功能，如痛觉、温度觉、触觉和压觉外，还具有特殊的味觉功能。在上述多种感觉的相互配合和协助下，口腔才能顺利完成其复杂的功能。

第一节 味 觉
Gustatory Sensation

味觉是口腔的一种特殊感觉，能识别与品尝食物、刺激唾液分泌和促进食欲。味觉感受器（gustatory receptor）通常称味蕾（taste bud）。人类味蕾约有1万个，分布在舌、软腭、咽、喉等处黏膜上。味蕾的功能是分析食物的化学成分，这种化学成分刺激味蕾中的味觉细胞产生电能的变化，通过有关神经通路传导至中枢，经过味觉中枢与躯体运动中枢的信息整合，有助于咀嚼、吞咽等功能的进行。

一、味觉感受器和味觉通路

味蕾为球形，遍布上皮全层。每个味蕾包括大约50个味觉细胞和许多支持细胞，分布于基底层至上皮表面。在上皮表面味蕾变细的尖端通过味孔与口咽喉的液态环境相接触。味觉神经纤维的末端分支进入味蕾基底分布于味觉细胞中（图23-1）。在味觉细胞和味觉神经末端之间有突触传递。味觉刺激和味觉感受器之间的最初接触发生在味孔。在味孔底部紧密连接味觉细胞的尖端，有效分离了口腔外界环境和味蕾的内部环境。延伸到味孔的三种味觉细胞有不同的微绒毛样尖端结构，各种味觉细胞不只对一种味觉刺激产生反应，而是对各种味觉刺激感受性有所不同。

哺乳动物的味蕾广泛分布于口、咽、喉腔（表23-1）。大多数舌味蕾分布较局限，位于舌背部和侧面边缘并与舌乳头的特殊结构相联系。舌乳头有四种主要的类型：丝状乳头，菌状乳头，轮廓乳头，叶状乳头。其中大多数为丝状乳头，位于舌背部的前、后部，不含味蕾，因此无味觉功能。而其他乳头中均有味蕾分布。

菌状乳头表面包含一个或多个味蕾，它们位于舌前2/3。菌状乳头数目很多，人类大概有

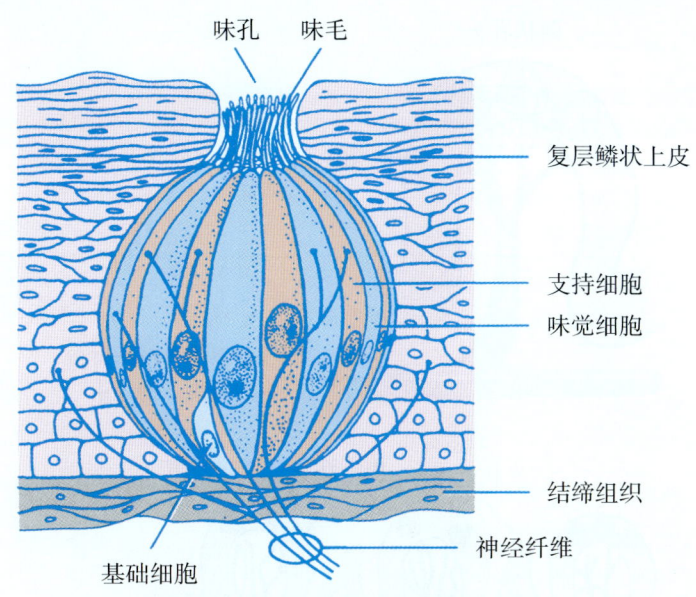

图 23-1　味蕾的结构

表 23-1　人类味蕾在口腔内的分布

种类	数目	%
菌状乳头	2635	50
叶状乳头	1279	16
轮廓乳头	2440	31
软腭	419	5
会厌	2164	27

200 个。人类有 8~12 个轮廓乳头，位于舌的口咽连接部位，沿界沟排列为人字状。味蕾在轮廓乳头周围的槽内壁上。叶状乳头在舌后部和侧缘形成一系列皱褶，在舌表面可见裂隙。味蕾就位于裂隙壁的上皮内。此外，软腭、咽和会厌等处的黏膜上皮内也有味蕾分布。这些部位的味蕾分布于上皮表面。儿童的味蕾较成人分布更广。到 45 岁左右，味蕾因变性萎缩而数量进一步减少。

味觉通路（gustatory pathway）：味觉神经纤维末端穿过基板进入味蕾，同一乳头有不同的神经纤维重叠分布。味蕾横切片侧貌图计数，可见约有多达 50 条神经纤维进入同一味蕾，而后纤维增加至超过 200 条，说明其存在大量的分支（图 23-2）。这些神经纤维广泛分布于味蕾细胞。

舌后 1/3 两侧的味蕾感受刺激产生的信息由舌咽神经传递，刺激舌前 2/3 味蕾产生的信息则由面神经的鼓索支传递。来自舌后 1/3 中部及会厌等处味蕾的信息由迷走神经传递。第一级神经元的轴突进入脑干孤束核（头侧区）与第二级神经元形成突触联系，二级神经元轴突向上终止于丘脑（腹后中核）将信息传递至第三级神经元，第三级神经元则由丘脑到达位于大脑皮质岛盖部的味觉区，形成味觉（图 23-3）。

知识链接：
味蕾

二、基本味觉

基本味觉有五种，即酸、甜、咸、苦、鲜。人能品尝出百种不同的味道，都是由这五种基本味觉适当混合的结果。同时口腔内还有触觉、压觉、温度觉，特别是鼻腔嗅觉的参与，这些感觉互相影响，产生复合感觉信息。

舌上的味蕾可以感觉到各种味道，五种味觉在舌的各部分敏感度不同，具有区域特性（图

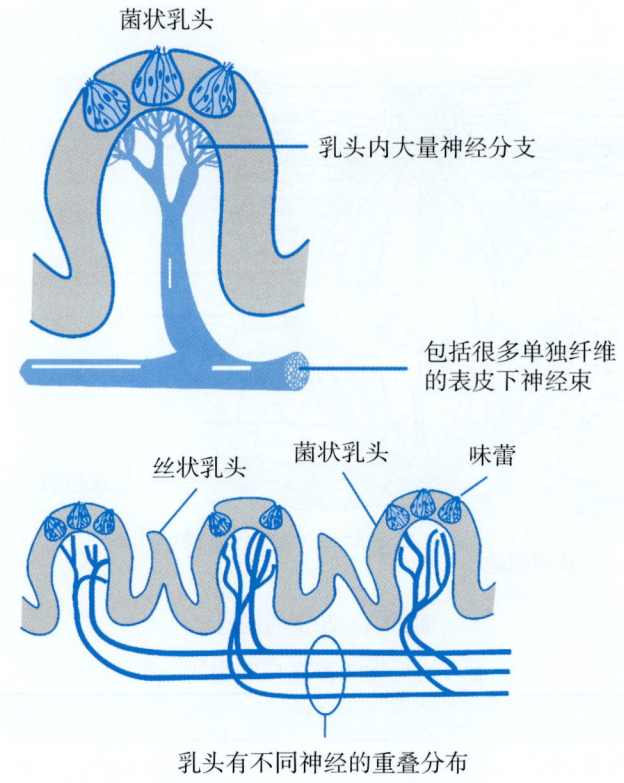

图 23-2 菌状乳头的神经分布

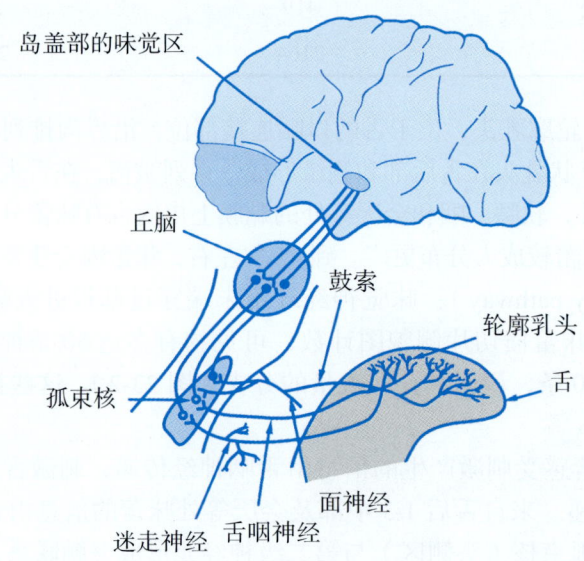

图 23-3 舌不同部位的味觉和味觉冲动的中枢传递

23-4）。舌尖对甜味最敏感，舌侧面对酸味敏感，舌根对苦味敏感，舌的各部分对咸味均有高敏感性，尤以舌尖为最。腭、咽、会厌等部位也参与味觉感受，腭部主要感受酸、苦味觉。软、硬腭交界处对酸、苦味觉的感受甚至比舌更为敏感。

持续特定的味觉刺激，人体对其感觉敏感性降低，称为味觉适应（gustatory adaptation）。所谓交叉反应，是指人体对某种味觉的适应，可能对别的味觉更加敏感的现象。例如，适合了甜味，对酸味就特别敏感；对甜味的适应，也可能对苦味感觉的敏感性增强。大多数味蕾

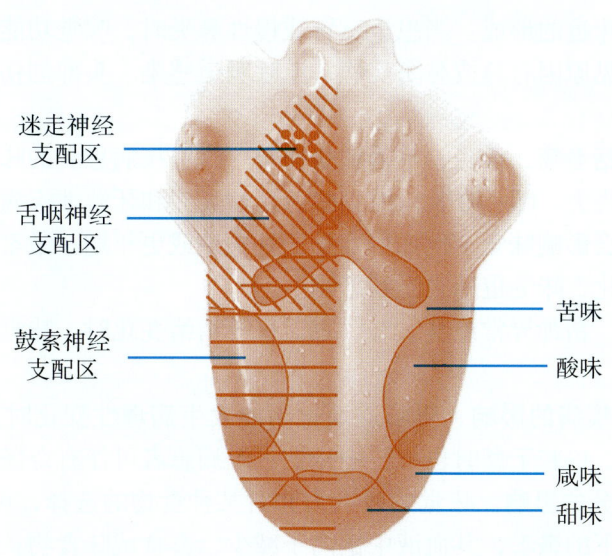

图 23-4　舌的高敏感味觉区和神经支配区两侧对称分布

对基本味觉的敏感性不同。如有的味蕾对咸味敏感性高，对其他味觉刺激不敏感；有的味蕾对咸味和酸味都敏感。

三、影响味觉的因素

1. 年龄对味觉的影响　味蕾在胎儿舌部出现很早，大概在妊娠 7~8 周，但是成熟外形的味蕾大概出现在妊娠晚期。味蕾的发育在出生时仍未完成，其数量继续增加。新生儿已表现出对味觉刺激的辨别能力，说明此种能力是先天的，不需要任何的经验。一些研究发现尽管这些味觉行为在出生时就有，但对咸味的反应是在后天发育中形成的。

以往认为随着年龄的增长，味觉的敏感性下降。研究者通过比较发育过程中解剖和功能上的变化后认为，年龄对味觉系统的作用甚少，随着年龄的增长味蕾数量很少减少或不减少。行为学研究也表明健康人群的味蕾敏感性与年龄的关系很小，年龄对其是不重要的影响因素。人、恒河猴、大鼠味蕾的定量研究数据表明，健康机体的味觉系统的周围结构和功能可保持终生。

2. 唾液在味觉功能中的作用　唾液的存在，使味蕾不断暴露于刺激物中产生味觉效应。

（1）溶媒作用：唾液在正常的味觉功能中有重要的作用。食物中的化学物质只有在溶解状态才能被尝出味道，干燥的口腔很难品尝食物。唾液有溶解食物中许多化学物质的能力，溶解的分子、离子刺激味觉感受器产生外周味觉信息。休息时唾液形成一层延伸到味孔的液体覆盖味觉感受器，并湿润着感受器表面的微绒毛。味觉刺激可改变唾液的分泌量和组成。味孔内的唾液成分能控制刺激的进入和去除，并在感受器受到刺激初期与促味剂（tastants）相互作用。

（2）唾液减少对味觉的影响：当全身疾病伴发热，唾液减少、口腔干燥时味觉受到影响。舍格伦综合征（Sjogren syndrome）患者，由于唾液腺的病理变化导致唾液显著减少。许多此类患者主诉进食无味，味觉减退。对这类患者的检测发现，他们对酸、甜、咸、苦四种基本味觉敏感性显著降低。舍格伦综合征并不累及味觉感受器，味觉改变的原因可能是唾液减少引起的刺激物质运输和口腔卫生较差等。头颈部放射治疗后的患者经常有味觉障碍。虽然射线可以使味蕾数量减少并可能破坏神经末端，但是射线对唾液腺的损伤，造成唾液分泌下降也是味觉改变的重要因素。

3. 嗅觉（olfactory sensation）　嗅觉和味觉感受器都是特殊分化的外部化学感受器，两者关系密切，相互影响。食物的味道是一种嗅、温、触、味觉的复合感受体验，除了味觉，其他感受系统也参加了食物味道的形成。当患重感冒或慢性鼻炎时，嗅觉功能发生减退，味觉则大受影响。嗅觉紊乱的常见原因有鼻或鼻窦疾病、上呼吸道感染、头部创伤或放射治疗、某些药物治疗、先天综合征等。

4. 局部组织疾病包括溃疡、舌炎、毛舌和烧伤等 这类疾病患者的味蕾受损或舌的菌丛改变，可引起暂时性味觉丧失。咽、喉及口腔黏膜急慢性炎症和牙源性疾病等，也可影响味觉。

5. 内分泌的改变也会影响味觉 例如妇女处于妊娠期或更年期，激素分泌的改变使个体对内外环境的反应产生变化，味觉也随之受到影响。

6. 精神和心理因素 精神异常或喜、怒、哀、乐等情绪变化时，味觉受到很大影响，其可能降低或增强。

7. 消化系统或全身疾病的影响 胃肠道消化功能发生病理性变化时，味觉会受到很大影响；全身疾患导致发热、口腔干燥时也可影响味觉。癫痫患者可伴有奇怪的、不愉快的味觉。

8. 味觉可受血液成分的影响 味觉的辨别力和对某种食物的选择，可受血液成分的影响。例如肾上腺皮质功能低下的患者，其血液中钠离子减少，喜食咸味食物；注射过量的胰岛素而致低血糖者，就主动地选择甜食。

人们不愿食入味差质劣的食物，以避免不良食物对机体的损害。可见，味觉的生理意义不仅在于营养和保健，而且也与维持机体内环境相对恒定有关。

9. 遗传性因素 味盲由于基因缺陷导致味觉障碍，可以涉及一种或几种基本味觉。家族性自主神经功能异常，又称 Riey-Day 综合征，是常染色体隐性遗传病，重要特征有光滑舌和味蕾缺乏，显著的味觉敏感性降低，味觉障碍。虽然可以辨别出浓缩的蔗糖溶液"不是水"，但不能分辨出是甜还是酸。

10. 药物与味觉 很多药物可影响味觉。影响周围和中枢神经系统的药物可改变味觉通路中传递的信息。其他一些药物通过影响唾液的质量间接影响味觉。有些药物使患者味觉异常，如金属味、持续苦味或描述不出的味觉。其产生的原因尚不清楚。

11. 修复体对味觉的影响 上颌义齿基托后缘涉及对酸、苦敏感的软、硬腭交界处，如修复体材料不良或非生理性修复等，有时会影响味觉的感受。在去除义齿后大部分患者的味觉可恢复正常，但也有患者不能恢复，可能由于不良义齿长期刺激损害了此处的味蕾所致。

第二节　触觉和压觉
Tactile and Pressure Sensation

颌面部的触、压觉感受器有两种主要功能。首先，在咀嚼过程中，可感受口腔中食物的质地特性，这是食物滋味（flavor of food）的一个重要组成部分。食物会给口腔触觉刺激，像易碎的（crunchy）、脆的（crisp）、光滑的和耐嚼的等质地感觉可由口腔黏膜上的触、压感受器被刺激后引起。其次，咀嚼时，触、压感受器能提供控制颌面部运动必需的感觉反馈，提供食物在口内位置的信息，引导咀嚼活动和食团形成；说话时，监控舌的位置。触、压觉感受器对口腔功能活动中防止咬颊和咬舌是很重要的。口腔全麻醉或者局麻时，触、压觉感受器受到影响，上述作用不能发挥。这时口腔功能不协调，咬舌、咬颊现象发生。另外，对口腔黏膜进行局麻后吞咽功能受到抑制，也说明触、压觉感受器的感觉反馈对吞咽活动的重要性。支持牙齿并固定牙齿于牙槽窝内的牙周组织中也有触、压觉感受器。力作用于牙齿上时，会刺激牙周膜中的触、压觉感受器。这种情况发生在牙齿咬合接触、咀嚼食物、说话、舌接触牙齿时。牙周触、压觉感受器在控制颌面部运动的感觉反馈中起很重要的作用。

触、压觉感受器一般称做机械感受器（mechanical receptor）。触觉（tactile sensation）是

外界物体轻微接触到皮肤（或口腔黏膜）而未引起皮肤（或口腔黏膜）变形的感觉。特点为适应快，一般在刺激作用后10毫秒内即能产生适应现象，虽然刺激继续存在，但感受器已不再发放冲动。压觉（pressure sensation）是接触物体后，皮肤（或口腔黏膜）和深部组织的明显变形所引起的感觉。压觉适应性较差，在刺激持续作用时间内，一直有冲动发放。

机械感受器有两种，分类是基于感受器在施加和去除刺激时相（刺激的动态期）以及持续稳定施加刺激的时相（刺激的静态期）的反应特性。只在刺激的动态期产生动作电位的机械感受器叫做快速适应感受器（fast-adapting receptors）（图23-5）。在刺激的动态期和静态期均产生动作电位的机械感受器叫做慢速适应感受器（slowly-adapting receptors）。

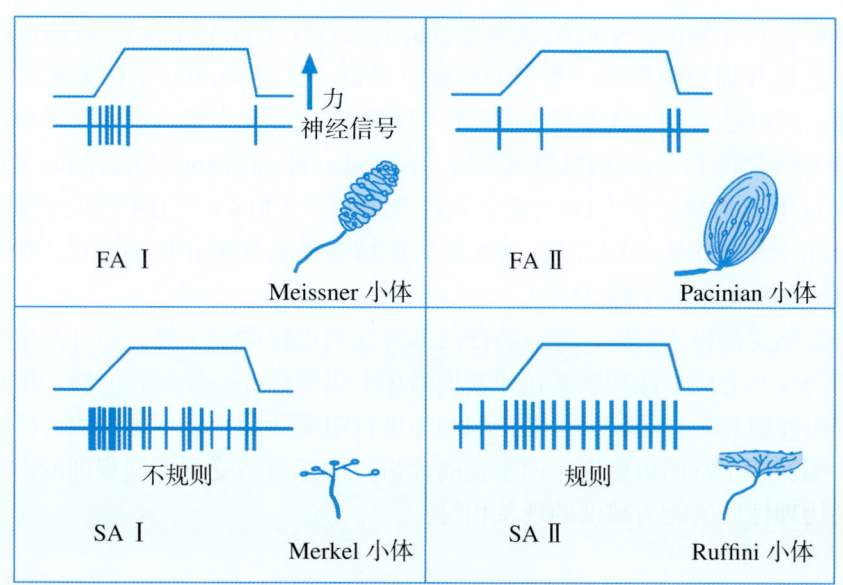

图 23-5　口颌面部机械感受器分类

快适应（Fast-Adapting，FA）Ⅰ型和Ⅱ型，慢适应（Slowly-Adapting，SA）Ⅰ型和Ⅱ型。
图中显示对每种感受器的支配范围施力（上方轨迹），感受器发放的典型脉冲（下方轨迹）。
FA和SA感受器对初始刺激均有反应，但只有SA感受器可以对持续的刺激进行连续反应（静态反应）。
图中也显示了每种感受器的示意图。

一、常见机械感受器

常见机械感受器有5种：Meissner小体、Merkel小体、Ruffini小体、Pacinian小体和游离神经末梢。

知识链接：常见机械感受器

二、面部皮肤机械感受器的反应特点

眶下神经支配的面部皮肤区域的机械感受，大多是来源于区域分辨能力强的SA感受器，但也记录到来自RA感受器的反应。面部皮肤的RA感受器的反应特点与手上无毛皮肤的RAⅠ反应相似。人面部皮肤没有发现来自RAⅡ感受器的反应。分布于面部皮肤和无毛皮肤的机械感受器的差别很明显，在眶下神经中记录到SA的两种亚类的反应很难在无毛皮肤机械感受器的反应中记录到。例如，当刺激去除（切断反应），面部SAⅠ感受器出现爆发放电的反应。

三、口腔黏膜触、压觉特点

口腔黏膜各部分的触觉敏感性不同，最敏感部位是舌尖及硬腭前部，最迟钝部位为颊黏膜、舌背与牙龈。有学者认为口腔黏膜的触觉点密度高，平均每平方厘米约35个，密度最高的部位是牙龈乳头，密度最低的部位是腭穹隆的最高处。口腔黏膜表面对触觉的敏感度与该处触点密度成正比。自切牙区、尖牙区、前磨牙区至磨牙区黏膜的触点依次减少。从龈乳头、龈缘、龈、颊黏膜移行区触点的密度依次降低。

口腔内两点辨别阈，舌尖是 1.7mm，软腭是 2.6mm，上唇是 5.5mm，颊部为 7.0mm。而手指两点辨别阈是 2.5mm，小腿后部两点辨别阈是 4mm。由此可见口腔黏膜较为敏感。随着年龄增长，黏膜角化加深，敏感性也逐渐降低。

四、牙周机械感受器

上文中已经提到牙周组织中的机械感受器是由大直径（1~15 μm）、有髓鞘的纤维组成的 Ruffini 小体，它是牙周组织里唯一类型的机械感受器。这类 Ruffini 小体无囊包裹，并且形态表现出多样性。可以是通过指状突起和胶原组织接触的大分支末梢，也可表现为没有指状突起的小神经末梢（图 23-6）。与牙周机械感受器（periodontal mechanical receptors）相连的传入神经纤维的胞体位于三叉神经节（TG）或三叉神经中脑核（MS）。与两个神经核团有关的牙周机械感受器分布于牙周组织不同部位。MS 相关机械感受器聚集在根尖附近，而 TG 相关机械感受器大多分布在牙根中部（图 23-7）。

牙周膜机械感受器极为敏感，牙冠的任何部分受到极轻微触压时，即可产生触、压觉，并可感觉出力的强度及方位，此种感觉在牙髓失活牙上仍然存在。牙周膜的触、压觉对于调节咀嚼压力、协调咀嚼肌和颞下颌关节运动，顺利地进行咀嚼活动是必不可少的。研究证明，牙齿咬合正常，才能保持正常的敏感度，而错位的牙齿，敏感度将受到不同程度的影响。与错𬌗患者鉴别食物的物理性质的能力减低的现象相符。

知识链接：牙周机械感受器

图 23-6 牙周韧带及机械感受器

猫牙周韧带纤维中的感受器：1 复杂 Ruffini 小体，包含有髓鞘包绕的轴突；2 简单 Ruffini 小体，包含成对分支的有髓鞘包绕的轴突；3 简单 Ruffini 小体，包含单独细小有髓鞘的轴突的分支；4 单独的无髓鞘的轴突束，分布在血管周围的疏松结缔组织中；5 简单 Ruffini 小体，包含单独细小的有髓鞘的轴突分支；6 单独的无髓鞘的轴突束

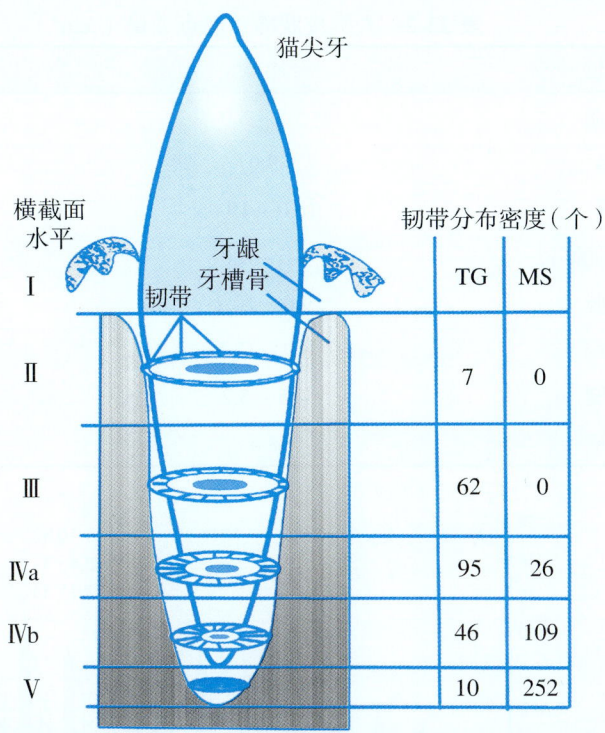

图 23-7　传入神经末梢位置

猫尖牙的牙周韧带中，细胞体在三叉神经节（TG）和三叉神经中脑核（MS）的传入纤维末端的位置。右侧是神经纤维末端在韧带中分布的相对密度（仿 Byers MR, Dong WK：Journal of Comparative Neurology. 1989;279:117-127）

第三节　温度觉
Thermal Sensation

口腔内的温度感觉对品尝食物的味道和保护口腔黏膜是很重要的。许多种食物必须在特定的温度下食用。例如：冰激凌只有吃冷的才是美味的，如果吃热的是不好吃的。口腔内的温度感受器（thermal receptors）感受物体的温度，并且将信息传导到中枢神经系统，避免黏膜受到过冷或过热食物的刺激造成的伤害。

在物理世界，温度是持续变化的，从外层空间的极冷到太阳中心的极热。人类只暴露在物理温度的一个很窄的区域。加之评价人体对温度体验的行为测量（behavioral measure）得出的温度感觉并不是一个连续变量，而是分为冷觉和热觉。在冷、热之间不产生感觉，或者觉得舒适。

人体不同的部位对温度的敏感度不一致，感受冷、热刺激的温度敏感区，由对热刺激不敏感的区域分开。冷敏感点较热敏感点多。面部的冷、热点较身体其他部位的密度大，对冷、热刺激最敏感（表 23-2）。

面部与口腔的温度敏感性的评价可以采用数值评分（numberical rating）的方法。受试者用数字表示感受到温度刺激的强度。整个面部和口腔黏膜对热的敏感性不同，而对冷刺激的敏感性较一致（图 23-8）。除了唇红（vermilion lip）和舌尖，口腔黏膜对热的敏感性较面部皮肤低。硬腭后部对冷的敏感性等同或高于其他区域。口内所有区域，舌尖对冷、热最敏感。

口腔黏膜温点密度较低，约为每平方厘米 3.6 个，而冷点密度约为每平方厘米 4.6 个。口腔前部较敏感，其冷点和温点多于口腔后部。舌尖、舌边缘、牙龈、硬腭、唇颊等的黏膜处冷点较多；而温点分布于上下颌前牙周围，硬腭前部仅有冷点而无温点。口唇黏膜对冷、热的耐

知识链接：冷、热感受器

表 23-2　人类皮肤冷、温点数量（/cm²）

部位	冷点	温点
前额	5.5～8.0	
鼻	8.0	1.0
唇	16.0～19.0	
面部其他部位	8.5～9.0	1.7
胸腔	9.0～10.2	0.3
腹部	8.0～12.5	
大腿	4.5～5.2	0.4
脚底	3.4	

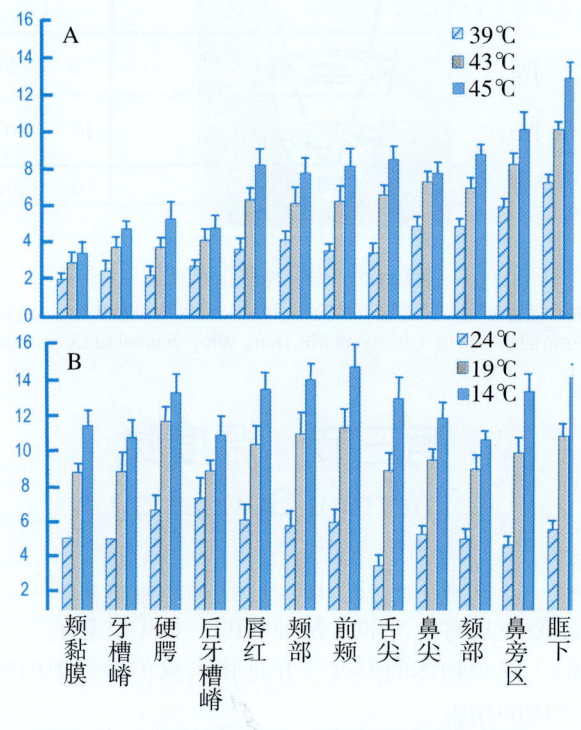

图 23-8　面部和口腔对冷、热测量的敏感度（点）
A. 三种温度刺激口腔不同点的热反应评价均数；B. 三种温度刺激口腔不同点的冷反应评价均数
（引自 Bradley RM.Essentials of Oral Physiology.1995）

受阈值各不相同，上唇黏膜皮肤移行部为 55～60℃，而口腔黏膜为 60～65℃。口腔黏膜对温度的耐受力较皮肤为大，其主要原因是：①口腔黏膜经常与温度较高的食物接触，因而提高了对温度的耐受力与适应性；②当过冷、过热食物进入口内时，唾液能缓冲其对口腔黏膜的刺激；③口腔黏膜痛觉阈较高，因此具有一定的耐受冷、热的能力。

第四节　痛　觉
Sense of Pain

疼痛（pain）是一种与组织损伤有关的复杂的感觉体验，可作为组织损伤的警告。引起疼痛的刺激并不是单一的，各种不同的物理（如强烈的机械、温度刺激）和化学因素作用于机体时，都可能引起痛觉。它是人类在进化过程中，对周围环境的保护性适应而产生的。痛觉是感觉神经的游离末梢受到各种伤害性刺激时产生的感觉。由被伤害组织释放的致痛物质可刺激痛觉游离神经末梢。疼痛的适应极为微弱。

口腔组织的痛觉阈值较皮肤的高，因此口腔黏膜可以接受食物较强烈的刺激，而无不适的感觉。口腔组织的痛觉感受器分布不均匀。与第二磨牙相对的颊黏膜区无痛点、有触点，而牙龈缘处痛觉最敏锐。由颊侧黏膜中央至口角的一段带状区（Kiesows zone，无痛区）痛觉较迟钝，而且温度觉和触、压觉也较迟钝。牙龈、硬腭、舌尖、口唇等处分布有痛点，自前牙区至磨牙移行区的黏膜痛点依次减少。牙髓与牙周膜的痛觉阈值前牙低于后牙（牙髓疼痛的特点见第二十四章）。牙周膜内的感受器的密度依次为：前牙＞前磨牙＞磨牙。

口腔组织的痛觉阈值因人而异，有的人痛阈高，有的人痛阈低。大多数人很少感觉到疼痛，但有些人经常发生不明原因的疼痛。即使同一个人，随着受刺激时精神状态的不同，或受刺激部分组织的健康情况不同，阈限高低亦有所变化。

影响疼痛的因素有：

1. 主观因素

（1）注意力集中或分散转移：在日常生活中疼痛可以因为从事工作而忘却或减轻，事实表明疼痛可以由于应用其他刺激而改变。

（2）情绪、心理状态：焦虑不安使痛阈降低，烦躁可以使疼痛增强。

（3）人格因素：一般性格内向者疼痛的耐受性大于外向性格者。

（4）通过第二信号系统的暗示（言语和文字称为抽象的第二信号系统），可使痛阈上升或下降。

2. 客观因素

（1）性别：一般认为男性的敏感性低于于女性。

（2）年龄：随着年龄的增长，对疼痛的耐受性降低。

（3）环境变化：如昼夜疼痛存在差别，夜间疼痛可以加重。充满噪声和强烈的光线照射，都可以影响患者疼痛的感受和反应。

（4）组织结构特点：口腔黏膜角化程度大，则阈值高，反之则低。

（5）组织病理状态：口腔黏膜或牙周有炎症，阈值显著下降。

小 结

味觉是口腔的一种特殊感觉，味觉感受器通常称味蕾，分布在舌、软腭、咽、喉等处的黏膜上。味蕾由几种类型的细胞构成，并通过专门的味孔与口腔相通。味蕾感受的化学信息是由第Ⅶ、Ⅸ、Ⅹ对脑神经传入中枢。味蕾在有味觉神经支配的情况下可以再生。味蕾对酸、甜、苦、咸四种基本味觉有不同程度的反应。舌的不同区域对四种基本味觉的敏感性不同。新生儿对苦、甜、酸刺激有不同程度的反应，但对咸无反应。在成长过程中，对咸的反应有较大的变化。味觉受多种因素的影响。年龄对味觉影响较小。唾液在味觉的产生中有重要的作用。局部组织疾病、内分泌、精神和心理因素、全身疾患等都会影响到味觉。

触、压觉感受器一般称作机械感受器，对黏膜、皮肤所受机械刺激做出反应。机械感受器有两种：只在刺激的动态期产生动作电位的机械感受器叫做快速适应感受器，在刺激的动态期和静态期均产生动作电位的感受器叫做慢速适应感受器。引起黏膜触、压觉的感受器主要有：Meissner 小体、Merkel 小体、Ruffini 小体、Pacinian 小体和游离神经末梢。口腔黏膜各部分的触觉敏感性不相同，最敏感部位在舌尖及硬腭前部，最迟钝处为颊黏膜、舌背与牙龈。口腔黏膜表面对触觉的敏感性与触点分布密度成正比。自切牙区黏膜、尖牙区黏膜、前牙区黏膜和磨牙区黏膜的触点依次减少。龈乳头、龈缘、龈、颊黏膜移行区的触点依次减少。

在牙周组织中的机械感受器是 Ruffini 小体的变体。TG 相关机械感受器多分布于牙根中部，MS 相关的机械感受器集中在根尖部。

口腔内的温度感觉对品尝食物的味道和保护口腔黏膜都是很重要的。口腔黏膜的温度觉包括热觉与冷觉两个不同的系统，感受温度刺激，并且将信息传导到中枢神经系统，避免黏膜受到过冷或过热的刺激而损伤。整个面部和口腔的不同区域对热刺激敏感性不同，而对冷刺激的敏感性较一致。舌尖、舌边缘、牙龈、硬腭、唇颊等的黏膜处冷点较多；而温点布于上、下颌前牙周围，硬腭前部仅有冷点而无温点。口唇黏膜对冷、热的耐受力各处不一，但较皮肤为高。

各种不同的物理和化学因素刺激游离神经末梢时都可能引起痛觉。疼痛是一种与组织损伤有关的复杂的感觉体验，作为组织可能损伤的警告。口腔组织的痛觉阈值较皮肤的高，且痛觉感受器分布不均匀。牙龈缘处痛觉最敏锐，由颊侧黏膜中央至口角一段带状区痛觉较迟钝。痛觉阈值因人而异，并且受多种主观和客观因素的影响。

（谢秋菲　曹　烨）

Definition and Terminology

味蕾（Taste bud）：Taste bud is a small organ located in terrestrial vertebrates that functions in the perception of taste. They are located around the small structures on the upper surface of the tongue, soft palate, upper esophagus and epiglottis. These structures are involved in detecting the five (known) elements of taste perception: salty, sour, bitter, sweet, and umami.

味觉（Gustatory sensation）：Gustatory sensation is one of the five traditional senses. Gustatory sensation is the sensation produced when a substance in the mouth reacts chemically with receptors of taste buds. Taste, along with smell (olfaction) and trigeminal nerve stimulation (which also handles touch for texture, also pain, and temperature) determines flavors, the sensory impressions of food or other substances.

嗅觉（Olfactory sensation）：Olfactory sensation is the sense of smell. This sense is mediated by specialized sensory cells of the nasal cavity of vertebrates, which can be considered analogous to sensory cells of the antennae of invertebrates. In humans, olfaction occurs when odorant molecules bind to specific sites on the olfactory receptors. These receptors are used to detect the presence of smell.

触觉（Tactile sensation）：Tactile sensation refers to gently stimulate skin sensation caused by contact with skin tactile sensor. It is a perception resulting from activation of neural receptors, generally in the skin including hair follicles, but also in the tongue, throat, and mucosa. A variety of pressure receptors respond to variations in pressure (firm, brushing, sustained, etc.).

压觉（Pressure sensation）：Pressure sensation is the feeling caused by the deformation of skin, oral mucosa or deep tissue. Sensation from the skin, muscles, bones, tendons, and joints, or somatic sensation, is initiated by a variety of specialized somatic receptors. Stimulation of a variety of mechanoreceptors in the skin leads to a wide range of touch and pressure experiences. The mechanoreceptors adapt at different rate. About half of them adapt rapidly (i.e., they fire only when the stimulus is changing), and the others adapt slowly. Activation of rapidly adapting receptors give rise to the sensation touch, movement and vibration, whereas slowly adapting receptors give rise to the sensation of pressure.

牙周机械感受器（Periodontal mechanical receptor）: Periodontal mechanical receptor is Ruffini corpuscle composed of large diameter myelin sheath fibers. It provides information about tooth loads that is essential for the fine motor control of the jaw during function. It is also the receptor for the conscious perception of tactile sensations that one experiences when forces are applied to nature tooth. Unlike the Ruffini endings in the skin, they are not encapsulated. They also vary in complexity from large-branched endings with finger-line extensions in contact with collagen fibres to small, simpler endings. The variation in the complexity suggests a diversity in function.

温度觉（Thermal sensation）: Thermal sensationis the sense of heat and the absence of heat (cold) by the skin and including internal skin passages, or, rather, the heat flux (the rate of heat flow) in these areas. There are specialized receptors for cold (declining temperature) and heat. The End-Bulb of Krause, or bulboid corpuscle, detects temperatures above body temperature.Ruffini's end organ detects temperatures below body temperature. The thermorceptors in the skin are quite different from the homeostatic thermoceptors in the brain (hypothalamus), which provide feedback on internal body temperature.

疼痛（Pain）: Sense of pain is an unpleasant sensory and emotional experience associated with actual or potential tissue damage, or described in terms of such damage. Pain motivates the individual to withdraw from damaging situations, to protect a damaged body part while it heals, and to avoid similar experiences in the future. Most pain resolves promptly once the painful stimulus is removed and the body has healed, but sometimes pain persists despite removal of the stimulus and apparent healing of the body; and sometimes pain arises in the absence of any detectable stimulus, damage or disease. Psychological factors such as hypnotic suggestion, excitement, or distraction can significantly modulate pain's intensity or unpleasantness.

第二十四章　牙髓疼痛

Tooth Pulp Pain

牙冠表面的釉质层由于龋损或磨耗、磨损引起牙本质暴露。当像冷气或酸甜这类温度或化学刺激接触暴露的牙本质时，就会引起牙痛。疼痛最初表现为针刺样锐痛，继而可发展为搏动样剧痛。牙痛患者中常见的这类疼痛，只有经过牙体治疗，去除患病牙体组织，用保护性充填材料覆盖暴露牙本质后，疼痛才能缓解。

以往对牙髓疼痛（tooth pulp pain）机制的研究提出，对牙髓神经的任何形式的刺激只会引起痛感。近年来这种假设已受到质疑，因为发现刺激牙髓可以引出非疼痛性反应。牙齿不一定总是反应为纯痛感，也有非伤害性反应。牙痛是一个严重的临床问题，大量的科学研究致力于阐明牙髓伤害性感觉的机制，但该机制仍然不很明了。

由于牙髓包被在牙本质和牙釉质中，故以往的组织切片需要脱钙处理，因此牙髓组织学研究较为困难。近年来的技术进步已经极大地克服了记录刺激牙髓伤害感受器产生电生理反应的困难，但暴露和解剖支配牙髓的小直径神经纤维是一个挑战性的操作过程。很多研究者继续使用电刺激牙冠的方法刺激牙髓伤害感受器。实际上，这也是临床上检查牙髓活力的常用方法。虽然这种方法很方便，但是电刺激时什么结构受到刺激仍然不清楚。现在研究者更多地倾向于使用自然刺激，例如，温度、机械和化学刺激。由于电刺激易于应用和控制，有关牙髓伤害性感觉中枢传导通路的很多结果是基于电刺激的实验研究。

第一节　牙髓伤害感受器
Pulpal Nociceptors

牙髓神经的神经元胞体位于三叉神经节，其中枢端到达三叉神经脑桥核和三叉神经脊束核。这些神经的轴突通过三叉神经的上颌和下颌神经分支进入牙髓。牙髓由 Aδ 和 C 类纤维神经支配，在身体的其他部位这两种神经纤维也涉及伤害性感觉传导。

一、牙髓的神经分布

牙髓神经纤维从根尖孔进入牙髓，不同物种牙髓的神经分布（pulpal innervation）不同，表现在纤维的类型、数目和纤维直径不同（表 24-1）。在根尖孔发现有轴突直径小于 7 μm 的有髓神经和无髓神经，大多数轴突的直径在 2~4 μm 范围内。不同动物间某一特定牙齿的神经轴突数目有很大的变异性。这种变异部分是由于年龄的差异造成，有些结果是从牙髓神经轴突较少的幼小动物计数得出；很多轴突在根髓初始 1~2 mm 内开始分支，所以这种变异性又可因取样的部位不同造成。

表 24-1 从根尖孔进入牙髓的轴突类型和数目

种类	有髓鞘神经	无髓鞘神经
人类		
切牙	359±46	1591±728
尖牙	361±82	2240±966
猫		
切牙	126±31	432±63
尖牙	193～529	375～1376
狗		
尖牙	536	1553

电镜观察结果。数据形式：均数 ± 标准差，区间，均数

一旦进入牙髓，神经分支在冠髓中数量增大。根尖和冠中区神经分支的比是1∶3，更多的分支朝向牙冠顶端。因此，大量的牙本质神经末梢聚成单根牙髓传入神经纤维，这说明在牙髓中已发生感觉信息的整合。

牙髓神经轴突可以分组为感觉性传入神经纤维及自主性传出神经纤维。免疫细胞化学染色已经揭示了这两组的细分类：第一类是胆碱能传入纤维（cholinergic afferent fibers），由粗直径和细直径的传入神经纤维构成；第二类是小直径的含P物质传入神经纤维（substance P-containing afferent fibers）；第三类由无髓鞘的交感神经轴突（sympathetic unmyelinated axons）构成，含有去甲肾上腺素（norepinephrine）或血管紧张肽（vasoactive intestinal peptide），或者两者都有。也有些牙髓感觉神经纤维含有降钙素基因相关肽（calcitonin gene-related peptide），一种神经活性物质，在许多小直径神经纤维中表达。牙髓降钙素基因相关肽神经纤维经过牙髓进入牙本质小管（dentinal tubules）。

二、牙髓神经纤维的终端

关于牙本质是否有神经分布的问题曾有过激烈的争论，现在这个问题已被现代解剖技术解决。20世纪70年代，电子显微镜检查技术显示牙本质小管中有类似神经的突起，其在横断下牙槽神经后发生退化。神经束路示踪技术（neural tracing techniques）应用于牙髓神经分布研究后，可在牙髓神经末梢中找到转运标记物（transported label）。这些神经末梢仅伸入牙本质小管很短的距离（0.1～0.2 mm），而不是达到整个牙本质小管长度。采用示踪技术显示牙髓传入神经纤维终末束，可以观察到单条传入神经纤维反复分支，最终有近100条牙本质神经纤维末梢连接其上。神经纤维进入牙本质后即平行于牙本质小管的长轴走行。牙本质神经分布的密度是不一致的，近牙髓尖端部的密度最高，沿着牙冠两边逐渐减低，在牙根部密度最低（图24-1）。牙本质神经分布的密度与牙本质疼痛的敏感度不一定相关，例如，神经分布密度相对较低的牙本质区域，如冠根结合处（颈部牙本质）就很敏感，易出现临床过敏性牙本质（hypersensitive dentine）。

在牙本质小管里，神经纤维沿成牙本质细胞突走行，有时处在沟里。神经纤维末梢相对无特异性，由薄区和相连续的膨大区构成。整个神经末梢，包括薄区和膨大区两者都含有微管和微丝。膨大区还含有额外的细胞器，例如：线粒体及各种细胞内小泡。牙本质神经末梢不是通过经典的神经突触、紧密连接及缝隙连接与成牙本质细胞关联。多数研究者描述为，在神经末梢和成牙本质细胞之间是一种紧密的并置关系（close apposition）。这种并置关系是否具有某些功能性意义还不清楚，但至少提出牙本质神经末梢和成牙本质细胞之间可能存在联系。

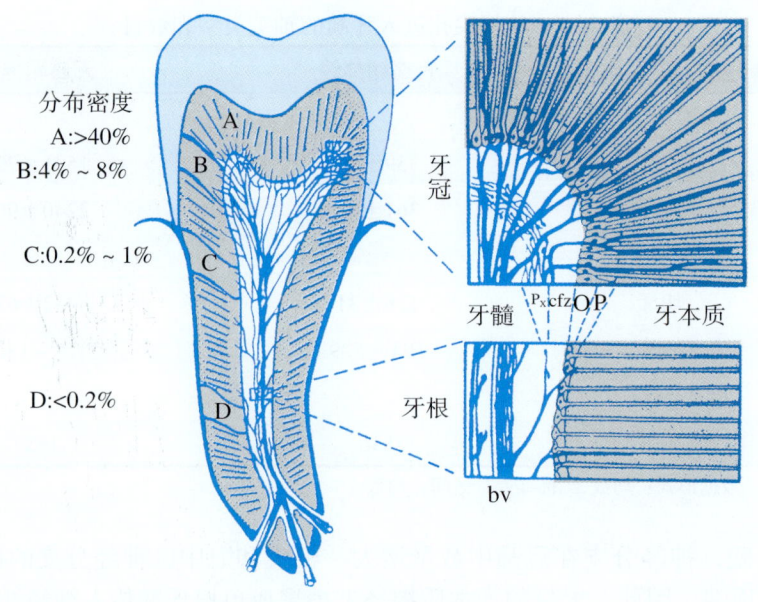

图 24-1 牙髓、牙本质的神经分布

在牙髓和牙本质以及牙齿不同区域的神经分布密度。Px 是以细胞稀少区（cell free zone; cfz）为边界的神经丛（neural plexus）。O，odontoblast layer，成牙本质细胞层。P，pre-dentin，前期牙本质。bv，blood vessel，血管。

三、牙髓伤害性感觉纤维的记录

研究者采用解剖牙槽神经或位于三叉神经节内的传入神经纤维细胞体、细胞外记录技术，记录到来自单一传入神经纤维的信息。此外，记录牙髓神经活动的技术还包括，在牙窝洞底部的牙本质放置电极的方法。后种方法是唯一允许用于人类牙获得记录资料的方法。这三种技术均已用于动物研究，以获得牙本质对温度、机械和化学刺激的反应。人类未麻醉牙的暴露牙本质受到这些刺激时仅产生痛感。

根据传导速度的测量，牙髓的传入记录来自 Aδ 和 C 类神经纤维。牙髓传入神经纤维不是自发的活动，而是牙髓在短潜伏期之后对牙釉质表面或暴露牙本质受到刺激的反应。有些 Aδ 类牙髓神经纤维对牙本质的机械刺激有反应，如钻磨、吹风和探查；其他的牙髓神经纤维对温度刺激有反应。牙髓 C 类神经纤维也对温度刺激有反应。有些牙髓神经纤维仅对一种类型的刺激有反应；其他的则对一种以上的刺激有反应。因此，牙髓含有两种伤害感受器，一种对单一类型的刺激有反应，而另一种对几种不同类型的刺激均有反应。

多数有关牙髓伤害性感觉机制的信息来自健康未感染的牙髓，而牙痛通常发生在发炎的牙髓。为了研究患病牙髓的伤害性感觉反应，研究者用实验室方法诱导出炎症。牙髓的炎症性变化能够显著性地影响牙髓传入神经的反应。神经纤维出现自发活动，并且对牙本质刺激的反应性增强。这些功能变化可能是患牙或暴露于口腔环境几天后的牙本质表现出临床牙本质敏感症状的原因。

四、刺激在牙本质中的传导

神经解剖学研究明确提出牙髓神经纤维末梢没有穿过牙本质到达釉牙本质交界处。当去掉牙釉质暴露出牙本质时，这些区域尽管缺乏神经末梢，仍然对温度、机械和化学的刺激非常敏感。所以，当刺激没有神经末梢的区域时可引发疼痛反应。加之，牙本质内神经末梢分布不一致（见图 24-1），含有相对少的神经纤维牙本质区域经常对刺激高度敏感。例如，牙本质神经纤维分布密度的对比显示出，相对少的神经纤维进入牙根部牙本质，但是暴露的牙根部牙本质对机械和化学性刺激极度敏感。因此，记录到的牙髓神经纤维的感觉反应不是神经末梢的直接活动，而且诱发出来的反应与牙本质的神经分布密度无相关性。

牙本质敏感的流体动力学假说（hydrodynamic hypothesis of dentinal sensitivity）：目前多数研究者认为，牙本质受到的刺激可通过牙本质小管内的液体流动来传导和放大。牙本质受到温度、机械、化学和热刺激导致液体在牙本质小管内流动；这种流动如果很快，会引起在靠近牙本质边缘的牙髓组织的变形，而神经末梢正位于这个区域。这种液体流动不仅把刺激通过牙本质传导至牙本质小管内的神经末梢，而且由于牙本质小管的几何形状，它也能够在小管的近髓端集中刺激。因此，这种刺激引起液体流动的机制既能解释刺激通过牙本质传导至牙髓神经末梢，又能够解释刺激的放大作用。已有很多实验证据支持这种理论。

牙髓神经纤维的电生理记录显示，任何能够引起牙本质小管内液体流动的刺激都能导致牙髓传入神经纤维兴奋，可能是通过神经末梢的机械变形实现的。这解释了为什么化学和温度不同的刺激引起一种相似的疼痛感觉。此外，牙本质表面的条件影响牙本质的反应。如果牙本质表面受到有效的隔断，牙本质对刺激的敏感性就会降低。流体力学机制（hydrodynamic mechanism）提示神经末梢真正受到的刺激是压力形式的机械性刺激。

暴露的牙髓对刺激极度敏感，从而引起剧烈的牙痛。一旦牙髓开放，牙髓神经纤维就直接暴露于外界刺激。刺激牙髓直接激活 Aδ 和 C 类神经纤维，旁路牙本质中任何神经纤维末梢的感受器系统。

五、牙髓的非伤害性反应

以往研究者认为刺激牙髓和牙本质只能引起疼痛反应，但有些报告指出从人和动物的牙髓可诱发出非疼痛性反应。早期的研究认为：由于牙齿中不存在类似于皮肤真皮层中感受压力的压觉小体，以及感受温度的冷、热觉小体等特殊感觉末梢，牙髓感觉神经全部终止于感受痛觉的神经末梢。所以认为牙髓、牙本质受到刺激时，仅能作出疼痛应答。但是随着研究技术的发展，越来越多的研究发现，成牙本质细胞细胞膜上存在着感受机械、化学或温度的离子通道受体（如：TRPV1，TRPV2，TRPV3，TRPV4，TRPM3，KCa，TREK-1 等）；当刺激作用于成牙本质细胞时，可引起成牙本质细胞分泌牙本质基质的反应等。牙髓的 Aβ 类神经纤维可能负责传导非伤害性反应。牙髓含有受 Aβ 类神经纤维支配的低阈值机械性刺激感受器，它们对无害的机械刺激有反应。牙齿受电刺激时，这些牙内的机械性感受器有疼痛前感觉反应；在控制咀嚼作用中这些感受器也起重要作用，传导咀嚼时牙齿受到机械力的信息。刺激牙齿可以诱导非伤害性感觉，所以牙齿不仅有痛感。

知识链接：牙髓伤害性感觉传入纤维的中枢末端

知识链接：牙髓刺激在丘脑和大脑皮质的反应

第二节　牙髓神经分布的可塑性
Plasticity of Pulp Innervation

一、牙髓神经的再生

切断或破坏下牙槽神经后，神经纤维可以再生并重新进入牙髓，出现牙髓神经的再生（regeneration of pulpal nerve）。再生的神经纤维沿牙髓腔向上，然后进入牙本质小管，进入深度与正常的牙齿基本相同。研究显示，因为神经纤维进入牙本质的时间点与对电刺激的敏感性的恢复有相互关系，所以这种现象也证实了牙本质神经纤维在牙齿敏感中的重要性。拔出后再植的牙齿也有牙神经再分布。再植牙齿的神经再生不像原位切除神经的牙齿那样完全，轴突的数量是未做手术牙齿轴突数量的 7%~75%。

二、萌出与脱落期的牙髓神经

牙齿脱落前，乳牙根部牙本质开始吸收，乳牙牙髓的支持神经变性退化，有髓神经纤维开始出现在恒牙牙髓中。检查猫的乳犬齿和恒犬齿发现，在牙齿萌出和脱落的一个很短的时期，两种牙齿接受同一轴突的神经分支分布。因此，发育期间的恒牙由将被其替换的乳牙的神经支配。

长期以来，研究者们尝试着从外周与中枢机制两个角度，来深入探索牙髓疼痛的相关问题。有学者利用免疫组织染色技术，发现龋坏牙齿的牙髓组织中神经分布比正常牙髓组织较密集；疼痛牙髓组织中的 P 物质、前列腺素、TRPV1、5-羟色胺和缓激肽等表达较正常牙髓组织高，这些介质能够直接或间接地兴奋牙髓神经。近年来，研究者们更多地开始关注成牙本质细胞在牙齿感觉传导中的作用。成牙本质细胞形成一个连续的单层栅栏状细胞层，处于牙髓组织感受外界对牙齿刺激的最前沿，并且具有独特的细胞形态学特征。有研究表明成牙本质细胞的细胞膜上有表达机械/温度敏感的瞬时感受器电位（transient receptor potential, TRP）以及 Na^+、K^+、Ca^{2+} 离子通道，具有初级纤毛细胞器结构，它们能感受外界的各种刺激，并将刺激传导至下层的神经元。还有研究报道成牙本质细胞与牙髓神经之间可能通过 ATP 分子来介导疼痛信号的传导。这些研究丰富了传统的牙齿感觉传导理论。同时，外周疼痛可引起大脑的中枢敏化，使神经中枢对牙齿疼痛的感受阈值降低，导致较低强度的刺激也能引起牙齿的疼痛、不适等，通常表现为牙齿的痛觉异常或敏感。

小　结

牙痛是一种由于龋损和牙龈退缩而暴露的牙本质受到刺激导致的剧烈疼痛。暴露牙本质受到各种刺激而诱发牙痛。刺激牙本质也能诱发出其他无害的感觉。牙髓神经纤维仅仅进入牙本质很短的距离，没有到达釉牙本质结合处。牙本质的神经分布不一致，大部分神经分布于牙齿的冠部。牙本质神经纤维的电生理学记录揭示了 Aδ 和 C 类神经纤维两者都对牙本质刺激起反应。有些神经纤维仅对一种刺激形式有反应；而其他的则对多种刺激形式有反应。温度、机械性和化学刺激作用于人类暴露的牙本质可诱发牙痛。穿过牙本质的刺激传导以液体的流动作为媒介，液体通过牙本质小管刺激在牙本质内和在牙本质与牙髓交界边缘的神经末梢。

牙髓神经的神经元胞体位于三叉神经节，其中枢端到达三叉神经感觉核（脑桥核和脊束核），与二级伤害感觉特异性和广动态范围的神经元形成突触，牙髓伤害性感觉信息由三叉神经感觉核传入丘脑，然后投射到大脑躯体感觉皮质。对牙髓刺激反应的皮质神经元常常又接受无害的会聚输入，因而这些神经元具有广动态范围神经元的特征。

牙髓神经具有再生能力，可以重新分布于牙本质小管。有些神经再分布可以发生于再植的牙齿。在乳恒牙列交替的过渡时期，单个神经暂时性地同时分布在乳牙和其后继的恒牙。

（谢秋菲　曹　烨）

Definition and Terminology

牙髓疼痛（Tooth pulp pain）：Tooth pulp pain is an unpleasant feeling often caused by intense or damaging stimuli to dental pulp tissues. It is one of the most prevalent types of orofacial pain and has a significantly negative effect on quality of life, including eating disturbance, mood changes, and sleep disruption.

牙敏感的流体动力学假说（Hydrodynamic hypothesis of dentinal sensitivity）：Hydrodynamic hypothesis of dentinal sensitivity postulates that rapid shifts, in either direction, of the fluids within the dentinal tubules, following stimulus application, results in activation of sensory nerves in the pulp/inner dentine region of the tooth.

牙髓神经的再生（Regeneration of pulpal nerve）：Regeneration of pulpal nerve refers to the regrowth or repair of pulpal nervous tissues, cells or cell products. Such mechanisms may include generation of new neurons, glia, axons, myelin, or synapses.

第二十五章 口腔与呼吸

Oral Cavity and Respiration

知识链接：上呼吸道的结构和功能

口腔不但具有咀嚼、吞咽、言语、感觉等功能，还参与呼吸活动。有生命活动的机体，需要不断地从环境中摄取氧和排除二氧化碳，进行新陈代谢。这种机体与环境之间的气体交换，称为呼吸。人通常是鼻呼吸，但在一定生理条件下，例如运动、精神紧张、交谈时，部分气流通过口腔。在病理状态下，气流通过鼻时阻力大，人体做功随之增加。当鼻气道阻力达到一定水平时，气流通过鼻比通过口做功显著增多时，则出现张口呼吸。例如，鼻气道的弯曲或鼻气道部分阻塞的患者鼻呼吸困难，则采用口呼吸。

第一节 呼吸功能的检查方法
Methods of Examining Respiratory Function

鼻通气（鼻呼吸）功能是反映呼吸功能的主要指标。鼻腔通畅与否和鼻腔开放的程度，直接影响到鼻通气功能。鼻气道阻力（nasal airway resistance, NAR）是鼻腔对呼吸气流的阻力，正常情况下，它占呼吸道总阻力的50%~53%。鼻通气状况与NAR的大小密切相关。

最早的客观评价鼻腔开放程度的方法是用一小镜子置于前鼻孔下方，根据测量小镜子表面呼吸水蒸气斑点的直径来判断鼻腔开放程度，借以了解NAR的大小。这是半定量的检查方法。当前常用的检查方法有下述几种。

一、鼻测压计

鼻测压计（rhinmanometry）测量呼吸时气流的阻力。根据流体力学原理，气流的阻力是在一定时间内把一定体积的空气推到一定距离所需的压力，利用经鼻压降描记仪、流速描记仪，同时测得经鼻压降及呼吸气流速度，二者之比即为鼻阻力。1987年Beckingham等用此法测得的双侧鼻腔总阻力正常范围为0.20~0.55 kPa（2.06~5.15 cmH$_2$O）/L/s。正常儿童NAR的正常范围在1.96~5.26 cmH$_2$O/L/s，腺样体肥大儿童的总NAR较同龄儿童明显增高。

二、口鼻呼吸同步测定装置

Gurley和Vig（1982）首先报道口鼻呼吸同步测定装置（SNORT），1987年Keall对此装置做了改进。此方法分别测出吸气和呼气时口鼻气流比例，以及鼻气道阻力。将被测者的头部置于一密闭的球形罩子内，其在颈部边缘用柔软的橡胶材料封闭起来。被测者鼻部戴一球形鼻罩，有两个开口，一端为鼻罩开口，另一端开放为气流进出的通道，两开口处分别接流量传感器和压差传感器，信号经采集处理与微机相连（图25-1）。

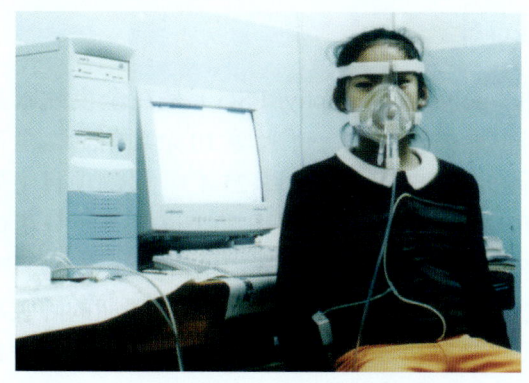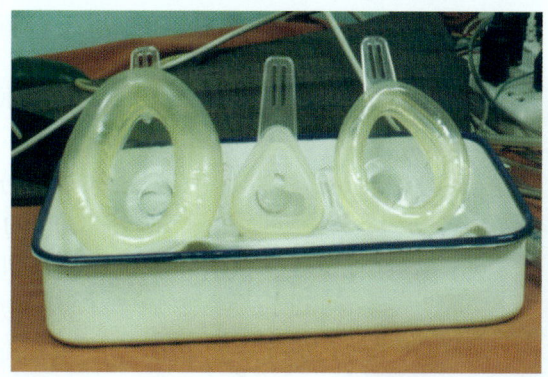

图 25-1　口鼻呼吸同步测定装置
（引自杨凯．北京大学口腔医学院博士学位论文，2001 年）

三、X 线头影测量

X 线头影测量（cephalometrics）重点在于对气道的静止状态进行分析。通常采用在头颅侧位片上，测量软腭后缘与咽后壁之间的最小距离（图 25-2）。测量时由软腭外形的前 1/2 测量，因其紧邻后鼻道，是决定上气道通气能力的关键部位。这是由 McNamara 在 1984 年提出的一项气道测量方法，称作"McNamara 线"。McNamara 认为当此距离为 5mm 或更小时，气道存在明显的阻塞。由于 X 线头影测量因只能反映二维的形态，McNamara 线仅作为气道可能损伤的一项指标。通过头颅侧位片判定腺样体大小与通过后鼻镜观察到的腺样体大小有明显相关性；腺样体占骨性鼻咽的比例与压力一定时气流速度呈负相关。头颅正位片中测的"鼻气道指数"（鼻腔 X 线极度投射区占鼻腔总面积的百分数）与压力一定时的气流速度相关。

四、鼻咽纤维镜

鼻咽纤维镜（naseudoscopy）用于研究动态气道（图 25-3）。表面麻醉下经鼻插入鼻咽纤维镜，在立位和卧位时分别检查患者鼻咽、口咽、喉咽及喉的情况，并通过某些动作观察气道组织的变化，评估气道阻塞的部位和程度，观察气道和周围结构有无肿物和包块。检查时可以进行拍照和录像。有研究报道，睡眠中鼻咽纤维镜与多导睡眠图仪（polysomnography）监测，发现了 OSAHS 患者在发生呼吸暂停时气道组织内陷和异常的解剖形态导致气道狭窄。

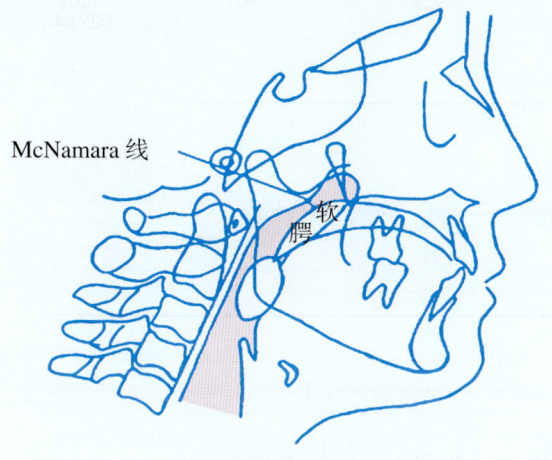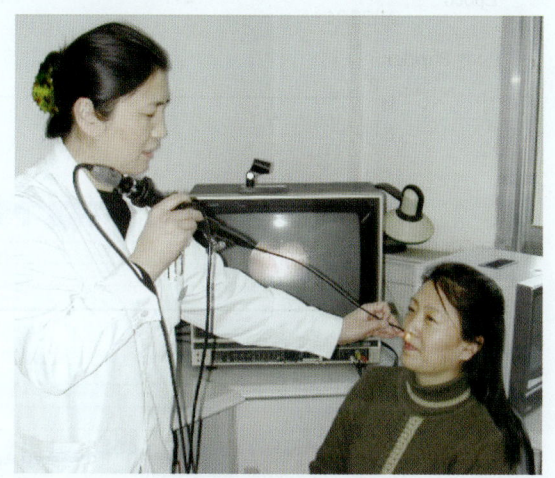

图 25-2　X 线头影测量 McNamara 线软腭后缘与咽后壁之间的最小距离

图 25-3　鼻咽纤维镜检查

五、多导睡眠图

多导睡眠图（polysomnography, PSG）是在全夜睡眠过程中，连续、同步地描记脑电、呼吸等10余项指标，全部记录和参数分析由仪器自动完成（图25-4）。检测项目主要有三部分：① 2~4道脑电、2道眼电和1道肌电，分析睡眠的结构、进程和监测异常脑电；② 记录口鼻气流、鼾声、胸式呼吸、腹式呼吸、血氧饱和度等，监测睡眠期的呼吸功能，以发现睡眠呼吸障碍及其类型、严重程度和发生时机等；③ 监测睡眠期的心血管功能，包括心电、血压和心率几项参数（图25-5）。分析结果需要人工确认，并重点了解三者间的相互关系。

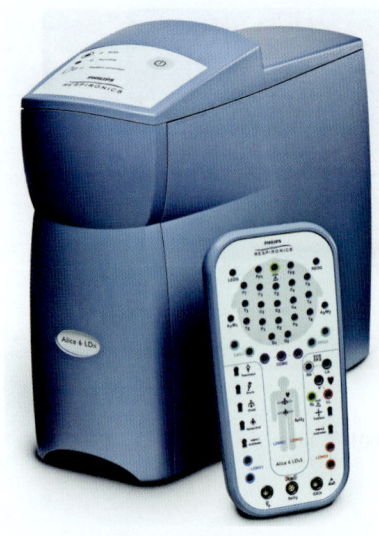

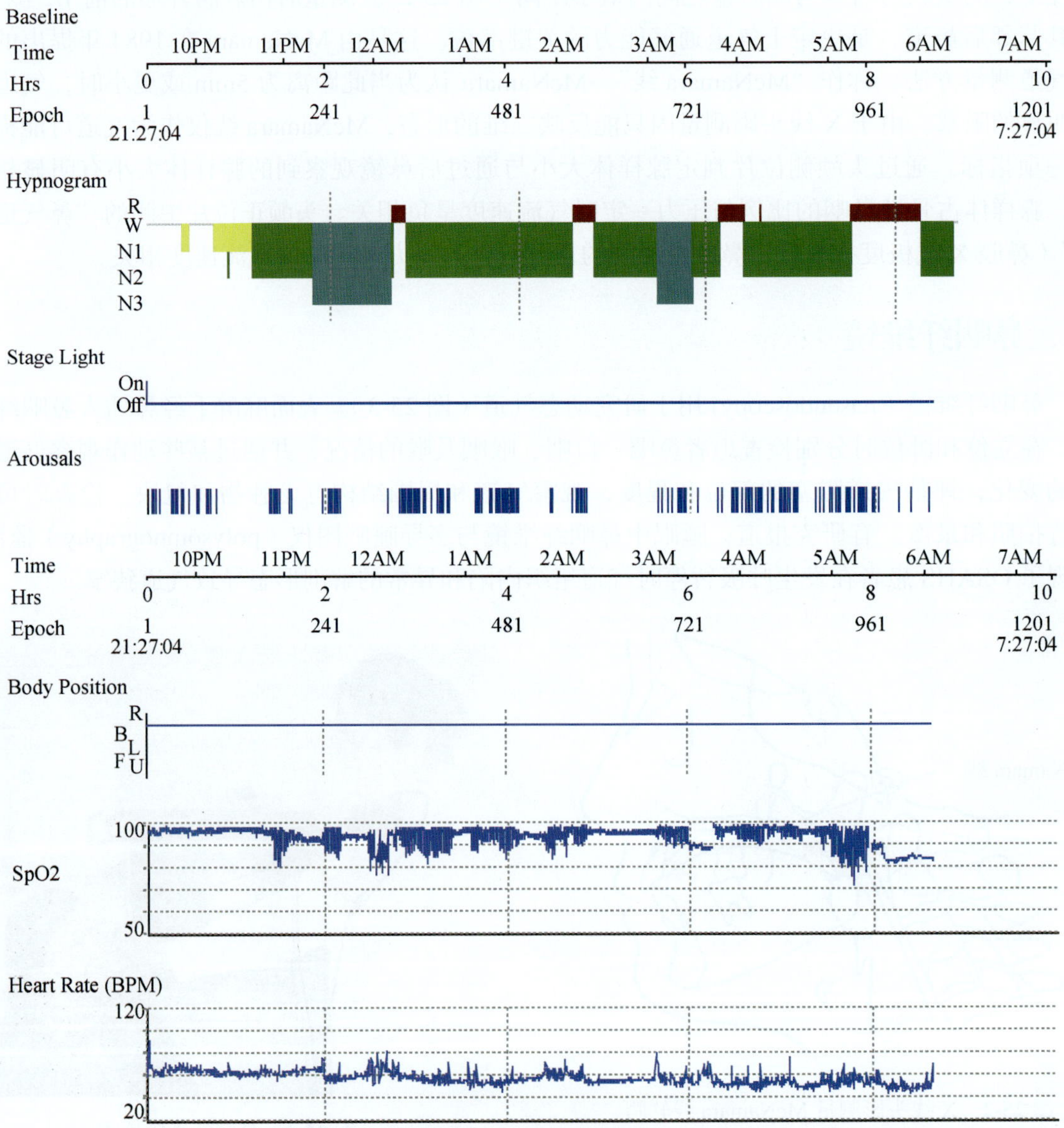

图 25-4　多导睡眠监测仪

图 25-5　多导睡眠图

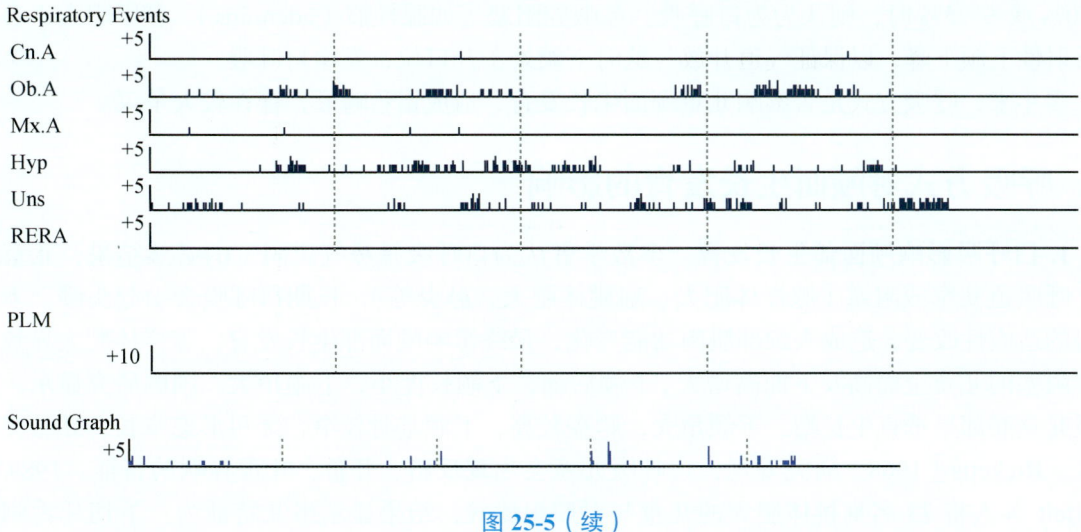

图 25-5（续）

第二节　呼吸与咀嚼、吞咽的关系
Relation of Respiration to Mastication and Swallowing

口腔参与呼吸，又具有咀嚼、吞咽功能，三者需协调进行才能完成正常的生理活动。

一、呼吸与咀嚼、吞咽功能

咀嚼时，呼吸继续不中断。当食物被嚼碎、变软，形成食团时，呼吸中断允许食团被吞咽。这时喉升高前移，被会厌遮盖，前庭襞和声带闭合到一起，使食团吞咽时不会误入气管。吞咽是进食过程中唯一需要中断呼吸的活动。

二、呼吸系统具有保护性反射活动

呼吸道受到机械性或化学性刺激时，可引起喷嚏反射（sneeze reflex）和咳嗽反射（cough reflex）。咳嗽是上呼吸道最强的防御反射。该反射可以清除激惹物，避免异物进入肺泡。喉、气管和大支气管，以至肺内呼吸道的刺激均可引起咳嗽。当存在良好的咬合关系时，食物被充分地嚼碎，与唾液混合形成食团。完善咀嚼的食团易被吞咽，不易发生吞咽时误入气管。通常，完整的没有修复过的牙列有较好的咀嚼功能，能保证食团的一致性，使其更容易被吞咽。因此，一个适宜的殆不仅能有效地准备食团，又是吞咽、呼吸协调活动的保证。老龄能影响神经肌肉协调活动，也减弱口咽反射，表现为咳嗽反射强度降低和时间缩短。对于老年患者，在这些机制中唯一能被改善的成分是咬合接触。因此，保持最好的效能，必要时进行修复治疗，在老年牙医学中是十分重要的。

第三节　呼吸方式与颅面、颌、殆的发育
Breathing Pattern and Development of Crania, Jaws and Occlusion

生理状态下，鼻呼吸是主要的呼吸方式。所谓口呼吸（mouth breathing）是指呼吸时口鼻并用，完全口呼吸者很少。各研究所用的界定值有所不同，常用的界定值为鼻呼吸比例

≤70%或≤75%时，则认为为口呼吸。鼻咽腔阻塞［如腺样瘤（adenoids）、鼻甲肥大］会导致反射性下颌下降，以保证气道开放。这时下颌处于开口位，发生口呼吸。

多年来，呼吸方式是否影响儿童颅面生长发育、造成错𬌗畸形，存在较大争议。

一、呼吸方式对颅面生长发育的影响

1. 口呼吸影响颅面部生长发育　多数学者认为口呼吸是鼻气道阻塞的必然结果，儿童由于上呼吸道狭窄或阻塞（腺样体肥大、扁桃体肥大、鼻炎等），长期口呼吸会引起头颅、下颌姿势的适应性改变，造成头颈部肌肉功能变化，最终影响颅面部生长发育。腺样体肥大导致鼻气道阻塞的儿童全面高及下面高增大，下颌后缩，下颌长度小，下颌角大。国内研究显示，口呼吸儿童面部呈垂直生长型，下颌角大，腭盖较高，上颌基骨较窄，牙弓形态窄长，牙弓突度较大。Ricketts（1968）研究发现，口呼吸儿童会出现反𬌗、开𬌗、吐舌吞咽的特征。1989年Behlfelt等人将73名扁桃体肥大的儿童与对照组比较，结果显示患儿特征为：下切牙舌侧倾斜，上切牙位置唇向，覆𬌗小，覆盖大，下牙弓短，上牙弓窄，后牙反𬌗概率增加。1993年Linder-Aronson对腺样体切除术后5年的儿童观察发现，上下切牙的唇倾度明显增加。结果说明呼吸方式的改变，可以引起切牙位置的改变。

2. 呼吸方式与颅面生长发育无关　一些学者认为口呼吸与错𬌗畸形之间无关，或不能证明有因果关系。Kluemper等（1995）使用SNORT研究102名正畸患者，发现他们的颅面结构与呼吸方式无相关性。还有的学者认为现有的研究不能说明鼻阻塞与儿童长面型之间的因果关系。

二、影响机制

长期口呼吸可能通过神经肌肉因素造成儿童颅面、𬌗发育异常。由于张口呼吸需下颌下降，舌骨上肌群收缩，同时嚼肌、翼内肌、颞肌松弛，使得下颌后旋，每日缺乏提颌肌收缩活动，逐渐发展成长面型。张口呼吸时，下颌下降致使舌体下降，上颌内侧缺乏侧向肌张力作用，而外侧颊肌作用相对较强，颌骨内外肌力不平衡可能导致了患者上颌基骨较窄。下颌下降同时造成双唇分开，上唇部肌力减弱，下唇与上切牙脱离接触。因此患者的牙弓前后发育过度，牙弓形态窄长，牙弓突度较大，上切牙唇倾等异常。

口呼吸对颅面已发育完善的个体可能没有直接影响，但是它可能与口呼吸患者出现的牙龈炎有关。通过口腔进行呼吸，气流会带走口内大量的水分，患者感到口干，同时牙龈组织出现脱水。

第四节　呼吸与阻塞性睡眠呼吸暂停低通气综合征
Respiration and Obstructive Sleep Apnea Hypopnea Syndrome

一、阻塞性睡眠呼吸暂停低通气综合征

阻塞性睡眠呼吸暂停低通气综合征（obstructive sleep apnea hypopnea syndrome, OSAHS）是一类具有潜在致死性的睡眠呼吸障碍性疾病。OSAHS病因复杂，表现为睡眠中呼吸调节紊乱的病理状态。由于睡眠打鼾（snoring）和呼吸暂停，引起反复发作的低氧血症、高碳酸血症（二氧化碳浓度增高），甚至pH失代偿，造成日间极度嗜睡（excessive daytime sleepiness, EDS）、记忆力减退，出现性格急躁、焦虑和抑郁等精神心理的症状，甚至头晕、乏力、反应

迟钝等，影响患者生活质量和社会接受性；还由于低通气或呼吸暂停可导致心肺血管和其他重要生命器官的并发症。在我国有报道发病率为3%。在美国成年男性的发病率达15%，女性达9%，65岁以上的老年人发病率更高。

目前，诊断OSAHS的金标准是多道睡眠图，分度主要根据睡眠呼吸暂停低通气指数（apnea hypopnea index，AHI）的大小。临床OSAHS的诊断主要依据病史和PSG监测结果，其诊断标准是7h睡眠中，呼吸暂停和低通气超过30次，或AHI＞5。OSAH的影响因素主要有颈围（＞43cm）和肥胖（BMI≥28 kg/m^2）等。

二、有关的病因

1. 解剖与神经生理因素 OSAHS是与口颌面解剖结构和咀嚼肌、咽部肌功能活动密切相关的疾病。患者在睡眠中反复发生上呼吸道阻塞，常见的病因是上呼吸道发生内陷和气道本身的狭窄。上呼吸道塌陷主要是因为与睡眠相关的咽腔扩大肌群肌电活动的改变。Remmers等的研究结果证实了颏舌肌肌电活动对正常人保持上呼吸道口径的重要性。OSAHS患者睡眠中窒息期颏舌肌肌电活动比窒息期前减小，并在整个窒息过程中维持较低水平。Guillemianult发现患者睡眠时咽肌活动突然消失，造成了气道上部狭窄甚至闭塞，继而发生呼吸障碍。

2. 发育异常 一些颅面发育异常综合征，如Pierre-Robin综合征、Down's综合征和Treacher-Collins综合征等都因小颌畸形或巨舌症等易发生OSAHS。

3. 外伤与疾病 婴幼儿期的创伤或感染造成颞下颌关节强直，影响颌骨发育中心可继发小颌畸形，引起呼吸困难。下颌后缩和小颌畸形的严重程度与OSAHS有着密切的关系。下颌后缩和小颌畸形造成舌和舌骨的后移，使舌根过于接近咽后壁，由于睡眠时体位和肌肉松弛的作用，发生气道的梗阻。X线头影测量研究显示当后气道间隙（PAS）在4～5mm以下，可能存在OSAHS。通过正颌外科手术，使下颌骨前移，通过附着的软组织和颏舌肌、下颌舌骨肌、颌舌肌等牵引，使舌体和舌根前移，使PAS明显则增大恢复到正常范围，可使OSAHS缓解。

许多造成上气道组织水肿、肥大的疾病（黏液性水肿、甲状腺功能低下）以及鼻咽和下咽部肿瘤均可继发OSAHS。

OSAHS可通过非外科治疗，如经鼻持续气道正压呼吸、口腔矫治器治疗，也可以进行外科手术治疗，两者均可获得较好的效果。睡眠时戴口腔矫治器或舌托，戴后可使下颌前移和（或）舌前移，使上气道扩大或增加其稳定性，使软腭悬雍垂尖水平的后气道间隙增大，防止舌下陷，不同程度缓解OSAHS。近年来，激光技术和低温等离子消融技术已应用于悬雍垂腭咽成形术、扁桃体切除术等，具有减少创伤、减少痛苦的优点，治疗效果良好。手术切除腺样体及扁桃体是治疗儿童OSAHS的主要方法。对无颅面畸形或神经系统疾病的患儿，手术有效率在90%以上。下颌后缩畸形或颞下颌关节强直患者，不仅存在面部畸形、咬合错乱和（或）张口受限，而且存在OSAHS。正颌外科治疗这类疾病时，在恢复面容及口颌系统功能的同时，尽可能地扩大狭窄的上气道以治疗OSAHS。

小 结

口腔除了具有咀嚼、吞咽、言语、感觉等功能，还参与呼吸活动。正常鼻呼吸时，气流由鼻经鼻咽、口咽、喉咽入喉，通过气管、支气管到达肺部。口腔提供了气体通道的另一个出入口。当鼻腔阻塞或呼吸量增大时，气流直接由口腔出入。鼻腔通畅及鼻腔开放的程度，直接影响到鼻通气（鼻呼吸）功能，可以通过几种方法测定。呼吸与咬合、吞咽之间的关系，体现在呼吸与咀嚼活动的协调性。吞咽是进食过程中唯一需要中断呼吸的活动。完善咀嚼的食团容易被吞咽，很少误入气管。呼吸方式对儿童颅面生长发育的影响存在争议。口呼吸儿童颅面发育异常可能与神经肌肉因素有关。阻塞性睡眠呼吸暂停综合征患者在睡眠中反复发生上呼吸道阻塞，常见的病因是上呼吸道发生内陷和气道本身的狭窄。上呼吸道塌陷主要由于咽腔扩大肌群肌电活动的改变。颏舌肌肌电活动在正常人保持上呼吸道口径中是十分重要的。

（谢秋菲　曹　烨）

Definition and Terminology

咳嗽反射（Cough reflex）：The cough reflex has both sensory（afferent）and motor（efferent）components. With cough, smooth muscle movement is incorporated into the actual cough reflex in order to move the irritant or blockage up the airway and out.

口呼吸（Mouth breathing）：Mouth breathing is a respiratory pattern where people primarily breathe in and out through their mouths, rather than using the nose for the bulk of respiration.

阻塞性睡眠呼吸暂停综合征（Obstructive sleep apnea hypopnea syndrome）：Obstructive sleep apnea hypopnea syndrome（OSAHS）is characterized by brief episodes of complete or partial upper airway collapse during sleep, causing an increased thoraco-abdominal effort and a decreased arterial oxygen saturation, leading to an arousal response which takes the form of apneas and periodic hypopneas during sleep.

参考文献

[1] 何三纲. 口腔解剖生理学. 8版. 北京：人民卫生出版社, 2020.
[2] 谢秋菲. 牙体解剖与口腔生理学. 2版. 北京：北京大学医学出版社, 2013.
[3] 王美青. 𬌗学. 4版. 北京：人民卫生出版社, 2020.
[4] 马绪臣. 颞下颌关节病的基础与临床. 北京：人民卫生出版社, 2000.
[5] 王毓英. 口腔生理学与𬌗学. 北京：中华医学会, 1989.
[6] 曹志中. 牙髓神经纤维的特点和牙痛的外周机制. 国外医学. 口腔医学分册, 1994, (01): 4-9.
[7] 陈磊, 张豪, 冯海兰, 等. 颅颌运动仿真系统接触精度初探. 中华口腔医学杂志, 2010, 45(2): 98-101.
[8] 侯振刚, 聂志明, 冯海兰, 等. 髁突运动中心轨迹测量分析系统. 中国图像图形学报, 2002, 7(1)81-85.
[9] 李鸿波, 吴国星, 张豪, 冯海兰, 李彦生. 建立数字化颅颌运动系统的初步研究. 中华口腔医学杂志, 2005, 40: 405-407.
[10] 李晓明, 卜国铉. 儿童鼻气道阻力的特点：附759例分析. 中华耳鼻咽喉科杂志, 1991, 26(4): 226-228.
[11] 王正敏. 耳鼻喉科学新理论和新技术. 上海：上海科技教育出版社, 1997, 105-107.
[12] 小林茂夫, 郭养涵. 牙痛与牙髓神经. 国外医学. 口腔医学分册, 1982, (03): 39-41.
[13] 杨凯, 曾祥龙, 俞梦孙. 口呼吸与鼻呼吸儿童颅面形态差异的研究. 中华口腔医学杂志, 2002, 37: 385-387.
[14] 伊彪, 张熙恩, 张震康, 等. 正颌外科治疗阻塞性睡眠呼吸暂停综合征. 中华口腔医学杂志, 1997, 32: 114-117.
[15] 赵颖, 曾祥龙, 傅民魁, 等. 阻塞性睡眠呼吸暂停综合征患者颏舌肌肌电活性特征的研究. 现代口腔医学杂志, 2002, 16: 40-42.
[16] Adachi S, Lowe AA, Tsuchiya M, et al. Genioglossus muscle activity and inspiratory timing in obstructive sleep apnea. Am J Orthod Dentofac Orthop, 1993; 104: 931-938.
[17] Arana-Chavez VE, Massa LF. Odontoblasts: the cells forming and maintaining dentine. Int J Biochem Cell Biol 2004; 36(8): 1367-73.
[18] Ash MM, Ramfjord S. Occlusion. 4th ed. Philadelphia: W.B. Saunders Company, 1995.
[19] Bradley R M. Essentials of oral physiology. Mosby, 1995.
[20] Brosh T, Machol I H, Vardimon A D. Deformation/recovery cycle of the periodontal ligament in human teeth

with single or dual contact points. Arch Oral Biol, 2002, 47(1): 85-92.
［21］Byers MR, Neuhaus SJ, Gehrig JD. Dental sensory receptor structure in human teeth. Pain, 1982, 13(3): 221-35.
［22］Casas P, Ascaso FJ, Vicente E, Tejero-Garces G, et al. Retinal and optic nerve evaluation by optical coherence tomography in adults with obstructive sleep apnea-hypopnea syndrome (OSAHS). Graefes Arch Clin Exp Ophthalmol, 2013, 251(6): 1625-34.
［23］Christensen LV, Radue JT. Lateral preference in mastication: a feasibility study. J Oral Rehabil, 1985, 12: 421-427.
［24］D.B. Ferguson. Physiology for dental students. London, Boston. Wright, 1988.
［25］Damasio AR. The neural basis of language. Annual Review of Neuroscience, 1984, 4: 135-137.
［26］Dorland's illustrated medical dictionary, 31th edition. Philadelphia, W.B. Saunders, 2008.
［27］Edgar M, Dawes C, O'Mullane D. Saliva and Oral Health: 3rd Edition. British Dental Association, 2004. 23.
［28］Fried M, Abramson S, Meyer JH. Passage of salivary amylase through the stomach in humans. Digestive Diseases and Sciences, 1987, 32: 1097-1103.
［29］Gallo LM. Description of mandibular finite helical axis pathways in asymptomatic subjects. J Dent Res, 1997, 76(2): 704-713.
［30］Gallo LM. Modeling of temporomandibular joint function using MRI and jaw-tracking technologies-mechanics, Cells Tissues Organs, 2005, 180(1): 54-68.
［31］Gary Kamen, David A. Gabriel. Essentials of Electromyography. Human Kinetics. 2010.
［32］Gueiros LA, Soares MS, Jair Leao JC. Impact of ageing and drug consumption on oral health. Gerodontology, 2009, 26: 297-301.
［33］Hayashi T, Saitoh A, Ishioka K, Miyakawa M. A computerized system for analyzing occlusal relations during mandibular movements. Int J Prosthodont, 2002, 1994: 108-114.
［34］Hobo S. Oral rehabilitation: clinical determination of occlusion. Tokyo; London: Quintessence, 1997.
［35］Hoogmartens MJ, Caubergh MAA. Chewing side preference during the. rst chewing circle as a new type of lateral preference in man. Electromyogr Clin Neurophysiol, 1987, 27: 3-6.
［36］Kordass B. The virtual articulator in dentistry: concept and development. Dent Clin N Am, 2002, 46: 493-506.
［37］Krantz, John. Experiencing Sensation and Perception. Pearson Education, Limited, 2009. 123.
［38］Liedberg B, wall B. Oral bolus kneading and shaping measured with chewing gum. Dysphagia, 1995, 10: 101-106.
［39］Liu X, Yu L, Wang Q, Pelletier J, et al. Expression of ecto-ATPase NTPDase2 in human dental pulp. J Dent Res, 2012, 91(3): 261-7.
［40］Magloire H, Couble ML, Romeas A, et al. Odontoblast primary cilia: facts and hypotheses. Cell Biol Int, 2004, 28(2): 93-9.
［41］Magloire H, Maurin JC, Couble ML, et al. Topical review. Dental pain and odontoblasts: facts and hypotheses. J Orofac Pain, 2010, 24(4): 335-49.
［42］Marder E, Calabrese RL. Principles of rhythmic motor pattern production. Physiological Reviews, 1996, 76: 687-717.
［43］McGrath PA, Gracely RH, Dubner R, Heft MW. Non-pain and pain sensations evoked by tooth pulp stimulation. Pain, 1983, 15(4): 377-88.
［44］McNeill C. Science and Practice of Occlusion. Chicago: Quintessence Publishing Co. Inc., 1997.
［45］Miles TS, Nauntofte B, Svensson P. Clinical Oral Physiology. Quintessence Publishing Co, Ltd. 2004. 23-24, 38-39, 58, 178-180.
［46］Mohl ND, Zarb GA, Carlsson GE, et al. A Textbook of Occlusion. Chicago: Quintessence Publishing Co. Inc., 1988.
［47］Mosby's medical dictionary, 8th edition. St. Louis, Mo. Mosby, 2009.
［48］Neville BW, Damm D, Allen C, Bouquot J. Oral & Maxillofacial Pathology. Second edition. Saunders/Elsevier. 2002.
［49］Niv D, Kreitler S, Diego B, Lamberto A. The Handbook of Chronic Pain. Nova Biomedical Books, 2007, 113.
［50］Norman D. Mohl, George A. Zarb, Gunnar E. Carlson. A textbook of occlusion. Chicago. Quintessence Pub. Co., 1988.
［51］Olson EJ, Moore WR, Morgenthaler TI, et al. Obstructive sleep apnea-hypopnea syndrome. Mayo Clin Proc, 2003, 78(12): 1545-52.
［52］Peters CW, Kruse U, Pollwein R, et al. The human lysozyme gene. Sequence organization andchromosomal

[52] localization. Eur. J. Biochem, 182(3): 507-16.
[53] Picinato-Pirola MNC, Mestriner Jr W, Freitas O, et al. Masticatory efficiency in class II and class III dentofacial deformities. 2012, 41(7): 830-834.
[54] Picton DCA. The effect on normal vertical tooth mobility of the rate of thrust and time interval between thrusts. Arch Oral Biol, 1963, 8: 291.
[55] Pinel, John PJ. Biopsychology. Pearson Education Inc. 2006, 178.
[56] Pond LH, Barghi N, Bamwell GM. Occlusion and chewing side preference. J Prosth Dent, 1986, 55: 495-500.
[57] Ramasubbu N, Paloth V, Luo Y, et al. Levine MJ. Structure of Human Salivary α-Amylase at 1.6. Resolution: Implications for its Role in the Oral Cavity. Acta Crystallographica Section D Biological Crystallography, 1996, 52(3): 435-446.
[58] Remmers JE, Dogroot WJ, Sauerland EK et al. Pathogenesis of upper airway occlusion during sleep. J Appl Physiol, 1978, 44: 931-938.
[59] Rizzo, Donald C. Instructor's Manual for Delmar's Fundamentals of Anatomy & Physiology. South Melbourne, Victoria, Australia, Stanford, CT, U.S. Delmar, 2001.
[60] Speksnijder CM, Abbink JH, van der Glas HW, et al. Mixing ability test compared with acomminution test in persons with normal and compromised masticatory performance. Eur J Oral Sci, 2009, 117: 580-586.
[61] Summit, James B, J. William Robbins, Richard S, Schwartz. Fundamentals of Operative Dentistry: A Contemporary Approach. 2nd edition. Carol Stream, Illinois, Quintessence Publishing Co, Inc. 2001.
[62] SunYG, Zhao ZQ, Meng XL, et al. Cellular Basis of Itch Sensation. Science. 2009, 325(5947): 1531-1534.
[63] Tatsumi K, Kasahara Y, Kurosu K, et al. Sleep oxygen desaturation and circulating leptin in obstructive sleep apnea-hypopnea syndrome. Chest, 2005, 127(3): 716-21.
[64] The glossary of prosthodontics terms. The Journal of Prosthetic Dentistry, 2005, 94(1): 10-92.
[65] Tumrasvin W, Fueki K, Ohyama T. Factors association with masticatory performance in unilateral distal extension removable partial denture patients. J Prosth, 2006, 15: 25-31.
[66] van der Bilt A, Fontijn-Tekamp FA. Comparison of single and multiple sieve methods for the determination of masticatory performance. Archs Oral Biol, 2004, 49: 193-198.
[67] Werker JF, Tees RC. The organization of reorganinization of human speech perception. Annual Review of Neuroscience, 1992, 15: 377-402.
[68] Widmaier EP, Raff H, Strang KT. Vander's Human Physiology: the Mechanisms of Body Function, Tenth Edition. McGraw-Hill Companies, Inc. 2006, 306-307.
[69] Wilhelm Patricia Brady, Rhees R. Ward, Van De Graaff, Kent M. Human Anatomy and Physiology: Based on Schaum's Outline of Theory and Problems of Human Anatomy and Physiology. New York. McGraw-Hill, 2001.
[70] Williams KD. The Social Outcast: Ostracism, Social Exclusion, Rejection, & Bullying(Sydney Symposium of Social Psychology). East Sussex: Psychology Press, 2005, 210.
[71] Winter R, Harrar V, Gozdzik M, et al. The relative timing of active and passive touch. Brain Research, 2008, 1242: 54-58.

中英文专业词汇索引

B

Balkwill 角（Balkwill angle） 145
Bennett 角（Bennett angle） 187
Bennett 运动（Bennett movement） 179
Bonwill 等边三角形（Bonwill equilateral triangle） 139
半月形切牙（Hutchinson's incisors） 104
鼻翼耳屏线（Comper's line, ala-tragus line） 142, 145
闭颌反射（jaw-closing reflex） 176
边缘性运动（border movement） 129, 182
边缘运动（border movement） 180
病理𬌗（pathologic occlusion） 159
补偿曲线（compensate curve） 137
部分牙缺失（hypodontia） 99
部位记录法（quadrant coding method） 38

C

参考平面（reference planes） 141
槽生牙（thecodont） 14
侧方运动（lateral movement） 179
侧副根管（accessory canal） 109
侧副根管孔（accessory foramen） 109
侧𬌗（lateral occlusion） 156
侧生牙（pleurodont） 14
侧支根管（lateral canal） 109
长正中（long centric） 128, 164, 183
触觉（tactile sensation） 248
唇面（labial surface） 47
唇轴嵴（labial axial ridge） 57
刺刀样弯曲（bayonet curve） 109
刺激性牙本质（irritation dentin） 112

D

大根尖直径（major apical diameter） 111
单牙列（monophyodont） 12
第三期牙本质（tertiary dentin） 112
点角（point angle） 45
点隙（pit） 49
动力平衡（balance of driving forces） 20
端生牙（acrodont） 14
对刃𬌗（edge to edge bite） 151
多生牙或额外牙（supernumerary teeth） 99

F

Fisher 角（Fisher angle） 187
发音（pronunciation） 228
发育沟（developmental groove） 49
反𬌗（cross bite） 150
反射动作（reflex activity） 221
反应性牙本质（reactionary dentin） 112
非支持尖（nonsupporting cusps） 153
分叉根管（furcation canal） 109
氟牙症（dental fluorosis） 104
辅音（consonant） 230
副沟（supplemental groove） 49
覆盖（overjet） 150
覆𬌗（overbite） 150

G

钙化（calcification） 31
哥特式弓（Gothic arch） 183
个体下颌运动型（individual pattern of mandibular movement） 178
根干（root trunk） 75
根管（root canal） 27, 107
根管口（root canal orifice） 106
根管系统（root canal system） 106, 107
根尖分歧（apical ramification） 111
根尖孔（apical foramen） 26, 106, 110
根尖三角区（apical delta） 111
根尖狭窄部（apical constriction） 111
根尖止点（apical stop） 112
共振（resonance） 229
沟（groove） 49
沟状凹陷（developmental depression） 64
管间连接（intercanal connection） 110
管间峡部（isthmus） 110
国际牙科联合会系统（Federation Dentaire International System，简称 FDI 系统） 41
过大牙（macrodontia） 101
过小牙（microdontia） 101

H

- 𬌗（occlusion） 18，136，147
- 𬌗程序（occlusal program） 178
- 𬌗垂直距离（occlusal vertical dimension or vertical dimension of occlusion） 166
- 𬌗架（articulator） 127，190
- 𬌗力（biting force or occlusal force） 210
- 𬌗面（occlusal surface） 47
- 𬌗平面（occlusal plane，plane of occlusion） 142
- 𬌗曲线（occlusal curve） 127，136
- 恒牙（permanent teeth） 29
- 恒牙𬌗（permanent occlusion） 21
- 横𬌗曲线（transverse curve of occlusion） 136，137
- 横嵴（transverse ridge） 48，64
- 横向吻合（transverse anastomosis） 110
- 后退接触位（retruded contact position，RCP） 163
- 后牙（posterior teeth） 28
- 混合牙列（mixed dentitions） 154

J

- 机械感受器（mechanical receptor） 248
- 肌电图（electromyogram，EMG） 203
- 肌接触位（muscular contact position，MCP） 167
- 肌紧张（muscle tone） 178
- 畸形舌窝（invaginated lingual fossa） 102
- 畸形中央尖（occlusal anomalous tubercle） 101
- 嵴（ridge） 48
- 继发牙本质（secondary dentin） 111
- 颊面（buccal surface） 47
- 尖牙（canines） 27
- 尖牙保护𬌗（canine protected occlusion） 128，157
- 建𬌗（establishment of occlusion） 20
- 接触区（contact area） 45，93
- 结节（tubercle） 48
- 解剖根尖（anatomic apex） 110，111
- 解剖牙根（anatomical root） 26
- 解剖牙冠（anatomical crown） 25
- 近中沟（mesial marginal groove） 64
- 近中舌沟（mesiolingual developmental groove） 66
- 颈嵴（cervical ridge） 49，83
- 颈线（cervical line） 26，96
- 静息期（silent period） 204
- 咀嚼（mastication） 173
- 咀嚼肌力（masticatory muscle force） 210
- 咀嚼力（masticatory force） 210
- 咀嚼效率（masticatory efficiency） 213
- 咀嚼型（chewing pattern） 197
- 咀嚼周期（chewing cycle） 199

K

- 卡氏尖（cusp of Carabelli） 72
- 开𬌗（open bite） 151
- 开𬌗吞咽（tooth apart swallowing） 222，224
- 开颌反射（jaw-opening reflex） 177
- 开口运动（opening movement） 179
- 髁点（condylar point） 181
- 咳嗽反射（cough reflex） 265
- 口颌系统（stomatognathic system） 147
- 口呼吸（mouth breathing） 265
- 叩齿运动（tapping movement） 180
- 眶耳平面（Frankfort plane） 141，145，181

L

- 理想𬌗（optimal occlusion） 159，161
- 裂（fissure） 49
- 邻间隙（interproximal spaces） 94
- 邻面（proximal surface） 47
- 临床牙根（clinical root） 26
- 临床牙冠（clinical crown） 25
- 流体动力学假说（hydrodynamic hypothesis of dentinal sensitivity） 259

M

- Monson 球面 139
- 萌出（eruption） 33
- 磨耗（attrition） 215
- 磨损（abrasion） 215
- 磨牙（molars） 28

N

- 牛牙样牙（taurodontism） 103

P

- Palmer 记录系统（Palmer notation system） 40

Q

- 前磨牙（premolars） 28
- 前伸𬌗（protrusive occlusion） 156
- 前伸运动（protrusive movement） 179
- 前牙（anterior teeth） 28
- 切导（incisal guidance） 151
- 切道（incisal path） 151
- 切道斜度（inclination of incisal path） 151
- 切点（incisor point） 181
- 切嵴（incisal ridge） 47，48，51
- 切牙（incisors） 27

R

- Riey-Day 综合征 248
- 溶菌酶（lysozyme） 238，241
- 融合牙（fused tooth） 102
- 乳牙（deciduous teeth） 28，82
- 乳牙𬌗（deciduous occlusion） 21，153
- 乳牙列（primary dentition） 82

S

- Spee 曲线（Spee curve） 137
- 三叉神经脊束核（spinal nucleus of trigeminal nerve）

177
桑葚状磨牙（mulberry molars） 104
舌隆突（cingulum） 48，57
舌面（lingual surface） 47
舌窝（lingual fossa） 51
舌轴嵴（lingual axial ridge） 58
深覆盖（deep overjet） 150
深覆𬌗（deep overbite） 150
生长期（development） 31
生长叶（development lobe） 49
生理𬌗（physiologic occlusion） 159
声带（vocal cord） 228
双侧平衡𬌗（bilateral balanced occlusion） 127，158
水平颌反射（horizontal jaw reflexes） 177
吮吸（sucking） 225
四环素着色牙（tetracycline pigmentation tooth） 104
随意动作（voluntary activity） 221
髓壁（wall of pulp chamber） 107
髓角（pulp horn） 107
髓腔（pulp cavity） 27，106
髓室（pulp chamber） 27，106
髓室底（floor of pulp chamber） 107
髓室顶（roof of pulp chamber） 107

T

疼痛（pain） 252
替牙𬌗（mixed occlusion） 21
通用编号系统（universal numbering system） 41
同形牙（homodont） 11
退化（degradation） 13
吞咽（swallowing，deglutition） 221
唾液（saliva） 237
唾液淀粉酶 240-242
唾液反射（salivary reflexes） 240

W

Wilson 曲线 137-139，145
外胚叶发育不全综合征（ectodermal dysplasia syndrome） 99
外形高点（height of contour） 46
外展隙（embrasures） 94
味觉（gustatory sensation） 244
味蕾（taste bud） 244
温度觉（thermal sensation） 251
窝（fossa） 49

X

下颌卸载反射（jaw-unloading reflex） 177
下颌运动描记仪 129
下颌姿势位（mandibular postural position，MPP） 165
先天缺牙（congenitally missing teeth） 99
先天无牙症（anodontia） 99
线角（line angle） 45

小根尖直径（minor apical diameter） 111
斜嵴（oblique ridge） 48，74
斜面（inclined surface） 49
休息垂直距离（rest vertical dimension or vertical dimension of rest） 166
修复性牙本质（reparative dentin） 27，112
嗅觉（olfactory sensation） 247

Y

压觉（pressure sensation） 249
牙本质发育不全（dentinogenesis imperfecta） 103
牙本质领（dentin collar） 107
牙本质牙骨质界（cementodentinal junction, CDJ） 111
牙齿萌出（tooth eruption） 19
牙根（dental root） 26
牙弓（dental arch） 15，131
牙弓长度（length of dentition） 131
牙弓宽度（width of dentition） 131
牙骨质（cementum） 27
牙冠（dental crown） 25
牙尖（dental cusp） 47
牙尖高度（height of tooth cusp） 138
牙尖交错𬌗（intercuspal occlusion，ICO） 148
牙尖交错位（intercuspal position，ICP） 162
牙颈（dental cervix） 26
牙颈部的凸起（cervical ledge） 107
牙列（dentition） 131
牙髓（pulp） 27
牙髓的神经分布（pulpal innervation） 256
牙髓腔（dental pulp cavity） 106
牙髓腔（pulp cavity） 27
牙髓神经的再生（regeneration of pulpal nerve） 259
牙髓疼痛（tooth pulp pain） 256
牙髓牙本质复合体（pulpodentin complex） 112
牙体长轴（long axis） 45
牙体三等分（division into thirds） 46
牙釉质（enamel） 26
牙周机械感受器（periodontal mechanical receptors） 250
牙周潜力（periodontal potential） 211
牙阻生（impacted tooth） 104
咬合（articulation） 147
异形牙（heterodont） 11
音调（tone） 229
音强（音量）（volume） 230
音质（音色）（tamber） 229
釉牙骨质界（cementoenamel junction） 27
釉质发育不全（enamel hypoplasia） 103
釉珠（enamel pearls） 103
元音（vowel） 230
运动中心（kinematic center） 187

Z

粘着牙（concrescence of tooth） 102
正中关系（centric relation，CR） 163
正中关系弧（centric relation arch，CRA） 163
正中关系位（centric relation position，CRP） 163
正中𬌗位（centric occlusion position，COP） 162
支持尖（supporting cusps） 152
中枢模式发生器（central pattern generator） 196
中线（median line） 45
中性区（neutral zone） 133
主根管（main root canal） 107
锥形牙（cone-shaped tooth） 101
自由间隙（freeway space） 165
纵𬌗曲线（sagittal curve of occlusion） 136
组牙功能𬌗（group function occlusion） 157
最大𬌗力（maximal biting force） 211